Juristische Fall-Lösungen

Fritzsche
Fälle zum Schuldrecht II

D1664564

Fälle zum Schuldrecht II

Gesetzliche Schuldverhältnisse

von

Dr. Jörg Fritzsche

o. Professor an der Universität Regensburg

4., neu bearbeitete Auflage, 2016

C.H.BECK

www.beck.de

ISBN 978 3 406 70160 3

© 2016 Verlag C.H. Beck oHG
Wilhelmstraße 9, 80801 München
Druck und Bindung: Nomos Verlagsgesellschaft mbH & Co. KG
In den Lissen 12, 76547 Sinzheim

Satz: Druckerei C.H. Beck Nördlingen
Umschlaggestaltung: Martina Busch, Grafikdesign, Homburg Saar

Gedruckt auf säurefreiem, alterungsbeständigem Papier
(hergestellt aus chlorfrei gebleichtem Zellstoff)

Vorwort

In den ersten Semestern erlernen Studienanfänger die Grundzüge der gesetzlichen Schuldverhältnisse. Dieses Buch soll ihnen helfen, die Anwendung des Vorlesungsstoffs in der Fallbearbeitung zu trainieren. Behandelt werden nacheinander das Deliktsrecht, die Geschäftsführung ohne Auftrag und das Bereicherungsrecht. Bei diesen gesetzlichen Schuldverhältnissen sollen die ersten Fälle vor allem den Einstieg ermöglichen. Die weiteren Fälle dienen der Vertiefung und Veranschaulichung zusätzlicher Prüfungs- und Problemvarianten. Dabei ist es jedoch weder Ziel, den gesamten Stoff abzudecken, noch insbesondere sämtliche examensrelevante Konstellationen darzustellen, die erst im Laufe des Studiums erarbeitet werden.

Die Neuauflage bringt das Werk auf den Stand vom Sommer 2016. Anregungen und Hinweise der Leserschaft fanden Berücksichtigung. Neu aufgenommen wurde Fall 10 zur gestörten Gesamtschuld.

Meiner Sekretärin *Gabriele Schmitt* und meinen Mitarbeiterinnen *Janina Möges*, *Chiara Fischer* und *Laura Wild* sowie meinem Mitarbeiter *Georg-Christoph Schlee* danke ich für die Mithilfe bei dem neuen Fall, für die Durchsicht und Aktualisierung des Manuskripts und für einige Verbesserungsvorschläge.

Anregungen und Kritik nehme ich – wie bei meinen anderen Fallbüchern auch – gerne entgegen, z. B. unter *fritzsche.lehrstuhl@ur.de.*

Regensburg, im August 2016   *Jörg Fritzsche*

Inhaltsverzeichnis

Teil 1. Hinweise zur Fallbearbeitung bei gesetzlichen Schuldverhältnissen

Teil 2. Schwerpunkt Deliktsrecht

Teil 3. Geschäftsführung ohne Auftrag

Teil 4. Schwerpunkt Bereicherungsrecht

Abkürzungsverzeichnis

a. A. .... andere(r) Ansicht
Abs. .... Absatz
a. E. .... am Ende
a. F. .... alte Fassung
AG .... Amtsgericht
AGB .... Allgemeine Geschäftsbedingungen
Alt. .... Alternative
AnfG .... Anfechtungsgesetz
Anm. .... Anmerkung
arg. .... argumentum e
Art. .... Artikel
Aufl. .... Auflage

BAG .... Bundesarbeitsgericht
BayBG .... Bayerisches Beamtengesetz
BBG .... Bundesbeamtengesetz
Bd. .... Band
Bearb. .... Bearbeitung
BeckOGK .... beck-online.GROSSKOMMENTAR
BeckOK .... Beck'scher Online-Kommentar
BeckRS .... Beck-Rechtsprechung (Datenbank)
BGB .... Bürgerliches Gesetzbuch
BGH .... Bundesgerichtshof
BGHZ .... Entscheidungen des Bundesgerichtshofs in Zivilsachen
BKR .... Zeitschrift für Bank- und Kapitalmarktrecht
BT-Drs. .... Bundestagsdrucksache
Buchst. .... Buchstabe
BVerfG .... Bundesverfassungsgericht
bzgl. .... bezüglich
bzw. .... beziehungsweise

ca. .... circa
c. i. c. .... culpa in contrahendo

d. h. .... das heißt
diff. .... differenzierend
DOT .... Department of Transportation

EBV .... Eigentümer-Besitzer-Verhältnis
EFZG .... Entgeltfortzahlungsgesetz
EGBGB .... Einführungsgesetz zum BGB
et al. .... et alii
etc. .... et cetera
EU .... Europäische Union
EUR .... Euro

f.	folgende
ff.	fortfolgende
Fn.	Fußnote
GbR	Gesellschaft bürgerlichen Rechts
GG	Grundgesetz für die Bundesrepublik Deutschland
GmbH	Gesellschaft mit beschränkter Haftung
GoA	Geschäftsführung ohne Auftrag
GRUR	Gewerblicher Rechtsschutz und Urheberrecht (Zeitschrift)
HandwO	Handwerksordnung
HGB	Handelsgesetzbuch
h. L.	herrschende Lehre
h. M.	herrschende Meinung
hrsgg.	herausgegeben
Hs.	Halbsatz
HWS	Hals-Wirbelsäulen-Trauma
i. E.	im Ergebnis
i. H. d.	in Höhe der/des
i. H. v.	in Höhe von
InsO	Insolvenzordnung
i. S.	im Sinne
i. S. d.	im Sinne der/des
i. S. v.	im Sinne von
i. V. m.	in Verbindung mit
JA	Juristische Arbeitsblätter (Zeitschrift)
JR	Juristische Rundschau (Zeitschrift)
JurBüro	Das Juristische Büro (Zeitschrift)
JuS	Juristische Schulung (Zeitschrift)
JZ	Juristen-Zeitung (Zeitschrift)
Kap.	Kapitel
Kfz	Kraftfahrzeug
krit.	kritisch
KUG	Kunsturhebergesetz
LG	Landgericht
Lit.	Literatur
Lkw	Lastkraftwagen
LM	Lindenmaier/Möhring, Nachschlagewerk des Bundesgerichtshofs (seit 2003: LMK)
LMK	Lindenmaier/Möhring – Kommentierte BGH-Rechtsprechung (bis 2003: LM)
Ls.	Leitsatz
m. Anm.	mit Anmerkung
m. a. W.	mit anderen Worten

MDR	Monatsschrift für Deutsches Recht (Zeitschrift)
m.w.N.	mit weiteren Nachweisen
n.F.	neue Fassung
NJW	Neue Juristische Wochenschrift (Zeitschrift)
NJW-RR	NJW – Rechtsprechungsreport Zivilrecht
Nr(n).	Nummer(n)
NZA	Neue Zeitschrift für Arbeitsrecht
NZV	Neue Zeitschrift für Verkehrsrecht
OLG	Oberlandesgericht
OLGR	OLGReport
PflVG	Pflichtversicherungsgesetz
Pkw	Personenkraftwagen
ProdHaftG	Produkthaftungsgesetz
RGSt	Entscheidungen des Reichsgerichts in Strafsachen
RGZ	Entscheidungen des Reichsgerichts in Zivilsachen
Rn.	Randnummer
r+s	recht und schaden (Zeitschrift)
Rspr.	Rechtsprechung
S.	Seite
SchwarzArbG	Schwarzarbeitsbekämpfungsgesetz
SGB	Sozialgesetzbuch
sog.	sogenannt
StGB	Strafgesetzbuch
str.	streitig
st. Rspr.	ständige Rechtsprechung
StVG	Straßenverkehrsgesetz
StVO	Straßenverkehrs-Ordnung
Tz.	Textziffer
u.a.	unter anderem
UmweltHG	Umwelthaftungsgesetz
unstr.	unstreitig
UrhG	Urheberrechtsgesetz
usw.	und so weiter
UWG	Gesetz gegen den unlauteren Wettbewerb
v.	von
VersR	Versicherungsrecht (Zeitschrift)
vgl.	vergleiche
VVG	Versicherungsvertragsgesetz
WM	Wertpapier-Mitteilungen (Zeitschrift)

z. B.	zum Beispiel
ZGS	Zeitschrift für das gesamte Schuldrecht
ZPO	Zivilprozessordnung
ZUM	Zeitschrift für Urheber- und Medienrecht
zust.	zustimmend
zutr.	zutreffend
zzgl.	zuzüglich

Literaturverzeichnis

Bamberger/Roth/
Bearbeiter .... *Bamberger/Roth,* BGB, 3. Aufl. 2012 (zugleich Beck-
OK BGB)
BeckOGK/*Bearbeiter* .... beck-online.GROSSKOMMENTAR, hrsgg. von
Gsell/Krüger/Lorenz/Mayer (Stand: 1.2.2016)
Brox/Walker AS .... *Brox/Walker,* Allgemeines Schuldrecht, 40. Aufl. 2016
Brox/Walker BS .... *Brox/Walker,* Besonderes Schuldrecht, 40. Aufl. 2016
Burmann/Heß/Hühnermann/
Jahnke/Janker .... *Burmann/Heß/Hühnermann/Jahnke/Janker,* Straßen-
verkehrsrecht, 24. Aufl. 2016
Erman/*Bearbeiter* .... *Erman,* BGB, 14. Aufl. 2014
Fritzsche AT .... *Fritzsche,* Fälle zum BGB Allgemeiner Teil, 6. Aufl.
2016
Fritzsche SchR I .... *Fritzsche,* Fälle zum Schuldrecht I – Vertragliche
Schuldverhältnisse, 7. Aufl. 2016
Grigoleit/Auer .... *Grigoleit/Auer,* Schuldrecht III – Bereicherungsrecht,
2009
HK/*Bearbeiter* .... *Dörner* et al., Handkommentar zum BGB, 8. Aufl.
2014
Jauernig/*Bearbeiter* .... *Jauernig,* BGB, 16. Aufl. 2015
Köhler .... *Köhler,* BGB Allgemeiner Teil, 39. Aufl. 2015
Kropholler .... *Kropholler,* Studienkommentar BGB, 15. Aufl. 2015
Lackner/Kühl .... *Lackner/Kühl,* Strafgesetzbuch, 28. Aufl. 2014
Larenz I .... *Larenz,* Lehrbuch des Schuldrechts, Bd. I: Allgemei-
ner Teil, 14. Aufl. 1987
Larenz II/1 .... *Larenz,* Lehrbuch des Schuldrechts, Bd. II Teilbd. 1:
Besonderer Teil 1, 13. Aufl. 1986
Larenz/Canaris .... *Larenz/Canaris,* Lehrbuch des Schuldrechts, Bd. II
Teilbd. 2: Besonderer Teil 2, 13. Aufl. 1994
Looschelders SAT .... *Looschelders,* Schuldrecht Allgemeiner Teil, 13. Aufl.
2015
Looschelders SBT .... *Looschelders,* Schuldrecht Besonderer Teil, 11. Aufl.
2016
Medicus/Lorenz I .... *Medicus/Lorenz,* Schuldrecht I, Allgemeines Schuld-
recht, 21. Aufl. 2015
Medicus/Lorenz II .... *Medicus/Lorenz,* Schuldrecht II, Besonderer Teil,
17. Aufl. 2014
Medicus/Petersen .... *Medicus/Petersen,* Bürgerliches Recht, 25. Aufl. 2015
MünchKommBGB/
Bearbeiter .... Münchener Kommentar zum BGB, 7. Aufl. 2015 ff.
MünchKommUWG/
Bearbeiter .... Münchener Kommentar zum Lauterkeitsrecht
(UWG), 2. Aufl. 2014
Musielak/Hau .... *Musielak/Hau,* Grundkurs BGB, 14. Aufl. 2015
Palandt/*Bearbeiter* .... *Palandt,* BGB, 75. Aufl. 2016

Prütting/Wegen/Weinreich/
Bearbeiter .... *Prütting/Wegen/Weinreich,* BGB, 10. Aufl. 2015
Soergel/*Bearbeiter* .... *Soergel,* BGB, 13. Aufl. 1999 ff.
Staudinger/*Bearbeiter* .... *v. Staudinger,* Kommentar zum BGB, fortlaufende
Neubearbeitungen (mit Jahresangabe)
Wandt .... *Wandt,* Gesetzliche Schuldverhältnisse, 7. Aufl. 2015

Teil 1. Hinweise zur Fallbearbeitung bei gesetzlichen Schuldverhältnissen

A. Der zivilrechtliche Anspruchsaufbau

Die Grundlagen der Gutachtentechnik und des Gutachtenstils werden als bekannt **1** vorausgesetzt; zu ihnen findet sich an anderer Stelle eine Einführung.[1]

Wichtig ist bei jeder Fallbearbeitung, sich den grundsätzlichen Ablauf der zivil- **2** rechtlichen Anspruchsprüfung in Erinnerung zu rufen: Oft wäre es insbesondere verfehlt, sofort mit der Prüfung von Ansprüchen aus den gesetzlichen Schuldverhältnissen zu beginnen, die man in einem Sachverhalt erkennt oder zu erkennen glaubt. Denn es gibt sowohl für das Verhältnis von vertraglichen und gesetzlichen Ansprüchen als auch für die Ansprüche aus den unterschiedlichen gesetzlichen Schuldverhältnissen eine auf logischen Erwägungen beruhende Reihenfolge.[2]

Vertragliche Ansprüche stehen stets **am Anfang** der Prüfung. So privilegieren oft- **3** mals Sondervorschriften für einen bestimmten Vertragstyp die Haftung eines Vertragspartners (z. B. § 521 für den Schenker, § 690 für den unentgeltlichen Verwahrer). Würde man die Prüfung mit deliktischen Ansprüchen (z. B. § 823 Abs. 1) beginnen, müsste man beim Verschulden auf Fragen des Vertragsrecht eingehen, was die Übersichtlichkeit der Anspruchsprüfung nicht gerade erhöhen würde.[3] Auch die gesetzlichen Schuldverhältnisse der Geschäftsführung ohne Auftrag (GoA) und des Bereicherungsrechts legen diese Aufbauregel nahe. Wirksame Verträge sind stets „Auftrag" i. S. d. § 677 und Rechtsgrund i. S. v. § 812 Abs. 1; die Vertragswirksamkeit dort zu prüfen, würde wiederum die Gefahr einer unübersichtlichen und in der Eile der Klausur fehleranfälligen „Schachtelprüfung" mit sich bringen.

Vertragliche Ansprüche und solche aus GoA muss man wiederum vor den dingli- **4** chen Ansprüchen, insbesondere vor §§ 985, 986 sowie §§ 987 ff. prüfen. Denn ein Vertrag und eine berechtigte GoA können ein „Recht zum Besitz" i. S. d. § 986 begründen und damit Ansprüche aus den §§ 987 ff. ausschließen. Auch insoweit bestünde die Gefahr eines unübersichtlichen und fehlerhaften Aufbaus.

Deliktische Ansprüche kommen gedanklich an vierter Stelle nach Vertrag, GoA und **5** dinglichen Ansprüchen. Denn neben Normen aus dem Vertragsrecht mindert insbesondere auch § 680 den Haftungsmaßstab eines Schädigers. Das Verhältnis des Deliktsrechts zum Eigentümer-Besitzer-Verhältnis klären die §§ 993 Abs. 1 a. E., 992: Nur wer sich den Besitz einer Sache durch eine Straftat oder durch verbotene Eigenmacht verschafft hat, haftet nach Deliktsrecht. Der verklagte oder bösgläubige Besitzer haftet nach den §§ 989 f.; ansonsten haftet der (gutgläubige) Besitzer nach § 993 Abs. 1 a. E. weder auf Nutzungs- noch auf Schadensersatz.

Mit § 993 Abs. 1 a. E. ist zugleich einer der Gründe benannt, welche die Prüfung **6** der §§ 985 ff. **zwingend** vor das Bereicherungsrecht schieben. Im Übrigen kann ein bestehendes Vertragsverhältnis „rechtlicher Grund" i. S. d. Bereicherungsrechts sein,

---

[1] *Fritzsche* AT Teil 1 Rn. 1 ff.
[2] Siehe allgemein zum richtigen Anspruchsaufbau *Medicus/Petersen* Rn. 8 ff.
[3] Vgl. *Medicus/Petersen* Rn. 7.

ebenso jedenfalls die berechtigte GoA. Ob man bereicherungsrechtliche Ansprüche vor den deliktischen prüft, ist Ansichtssache; die Ansprüche beeinflussen sich gegenseitig nicht, außer wenn eine Leistung deshalb erfolgt, weil der Leistende dem Empfänger nach dem Deliktsrecht zum Schadensersatz verpflichtet ist.

7 Daraus ergibt sich das folgende Gesamtbild für die Prüfungsreihenfolge:

I. Ansprüche aus Vertrag

1. Primäransprüche auf Erfüllung (Beispiele)

8 Insbesondere hier sind Fragen der Anspruchsentstehung, also vor allem des Vertragsschlusses und der Einwendungen des Allgemeinen Teils sowie gegebenenfalls des AGB- und Verbraucherschutzrechts zu erörtern.[4]
– § 433 Abs. 1 und 2
– § 488 Abs. 1 Sätze 1 und 2
– § 535 Abs. 1 Satz 1, Abs. 2 oder § 546 Abs. 1
– §§ 598 oder 604
– § 611 Abs. 1
– § 631 Abs. 1
– § 651a Abs. 1
– §§ 662, 666–670
– §§ 688 oder 695.

2. Sekundäransprüche bei gestörten Primärpflichten (Beispiele)

9 – §§ 437 Nr. 1, 439 Abs. 1; §§ 437 Nr. 2, 323/326 Abs. 5, 346 Abs. 1; §§ 437 Nr. 3, 280 Abs. 1, 3, 281/283/311a Abs. 2
– § 536a
– § 600
– §§ 634 Nr. 1, 635 Abs. 1; §§ 634 Nr. 2, 637 Abs. 1; §§ 634 Nr. 3, 323/326 Abs. 5, 346 Abs. 1; §§ 634 Nr. 4, 280 Abs. 1, 3; §§ 281/283/311a Abs. 2
– insbesondere Schadensersatz nach § 280 Abs. 1.

II. „Vertragsähnliche Ansprüche"

1. Aus der Vertragsanbahnung (negatives Interesse)

10 Dabei handelt es sich im Grundsatz auch um gesetzliche Ansprüche. Wegen ihrer engen Beziehung zu einem Vertrag – mag dieser auch unwirksam oder im Ergebnis nicht geschlossen sein – erfahren sie aber eine Sonderbehandlung:
– § 122 Abs. 1
– § 179 Abs. 1 und 2
– §§ 280 Abs. 1, 311 Abs. 2, 241 Abs. 2 – Verschuldenshaftung (*culpa in contrahendo* – c. i. c.)

11 Die c. i. c. ist insbesondere wegen des Verschuldenserfordernisses neben §§ 122, 179 anwendbar.

---

4 Näher *Fritzsche* AT Teil 1 Rn. 56–83.

2. Geschäftsführung ohne Auftrag

a) Echte, berechtigte GoA

– Herausgabeanspruch des Geschäftsherrn (§§ 681 Satz 2, 667) **12**
– Auskunfts- und Rechenschaftsanspruch des Geschäftsherrn (§§ 681 Satz 2, 666)
– Anspruch des Geschäftsherrn auf Zinsen (§§ 681 Satz 2, 668)
– Aufwendungsersatzanspruch des Geschäftsführers (§§ 683 Satz 1, 670)
– Sekundäransprüche (§ 280).

b) Echte, nichtberechtigte GoA

– keine Primäransprüche des Geschäftsherrn (bei Genehmigung: §§ 681 Satz 2, **13**
  667)
– Aufwendungskondiktion des Geschäftsführers gemäß § 684 Satz 1 i.V.m.
  §§ 818 ff. (bei Genehmigung: §§ 684 Satz 2, 683 Satz 1, 670)
– Sekundäransprüche (§§ 677, 678).

c) Unechte GoA (§ 687 Abs. 1 i.V.m. §§ 812 ff.)

d) Geschäftsanmaßung (§ 687 Abs. 2)

III. Sonstige Ansprüche (Familien- und Erbrecht usw.)

Z. B. Zugewinnausgleichforderung (§ 1378 Abs. 1), Unterhaltsansprüche (§§ 1360, **14**
1361, 1570 ff., 1601), Anspruch aus Vermächtnis (§ 2174).

IV. Dingliche Ansprüche

1. Primäransprüche

a) Herausgabeansprüche

– § 861 **15**
– § 985
– § 1007 Abs. 1 und 2
– § 2018.

b) Beseitigungs- und Unterlassungsansprüche (Abwehransprüche)

– wegen Besitzstörung (§ 862 Abs. 1 Satz 1 und 2) **16**
– wegen Eigentumsbeeinträchtigung (§ 1004 Abs. 1 Sätze 1 und 2).

c) Berichtigungsansprüche

– § 894 **17**
– § 888 Abs. 1 (aus der Vormerkung)
– § 894 analog (gegen die Vormerkung).

d) Verwertungsansprüche

– § 1147 i.V.m. §§ 1192 Abs. 1, 1200 Abs. 1. **18**

2. Sekundäransprüche

a) Erbe-Erbschaftsbesitzer-Verhältnis (§§ 2019 ff.)

19 Vor den §§ 985 ff. zu prüfen wegen § 2029.[5]

b) Eigentümer-Besitzer-Verhältnis (§§ 987 ff.)

20 – Nutzungsersatzanspruch des Eigentümers (§ 987, gegebenenfalls i. V. m. § 990)
– Nutzungsersatzanspruch des Eigentümers (§ 988, gegebenenfalls i. V. m. § 990)
– Schadensersatzanspruch des Eigentümers (§ 989, gegebenenfalls i. V. m. § 990)
– Gegenansprüche des Besitzers (§§ 994 ff., insbesondere Verwendungsersatz §§ 994, 996).

V. Deliktische Ansprüche

1. Gefährdungshaftung

21 – § 7 Abs. 1 StVG
– §§ 1 Abs. 1, 2 Abs. 1, 3 Abs. 1 HPflG
– § 1 Abs. 1 ProdhaftG
– § 833 Satz 1 BGB
– §§ 1, 2 UmweltHG.

2. Haftung für vermutetes Verschulden

22 – § 18 Abs. 1 StVG
– § 831 Abs. 1 Satz 1, Abs. 2; § 832 Abs. 1 Satz 1, Abs. 2; §§ 833 Satz 2, 834; §§ 836–838 BGB.

3. Verschuldenshaftung

23 – §§ 823 ff. BGB (Haftung für eigenes Verschulden)
– beachte bei Verletzung von Immaterialgütern Spezialgesetze (z. B. § 97 Abs. 2 UrhG)
– § 839 BGB i. V. m. Art. 34 GG (Haftung für fremdes Verschulden).

4. Abwehransprüche (Beseitigung und Unterlassung)

24 – wegen Verletzung des Namensrechts: § 12
– wegen Beeinträchtigung des Eigentums: § 1004 Abs. 1 (entsprechende Anwendung beispielsweise gemäß §§ 1027, 1065)
– wegen Verletzung von Immaterialgüterrechten: Spezialgesetze (z. B. § 97 Abs. 1 UrhG)
– wegen Verletzung anderer Rechtsgüter, insbesondere Persönlichkeitsrechten: § 1004 Abs. 1 analog i. V. m. § 823 Abs. 1.

VI. Bereicherungsrecht

1. Leistungskondiktionen

25 – § 812 Abs. 1 Satz 1 Alt. 1 *(condictio indebiti)*
– § 813 Abs. 1 Satz 1 *(condictio indebiti)*

---

[5] Vgl. auch *Medicus/Petersen* Rn. 574.

– § 812 Abs. 1 Satz 2 Alt. 1 *(condictio ob causam finitam)*
– § 812 Abs. 1 Satz 2 Alt. 2 *(condictio ob rem)*
– § 817 Satz 1 *(condictio ob turpem vel iniustam causam).*

2. Nichtleistungskondiktionen

– § 812 Abs. 1 Satz 1 Alt. 2 (allgemeine Eingriffskondiktion) **26**
– § 816 Abs. 1 Satz 1 (entgeltliche Verfügung eines Nichtberechtigten)
– § 816 Abs. 1 Satz 2 (unentgeltliche Verfügung eines Nichtberechtigten)
– § 816 Abs. 2 Satz (befreiende Leistung an einen Nichtberechtigten)
– § 822 (unentgeltliche Verfügung des Empfängers).

B. Anspruchsgrundlagen des Deliktsrechts

Im Folgenden werden nur die wichtigsten Anspruchsgrundlagen in ihrer üblichen **27** Prüfungsreihenfolge vorgestellt und mit einigen Hinweisen für die Klausur erläutert.

§ 823 Abs. 1	**28**

1. Verletzung eines absolut geschützten Rechts

Neben den im Gesetz genannten absolut geschützten Rechtsgütern sind als sonstige Rechte anerkannt: der berechtigte Besitz,[6] das allgemeine Persönlichkeitsrecht (Art. 1, 2 Abs. 1 GG)[7] nebst seinen spezielleren Ausprägungen (Namensrecht, § 12 BGB, Recht am eigenen Bild, §§ 22 ff. KUG) und das sog. Recht am eingerichteten und ausgeübten Gewerbebetrieb, das aber auch für freiberufliche und künstlerische Betätigungen gilt und deshalb „Recht am Unternehmen" genannt werden kann (str.),[8] nicht hingegen schuldrechtliche Forderungen.

2. Handlung (Tun/Unterlassen)

Grundsätzlich genügt jedes menschliche Verhalten im weitesten Sinne. Ein Unterlassen, also eine Untätigkeit, ist nur dann relevant, wenn eine Pflicht zum Tätigwerden bestand, sei es aus vorherigen gefährlichen Tun (Ingerenz), aus gesetzlicher Anordnung oder Verkehrssicherungspflicht. Letztere besagt, dass jedermann sein Verhalten im Verkehr so einzurichten hat, dass andere nicht gefährdet bzw. geschädigt werden können.

3. Haftungsbegründende Kausalität zwischen Handlung und Verletzung (bzw. Zurechnung des Erfolgs)

Hier können zahlreiche Probleme auftreten, die man mit den folgenden Stichworten bedenkt: Äquivalenz, Adäquanz, Fehlverhalten Dritter, kumulative

---

6 Näher etwa Palandt/*Sprau* § 823 Rn. 13.
7 Näher etwa Palandt/*Sprau* § 823 Rn. 83 ff.
8 Palandt/*Sprau* § 823 Rn. 20, 133 ff. – Der Eingriff darf das Unternehmen nicht eher zufällig treffen (Stromausfall), sondern muss sich gegen den Betrieb als solchen richten, wie z. B. schädigende Werturteile, Verbreiten abträglicher wahrer Tatsachen, Boykottmaßnahmen, Blockaden und physische Behinderungen oder unberechtigte Schutzbereichsverwarnung.

Kausalität, Reserveursache sowie weitere Aspekte, die aber eher unten bei 7. eine Rolle spielen.[9] – Ausgangspunkt ist die Äquivalenz aller Ursachen, die man nicht hinwegdenken kann, ohne dass der Erfolg entfiele (*Conditio-sine-qua-non*-Formel). Bei Unterlassungen muss der Erfolg entfallen, wenn man sich die gebotene Handlung hinzudenkt. Alle anderen Aspekte dienen dann der Einschränkung der Zurechnung des Erfolgs.

4. Rechtswidrigkeit (Verstoß gegen Verhaltensnormen)

In der Regel wird die Rechtswidrigkeit durch die Rechtsgutsverletzung indiziert, sodass keine weiteren Ausführungen veranlasst sind. Ausnahmen bestehen bei Verletzungen sog. offener Tatbestände (Persönlichkeitsrechtsverletzung; Eingriff in den eingerichteten und ausgeübten Gewerbebetrieb): Bei ihnen ist die Rechtswidrigkeit positiv festzustellen. Ansonsten entfällt die Rechtswidrigkeit beim Eingreifen eines Rechtfertigungsgrundes (vor allem §§ 227 ff., 904 BGB, §§ 33 ff. StGB).

5. Verschulden: Vorsatz oder Fahrlässigkeit

Man darf hier nicht auf § 276 Abs. 1 Satz 1 verweisen, weil § 823 Abs. 1 den Maßstab selbst festlegt. Er kann – wie bei § 276 – durch Parteivereinbarung oder gesetzliche Sonderregelung modifiziert sein. Für den Begriff der Fahrlässigkeit gilt § 276 Abs. 2. Soweit die Person des Schädigers Anlass dazu gibt, ist vorab die Deliktsfähigkeit nach §§ 827, 828 zu prüfen.

6. Schaden (dem Grunde nach)

Auf den Schaden und die weiteren Prüfungspunkte braucht sich das Verschulden nicht zu beziehen. Deshalb ist es falsch, den Schaden vor dem Verschulden zu prüfen (anders bei § 826). Auch sollte man nicht von einem „kausalen Schaden" sprechen, denn nicht der Schaden muss für irgendetwas ursächlich sein, sondern weitere Voraussetzung ist umgekehrt:

7. Haftungsausfüllende Kausalität zwischen schädigendem Ereignis und eingetretenem Schaden (bzw. Zurechnung der Schadensfolgen)

Hier treten ähnliche Fragen wie oben bei 3. auf, außerdem noch das rechtmäßige Alternativverhalten, die Vorteilsausgleichung und Schadensanlagen sowie die Lehre vom Schutzzweck der Norm. Letztere begrenzt die Zurechnung durch eine rechtliche Bewertung. Bei § 823 Abs. 1 kommt es entscheidend darauf an, ob der Schädiger eine typische Risikolage geschaffen oder sich nur das allgemeine Lebensrisiko verwirklicht hat.

8. Rechtsfolge: Ersatzpflicht gemäß §§ 249 ff. u. a.

Die §§ 249 ff. regeln, wenn aus irgendeinem Rechtsgrund eine Verpflichtung zum Schadensersatz besteht, deren genauen Inhalt und Modalitäten. Für den Ersatz immaterieller Schäden („Schmerzensgeld") ist § 253 zu beachten; entgegen dem Gesetzeswortlaut wird er auch bei Verletzungen des Persönlichkeitsrechts gewährt (arg. Art. 1, 2 Abs. 1 GG) – str.[10] Auch auf das sog. Mitverschulden i. S. v. § 254 (u. a.) ist erst an dieser Stelle einzugehen, denn es wirkt sich auf den Umfang des Ersatzanspruchs aus, nicht auf das Verschulden des Schädigers. – Die §§ 249 ff. werden teils durch Spezialregelungen ergänzt und modifiziert, insbesondere durch die §§ 840 ff., an die man also bei Ansprüchen aus den §§ 823 ff. stets denken sollte.

---

9   Näher etwa Palandt/*Grüneberg* Vor § 249 Rn. 24 ff.
10   Palandt/*Sprau* § 823 Rn. 130; Palandt/*Grüneberg* § 253 Rn. 10.

| § 823 Abs. 2 | 29 |

1. Verletzung eines Schutzgesetzes

a) Schutzgesetze sind alle Rechtsnormen i.S.d. Art. 2 EGBGB, welche ein bestimmtes Verhalten gebieten oder verbieten, um hierdurch einzelne Personen oder einen bestimmten Kreis von Personen in ihren rechtlich anerkannten Interessen zu schützen (sog. drittschützende Normen).

b) Die Verletzung erfordert die vollständige Verwirklichung des Tatbestandes, insbesondere im Strafrecht einschließlich der subjektiven Seite.

2. Rechtswidrigkeit

Wird durch die Schutzgesetzverletzung indiziert bzw. durch Rechtfertigungsgründe beseitigt.

3. Gegebenenfalls Verschulden

Der Verschuldensmaßstab ist vorrangig dem Schutzgesetz zu entnehmen (vgl. § 823 Abs. 2 Satz 2). Einer gesonderten Prüfung des Verschuldens bedarf es nur, wenn das Schutzgesetz auch ohne Verschulden verletzt werden kann. Sie entfällt daher insbesondere bei strafrechtlichen Schutzgesetzen.

4. Schaden

Wie § 823 Abs. 1.

5. Haftungsausfüllende Kausalität

Kausal- bzw. Zurechnungszusammenhang zwischen Schutzgesetzverletzung und Schaden. Das verletzte Gesetz muss insbesondere den Schutzzweck haben, vor Schäden der eingetretenen Art zu schützen.

Rechtsfolge: Ersatzpflicht gemäß §§ 249 ff. usw.

| § 826 | 30 |

1. Sittenwidrige Schädigungshandlung

Sittenwidrig ist, was gegen das Anstandsgefühl aller billig und gerecht Denkenden verstößt. Dies erfordert eine besondere Verwerflichkeit der betreffenden Handlung, die sich aus dem verfolgten Zweck, den eingesetzten Mitteln, der gezeigten Gesinnung oder den eingetretenen Folgen ergeben kann.[11] Dies beinhaltet zugleich die Rechtswidrigkeit. Die Praxis arbeitet mit Fallgruppen,[12] die man sich für das Studium allerdings kaum umfassend merken kann, z.B. die (zumindest examensrelevante) Durchbrechung der Rechtskraft vollstreckungsfähiger Urteile mit Hilfe des § 826, wenn der Gläubiger den Titel sittenwidrig erschlichen hat oder ihn in dieser Weise ausnutzt.

2. Schaden

Wie § 823 Abs. 1.

---

[11] Palandt/*Sprau* § 826 Rn. 4.
[12] Vgl. etwa Jauernig/*Teichmann* § 826 Rn. 13 ff.

3. Haftungsausfüllende Kausalität

= Kausalzusammenhang zwischen Schädigungshandlung und Schaden.

4. Vorsatz bezüglich Sittenwidrigkeit *und* Schaden

Im Gegensatz zu den anderen Anspruchsgrundlagen verlangt § 826 zumindest bedingten Vorsatz. Dieser muss sich sowohl auf den Schaden als auch auf die Tatsachen beziehen, welche die Sittenwidrigkeit begründen. Der Schädiger muss also die Tatsachen kennen, aus denen die Sittenwidrigkeit folgt.

Rechtsfolge: Ersatzpflicht gemäß §§ 249 ff.

31

Haftung für Verrichtungsgehilfen (§ 831 Abs. 1)

Hinweis: Für die §§ 832, 833 Satz 2 und 834 gilt der gleiche Grundaufbau, natürlich an die dortigen Tatbestandsmerkmale angepasst.

1. Verrichtungsgehilfe des Anspruchsgegners

= wer mit Wissen und Wollen des Geschäftsherrn in dessen Pflichtenkreis tätig ist und dessen Weisungen Folge zu leisten hat.

2. Schädigung des Gläubigers durch rechtswidrige unerlaubte Handlung des Gehilfen i. S. d. §§ 823 ff.

Ein Verschulden des Gehilfen ist nicht erforderlich! Ansonsten muss man hier prüfen, ob der Gehilfe einen Tatbestand der §§ 823 ff. objektiv und rechtswidrig verwirklicht und dadurch den Anspruchsteller geschädigt hat.

3. In Ausführung der Verrichtung

= innerer, sachlicher Zusammenhang zwischen Schädigung und Verrichtung; Schädigung nicht nur bei Gelegenheit der Verrichtung.

4. Verschulden des Geschäftsherrn

Sog. Auswahl- oder Überwachungsverschulden des Geschäftsherrn, das vermutet wird (vgl. § 831 Abs. 1 Satz 2), aber mit Möglichkeit der Exkulpation, also des Beweises des Gegenteils.

Rechtsfolge: Ersatzpflicht gemäß §§ 249 ff.

32

Gefährdungshaftung des Kfz-Halters nach § 7 Abs. 1 StVG

Hinweis: Andere Ansprüche – insbesondere nach § 823 Abs. 1 BGB – werden nicht ausgeschlossen (§ 16 StVG), und sind im Gutachten deshalb ebenfalls zu prüfen.

1. Halter (als Anspruchsgegner)

2. Rechtsgutverletzung (Tötung, Körper-/Gesundheitsverletzung, Sachbeschädigung)

3. Bei dem Betrieb eines Kraftfahrzeugs oder Anhängers (Schutzzweck!)

4. Haftungsbegründende Kausalität

5. Kein Haftungsausschluss nach § 7 Abs. 2 StVG

Höhere Gewalt = Ereignis von außen, unvorhersehbar, unabwendbar. Weitere Haftungsausschlüsse: § 7 Abs. 3 StVG (Entwendung des Kfz), § 8 StVG

6. Schaden (wie bei § 823 Abs. 1)

7. Haftungsausfüllende Kausalität zwischen Rechtsgutverletzung und Schaden

Es muss sich gerade das Risiko verwirklicht haben, das Anlass für die Anordnung der Gefährdungshaftung ist, hier also die Betriebsgefahr des Kfz.
Rechtsfolge: Ersatz des materiellen und immateriellen Schadens nach §§ 249 ff. BGB i. V. m. §§ 9 ff. StVG; u. a. Mitverschulden nach § 9 StVG, Höchstgrenze des § 12 StVG, Verwirkung bei verspäteter Schadensanzeige (§ 15 StVG)

Haftung des Fahrzeugführers nach § 18 Abs. 1 StVG 33

Hinweis: Andere Ansprüche – insbesondere nach § 823 Abs. 1 BGB – werden nicht ausgeschlossen (§ 18 Abs. 2 StVG) und sind im Gutachten deshalb ebenfalls zu prüfen.

1. Fahrzeugführer als Anspruchsführer

= wer das Kfz verantwortlich in Bewegung setzt, anhält, parkt, nach Fahrtunterbrechung weiterfährt.

2. Rechtsgutverletzung (Tötung, Personenverletzung, Sachbeschädigung)

3. Beim Betrieb eines Kfz oder Anhängers

4. Kein Haftungsausschluss nach § 18 Abs. 1 Satz 2 StVG (fehlendes Verschulden)

Unterschied zu § 823 Abs. 1 BGB: Beweislast – vermutetes Verschulden nur nach § 18 Abs. 1 Satz 2 StVG

5. Schaden

6. Haftungsausfüllende Kausalität zwischen Rechtsgutverletzung und Schaden

Rechtsfolge: Ersatzpflicht nach §§ 249 ff. BGB, §§ 8–15 StVG

Produkthaftung nach § 1 Abs. 1 ProdHaftG 34

1. Anspruchsgegner: Hersteller (§ 4 ProdHaftG)

2. Rechtsgutverletzung (§ 1 Abs. 1 Sätze 1 und 2 ProdHaftG)

3. Produkt (§ 2 ProdHaftG)

4. Fehler des Produkts (§ 3 ProdHaftG)

5. Haftungsbegründende Kausalität von 4. für 2.

6. Kein Haftungsausschluss nach § 1 Abs. 2 und 3 ProdHaftG

7. Schaden

8. Haftungsausfüllende Kausalität zwischen 2. und 7.

Rechtsfolge: Ersatzpflicht gemäß §§ 6 ff. ProdHaftG, 249 ff. BGB

Daneben bleibt § 823 Abs. 1 BGB mit den von der Rspr. entwickelten Grundsätzen über die Produzentenhaftung anwendbar und relevant, weil die Haftung nach dem ProdHaftG nicht gilt für Sachschäden durch gewerblich genutzte Produkte (§ 1 Abs. 1 Satz 2 ProdHaftG), für weiterfressende Mängel an der Sache selbst (§ 1 Abs. 1 Satz 1 ProdHaftG), für Schäden jenseits der Haftungshöchstgrenze nach § 10 ProdHaftG und für Bagatellschäden bis 500 EUR (§ 11 ProdHaftG, Selbstbeteiligung).

C. Anspruchsgrundlagen der Geschäftsführung ohne Auftrag

35 Man unterscheidet die echte GoA (§§ 677 ff.) von der unechten (§ 687) und innerhalb der echten die berechtigte von der unberechtigten GoA.

I. Echte berechtigte GoA

36 **Aufwendungsersatzanspruch des Geschäftsführers gemäß §§ 677, 683, 670**

1. Geschäftsführung

Jede Tätigkeit rechtsgeschäftlicher oder tatsächlicher Art; nicht bloßes Dulden oder Unterlassen; Geschäftsfähigkeit weder beim Geschäftsführer noch beim Geschäftsherrn erforderlich.

2. Fremdes Geschäft („für einen anderen")

Geschäft, das zumindest auch in den Rechts- und Interessenkreis eines anderen fällt; nicht Geschäft, das ausschließlich Angelegenheit des Handelnden zum Gegenstand hat (selbst bei positivem Reflex für einen anderen).

a) Objektiv fremdes Geschäft

Geschäft, das schon nach seinem Inhalt und äußeren Erscheinungsbild einem fremden Rechtskreis zuzurechnen ist[13] (gesetzliche oder vertragliche Güter- und Lastenverteilung als Maßstab), z.B. Tilgung fremder Schuld (§§ 362 Abs. 1, 267 Abs. 1).

b) Auch-fremdes Geschäft

Gleichzeitige Wahrnehmung eigener und fremder Angelegenheiten (Handeln im Doppelinteresse), z.B. durch sog. pflichtengebundenen Geschäftsführer (Löscharbeiten der Feuerwehr an Privatgebäude in Erfüllung öffentlich-rechtlicher Pflichten),[14] nach der Rspr. grundsätzlich auch bei der Durchführung (unerkannt) nichtiger Verträge (str.)[15] und in weiteren Fällen.

c) Subjektiv fremdes Geschäft

Objektiv neutrales Geschäft, das an sich jeden betreffen kann und erst durch Fremdgeschäftsführungswillen zu einem fremden Geschäft wird, z.B. Vertragsschluss für einen anderen.

---

[13] Palandt/*Sprau* § 677 Rn. 4.
[14] Vgl. BGHZ 40, 28 = NJW 1963, 1825 – Funkenflug-Urteil; dazu etwa *Thole* NJW 2010, 1243.
[15] Vgl. BGHZ 111, 308 ff. = NJW 1990, 2542 = bei *K. Schmidt* JuS 1991, 73 – Schwarzarbeiter.

3. Fremdgeschäftsführungswille

Geschäftsführer muss im Zeitpunkt der Geschäftsführung von der Fremdheit wissen (Fremdgeschäftsführungsbewusstsein) und wollen, dass der Erfolg einem anderen zugute kommt (Fremdgeschäftsführungswille im engeren Sinne). Ein Irrtum über die Person des Geschäftsherrn ist unbeachtlich (§ 686; „Geschäftsführung für den, den es angeht").

a) Objektiv fremdes Geschäft und auch fremdes Geschäft

Hier gilt eine (widerlegbare) Vermutung des Fremdgeschäftsführungswillens, die die h.L. aber bei nichtigen Verträgen nicht anerkennt (a.A. Rspr.), da die Erfüllung der eigenen Verbindlichkeit im Vordergrund steht.

b) (Nur) subjektiv fremdes Geschäft

Fremdgeschäftsführungswille muss positiv festgestellt werden; § 686 aufgrund der Beschränkung auf die subjektive Komponente nicht anwendbar.

4. Ohne Auftrag oder sonstige Berechtigung (§ 677)

Es darf kein Rechtsverhältnis bestehen, das ein Geschäftsführungsrecht gegenüber dem Geschäftsherrn begründet, z.B. §§ 662, 611, 631, 675, 1626ff. oder eine Organstellung in Gesellschaften. Die allgemeine Rechtspflicht zur Hilfeleistung nach § 323c StGB als Verpflichtung gegenüber der Allgemeinheit genügt nicht. – Beachte: Berechtigung gegenüber Drittem schließt GoA nicht aus (vgl. pflichtengebundener Geschäftsführer).

5. Berechtigung zur Übernahme (§ 683 Satz 1)

Die Geschäftsführung muss dem Interesse und dem Willen des Geschäftsherrn entsprechen.

a) Interesse

Objektive Nützlichkeit unter Berücksichtigung der persönlichen Verhältnisse.

b) Wille

Der wahre, hilfsweise der aus dem Interesse zu entnehmende mutmaßliche Wille entscheidet und hat gegebenenfalls Vorrang vor dem Interesse (§ 683 auch bei „unvernünftiger GoA"). Der gute Glaube des Geschäftsführers ist unerheblich. Bei minderjährigem Geschäftsherrn ist der Wille des gesetzlichen Vertreters maßgeblich (Wertung der §§ 107 Abs. 1, 166 Abs. 1).

c) Unbeachtlichkeit des entgegenstehenden Willens (§§ 683 Satz 2, 679)

Wenn der Geschäftsführer eine (Rechts-)Pflicht des Geschäftsherrn, deren Erfüllung im öffentlichen Interesse liegt (z.B. Gefahrenabwehr), oder eine gesetzliche Unterhaltspflicht erfüllt, sofern die Pflicht sonst nicht rechtzeitig erfüllt würde. Bei Verhinderung einer Selbsttötung gilt § 679 analog (arg. Art. 2 Abs. 2 GG).

d) Genehmigung (§ 684 Satz 2)

Nachträgliche Zustimmung des Geschäftsherrn (§ 184 Abs. 1); auch konkludent (z.B. durch Herausgabeverlangen gemäß §§ 681 Satz 2, 667).

---

16 BGHZ 118, 142, 150 = NJW 1992, 2021 m.Anm. *G. Roth* LM § 318 HGB Nr. 2 (10/1992).

6. Rechtsfolge: Aufwendungsersatz gemäß § 670

a) Aufwendungen

Freiwillige Vermögensopfer zum Zweck der Ausführung; problematisch ist die Arbeitskraft des Geschäftsführers, die wegen des Verweises auf § 670 – also das Recht des unentgeltlichen Auftrags – grundsätzlich nicht ersatzfähig ist. Eine Ausnahme gilt bei Tätigkeiten, die zum Beruf oder Gewerbe des Geschäftsführers gehören (§ 1835 Abs. 3 analog).

b) Erforderlichkeit

Es entscheidet die Perspektive eines verständigen Geschäftsführers im Zeitpunkt der Ausführung. Sie fehlt bei Aufwendungen im Rahmen gesetzlich verbotener Tätigkeiten.[16] Die Zweckerreichung ist nicht Voraussetzung; auch im Ergebnis nutzlose Aufwendungen sind ersatzfähig. Auf Beurteilungsfehler bei einer Notgeschäftsführung findet § 680 entsprechende Anwendung.

c) Risikotypische Begleitschäden

Das sind unfreiwillige Vermögensopfer und daher an sich keine Aufwendungen. Gleichwohl sind sie in analoger Anwendung des § 670 ersatzfähig, wenn sich darin nicht das allgemeine Lebensrisiko, sondern ein tätigkeitsspezifisch erhöhtes Schadensrisiko verwirklicht (Gleichsetzung der freiwilligen Übernahme des Schadensrisikos mit freiwilligem Vermögensopfer, Wertung des § 110 Abs. 1 HGB). Sogar ein Anspruch auf angemessenes Schmerzensgeld analog § 253 soll möglich sein (str.). Eine Anspruchskürzung entsprechend § 254 bei Mitverschulden ist möglich; gegebenenfalls Haftungsmilderung gemäß § 680.

d) Kein Anspruchsausschluss gemäß § 685

Das Handeln in freigebiger Absicht erfordert die Äußerung eines Verzichtswillens im Zeitpunkt der Übernahme (ausdrücklich oder konkludent); darauf sind §§ 104 ff. entsprechend anwendbar.[17] Auslegungsregel in § 685 Abs. 2.

---

37 | **Ansprüche des Geschäftsherrn auf Herausgabe sowie Auskunft und Rechenschaft gemäß §§ 681 Satz 2, 667 bzw. 666**

1. Geschäftsführung

2. Fremdes Geschäft

3. Fremdgeschäftsführungswille

4. Ohne Auftrag oder sonstige Berechtigung

Rechtsfolge: Haftung des Geschäftsführers nach Auftragsrecht
– Auskunft und Rechenschaft (§ 666)
– Herausgabe des Erlangten (§ 667) einschließlich des erzielten Gewinns
– Verzinsung des verwendeten Geldes (§ 668)

---

[17] *Wandt* § 5 Rn. 45.

Schadensersatzanspruch des Geschäftsherrn wegen Ausführungsverschuldens gemäß §§ 280 Abs. 1, 677	**38**

1. Anwendbarkeit

Haftungsbeschränkung gemäß § 682 bei fehlender Geschäftsfähigkeit des Geschäftsführers.

2. Schuldverhältnis (§ 280 Abs. 1 Satz 1)

Echte GoA gemäß § 677 als auftragsähnliches gesetzliches Schuldverhältnis.

  a) Geschäftsführung

  b) Fremdes Geschäft

  c) Fremdgeschäftsführungswille

  d) Ohne Auftrag oder sonstige Berechtigung

3. Pflichtverletzung (§ 280 Abs. 1 Satz 1)

Verletzung der Pflicht zur sorgfältigen Ausführung gemäß § 677; Maßstab: Interesse des Geschäftsherrn (mit Rücksicht auf dessen Willen).

4. Vertretenmüssen (§ 280 Abs. 1 Satz 2)

Sog. Ausführungsverschulden (§§ 276 ff.), aber Haftungsprivilegierung gemäß § 680 bei Geschäftsführung zur Abwendung dringender Gefahren für den Geschäftsherrn;[18] Erstreckung auf Gefahren für Angehörige des Geschäftsherrn str., ebenso Anwendbarkeit bei Scheingefahr.

Rechtsfolge: Ersatz ausführungsbedingter Schäden gemäß §§ 249 ff.

II. Ansprüche aus echter unberechtigter GoA

Aufwendungskondiktion des Geschäftsführers gemäß §§ 684 Satz 1, 818 ff.	**39**

1. Geschäftsführung

2. Fremdes Geschäft

3. Fremdgeschäftsführungswille

4. Ohne Auftrag

5. Fehlende Berechtigung zur Übernahme der Geschäftsführung (§ 684 Satz 1)

Übernahme im Widerspruch zum Interesse und Willen des Geschäftsherrn, außerdem keine Genehmigung gemäß § 684 Satz 2.

Rechtsfolge: Aufwendungsersatz nach Bereicherungsrecht
– Nach h. M. Rechtsfolgenverweis auf die §§ 818 ff., d. h. Geschäftsherr haftet nur i. H. d. noch vorhandenen Bereicherung (§ 818 Abs. 2).
– Beschränkung der Wertersatzpflicht auf tatsächlich realisierte Wertsteigerungen durch die Grundsätze der sog. aufgedrängten Bereicherung (arg. Wertung des § 814, Entreicherung gemäß § 818 Abs. 3 oder subjektives Verständnis des Wertbegriffs in § 818 Abs. 2)[19]

---

[18] Vgl. dazu *Wandt* § 5 Rn. 68 f.
[19] Vgl. dazu *Wandt* § 12 Rn. 61 f.

40	**Ansprüche des Geschäftsherrn auf Herausgabe usw.** **gemäß §§ 681 Satz 2, 666–668**

Siehe Rn. 37.

41	**Schadensersatzanspruch des Geschäftsherrn wegen** **Übernahmeverschuldens gemäß § 678**

1. Anwendbarkeit

Haftungsbeschränkung gemäß § 682 bei fehlender Geschäftsfähigkeit des Geschäftsführers.

2. Geschäftsführung

3. Fremdes Geschäft

4. Fremdgeschäftsführungswille

5. Ohne Auftrag

6. Übernahme der Geschäftsführung im Widerspruch zum Willen des Geschäftsherrn (§ 678)

7. Übernahmeverschulden

Bezugspunkt ist die Übernahme in Widerspruch zum Willen des Geschäftsherrn (nicht Ausführung oder Schaden!). Erforderlich dafür ist zumindest fahrlässige Unkenntnis des entgegenstehenden Willens (vgl. § 122 Abs. 2). Unter Umständen Haftungsprivilegierung gemäß § 680.

Rechtsfolge: Ersatz des aus der Geschäftsführung entstehenden Schadens nach §§ 249 ff.

Adäquater Kausalzusammenhang zwischen Übernahme und Schaden genügt; Haftung auch für zufällige Schäden, die trotz sorgfältiger Ausführung entstehen.[20]

42	**Schadensersatzanspruch des Geschäftsherrn wegen Ausführungsverschuldens** **gemäß §§ 280 Abs. 1, 677**

Siehe Rn. 38.

III. Ansprüche aus unechter GoA

43	**Ansprüche aus irrtümlicher Eigengeschäftsführung** **(§ 687 Abs. 1 i.V.m. §§ 987 ff., 812 ff., 823 ff.)**

1. Führung eines objektiv fremden Geschäfts

2. Fehlendes Fremdgeschäftsführungsbewusstsein

Rechtsfolge: §§ 677 ff. unanwendbar; Geltung der allgemeinen Vorschriften: §§ 987 ff., 812 ff., 823 ff.

---

[20] *Wandt* § 5 Rn. 78.

Ansprüche aus angemaßter Eigengeschäftsführung (§ 687 Abs. 2)	44

1. Führung eines objektiv fremden Geschäfts

2. Kenntnis der Fremdheit des Geschäfts

3. Eigengeschäftsführungswille

4. Ohne Auftrag oder sonstige Berechtigung

Rechtsfolge: Wahlrecht des Geschäftsherrn
a) Ansprüche des Geschäftsherrn: Wahlrecht (§ 687 Abs. 2 Satz 1)
  (1) Ansprüche aus GoA (insbesondere §§ 280 Abs. 1, 677; 678; 681 Satz 2, 667)
    – Rechtsfolgenverweis auf GoA[21]
    – Privilegierungen gemäß §§ 679, 680 nicht anwendbar
  (2) allgemeine Vorschriften (§§ 987 ff., 812 ff., 823 ff.)
b) Ansprüche des Geschäftsführers
Aufwendungskondiktion gemäß § 687 Abs. 2 Satz 2 i. V. m. § 684 Satz 2 nur bei Geltendmachung von GoA-Ansprüchen durch den Geschäftsherrn, sonst nicht.

D. Anspruchsgrundlagen des Bereicherungsrechts

I. Leistungskondiktionen   45

– § 812 Abs. 1 Satz 1 Alt. 1 *(condictio indebiti)*
– § 812 Abs. 1 Satz 2 Alt. 1 *(condictio ob causam finitam)*
– § 812 Abs. 1 Satz 2 Alt. 2 *(condictio ob rem)*
– § 813 Abs. 1 Satz 1 *(condictio indebiti)*
– § 817 Satz 1 *(condictio ob turpem vel iniustam causam)*.

§ 812 Abs. 1 Satz 1 Alt. 1 *(condictio indebiti)*	46

1. Etwas erlangt

Jeder dem Bereicherungsschuldner zugeflossene Vorteil im weitesten Sinne, der tatsächlich in sein Vermögen übergegangen ist (sich dort also manifestiert hat) und zu einer Verbesserung seiner Vermögenslage geführt hat.[22] Dieses erlangte Etwas ist juristisch möglichst genau zu beschreiben.

Beispiele: (1.) dingliche Rechtspositionen wie beispielsweise Eigentum und Besitz an einer Sache, sonstige beschränkt dingliche Rechte (Hypothek, Grundschuld, Dienstbarkeiten), (2.) Immaterialgüterrechte wie Patent, (3.) schuldrechtliche Rechtspositionen wie Forderungen oder Schuldanerkenntnis (vgl. § 812 Abs. 2), (4.) Besitz.

2. Durch Leistung

Eine Leistung ist eine (1.) bewusste und (2.) zweckgerichtete Mehrung fremden Vermögens.[23] Meist geht es um die Erfüllung einer Verbindlichkeit (Leistung *solvendi causa*). Ist eine (Hand-)Schenkung Leistungszweck, spricht man von einer Leistung *donandi causa*.

---

[21] *Wandt* § 6 Rn. 8.
[22] Jauernig/*Stadler* § 812 Rn. 8; *Kropholler* § 812 Rn. 4; Palandt/*Sprau* § 812 Rn. 8.
[23] St. Rspr., etwa *BGH* NJW 2004, 1169 m. w. N.; Palandt/*Sprau* § 812 Rn. 14 m. w. N.

a) **Bewusst:** zumindest generelles Leistungsbewusstsein (Fälle der Leistung *ad incertas personas*)

b) **Zweckgerichtet (Leistungszweck):** Ermittlung durch Auslegung der meist konkludenten Tilgungsbestimmung (vgl. § 366 Abs. 1);[24] hilfsweise objektive Betrachtungsweise aus dem Empfängerhorizont nach dem Verständnis einer vernünftigen Person nach Treu und Glauben mit Rücksicht auf die Verkehrssitte.[25]

3. Ohne rechtlichen Grund

Ein rechtlicher Grund fehlt, wenn dem Leistungsempfänger die Zuwendung nach der ihr zugrunde liegenden Rechtsbeziehung nicht oder nicht endgültig zusteht.[26] Ein Rechtsgrund kann sich insbesondere aus schuldrechtlichen Verpflichtungsgeschäften (z.B. Kaufvertrag), aber auch aus gesetzlichen Schuldverhältnissen (Schadensersatzpflicht nach § 823 Abs. 1) ergeben. An dieser Stelle muss man also gegebenenfalls insbesondere den Vertragsschluss und anschließend rechtshindernde und rechtsvernichtende Einwendungen prüfen. Je nach durchgreifender Einwendung kann der rechtliche Grund von Anfang an fehlen (§ 812 Abs. 1 Satz 1 Alt. 1) oder nachträglich wegfallen (§ 812 Abs. 1 Satz 2 Alt. 1). Die Einordnung der Anfechtung (§ 142 Abs. 1) ist streitig,[27] weil § 142 Abs. 1 eine *Ex-tunc*-Wirkung anordnet, sodass der Rechtsgrund von Anfang an nicht besteht (rechtshindernde Einwendung, also § 812 Abs. 1 Satz 1 Alt. 1), andererseits § 142 Abs. 1 nur eine gesetzliche Fiktion ist und in Wirklichkeit bis zur Anfechtungserklärung ein wirksames Rechtsgeschäft bestand (Anfechtung = rechtsvernichtende Einwendung, also § 812 Abs. 1 Satz 2 Alt. 1). In der Falllösung müssen nur die Ausführungen zur Wirkung der Anfechtung zur gewählten Anspruchsgrundlage passen; eine genaue Darstellung der Meinungen ist aber wegen identischer Ergebnisse nicht erforderlich.

4. Ausschlussgründe (§§ 814, 817 Satz 2)

a) **§ 814: Kenntnis der Nichtschuld**

    aa) Wissen des Leistenden: **positives** Wissen erforderlich; dieses erfordert neben der Kenntnis der Tatumstände die Kenntnis der Nichtschuld. Parallelwertung in der Laiensphäre ist ausreichend.

    bb) Leistung entsprach sittlicher Pflicht etc.: Zahlung von Unterhalt an bedürftige nahe Angehörige, die nicht unter §§ 1601, 1589 Abs. 1 Satz 1 fallen (z.B. Geschwister). Kenntnis der Nichtschuld ist hier unerheblich.

b) **§ 817 Satz 2: Sittenverstoß durch Leistungsannahme**

    Hinweis: § 817 Satz 2 ist der in Klausuren am häufigsten auftretende Kondiktionsausschluss.

    aa) § 817 Satz 2 ist auch bei nur einseitigen Gesetzesverstößen des Leistenden anwendbar, denn die Verwendung des Wortes „gleichfalls" hat nur sprachliche, aber nicht inhaltliche Gründe.[28]

---

[24] Näher Palandt/*Sprau* § 812 Rn. 14.
[25] *BGH* NJW 2005, 60 – Dirnenlohn.
[26] Vgl. Palandt/*Sprau* § 812 Rn. 6 und 21.
[27] Vgl. Staudinger/*Lorenz* (2007) § 812 Rn. 88 m. w. N.
[28] Näher zu diesem Problem *Kropholler* § 817 Rn. 4; *Wandt* § 10 Rn. 35.

bb) § 817 Satz 2 bezieht sich nicht nur auf Satz 1, sondern schließt auch Leistungskondiktionsansprüche aus § 812 Abs. 1 aus. Andernfalls liefe die vom Gesetzgeber in Fällen von Gesetzesverstößen gewollte Kondiktionssperre fast leer, denn die Leistungskondiktion aus § 817 Satz 1 hat nur eine geringe Bedeutung.[29]

cc) Häufig ist noch zu untersuchen, ob das bei einer Anwendung von § 817 Satz 2 gefundene Ergebnis der Billigkeit entspricht (§ 242, Beispiel Schwarzarbeit; siehe dazu Fall 18).

dd) Sonderproblem: Überlassung auf Zeit, beispielsweise wucherische Darlehensverträge. Nach h.M. ist für die Gewährung eines derartigen Darlehens überhaupt kein Zins zu zahlen, auch kein angemessener Betrag.[30] Die Rückforderung des Kapitals ist nicht ausgeschlossen.

5. Inhalt und Umfang des Bereicherungsanspruchs: Siehe Rn. 57 ff.

---

§ 813 Abs. 1 Satz 1 *(condictio indebiti)*   47

1. Etwas erlangt

2. Durch Leistung

3. Dauerhafte Einrede gegen Verbindlichkeit

§ 813 Abs. 1 Satz 1 erfasst nur peremptorische (dauerhafte), nicht dilatorische (vorübergehende) **Einreden** (näher Fall 15 Rn. 40). Ausgenommen ist die Einrede der Verjährung, denn gemäß § 813 Abs. 1 Satz 2 bleibt § 214 Abs. 2 unberührt, d.h. das auf eine verjährte Forderung Geleistete ist nicht kondizierbar. Rechtshindernde und rechtsvernichtende **Einwendungen** führen hingegen zu Ansprüchen aus § 812 Abs. 1 Satz 1 Alt. 1 und § 812 Abs. 1 Satz 2 Alt. 1.

4. Ausschlussgründe (§§ 814, 817 Satz 2, 813 Abs. 2)

a) §§ 814, 817 Satz 2

b) § 813 Abs. 2

Bei vorzeitiger Erfüllung einer betagten (gestundeten) Forderung (gleicher Gedanke wie § 272) ist die Rückforderung ausgeschlossen, um ein Hin- und Herzahlen zu vermeiden.

5. Inhalt und Umfang des Bereicherungsanspruchs: Siehe Rn. 57 ff.

---

§ 812 Abs. 1 Satz 2 Alt. 1 *(condictio ob causam finitam)*   48

1. Etwas erlangt

2. Durch Leistung

---

[29] BGHZ 50, 90, 91; Bamberger/Roth/*Wendehorst* § 817 Rn. 11; MünchKommBGB/*Schwab* § 817 Rn. 10; Staudinger/*Lorenz* (2007) § 817 Rn. 10.

[30] Vgl. *Wandt* § 10 Rn. 36.

3. Späterer Wegfall des rechtlichen Grundes

Der anfänglich bestehende rechtliche Grund fällt nach der Leistung weg.

Beispiele: Vertragsaufhebung (vgl. § 311 Abs. 1), Kündigung (§§ 314, 542, 543, 620ff., 626), Eintritt auflösender Bedingung oder Befristung (§§ 163, 158 Abs. 2); **aber nicht Rücktritt (arg. Wortlaut des § 346 Abs. 1):** Der Rücktritt wandelt ein Schuldverhältnis in ein Rückabwicklungsschuldverhältnis um, dieses bleibt Rechtsgrund für die Vermögensverschiebung. Anwendbar sind die §§ 346ff., nicht § 812 Abs. 1 Satz 2 Alt. 1. Dies zu verkennen, ist ein gravierender Fehler. – Zur Anfechtung siehe bei § 812 Abs. 1 Satz 1 Alt. 1 (Rn. 46).

4. Ausschlussgründe

a) § 814

§ 814 ist auf den Anspruch aus § 812 Abs. 1 Satz 2 Alt. 1 nicht anwendbar, weil sein Wortlaut eine Kenntnis der Nichtschuld bereits zum Zeitpunkt der Leistung voraussetzt.

b) § 817 Satz 2

5. Inhalt und Umfang des Bereicherungsanspruchs: Siehe Rn. 57ff.

49

§ 812 Abs. 1 Satz 2 Alt. 2 *(condictio ob rem)*

1. Etwas erlangt

2. Durch Leistung

3. Nichteintritt des mit der Leistung bezweckten Erfolgs

Es muss feststehen, dass der mit einer Leistung nach dem Inhalt des Rechtsgeschäfts bezweckte (weitere) Erfolg nicht eingetreten ist. Den Erfüllungszweck erfasst bereits § 812 Abs. 1 Satz 1 Alt. 1.

a) Leistung in Erwartung rechtlich nicht geschuldeten Verhaltens

Der Leistende will den Leistungsempfänger durch (nicht geschuldete) Leistung zu einem bestimmten, rechtlich nicht geschuldeten Verhalten veranlassen (unstr.).

Beispiele:[31] (1.) Zahlung des Kaufpreises bei nichtigem Grundstückskaufvertrag (§§ 311b Abs. 1, 125 Satz 1) an Verkäufer, um diesen zur Auflassung und damit zur Heilung des Vertrages (§ 311b Abs. 1 Satz 2) zu veranlassen; (2.) Zahlung eines Teils des Kaufpreises an Verkäufer, um diesen zum Abschluss des Vertrages zu bewegen.

b) Zweckabrede (tatsächliche Einigung über den weiteren Leistungszweck)

    aa) Fallgruppe umstritten; nach h.M. erforderlich, weil eine an sich vorrangige Rückabwicklung über Vertragsrecht hier mangels vertraglicher Vereinbarung nicht in Betracht kommen kann.[32]

    bb) Tatsächliche Einigung: Eine konkrete Verständigung zwischen den Parteien muss stattgefunden haben. Einseitige Erwartungen (Motive), Beweggründe oder Äußerungen ohne Billigung durch die Gegenseite genügen hier nicht (zu denken ist hier aber an die Leistung in Erwartung rechtlich nicht geschuldeten Verhaltens). Es genügt, wenn der andere

---

[31] Nach *Wandt* § 10 Rn. 58.
[32] Vgl. *Wandt* § 10 Rn. 60.

Teil die Zweckbestimmung positiv kennt und billigt.[33] – Diese Verständigung darf nicht rechtsgeschäftlicher Natur sein, muss aber mehr als die bloße Geschäftsgrundlage (§ 313) darstellen. § 313 kann nur dann zur Anwendung kommen, wenn eine Zweckabrede nicht festzustellen ist.[34]

Beispiele für rechtsgeschäftliche Einigung: Gegenleistungen eines Austauschvertrages wie Kaufpreis oder Miete, Bedingungen und Befristungen.

4. Ausschlussgründe

a) § 815

§ 815 ist nur auf Ansprüche aus § 812 Abs. 1 Satz 2 Alt. 2 anzuwenden. Zwei Alternativen: (1.) § 815 Alt. 1: Der Eintritt des Erfolges war von Anfang an unmöglich, und der Leistende hatte von der Unmöglichkeit positive Kenntnis (wie bei § 814). (2.) § 815 Alt. 2: Verhinderung des Erfolgseintritts wider Treu und Glauben.

b) § 817 Satz 2 (wie oben)

5. Inhalt und Umfang des Bereicherungsanspruchs: Siehe Rn. 57 ff.

| § 817 Satz 1 *(condictio ob turpem vel iniustam causam)* | 50 |

Hinweis: Neben § 817 Satz 1 ist häufig § 812 Abs. 1 Satz 1 Alt. 1 einschlägig.

1. Etwas erlangt

2. Durch Leistung

3. Gesetzes- oder Sittenverstoß

a) Objektive Voraussetzungen:

(1) Annahme der Leistung ist Gesetzes- oder Sittenverstoß wie im Falle der §§ 134, 138; ausreichend ist aber auch:

(2) einseitiger Verstoß des Empfängers wie beispielsweise im Falle von erpressten Leistungen.

b) Subjektive Voraussetzungen nach h.M.: positive Kenntnis des Empfängers vom Gesetzesverstoß bzw. Bewusstsein des Sittenverstoßes; (nur) ein leichtfertiges Sich-Verschließen steht gleich.[35]

4. Ausschlussgründe

a) § 814

Keine Anwendung des § 814 auf § 817 Satz 1 wegen systematischer Stellung; zudem erfasst § 814 den Anwendungsbereich des § 817 Satz 1 nicht.[36]

b) § 817 Satz 2

5. Inhalt und Umfang des Bereicherungsanspruchs: Siehe Rn. 57 ff.

---

[33] BGHZ 115, 261, 263; 177, 193 Rn. 34; *Wandt* § 10 Rn. 62.

[34] BGHZ 177, 193 Rn. 40 = NJW 2008, 3277 = bei *Wellenhofer* JuS 2008, 1124.

[35] Palandt/*Sprau* § 817 Rn. 8; vgl. BGHZ 50, 90, 92 = NJW 1968, 1329; BGHZ 75, 299, 302 = NJW 1980, 452.

[36] *BGH* NJW-RR 2001, 1044, 1046.

II. Nichtleistungskondiktionen

51 – § 816 Abs. 1 Satz 1 (entgeltliche Verfügung eines Nichtberechtigten)
– § 816 Abs. 1 Satz 2 (unentgeltliche Verfügung eines Nichtberechtigten)
– § 816 Abs. 2 Satz (befreiende Leistung an einen Nichtberechtigten)
– § 822 (unentgeltliche Verfügung des Empfängers)
– § 812 Abs. 1 Satz 1 Alt. 2 (allgemeine Eingriffskondiktion).

52 | **§ 812 Abs. 1 Satz 1 Alt. 2 (allgemeine Eingriffskondiktion)**

Hinweis: Wie in der Übersicht zuvor dargestellt, sollte man sie nicht zuerst prüfen, weil die anderen Vorschriften speziellere Formen der Nichtleistungskondiktion enthalten und man sonst häufig Schwierigkeiten mit dem „Vorrang der Leistungsbeziehungen" bekommt.

1. Etwas erlangt

2. In sonstiger Weise auf dessen Kosten

a) Das Tatbestandsmerkmal dient der Bestimmung von Bereicherungsgläubiger und -schuldner.
Zuweisungstheorie (h.M.): Der Bereicherungsschuldner muss in eine durch die Rechtsordnung dem Bereicherungsgläubiger zur ausschließlichen Verfügung zugewiesenen Rechtsposition eingegriffen haben.[37] Die exakte Bestimmung des Umfangs dieser Rechtsposition ist dem Gesetz oder Gewohnheitsrecht zu entnehmen. Für das Eigentum gilt § 903, den Umfang des Urheberrechts legen beispielsweise die §§ 11 ff. UrhG fest.

Beispiele derartiger Rechtspositionen: absolute Rechte wie Sacheigentum, aber auch andere (beschränkt) dingliche (Nutzungs-)Rechte wie der Nießbrauch (vgl. § 1065); Immaterialgüterrechte (z.B. Urheberrecht, Patent), allgemeines Persönlichkeitsrecht.

b) Die Rspr. stellt vor allem bei der Beteiligung mehrerer Personen unterstützend auf die „Unmittelbarkeit der Vermögensverschiebung" ab, um einen unmittelbaren Durchgriff in Bereicherungsketten auszuschließen. Ein und derselbe Vorgang muss auf der einen Seite (Bereicherter) den Gewinn und auf der anderen Seite (Entreicherter) den Verlust unmittelbar (das heißt ohne Umweg über das Vermögen Dritter) herbeiführen.[38]

c) Sonderfälle:[39]

(1) **Verwendungskondiktion:** selten, nur bei nicht besitzenden Verwendern, ansonsten ist Vorrang des Eigentümer-Besitzer-Verhältnisses zu beachten (§§ 994 ff.). – Liegt eine Leistungsbeziehung vor, ist diese vorrangig, bei Vorliegen eines Vertragsverhältnisses allein dieses maßgebend.

(2) **Rückgriffskondiktion:** Fälle der Tilgung fremder Verbindlichkeiten; die Rückgriffskondiktion ist gegenüber anderen Regressregeln wie etwa der GoA subsidiär.

---

[37] Palandt/*Sprau* § 812 Rn. 39.
[38] Vgl. näher *Wandt* § 11 Rn. 14 m.w.N.
[39] Ausführlich *Wandt* § 11 Rn. 59 ff.

3. Ohne rechtlichen Grund

Rechtsgrund können schuld- oder sachenrechtliche Behaltensgründe sein, z.B. Lizenzvertrag, Mietvertrag, gutgläubiger Erwerb (§§ 932 ff.).

4. Inhalt und Umfang des Bereicherungsanspruchs: Siehe Rn. 57 ff.

---

§ 816 Abs. 1 Satz 1 (entgeltliche Verfügung eines Nichtberechtigten) 53

1. Verfügung eines Nichtberechtigten

a) Berechtigter ist der Rechtsinhaber; Nichtberechtigter ist jeder nicht zur Verfügung Berechtigte (vgl. § 185 Abs. 1). Auch der Rechtsinhaber kann daher Nichtberechtigter sein, etwa weil er Erbe ist und ein Testamentsvollstrecker eingesetzt ist (§ 2211 Abs. 1).

b) Verfügung ist ein Rechtsgeschäft, durch das ein Recht unmittelbar übertragen, belastet, aufgehoben oder geändert wird.

2. Wirksamkeit der Verfügung gegenüber dem Berechtigten

(1) durch gutgläubigen Rechtserwerb (z.B. §§ 932 ff., 892, 2366) oder

(2) durch nachträgliche Genehmigung des Berechtigten (§ 185 Abs. 2 Satz 1 Alt. 1), z.B. durch Forderung nach Herausgabe des Veräußerungserlöses gemäß § 816 Abs. 1 Satz 1.

3. Entgeltlichkeit der Verfügung

Das Merkmal ergibt sich aus dem Umkehrschluss zu § 816 Abs. 1 Satz 2.

4. Inhalt und Umfang des Bereicherungsanspruchs: Siehe Rn. 57 ff.

Bei § 816 Abs. 1 Satz 1 ist streitig, ob

(1) der erlangte Veräußerungserlös (Theorie der Gewinnhaftung) oder

(2) nur der objektive (Markt-)Wert der Sache (Theorie der Werthaftung) herausgegeben werden muss.[40] Für Gewinnherausgabe spricht der Wortlaut des § 816 Abs. 1 Satz 1 sowie die Vermeidung von Beweisschwierigkeiten hinsichtlich des Marktwerts.[41]

---

§ 816 Abs. 1 Satz 2 (unentgeltliche Verfügung eines Nichtberechtigten) 54

Hinweis: § 816 Abs. 1 Satz 2 gestattet den Durchgriff des Berechtigten auf den Erwerber des Erlangten. Der Berechtigte ist Gläubiger des Anspruchs aus § 816 Abs. 1 Satz 2, Schuldner ist derjenige, der aufgrund der Verfügung unmittelbar ein Recht erlangt hat.

1. Verfügung eines Nichtberechtigten

2. Wirksamkeit der Verfügung gegenüber dem Berechtigten

3. Unentgeltlichkeit der Verfügung

(1) Unentgeltlichkeit ist vom Standpunkt des Erwerbers aus zu beurteilen.

(2) Umstritten ist die gemischte Schenkung (Fall 26 – Abwandlung).

---

[40] Näher *Wandt* § 11 Rn. 37.
[41] Palandt/*Sprau* § 816 Rn. 10, 22 m.w.N.

(3) Diskutiert werden auch entgeltliche rechtsgrundlose Verfügungen: Verfügt ein Nichtberechtigter entgeltlich, aber rechtsgrundlos, so ist dieser Fall nach h.M. nicht der unentgeltlichen Verfügung gleichzustellen. Der Berechtigte kann gemäß § 816 Abs. 1 Satz 1 vom Nichtberechtigten die Abtretung dessen Bereicherungsanspruchs gegen den Dritten verlangen. So bleiben dem Dritten Einwendungen gegen den Nichtberechtigten erhalten (§ 404). Nach a.A. ist § 816 Abs. 1 Satz 2 anzuwenden.

4. Inhalt und Umfang des Bereicherungsanspruchs: Siehe Rn. 57 ff.

---

55 | **§ 816 Abs. 2 (befreiende Leistung an einen Nichtberechtigten)**

1. Tatbestand

a) Die Leistung an einen Nichtberechtigten ist dem Berechtigten gegenüber wirksam, z.B. nach §§ 407, 408 (Leistung an Altgläubiger nach Abtretung), § 409 (Leistung nach unrichtiger Abtretungsanzeige), § 808 Abs. 1 (Leistung an Inhaber bestimmter Namenspapiere), § 851 (Schadensersatz an Besitzer), 893 Alt. 1 (Leistung an Buchberechtigten), § 1155 (Leistung an Besitzer des Hypothekenbriefs); § 2367 Alt. 1 (Leistung an Erbscheinserben).

b) Der Schuldner kann wählen zwischen der Erfüllungswirkung seiner Leistung und der Kondiktion beim Leistungsempfänger gemäß § 812 Abs. 1 Satz 1 Alt. 1.

2. Inhalt und Umfang des Bereicherungsanspruchs: Siehe Rn. 57 ff.

---

56 | **§ 822 (unentgeltliche Verfügung des Empfängers)**

1. Bereicherungsanspruch des Gläubigers gegen Erwerber

2. Unentgeltliche Zuwendung des Bereicherungsgegenstandes durch Erwerber an Dritten

3. Kein Bereicherungsanspruch des Gläubigers gegen Erwerber wegen § 818 Abs. 3

Die Bereicherungshaftung des Erwerbers muss aus Rechtsgründen ausgeschlossen sein; bloße Unfähigkeit zur Herausgabe beispielsweise wegen Insolvenz genügt hier nicht.[42]

4. Inhalt und Umfang des Bereicherungsanspruchs: Siehe Rn. 57 ff.

III. Inhalt und Umfang des Bereicherungsanspruchs

1. Primäre Herausgabepflicht

57 In erster Linie ist das erlangte Etwas selbst herauszugeben (vgl. Wortlaut §§ 812 Abs. 1 Sätze 1 und 2, 816 Abs. 1 und 2 usw.). Ist z.B. Eigentum und Besitz an einer

---

[42] *BGH* NJW 1999, 1026; vgl. *Wandt* § 11 Rn. 49.

Sache erlangt, so muss der Empfänger die Sache an den Bereicherungsgläubiger gemäß § 929 Satz 1 zurück übereignen; dieser erlangt durch die notwendige Übergabe den Besitz (§ 854) zurück. Forderungen sind abzutreten (§ 398).

2. Sekundäre Herausgabepflicht

a) Nutzungen (§ 100)

Der Bereicherungsschuldner muss gemäß § 818 Abs. 1 Alt. 1 auch gezogene Nutzungen herausgeben. Nutzungen sind gemäß § 100 Sach- oder Rechtsfrüchte (§ 99) sowie Gebrauchsvorteile. Ein einprägsames Beispiel einer Nutzung in Form des Gebrauchsvorteils ist die Fahrt mit einem herauszugebenden Kraftfahrzeug. **58**

b) Surrogate

Die Herausgabepflicht umfasst gemäß § 818 Abs. 1 Alt. 2 des Weiteren dasjenige, was der Empfänger (Bereicherungsschuldner) aufgrund eines erlangten Rechts oder als Ersatz für die Zerstörung, Beschädigung oder Entziehung des erlangten Gegenstandes erwirbt (Surrogate, Ersatzgegenstände). **59**

Beispiel: Versicherungsforderung für eine untergegangene oder beschädigte Sache.

Nach h.M. nicht von § 818 Abs. 1 Alt. 2 erfasst sind rechtsgeschäftliche Veräußerungserlöse (sog. *lucrum ex negotiatione cum re*). Grund ist die von § 285 Abs. 1 abweichende Formulierung des § 818 Abs. 1 Alt. 2 („Ersatz für die Zerstörung, Beschädigung oder Entziehung"). **60**

3. Wertersatz

Ist Herausgabe in natura nicht möglich, wie etwa stets im Falle von Nutzungen (§ 100), so muss gemäß § 818 Abs. 2 Wertersatz geleistet werden. Die Bemessung erfolgt nach objektivem Wert des herauszugebenden Gegenstandes. **61**

4. Wegfall der Bereicherung (§ 818 Abs. 3)

a) Allgemeines

Entreicherung i.S.d. § 818 Abs. 3 liegt vor, (1.) wenn der erlangte Gegenstand ersatzlos weggefallen ist oder (2.) wenn er sich noch im Vermögen des Bereicherungsschuldners befindet, aber dieser entreichernde Vermögensnachteile erlitten hat. **62**

aa) Ersatzloser Wegfall des Gegenstandes (z. B. Zerstörung, Verbrauch)

Bei Ersparnis eigener Aufwendungen bleibt eine Bereicherung aber erhalten. Auszunehmen sind die Fälle von Luxusaufwendungen, die ohne Bereicherung nicht getätigt worden wären. Hier wurden keine eigenen Aufwendungen erspart. **63**

bb) Entreichernde Vermögensnachteile

Jedenfalls Aufwendungen auf den Bereicherungsgegenstand sind abzuziehen. Streitig ist, ob alle Vermögensfolgeschäden zu berücksichtigen sind, die mit dem Erwerb in adäquat kausalem Zusammenhang stehen, oder ob nur solche Nachteile zu berücksichtigen sind, die dem Bereicherten im Vertrauen auf Endgültigkeit des Er- **64** werbs entstanden sind.[43] Der Erwerbspreis des Bereicherungsschuldners ist bei Leistungskondiktionen im Rahmen der Saldo- bzw. Zweikondiktionentheorie zu berücksichtigen. Bei der Eingriffskondiktion kommt eine Berücksichtigung nicht in Frage. Der Bereicherungsschuldner muss sich an seinen Vertragspartner halten.

b) Rückabwicklung gegenseitiger Verträge

65 Sehr streitig ist die Rückabwicklung gegenseitiger Verträge. Im Wesentlichen werden hierzu drei Auffassungen vertreten:

aa) Strenge Zweikondiktionentheorie

66 Jede Partei hat eigenen Kondiktionsanspruch.

bb) Saldotheorie (Rspr.)

67 Kraft Gesetzes erfolgt eine Saldierung gleichartiger Bereicherungsansprüche, bei ungleichartigen Leistungen eine Herausgabe Zug-um-Zug. Einschränkungen:[44] Keine Anwendung der Saldotheorie (1.) zulasten nicht voll Geschäftsfähiger, (2.) zulasten arglistig Getäuschter oder Bedrohter, (3.) zulasten durch Wucher oder Sittenwidrigkeit (§ 138 Abs. 1) Benachteiligter, (4.) zulasten des Käufers bei Sachmangel, für den Verkäufer einzustehen hätte.

cc) Eingeschränkte Zweikondiktionentheorie

68 Es erfolgt eine normative Einschränkung des § 818 Abs. 1 unter Berücksichtigung der gesetzlichen Risikoverteilung, wie sie sich insbesondere aus dem Rücktrittsrecht (§§ 346 ff.) ergibt.

5. Verschärfte Bereicherungshaftung

a) § 818 Abs. 4

69 Die Vorschrift verlangt die Rechtshängigkeit (= Zustellung, §§ 253 Abs. 1, 261 Abs. 1 ZPO) der Herausgabeklage des Bereicherungsgläubigers gegen den Empfänger.

b) § 819 Abs. 1

70 Kenntnis bedeutet positive Kenntnis, grob fahrlässige Unkenntnis reicht nicht. Der Empfänger muss gerade den Mangel des rechtlichen Grundes kennen. Bei Stellvertretern ist § 166 zu beachten. Probleme bereitet die Bösgläubigkeit Minderjähriger (vgl. Fall 15).

c) § 820 Abs. 1: ungewisser Erfolgseintritt oder Rechtsgrund

d) § 819 Abs. 2: Empfänger verstößt durch Annahme der Leistung gegen gesetzliches Verbot oder gegen gute Sitten

e) Rechtsfolgen verschärfter Bereicherungshaftung

aa) Verwehrung der Berufung des Bereicherungsschuldners auf § 818 Abs. 3

71 Berufung des Bereicherungsschuldners auf § 818 Abs. 3 ist verwehrt (so die **Kurzformel** der h. M.);[45] das Gesetz sagt das so aber nicht, sondern begründet in § 818

---

[43] Vgl. zum Meinungsstand *Wandt* § 12 Rn. 20.
[44] Vgl. *Wandt* § 12 Rn. 33 ff.
[45] Vgl. *Brox/Walker* BS § 43 Rn. 23 f.; *Musielak/Hau* Rn. 1066 f.; *Wandt* § 12 Rn. 53.

Abs. 4 lediglich eine Haftung nach den allgemeinen Vorschriften (siehe Rn. 72), die meist – aber nicht immer[46] – darauf hinausläuft, dass sich der Schuldner auf seine Entreicherung nicht mehr berufen kann.

bb) Haftung nach „allgemeinen Vorschriften"

Haftung nach „allgemeinen Vorschriften", also §§ 275 ff., d. h. bei Herausgabe einer **72** Sache sind denkbar: (1.) Herausgabe von Surrogaten gemäß § 285; (2.) grundsätzlich verschuldensabhängige Schadensersatzhaftung gemäß §§ 292 Abs. 1, 989, 990, die (3.) im Verzug gemäß § 287 Satz 2 aber verschuldensunabhängig wird; (4.) Herausgabe von Nutzungen gemäß §§ 292 Abs. 2, 987, 100; (5.) daneben Verwendungsersatzansprüche **des Schuldners** gemäß §§ 292 Abs. 2, 994 ff. – **Geldschulden** sind lediglich gemäß § 291 zu verzinsen. Außerdem gilt der allgemeine Grundsatz „Geld hat man zu haben",[47] was i. V. m. der verschuldensunabhängigen Verzugshaftung **meist** dazu führt, dass die besagte Kurzformel aus Rn. 71 zutrifft.

6. Aufgedrängte Bereicherung

Der Bereicherte hat am Erlangten kein Interesse bzw. die Bereicherung ist für ihn **73** völlig nutzlos. Die Behandlung dieser Fälle ist umstritten. Teils wird § 814 entsprechend angewandt, teils § 818 Abs. 3, teils der Wertbegriff des § 818 Abs. 2 subjektiv aus der Sicht des Bereicherten definiert. Wieder andere konstruieren einen Gegenanspruch des Bereicherten, der einredeweise geltend gemacht werden kann.[48] Am Ende kommen alle Meinungen zum gleichen Ergebnis: Soweit der Schuldner den Wert seiner Bereicherung nicht realisiert, ist ein Bereicherungsanspruch gegen ihn ausgeschlossen.

IV. Bereicherungsansprüche im Mehrpersonenverhältnis (Überblick)

1. Subsidiaritätsdogma

Bestehen Leistungsverhältnisse zwischen mehreren Personen, so muss grundsätzlich **74** innerhalb dieser Verhältnisse rückabgewickelt werden. Gründe:[49] (1.) Erhaltung von Einwendungen und Einreden gegen den jeweiligen Vertragspartner, (2.) Schutz der Gläubiger vor fremden Einwendungen und Einreden, (3.) Gläubiger sollen nur Insolvenzrisiko ihres Vertragspartners tragen müssen.

2. Bestimmung von Gläubiger und Schuldner des Anspruchs aus Leistungskondiktion

Leistender ist Gläubiger, Leistungsempfänger ist Schuldner. Unerheblich ist, wer die **75** Zuwendung vorgenommen hat oder sie tatsächlich in Empfang genommen hat.

Beispiel: Durchlieferung in Leistungsketten. Liefert der Hersteller (H) auf Veranlassung des Großhändlers G (= Vertragspartner des Herstellers) an den Einzelhändler E (= Vertragspartner des Großhändlers),

---

[46] Näher *Medicus/Lorenz* II Rn. 1180 sowie (zur Lektüre empfohlen) Staudinger/*Lorenz* (2007) § 818 Rn. 52 m. w. N.

[47] *Brox/Walker* BS § 43 Rn. 23 m. w. N.; *Wandt* § 12 Rn. 56.

[48] Überblick zum Meinungsstand bei MünchKommBGB/*Schwab* § 818 Rn. 194; Palandt/*Sprau* § 812 Rn. 52; *Wandt* § 12 Rn. 62.

[49] Vgl. *Medicus/Petersen* Rn. 667; *Wandt* § 13 Rn. 4.

so leistet H an G und G gleichzeitig an E. Daran müsste sich eine eventuelle Rückabwicklung orientieren. Zwischen H und E besteht dagegen kein Leistungsverhältnis.

3. Zusammentreffen von Leistung und Eingriff

76 Wichtig ist die Beachtung sachenrechtlicher Parallelwertungen: Wo redlicher Erwerb vom Nichtberechtigten möglich ist (z. B. §§ 932 ff.), gilt Vorrang der Leistungskondiktion. Wo dies nicht möglich ist, etwa bei Abhandenkommen oder Bösgläubigkeit, ist Eingriffskondiktion denkbar.[50]

4. Weitere Mehrpersonenverhältnisse im Überblick

77 (1.) Anweisungsfälle, insbesondere Überweisungen (vgl. Fall 19)
(2.) Drittleistungsfälle
(3.) Abtretung
(4.) Verträge zugunsten Dritter.

---

[50] Überblick bei *Wandt* § 13 Rn. 15 ff.

Teil 2. Schwerpunkt Deliktsrecht

Fall 1. Treffer

Nach BGHZ 57, 25 = NJW 1971, 1980 und andere „Verfolger-Fällen".

Sachverhalt

Der 15-jährige Sebastian (S) spielt mit ein paar Freunden auf einer Wiese in einem Wohngebiet Fußball. Als er einen besonders wuchtigen Schuss aufs gegnerische Tor abfeuern will, verfehlt er dieses völlig und trifft stattdessen die in einiger Entfernung ahnungslos vorbeigehende Schülerin Gabi (G) am Kopf. Dabei wird die Brille der G zertrümmert, ein Glassplitter dringt in ihr linkes Auge ein.

Den Vorfall hat zufällig der uniformierte Polizist Paul (P) beobachtet, der sich ebenfalls in der Nähe aufhielt. Als er sich dem S nähert, um dessen Personalien festzustellen, weicht dieser langsam zurück. P versucht, den S zu erreichen, rutscht aber nach wenigen Metern auf dem feuchten und frisch geschnittenen Rasen aus, stürzt und beschädigt dabei seine Armbanduhr. S läuft nun davon, P fluchend hinter ihm her. Da S sich in der Gegend gut auskennt, versteckt er sich an einer etwas unübersichtlichen Stelle. Der weniger ortskundige P rennt an ihm vorbei und stürzt in ein etwas verborgenes Erdloch; dabei bricht er sich den Arm. Er muss zur Behandlung ins Krankenhaus und ist drei Wochen dienstunfähig, bekommt aber weiterhin sein Gehalt.

Auch die G muss im Krankenhaus behandelt werden. Hierfür und für die zertrümmerte Brille verlangt G von S Ersatz; außerdem möchte sie ein „Schmerzensgeld", weil sie während des Krankenhausaufenthalts und danach in ihrem Wohlbefinden und den üblichen Aktivitäten in den Sommerferien eingeschränkt war.

Können G und P von S Schadensersatz und Schmerzensgeld verlangen?

Gliederung

Lösung

I. Schadensersatzansprüche der G gegen S wegen ihrer Verletzungen

1. Aus § 823 Abs. 1

1 G könnte gegen S einen Anspruch auf Schadensersatz einschließlich Schmerzensgeld gemäß § 823 Abs. 1 haben.

a) Rechts(guts)verletzung

2 Als verletzte Rechtsgüter kommen Körper, Gesundheit und Eigentum der G in Betracht. Die Zerstörung der Brille stellt eine Eigentumsverletzung dar. Da das Auge der G von einem Glassplitter äußerlich verletzt wurde, liegt auch eine Körperverletzung vor.

b) Verhalten des S

3 S hat den Fußball geschossen und somit eine Handlung i. S. d. § 823 Abs. 1 vorgenommen.

c) Haftungsbegründende Kausalität

4 Das Verhalten des S – also der Schuss mit dem Fußball – müsste für die beiden Verletzungserfolge ursächlich gewesen sein. Da man den Schuss nicht hinweg denken kann, ohne dass die Verletzungen entfielen, ist von einer grundsätzlichen Kausalität i.S.d. sog. Äquivalenztheorie auszugehen. Beim Fußballspiel Jugendlicher in einem Wohngebiet besteht die Gefahr, dass der Ball in der Nähe befindliche Sachen oder Personen trifft und sie schädigt. Es liegt weiterhin nicht außerhalb aller Wahrscheinlichkeit, dass bei einem Treffer im Gesicht eine Brille zerstört wird und anschließend Glassplitter Verletzungen im Gesicht oder Auge verursachen. Eigentums- und Körperverletzung sind somit adäquat kausal verursacht worden.

Hinweis: Umstritten ist, ob das Kriterium der Adäquanz bei der haftungsbegründenden Kausalität überhaupt von Bedeutung und zu prüfen ist. Dagegen wird angeführt, dass die unter dem Stichwort der Adäquanz erfolgende Prüfung der grundsätzlichen Vorhersehbarkeit des Schadenseintritts ohnehin auf der Ebene des Verschuldens als Voraussetzung der Fahrlässigkeit i.S.v. § 276 Abs. 2 zu prüfen ist.[1] Auf diese Kontroverse geht man aber in der Fallbearbeitung üblicherweise – entgegen den Grundsätzen des Gutachtens – gar nicht ein, weil sich die Frage typischerweise nicht auswirkt; die Adäquanz ist nämlich fast immer zu bejahen. Korrekt wäre es an sich, auf die Kontroverse hinzuweisen, um dann festzustellen, dass sie sich nicht auswirkt, weil die Adäquanz zu bejahen ist. So ist der BGH gelegentlich verfahren.[2]

d) Rechtswidrigkeit

Fraglich ist, ob sich S für sein Tun auf Rechtfertigungsgründe berufen kann. Da er **5** im weitesten Sinne einem Sport nachgegangen ist, könnte man grundsätzlich erwägen, ob dies einer Haftung – etwa unter dem Gesichtspunkt eines die Rechtswidrigkeit ausschließenden Handelns auf eigene Gefahr oder eines konkludenten Haftungsausschlusses[3] – entgegensteht; so nimmt es die Rspr. jedenfalls bei fehlendem Versicherungsschutz und Eignung des Sports für die Verletzungen anderer Teilnehmer auch durch geringste Verstöße gegen feststehende Wettkampfregeln an.[4] Jedoch war die G an dem Fußballspiel nicht beteiligt, weshalb eine solche Rechtfertigung ausscheidet. S handelte rechtswidrig.

e) Verschulden

S müsste vorsätzlich oder fahrlässig, also schuldhaft gehandelt haben. Da S 15 Jahre **6** alt und somit minderjährig ist (vgl. § 2), ist der Umfang seiner Deliktsfähigkeit nach § 828 zu prüfen. Bei seiner Altersstufe ist seine Verantwortlichkeit gemäß § 828 Abs. 3 nur ausgeschlossen, wenn er in seiner Entwicklung erheblich zurückgeblieben ist und ihm deshalb die zur Erkenntnis der Verantwortlichkeit erforderliche Einsicht fehlt. Dafür bietet der Fall keine Anhaltspunkte, S ist also verschuldensfähig.

S hat den Ball zwar willentlich geschossen, aber das anvisierte Ziel deutlich verfehlt. **7** Da er eine Verletzung der G nicht wollte und diese auch nicht zwangsläufig eintreten musste, hat er nicht vorsätzlich gehandelt. Jedoch ist aufgrund der Unwägbarkeiten des Fußballspiels außerhalb gesicherter Plätze stets damit zu rechnen, dass unbeteiligte Dritte oder deren Eigentum verletzt werden können; die Verletzung der G war also vorhersehbar. Da S den sehr wuchtigen Schuss dennoch abgegeben hat,

---

[1] Vgl. zum Ganzen MünchKommBGB/*Oetker* § 249 Rn. 106 ff.

[2] Vgl. *BGH* NJW 1993, 2234 m.w.N.

[3] Vgl. zu den verschiedenen Möglichkeiten BGHZ 154, 316, 322 m.w.N = NJW 2003, 2018 m. Anm. *Schiemann* LMK 2003, 141.

[4] Vgl. auch *BGH* NJW-RR 2006, 672 Rn. 11: nicht bei Teilnahme an „Rempeltanz".

ohne eine Verletzung anderer ausschließen zu können, hat er i. S. v. § 276 Abs. 2 die im Verkehr erforderliche Sorgfalt außer Acht gelassen und fahrlässig gehandelt.

f) Schaden

8 Ein Schaden ist grundsätzlich jede Einbuße an Rechten oder Interessen. Die Vermögensschäden der G bestehen zunächst in den Kosten für die Brille und die Heilbehandlung; hinzukommen Schmerzen und Beeinträchtigungen im Alltagsleben als immaterielle Schäden.

g) Haftungsausfüllende Kausalität und Zurechenbarkeit der Schäden

9 Die unmittelbar mit dem „Treffer" des S zusammenhängenden Schäden beruhen auf der Eigentums- bzw. Körperverletzung und sind für den konkreten Geschehensablauf auch nicht völlig atypisch. Sie sind daher der G von S zu ersetzen.

h) Art und Umfang des Schadensersatzes

10 Art und Umfang des Schadensersatzes richten sich nach den §§ 249 ff. S hat G gemäß § 249 Abs. 2 grundsätzlich die für die Heilbehandlung erforderlichen Geldbeträge zu erstatten; dies wäre auch bei der Brille zu erwägen, doch ist diese irreparabel zerstört, sodass S stattdessen ihren Wert gemäß § 251 Abs. 1 zu ersetzen hat. Des Weiteren hat S der G für ihre immateriellen Schäden aus der Körperverletzung gemäß § 253 Abs. 2 ein angemessenes Schmerzensgeld zu zahlen.

i) Ergebnis

11 G kann von S gemäß § 823 Abs. 1 Ersatz der Kosten für die Brille und die Heilbehandlung sowie außerdem ein angemessenes Schmerzensgeld verlangen. Weitergehende Ansprüche hat die G hingegen nicht.

2. Aus § 823 Abs. 2 BGB i. V. m. §§ 223, 229, 303 StGB

12 In Betracht kommt auch ein Schadensersatzanspruch der G gegen den S aus § 823 Abs. 2 BGB i. V. m. §§ 223 Abs. 1 oder 229 und 303 Abs. 1 StGB.

a) Schutzgesetz

13 Dazu müssten die Straftatbestände der Körperverletzung und der Sachbeschädigung Schutzgesetze i. S. d. § 823 Abs. 2 sein. Gesetz ist gemäß Art. 2 EGBGB jede Rechtsnorm, insbesondere jedes formelle Gesetz.[5] Ein Schutzgesetz liegt vor, wenn die Norm nicht nur Interessen der Allgemeinheit, sondern auch individuelle Interessen Einzelner schützen soll; dies ist im Einzelfall anhand der Gesetzeszwecke und des Gesamtregelungszusammenhangs zu entscheiden.[6] Die Tatbestände der §§ 223, 229, 303 StGB dienen nicht nur der Aufrechterhaltung der öffentlichen Sicherheit und Ordnung, sondern auch dem Schutz des Eigentums bzw. der körperlichen Unversehrtheit von Individuen. Daher handelt es sich um Schutzgesetze i. S. v. § 823 Abs. 2.

---

[5] Aber auch „niederrangiges" Recht (Rechtsverordnung, Satzung usw.), vgl. Palandt/*Sprau* § 823 Rn. 57.

[6] BGHZ 175, 276 Rn. 18 m. w. N = NJW 2008, 1734.

Hinweis: Man sollte zumindest eine knappe Begründung dafür liefern, warum eine Norm Schutzgesetz ist. Das ist auch nicht immer so offensichtlich, wie bei den genannten Straftatbeständen.

b) Verletzung

Die objektiven Tatbestände der §§ 223 Abs. 1, 303 Abs. 1 StGB sind – wie sich aus **14** den Ausführungen zu § 823 Abs. 1 ergibt – erfüllt, jedoch erfordern die Strafgesetze gemäß § 15 StGB auf subjektiver Ebene Vorsatz, an dem es fehlt. Da S aber die Körperverletzung der G – wie oben festgestellt – fahrlässig verursacht hat, hat er auch den Tatbestand des § 229 StGB erfüllt. Damit ist er für die Folgen der Körperverletzung auch nach § 823 Abs. 2 schadensersatzpflichtig.

Hinweis: In der Regel wird in zivilrechtlichen Klausuren eine ausführliche Prüfung von Straftatbeständen und sonstigen Schutzgesetzen nicht erwartet. Anders verhält es sich, wenn nur § 823 Abs. 2 i. V. m. der Schutzgesetzverletzung zur Ersatzfähigkeit des konkreten Schadens führen kann. – Eine Frage, die man noch aufwerfen könnte, hier aber letztlich nicht ansprechen **muss**, lautet: Ist im Rahmen der Haftung nach § 823 Abs. 2 i. V. m. strafrechtlichen Vorschriften beim Verschulden auf zivilrechtliche oder strafrechtliche Maßstäbe abzustellen? Die ganz h. M. verlangt für Fahrlässigkeitstatbestände als Schutzgesetze keinen subjektiven Sorgfaltspflichtverstoß wie im Strafrecht, sondern lässt den objektiven Sorgfaltsmaßstab des Zivilrechts genügen, während bei Vorsatztaten auf die strafrechtlichen Schuldtheorien abgestellt wird.[7] Wichtig ist also eher letzteres, weil dies über die Schutzgesetzverletzung und damit die Ersatzpflicht entscheidet. – Weil die Frage bei fahrlässigen Straftaten keine Rolle spielt, braucht man sie in zivilrechtlichen Klausuren nicht anzusprechen, sofern nicht der Sachverhalt oder ein Hinweis des Aufgabenstellers ausnahmsweise Anlass dazu bietet.

c) Schaden

Hinsichtlich der entstandenen Schäden, ihrer Ersatzfähigkeit unter den Gesichts- **15** punkten der haftungsausfüllenden Kausalität und der Art und des Umfangs des Schadensersatzes gelten die gleichen Grundsätze wie bei § 823 Abs. 1, sodass auf die dortigen Ausführungen zu den Folgen der Körperverletzung verwiesen sei. Ein Ersatz der Brille scheidet hier mangels haftungsbegründenden Schutzgesetzverstoßes aus.

d) Ergebnis

Gemäß § 823 Abs. 2 BGB i. V. m. § 229 StGB kann G von S Ersatz der Heilbe- **16** handlungskosten und ein angemessenes Schmerzensgeld verlangen. Weitere Schäden sind auf dieser Grundlage nicht zu ersetzen.

II. Schadensersatzansprüche des P gegen S

1. Aus § 823 Abs. 1

P könnte gegen S einen Anspruch auf Schadensersatz einschließlich Schmerzensgeld **17** gemäß § 823 Abs. 1 haben.

a) Rechtsgutsverletzung

P hat bei der Verfolgung des S seine Uhr beschädigt; darin liegt eine Eigentumsver- **18** letzung. Außerdem hat er sich einen Arm gebrochen und somit eine Körperverletzung erlitten.

---

[7] Vgl. m. w. N. MünchKommBGB/*Wagner* § 823 Rn. 43 ff., 45; Soergel/*Spickhoff* § 823 Rn. 210 f.

b) Verhalten des S

19 S hat die G mit dem Fußball getroffen und anschließend, als P seine Personalien aufnehmen wollte, die Flucht ergriffen.

c) Haftungsbegründende Kausalität

20 Fraglich ist, ob das Verhalten des S – also die Flucht vor P – für die Eigentums- und die Körperverletzung ursächlich gewesen ist.

21 Dagegen scheint auf den ersten Blick zu sprechen, dass S den P nicht unmittelbar verletzt hat, sondern dieser bei der Verfolgung gestürzt ist. Doch reicht auch eine mittelbare Verletzungshandlung aus. Immerhin kann man im vorliegenden Fall die Flucht des S nicht hinwegdenken, ohne dass der Armbruch des P entfiele. Ebenso wenig liegt es außerhalb jeglicher Lebenserfahrung, dass ein Polizist einen Schädiger, der sich der Identitätsfeststellung zu entziehen versucht, verfolgt. Damit war das Verhalten des S – die Flucht – also geeignet, den P zur Verfolgung herauszufordern; diese Motivation war bei einem Polizisten nicht nur billigenswert, sondern aufgrund seiner Dienstpflichten sogar zwingend.[8] Aus diesem Grunde unterbricht auch der notwendige Willensentschluss des P, die Verfolgung des S aufzunehmen, den Kausalverlauf nicht. S hat die Verletzungsfolgen durch seine Flucht herausgefordert und haftet daher.[9]

22 Allerdings begrenzt die st. Rspr. die Zurechenbarkeit von Verletzungsfolgen in Herausforderungs- bzw. Verfolgungsfällen anhand eines weiteren Kriteriums: Die Haftung soll, um eine Verlagerung des allgemeinen Lebensrisikos auf den Veranlasser zu vermeiden, auf die Verwirklichung eines gesteigerten Risikos durch die Verfolgung beschränkt bleiben. Soweit es um den Sturz auf dem feuchten Rasen geht, wird man insofern sagen müssen, dass dieser zwar an sich durch die Flucht des S verursacht ist, aber kein spezifisches Verfolgungsrisiko darstellt, weil auf einem feuchten Rasen die Wahrscheinlichkeit des Ausrutschens generell sehr hoch ist.[10]

23 Anders verhält es sich bei dem Sturz in das nicht ohne Weiteres erkennbare Erdloch; darin verwirklicht sich ein gesteigertes Risiko gerade aus der Verfolgung des S. Zwar kann auch insofern eine Zurechnung im Einzelfall ausscheiden, wenn die Verfolgungsmaßnahme angesichts erkennbarer Verletzungsrisiken unter Berücksichtigung auch der Schwere der in Frage stehenden Straftaten unangemessen erscheint.[11] Besondere Gefahren waren für den P hier aber nicht erkennbar; damit bleiben die Verletzungsfolgen dem S zurechenbar.

d) Rechtswidrigkeit

24 Rechtfertigungsgründe für das Verhalten des S sind nicht ersichtlich.

e) Verschulden

25 S müsste vorsätzlich oder fahrlässig, also schuldhaft gehandelt haben; wie bereits oben festgestellt, war seine Deliktsfähigkeit nicht gemäß § 828 Abs. 3 ausgeschlossen.

---

[8] Vgl. BGHZ 63, 189, 194f. = NJW 1975, 168 m. Anm. *Deutsch* JZ 1975, 374.
[9] St. Rspr. seit BGHZ 57, 25, 28 ff. = NJW 1971, 1980; *BGH* NJW 2012, 1951 Rn. 8 ff. m. w. N.
[10] So i. E. jedenfalls *BGH* NJW 1971 1982, 1983.
[11] BGHZ 132, 164, 170 = NJW 1996, 1533; *BGH* NJW 2012, 1951 Rn. 11 ff. m. w. N.

S hat vorsätzlich die Flucht ergriffen. Für seine Schadensersatzhaftung gegenüber P **26** kommt es aber darauf an, ob er diesen in vorwerfbarer Weise zu der selbstgefährdenden Reaktion herausgefordert hat.[12] Dies setzt zunächst voraus, dass S die Wahrscheinlichkeit der Verfolgung als Reaktion auf seine Flucht erkennen konnte. Da P uniformiert war und von S wahrgenommen wurde, ist dies zu bejahen.[13] Dabei war auch grundsätzlich vorhersehbar, dass es bei der Verfolgung zu einer Verletzung des P kommen könnte; der konkrete Kausalverlauf muss nicht vorhersehbar sein.[14] S hat also durch seine Flucht zumindest i.S.v. § 276 Abs. 2 die im Verkehr erforderliche Sorgfalt außer Acht gelassen und den P fahrlässig zur Verfolgung herausgefordert.

Gleichwohl hätte S für den Sturz des P in das Loch dann nicht einzustehen, wenn **27** das Verhalten des P für ihn nicht vorhersehbar gewesen wäre, weil er mit der konkreten Verfolgungsmaßnahme nicht hätte rechnen müssen.[15] Dafür sind hier aber keine Anhaltspunkte ersichtlich.

f) Schaden

Ein Schaden ist grundsätzlich jede Einbuße an Rechten oder Interessen. Ein Ver- **28** mögensschaden des P besteht in den Kosten für die Heilbehandlung; ein Verdienstausfall für die drei Wochen der Dienstunfähigkeit ist ihm hingegen nicht entstanden. Hinzu kommen Schmerzen und Beeinträchtigungen im Alltagsleben als immaterielle Schäden.

Hinweis: Erleidet der Geschädigte keinen Verdienstausfall, weil er sein Gehalt – als Beamter ohne Weiteres, als Angestellter aufgrund des Entgeltfortzahlungsgesetzes (EFZG) – auch während der Arbeitsunfähigkeit weiterbezahlt bekommt, so wird der Schaden dadurch auf den Dienstherrn bzw. Arbeitgeber verlagert. Damit der Schädiger daraus keinen Vorteil ziehen kann, sehen die einschlägigen Gesetze einen Forderungsübergang (§ 412) vor (vgl. § 76 BBG, Art. 14 BayBG, § 6 EFZG).

g) Haftungsausfüllende Kausalität und Zurechenbarkeit der Schäden

Die Behandlungskosten und die Beeinträchtigungen des P sind unmittelbare Fol- **29** gen des Armbruchs, also der Körperverletzung.

h) Art und Umfang des Schadensersatzes

Art und Umfang des Schadensersatzes richten sich nach den §§ 249 ff. S hat P ge- **30** mäß § 249 Abs. 2 die für die Heilbehandlung erforderlichen Geldbeträge zu erstatten und ihm für seine immateriellen Schäden aus der Körperverletzung gemäß § 253 Abs. 2 ein angemessenes Schmerzensgeld zu zahlen.

i) Ergebnis

P kann von S gemäß § 823 Abs. 1 Ersatz der Behandlungskosten und ein angemes- **31** senes Schmerzensgeld verlangen. Wegen der Uhr hat P dagegen keinen Anspruch.

---

[12] BGHZ 63, 189, 191 f. = NJW 1975, 168 m. w. N.; *BGH* NJW 1990, 2885 m. w. N.

[13] Vgl. *BGH* NJW 2012, 1951 Rn. 14 f. m. w. N. – Gegenbeispiel *BGH* NJW 1990, 2885: Verfolgung durch Zivilstreife.

[14] *BGH* NJW-RR 1993, 345: schwere Verletzungsfolge einer harmlosen Rauferei.

[15] Vgl. *BGH* NJW 1976, 568, 569: Sprung aus einem kleinen Toilettenfenster in 4 m Höhe; anders aber, wenn zuvor bereits zwei Personen einen Sprung aus 4 m Höhe und einem größeren Fenster unbeschadet überstanden hatten, NJW 2012, 1951 Rn. 14 f. m. w. N.

2. Aus § 823 Abs. 2 BGB i.V.m. §§ 223, 229, 303 StGB

32 In Betracht kommt auch ein Schadensersatzanspruch des P gegen den S aus § 823 Abs. 2 BGB i.V.m. §§ 223 Abs. 1 oder 229 und 303 Abs. 1 StGB.

a) Schutzgesetz

33 Die §§ 223, 229, 303 StGB sind Schutzgesetze i.S.v. § 823 Abs. 2 (siehe Rn. 13 ff.).

b) Verletzung

34 Zwar sind mit der Verletzung des P und der Beschädigung seiner Uhr die objektiven Tatbestände von §§ 223 Abs. 1 und 303 Abs. 1 StGB erfüllt, wiederum fehlt es bei S aber am nach § 15 StGB erforderlichen Vorsatz. Entsprechend den zu § 823 Abs. 1 gemachten Ausführungen haftet S aber für die Verletzung des P auch nach § 823 Abs. 2 BGB i.V.m. § 229 StGB, also wegen fahrlässiger Körperverletzung.

35 Damit ist S insofern auch nach § 823 Abs. 2 schadensersatzpflichtig.

c) Schaden

36 Hinsichtlich der entstandenen Schäden, ihrer Ersatzfähigkeit unter den Gesichtspunkten der haftungsausfüllenden Kausalität und der Art und des Umfangs des Schadensersatzes gelten die gleichen Grundsätze wie bei § 823 Abs. 1, sodass auf die dortigen Ausführungen zu den Folgen der Körperverletzung verwiesen sei.

d) Ergebnis

37 Gemäß § 823 Abs. 2 BGB i.V.m. § 229 StGB kann P von S Ersatz für die Heilbehandlungskosten und ein angemessenes Schmerzensgeld verlangen. Weitere Schäden sind nicht zu ersetzen.

Fall 2. Gefahren des Landbesuchs

Sachverhalt

Stadtbewohner S kommt bei einem Spaziergang auf einem öffentlichen Weg am Anwesen des Landwirts L vorbei, auf dem dessen riesiger, nicht angeketteter Hofhund H im Verborgenen lauert. H springt urplötzlich über den Zaun und böse knurrend auf S zu. Dieser reißt geistesgegenwärtig eine Latte aus dem Zaun des L und schlägt die Bestie nach kurzem, heftigem Kampf in die Flucht. H blutet aus einigen Wunden, die später von der Tierärztin T für 181,81 EUR behandelt werden. H ist in der Vergangenheit schon häufiger auf Passanten losgegangen, ohne dass L darin einen Anlass für Sicherheitsvorkehrungen gesehen hätte.

Inzwischen hat L den Vorfall bemerkt und verlangt von S Ersatz der Behandlungskosten für seinen Hund und der Reparaturkosten für den Zaun. S will das nicht einsehen, denn er habe sich nur gegen die „wild gewordene Bestie" verteidigt. Dies bringt den L derartig in Wallung, dass er dem S mit dem Schrei „Stadtmensch, elendiger!" seine Mistgabel ins Gesäß rammt. Der privatkrankenversicherte S wird ins Kreiskrankenhaus K eingeliefert, was mit 678,90 EUR zu Buche schlägt. S kann zwei Wochen lang nicht sitzen und ist in seinen Bewegungsmöglichkeiten so eingeschränkt, dass er zehn Auftritte als selbständiger Zauberkünstler absagen muss, aus denen er insgesamt 10 000 EUR eingenommen hätte und für die ihm Kosten i.H.v. 2 000 EUR entstanden wären. Außerdem ist seine fast neue Hose (Wert: 90 EUR) durchlöchert und blutverschmiert, was sich nicht mehr beseitigen lässt.

Welche Ansprüche haben der L und S gegeneinander?

Gliederung

Lösung

I. Ansprüche L gegen S auf Schadensersatz für die Behandlung des Hundes

Hinweis: Es bietet sich an, die Ansprüche des L gegen S wegen der Verletzung des Hundes und der Beschädigung des Zauns getrennt zu prüfen, da sie auf zu unterscheidenden Handlungen des S beruhen und *in concreto* auch unterschiedliche Rechtfertigungsgründe eingreifen können.

1. Aus § 823 Abs. 1

1 L könnte gegen S einen Schadensersatzanspruch gemäß § 823 Abs. 1 haben.

a) Rechts(guts)verletzung

Dazu müsste S ein Recht oder Rechtsgut des L i.S.v. § 823 Abs. 1 verletzt haben. **2** In Betracht kommt hier eine Eigentumsverletzung: Gemäß § 90a Satz 3 finden auf das Mitgeschöpf Hund die Vorschriften über Sachen Anwendung. Somit ist L als Halter auch Eigentümer des Hundes. Da S den Hund durch Schläge verletzt hat, hat er das Eigentum des L am Hund verletzt.

Hinweis: In diesem Fall sind das Vorliegen einer Rechtsverletzung und eines dafür ursächlichen Verhaltens des S so eindeutig, dass man normalerweise nur die „Haftungsbegründung" zusammengefasst prüfen würde. Zum Einstieg und zur Verdeutlichung werden die drei Elemente der Haftungsbegründung hier in Fall 1 aber jeweils getrennt behandelt.

b) Verhalten des S

Der Eigentumsverletzung müsste eine Handlung des S zugrunde liegen. Da S den **3** Hund mit der Zaunlatte geschlagen hat, ist dies zu bejahen.

c) Haftungsbegründende Kausalität

Die Schläge des S müssten für die Eigentumsverletzung ursächlich sein. Da man sie **4** nicht hinweg denken kann, ohne dass der Verletzungserfolg entfiele, und die Verletzung des Hundes durch die Schläge auch nicht ungewöhnlich ist, ist die Kausalität zu bejahen.

Hinweis: Damit ist die Kausalität aufgrund der sog. **Äquivalenztheorie** beschrieben. Angesichts der Eindeutigkeit des Falles sollten auch Anfänger hier keinesfalls weitere Ausführungen machen. – In einem so einfachen Fall würde man normalerweise den haftungsbegründenden Tatbestand gar nicht nach seinen drei Elementen aufgliedern, sondern diese nur knapp gemeinsam prüfen bzw. feststellen (vgl. Rn. 15). Für den Anfang sollte man sich aber die Dreistufigkeit des haftungsbegründenden Tatbestands einprägen.

d) Rechtswidrigkeit

Diese Eigentumsverletzung müsste rechtswidrig sein. Sie könnte hier durch sog. **5** Defensivnotstand nach § 228 Satz 1 gerechtfertigt sein.

Von dem angreifenden Hund ging eine unmittelbare Gefahr für die Gesundheit **6** und körperliche Integrität des S aus, die Abwehrmaßnahmen des S erforderlich machte. Gerechtfertigt ist die Eigentumsverletzung gleichwohl nur, wenn der von S verursachte Schaden an dem Hund nicht außer Verhältnis zu dem Schaden stand, der dem S drohte. Hier drohte dem S eine Verletzung seiner körperlichen Integrität, während er durch seine Abwehrhandlungen lediglich das Eigentum des L an dem Mitgeschöpf Hund (§ 90a Sätze 1 und 3) verletzt hat. Da die körperliche Integrität ein gegenüber dem Eigentum am Hund höherwertiges Rechtsgut darstellt, rechtfertigt die drohende Körperverletzung gemäß § 228 Satz 1 die Eigentumsverletzung am Hund.

e) Ergebnis

L hat gegen S keinen Schadensersatzanspruch nach § 823 Abs. 1. **7**

2. Aus § 823 Abs. 2 BGB i. V. m. § 303 Abs. 1 StGB

8 In Betracht kommt außerdem ein Anspruch des L gegen S auf Schadensersatz gemäß § 823 Abs. 2 BGB i. V. m. § 303 StGB.

a) Schutzgesetz

9 Dazu müsste der Straftatbestand der Sachbeschädigung ein Schutzgesetz i. S. d. § 823 Abs. 2 sein. Gesetz ist gemäß Art. 2 EGBGB jede Rechtsnorm, insbesondere jedes formelle Gesetz.[1] Das ist der Fall, wenn die Norm nicht nur Interessen der Allgemeinheit, sondern auch individuelle Interessen einzelner schützen soll; dies ist im Einzelfall anhand der Gesetzeszwecke und des Gesamtregelungszusammenhangs zu entscheiden.[2] Der Tatbestand des § 303 StGB dient nicht nur der Aufrechterhaltung der öffentlichen Sicherheit und Ordnung, sondern auch dem Schutz des Eigentums von Individuen. Daher handelt es sich um ein Schutzgesetz i. S. v. § 823 Abs. 2.

b) Verletzung

10 Zwar ist der objektive und – weil S Verletzungen des Hundes bei seiner Verteidigung zumindest billigend in Kauf nahm – auch der subjektive Tatbestand des § 303 Abs. 1 StGB erfüllt, da sich insofern kein Unterschied zu § 823 Abs. 1 ergibt. Jedoch ist die Verletzungshandlung wiederum nach § 228 Satz 1 (bzw. der Parallelvorschrift des § 34 StGB)[3] gerechtfertigt.

c) Ergebnis

11 Der Anspruch besteht ebenfalls nicht.

3. Aus § 228 Satz 2

12 L könnte aber gegen S einen Schadensersatzanspruch gemäß § 228 Satz 2 haben.

13 Der Anspruch setzt voraus, dass S die Gefahr verschuldet hat. S befand sich auf einem öffentlichen Weg und machte keine Anstalten, das Grundstück des L zu betreten. Zwar mag auch das bloße Sicht-Nähern grundsätzlich geeignet sein, einen Angriff des H hervorzurufen. Doch hätte L einen bekanntermaßen so aggressiven Hund anketten müssen, da er jeden anfallen könnte, der in die Nähe kommt. S hat den Angriff des Hundes nicht verursacht. Also besteht kein Anspruch gemäß § 228 Satz 2.

II. Anspruch des L gegen S auf Schadensersatz für den Zaun

1. Aus § 823 Abs. 1

14 L könnte gegen S einen Schadensersatzanspruch wegen der Beschädigung des Zauns gemäß § 823 Abs. 1 haben.

---

[1] Aber auch „niederrangiges" Recht (Rechtsverordnung, Satzung usw.), vgl. Palandt/*Sprau* § 823 Rn. 57.

[2] BGHZ 175, 276 Rn. 18 m. w. N. = NJW 2008, 1734.

[3] Vgl. auch RGSt 23, 116, 117.

a) Haftungsbegründung

S hat durch eine eigene Handlung, nämlich das Herausreißen einer Latte, den Zaun **15**
des L beschädigt und damit dessen Eigentum verletzt.

b) Rechtswidrigkeit

Zu prüfen ist, ob diese Eigentumsverletzung gerechtfertigt ist. Da die Gefahr nicht **16**
von dem Zaun ausging, sondern von dem Hund, scheidet § 228 Satz 1 aus. In Betracht kommt jedoch eine Rechtfertigung nach § 904 Satz 1 (sog. Aggressivnot-
stand).

Dieser setzt eine gegenwärtige Gefahr für S voraus. Durch den Angriff des Hundes **17**
drohte S eine nicht unerhebliche Verletzung seiner körperlichen Integrität. Damit
lag eine gegenwärtige Gefahr vor.

Die Beschädigung des Zauns ist aber nur dann gerechtfertigt, wenn sie zur Abwehr **18**
der durch den Hund drohenden Gefahr notwendig war. S war unbewaffnet, der
Hund sehr groß und offensichtlich aggressiv. Mit bloßen Händen hätte S den An-
griff wahrscheinlich nicht abwehren können. Da seine Situation mit der Latte als
Waffe wesentlich günstiger war, ist die Beschädigung des Zauns zur Abwehr des
Angriffs durch den Hund erforderlich.

Schließlich entstand durch das Herausreißen einer einzelnen Zaunlatte zwar ein **19**
Schaden, doch war dieser nicht außer Verhältnis groß im Vergleich zu dem Schaden, der der körperlichen Integrität des S durch den Hund drohte. Zu berücksichtigen ist auch, dass die körperliche Integrität des S im Vergleich zum Eigentum des
L am Zaun als höherwertiges Rechtsgut anzusehen ist.

Damit war die Beschädigung des Zauns nach § 904 Satz 1 gerechtfertigt.

c) Ergebnis

L hat keinen Schadensersatzanspruch nach § 823 Abs. 1 gegen S. **20**

2. Aus § 823 Abs. 2 BGB i. V. m. § 303 StGB

In Betracht kommt erneut auch ein Schadensersatzanspruch des L gegen S aus **21**
§ 823 Abs. 2 BGB i. V. m. § 303 Abs. 1 StGB, der jedoch ebenfalls an der Rechtfertigung der Verletzungshandlung des S nach § 904 Satz 1 scheitert.

3. Aus § 904 Satz 2

L könnte wegen des Zauns jedoch einen Schadensersatzanspruch nach § 904 Satz 2 **22**
gegen S haben.

a) Nach § 904 Satz 1 gerechtfertigte Sachbeschädigung

S hat unter den Voraussetzungen des § 904 Satz 1 das Eigentum des L beschädigt. **23**

b) Art und Umfang des Schadensersatzes

Damit ist S grundsätzlich nach § 904 Satz 2 zum Ersatz des daraus entstandenen **24**
Schadens verpflichtet und schuldet dem L gemäß § 249 Abs. 1 Naturalrestitution

bzw. den für die Reparatur des Zauns erforderlichen Geldbetrag (§ 249 Abs. 2 Satz 1).

25 Zu prüfen ist, ob der Anspruch des L gemäß § 254 Abs. 1 wegen Mitverschuldens zu mindern oder gar ausgeschlossen ist. Dies wäre dann der Fall, wenn L als duldungspflichtiger Eigentümer die Notstandslage schuldhaft mitverursacht hätte. L hat zu den Verletzungshandlungen des S dadurch einen Beitrag geleistet, dass er seinen aggressiven Hund H nicht angekettet oder eingesperrt hatte, obwohl er mit einer Wiederholung der früheren Vorkommnisse rechnen musste. L hätte verhindern müssen, dass der Hund über den Zaun springen und erneut auf Passanten losgehen kann. Da er dies nicht getan und die Notstandslage verursacht hat,[4] trifft ihn ein Mitverschulden i. S. v. § 254 Abs. 1. Da es ohne den Beitrag des L nicht zur Notstandslage des S gekommen wäre, erscheint es angemessen, seinen Anspruch auf null zu kürzen (a. A. vertretbar).

c) Ergebnis

26 L hat gegen S auch nach § 904 Satz 2 keinen Anspruch auf Schadensersatz.

III. Ansprüche des S gegen L auf Schadensersatz

Hinweis: Wiederum stellt sich die Frage nach dem Aufbau: Soll man einen Schadensersatzanspruch des S gegen den L „wegen des Mistgabelstichs" insgesamt prüfen oder wieder nach den verletzten Rechtsgütern (Körper) und Rechten (Eigentum an der Hose) des S gliedern? Da sämtliche in Frage stehenden Verletzungen auf einer Handlung beruhen, bietet sich dieses Mal eine gemeinsame Prüfung an – bei der man die verschiedenen Aspekte aber klar herausarbeiten muss.

1. Aus § 823 Abs. 1

27 S könnte gegen L einen Anspruch auf Schadensersatz gemäß § 823 Abs. 1 haben.

a) Rechts(guts)verletzung

28 L müsste Rechte bzw. Rechtsgüter des S i. S. v. § 823 Abs. 1 verletzt haben. Hier ist es zu einer Verletzung der körperlichen Integrität des S gekommen, also einer Körperverletzung. Außerdem hat der Mistgabelstich die Hose des S beschädigt, sodass auch eine Eigentumsverletzung vorliegt.

b) Verhalten des L und haftungsbegründende Kausalität

29 Beide Verletzungserfolge sind auf den Mistgabelstich, also eine Handlung des L, zurückzuführen.

Hinweis: In diesem Fall sind das Vorliegen einer Rechtsverletzung und eines dafür ursächlichen Verhaltens des S so eindeutig, dass es keinen Sinn macht, dies besonders aufzuarbeiten.

c) Rechtswidrigkeit

30 Die Verletzungen waren grundsätzlich rechtswidrig. Zu prüfen ist, ob sie durch Notwehr gemäß § 227 Abs. 1 (bzw. § 32 StGB) gerechtfertigt waren. Nach § 227 Abs. 2 ist Notwehr diejenige Verteidigung, welche erforderlich ist, um einen ge-

---

[4] Vgl. ähnliche Erwägungen in BGHZ 6, 102, 111 f. = NJW 1952, 1132.

genwärtigen rechtswidrigen Angriff von sich oder einem anderen abzuwenden. Ein Angriff könnte hier in den Eigentumsverletzungen des S durch das Abreißen der Zaunlatte und die Prügel für den Hofhund liegen. Jedoch war dieser Angriff des S auf das Eigentum des L zum einen durch Notstand gerechtfertigt (siehe oben) und somit nicht rechtswidrig; zum anderen war der Angriff beendet und somit nicht mehr gegenwärtig. Darin, dass S die (unberechtigten) Schadensersatzforderungen des L sachlich zurückgewiesen hat, ist kein Angriff (etwa auf die Ehre als Teil des allgemeinen Persönlichkeitsrechts des L) zu sehen. Damit war der Mistgabelstich rechtswidrig.

Hinweis: Soweit Rechtfertigungsgründe nicht ersichtlich und auch aus sonstigen Gründen keine Zweifel an der Rechtswidrigkeit bestehen, sollte man hier nicht mehr schreiben. Dies entspricht dem Grundsatz, dass die Tatbestandsmäßigkeit (je nach Ansicht dazu der Verletzungshandlung oder des Verletzungserfolgs) die Rechtswidrigkeit indiziert.

d) Verschulden

L müsste vorsätzlich oder fahrlässig gehandelt haben. Vorsätzlich handelt, wer ein **31** rechtlich geschütztes Interesse eines anderen bewusst und gewollt verletzt.[5] Da L den S mit der Mistgabel treffen wollte, hat er vorsätzlich gehandelt.

e) Schaden

Dem S müsste **durch** die Rechtsgutsverletzungen ein Schaden entstanden sein. **32** Schaden ist zunächst jede Einbuße an Rechten oder Interessen.

Merke: Zum einen ist jede Schadensposition grundsätzlich einzeln zu prüfen. Zum anderen muss man als Prüfungspunkte das Vorliegen eines Schadens, seine grundsätzliche Ersatzfähigkeit (insbesondere unter dem Gesichtspunkt der haftungsausfüllenden Kausalität) und die Art und Weise des Schadensersatzes nach den §§ 249 ff. unterscheiden. Um dies zu verdeutlichen, erfolgt hier eine detailliert gegliederte Prüfung. Im Laufe der Zeit gewöhnt man sich an, die drei Aspekte „in einem Aufwasch" zu prüfen, weil sich meist keine größeren Probleme ergeben.

Durch die Körperverletzung wurde eine ärztliche Behandlung notwendig, die S be- **33** zahlen muss. Somit ist sein Vermögen im Vergleich zum Zustand ohne die Schädigung gemindert (Differenzhypothese), ihm also ein (Vermögens-)Schaden entstanden.

Dem S ist in Gestalt seiner Schmerzen und einer (vorübergehenden) Behinderung **34** im Alltagsleben darüber hinaus ein immaterieller Schaden entstanden.

Schließlich ist S ein (Vermögens-)Schaden dadurch entstanden, dass er nicht arbei- **35** ten konnte und seine Auftritte absagen musste. Auch dieser Verdienstausfall ist als Schaden ersatzfähig, wie § 842 lediglich klarstellt.

Daneben liegt ein Schaden in der Beschädigung der Hose. **36**

f) Haftungsausfüllende Kausalität

Die geltend gemachten Schadensposten beruhen allesamt auf der Körperverletzung **37** durch L.

---

5 Siehe nur *BGH* NJW 2009, 681 Rn. 30.

g) Art und Umfang des Ersatzes (§§ 249 ff.)

38 Der Umfang der Ersatzpflicht bestimmt sich nach den §§ 249 ff., sodass zu prüfen ist, ob die Schäden des S auch ersatzfähig sind. Es gilt der Grundsatz der Naturalrestitution (§ 249 Abs. 1).

39 Für die Körperverletzung kann S statt einer Heilbehandlung durch L gemäß § 249 Abs. 2 Satz 1 Ersatz seiner Behandlungskosten verlangen.

40 Da die immateriellen Schäden des S in Schmerzen und einer Beeinträchtigung der normalen Teilnahme am Alltagsleben liegen, scheidet eine Naturalrestitution i. S. v. § 249 Abs. 1 aus. Gemäß § 253 Abs. 1 kommt ein Ersatz in Geld nur in den vom Gesetz angeordneten Fällen in Betracht. Zu diesen Fällen zählt gemäß § 253 Abs. 2 aber gerade die Körperverletzung, sodass S Schadensersatz in Geld für seine immateriellen Schäden verlangen kann, also ein angemessenes Schmerzensgeld.

Hinweis: Ausführungen zur Höhe des angemessenen Schmerzensgeldes werden in Klausuren nicht erwartet; die Praxis behilft sich mit Schmerzensgeldtabellen, die die vorliegende Rspr. auswerten.

41 Auch der Verdienstausfallschaden ist ersatzfähig, wie § 842 (lediglich) klarstellt. Gemäß §§ 249 Abs. 1, 252 kann S den entgangenen Gewinn – also die nicht erzielten Einnahmen von 10 000 EUR abzgl. der für die Auftritte notwendigen und durch die Absage ersparten Ausgaben i. H. v. 2 000 EUR – verlangen, insgesamt 8 000 EUR.

42 Da sich die beschädigte Hose laut Sachverhalt nicht reinigen und reparieren lässt, scheidet eine Naturalrestitution (§ 249 Abs. 1) und damit auch der Ersatz der Kosten dafür (§ 249 Abs. 2 Satz 1) aus. Vielmehr kann S gemäß § 251 Abs. 1 von L den Wert der Hose i. H. v. 90 EUR ersetzt verlangen. Ein Abzug „Neu für Alt", weil S auf diese Weise den Wert einer neuen Hose erhält, scheidet bei der fast neuen Hose aus.

h) Anspruchsminderndes Mitverschulden (§ 254 Abs. 1)

43 Der Schadensersatzanspruch des S wäre gemäß § 254 Abs. 1 zu mindern, wenn ihn ein Mitverschulden an der Schadensentstehung träfe. Man könnte hier an eine Provokation des L denken, weil S dessen Schadensersatzforderungen zurückgewiesen hat. Da S aber nicht verpflichtet ist, Schadensersatz zu leisten, und er dies relativ sachlich zum Ausdruck gebracht hat, scheidet ein Mitverschulden aus. Eine Provokation des L durch die Art der Äußerung ist nicht ersichtlich.

i) Ergebnis

44 S kann von L gemäß § 823 Abs. 1 Ersatz seiner Arztkosten, Wertersatz für die Hose und entgangenen Gewinn i. H. v. zusammen 8 768,90 EUR sowie ein angemessenes Schmerzensgeld verlangen.

2. Aus § 823 Abs. 2 BGB i. V. m. § 223 Abs. 1 StGB bzw. § 303 Abs. 1 StGB

45 S könnte gegen L außerdem gemäß § 823 Abs. 2 BGB i. V. m. den §§ 223 Abs. 1, 303 Abs. 1 StGB Schadensersatzansprüche haben.

a) Schutzgesetze

Dazu müssten die §§ 223 Abs. 1 und 303 Abs. 1 StGB Schutzgesetze i. S. v. § 823 **46** Abs. 2 sein. Es handelt sich jeweils um Rechtsnormen i. S. v. Art. 2 EGBGB, die auch den Schutz des jeweiligen Rechtsgutsträgers bezwecken.

b) Verletzung

Aus dem zu § 823 Abs. 1 Gesagten ergibt sich, dass L auch die beiden Straftatbe- **47** stände tatbestandsmäßig und schuldhaft verwirklicht hat.

c) Schaden

Hinsichtlich der Schäden und des Umfangs der Ersatzverpflichtung des L ergibt **48** sich kein Unterschied zu § 823 Abs. 1.

d) Ergebnis

S kann von L auch gemäß § 823 Abs. 2 BGB i. V. m. §§ 223, 303 StGB Schadens- **49** ersatz i. H. v. zusammen 8768,90 EUR sowie ein angemessenes Schmerzensgeld verlangen.

Fall 3. Sie wurden überboten

Sachverhalt

Hobbymaler V erzielt mit seinen Bildern Preise zwischen 100 und 300 EUR; angesichts seiner geringen Begabung ist nicht damit zu rechnen, dass sie jemals wesentlich an Wert gewinnen werden. Eines Tages verkauft V an die K ein selbst gemaltes Bild für 200 EUR. K bezahlt sogleich und will das Bild später mit dem Auto abholen, um es ihrer Großmutter zum Geburtstag zu schenken. In der Zwischenzeit erscheint überraschend der Filmproduzent F, sieht sich bei V um und bietet 1 000 EUR für das von K gekaufte Bild. Er benötigt nämlich dringend ein Bild mit passendem Motiv, das in seiner neuesten Produktion in Flammen aufgehen soll. V erklärt sich sogleich einverstanden. Beim Verpacken des Bildes äußert er dann Bedenken, weil er das Bild bereits für 200 EUR an K verkauft habe. Der eilige F fragt ihn daraufhin, ob er sich die einmalige Gewinnchance wirklich entgehen lassen wolle, die K könne doch auch ein anderes Bild nehmen. Daraufhin verkauft, übergibt und übereignet V das Bild sofort an F, der damit entschwindet. Anschließend kehrt K zurück und verlangt das Bild; V müsse es eben von F zurückkaufen. Als V den F ausfindig gemacht hat, ist die Szene bereits gedreht und das gut sichtbare Bild in Flammen aufgegangen.

K sieht in F den „Hauptübeltäter" und möchte von Ihnen wissen, ob sie gegen ihn Ansprüche geltend machen kann.

Gliederung

Lösung

Hinweis: Wiederum stellt sich die Frage nach dem Aufbau: Soll man mit der allgemeinen Norm (§ 823 Abs. 1) beginnen, auch wenn es eine spezielle (§ 826) gibt? Das ist letztlich Geschmackssache.

I. Schadensersatzanspruch aus § 823 Abs. 1

K könnte gegen F einen Anspruch auf Schadensersatz gemäß § 823 Abs. 1 haben. **1**

1. Rechts(guts)verletzung

F müsste Rechte bzw. Rechtsgüter der K i.S.v. § 823 Abs. 1 verletzt haben. Hier **2** wäre allenfalls eine Eigentumsverletzung denkbar, weil F das Bild verbrannt hat; jedoch stand das Bild nach der Übereignung durch V nach § 929 Satz 1 im Eigentum des F und nicht im Eigentum der K, an die es nie übereignet worden ist.

Hinweis: Zu den Ansprüchen der K gegen den V vgl. *Fritzsche* SchR I Fall 6.

Allerdings hat (spätestens) die Zerstörung des Bildes dazu geführt, dass die K ihren **3** Übereignungsanspruch nach § 433 Abs. 1 Satz 1 gegen V gemäß § 275 Abs. 1 Alt. 2 verloren hat. Damit stellt sich die Frage, ob diese von F vernichtete Forderung der K ein „sonstiges Recht" i.S.v. § 823 Abs. 1 darstellt. Nach den Gesetzesmaterialien und der ganz h.M. ergibt sich aus dem Beispielskatalog des § 823 Abs. 1, dass „sonstige Rechte" immer absoluter Natur, also von der Rechtsordnung gegenüber Verletzungen durch jedermann geschützt sein müssen.[1] Daran fehlt es bei Forderungen. Zwar lässt eine Mindermeinung eine Ausnahme zu, soweit es um eine Verletzung der sog. Forderungszuständigkeit geht,[2] also den Einzug fremder Forderungen, doch geht es hier nicht um eine solche Konstellation. Soweit eine andere Mindermeinung zumindest für bestimmte drittschädigende Konstellationen die Forderung als sonstiges Recht anerkennen will, ist dem mit der h.M. entgegenzuhalten, dass eine Forderung für Dritte typischerweise nicht erkennbar ist; dies spricht ebenso gegen einen deliktischen Schutz wie der Umstand, dass andernfalls – im hier vorliegenden Fall des Doppelverkaufs – das Abstraktions- bzw. Trennungsprinzip aufgeweicht würde.[3]

Damit fehlt es an einer Rechtsgutsverletzung i.S.v. § 823 Abs. 1. **4**

2. Ergebnis

K hat nach § 823 Abs. 1 keinen Anspruch gegen F. **5**

Hinweis: In diesem Fall sind das Vorliegen einer Rechtsverletzung und eines dafür ursächlichen Verhaltens des F so eindeutig, dass es keinen Sinn macht, dies besonders aufzuarbeiten.

II. Schadensersatzanspruch aus § 826

K könnte gegen F einen Anspruch auf Schadensersatz gemäß § 826 haben. **6**

1. Schaden

K müsste ein Schaden entstanden sein, also eine Einbuße an Rechten. Sie hatte gegen **7** V einen Übereignungsanspruch aus dem Kaufvertrag. Dieser Anspruch ist gemäß § 275 Abs. 1 erloschen, als das Bild bei F verbrannte. Im Verlust des Anspruchs liegt ein Schaden.

---

[1] Vgl. MünchKommBGB/*Wagner* § 823 Rn. 205 ff. m.w.N.
[2] Vgl. Bamberger/Roth/*Spindler* § 823 Rn. 98 m.w.N.
[3] Bamberger/Roth/*Spindler* § 823 Rn. 98; Soergel/*Spickhoff* § 823 Rn. 88.

2. Schädigendes Verhalten des F und haftungsbegründende Kausalität

8 Die K müsste ihre Forderung aufgrund eines Verhaltens des F verloren haben. Dieser hat zum einen in Kenntnis des älteren Anspruchs der K das Bild von F erworben und das Bild bei der Filmproduktion zerstört. Da beides nicht hinwegzudenken ist, ohne dass der Anspruchsverlust entfiele, und ein Bestehen von weiteren Forderungen hinsichtlich desselben Gegenstandes auch nicht außerhalb der Lebenserfahrung liegt, ist die Kausalität zu bejahen. Ein engerer Zusammenhang zwischen Verhalten und Schädigung ist auch für § 826 nicht erforderlich.[4]

3. Sittenwidrigkeit

9 Die Schädigung der K durch F müsste sittenwidrig sein. Nach der von der Rspr. zu § 138 Abs. 1 geprägten und auch bei der Anwendung des § 826 herangezogenen[5] „Anstandsformel" ist ein Verhalten sittenwidrig, wenn es das Anstandsgefühl aller billig und gerecht Denkenden verletzt.[6] Diese wenig aussagekräftige Formel wird in der Lit. vielfach kritisiert, ohne dass sie klarere bzw. praktikablere Kriterien hätte entwickeln können, die letztlich auch kaum vorstellbar sind.[7] Letztlich muss die Konkretisierung – wie bei allen Generalklauseln – durch die Herausarbeitung von Fallgruppen erfolgen.

10 In der Rspr. ist anerkannt, dass das sog. Verleiten zum Vertragsbruch als sittenwidrige Schädigung des beeinträchtigten Gläubigers anzusehen sein kann. Ausgangspunkt der Beurteilung ist dabei aber, dass der Vertragsbruch des Schuldners (V) als solcher kein Delikt darstellt und nicht sittenwidrig ist.[8] Deshalb kann auch die Beteiligung eines Dritten (F) am Vertragsbruch oder dessen bloße Ausnutzung allein in der Regel kein Delikt darstellen, zumal Verträge nur *inter partes* wirken. Vielmehr muss dem Verhalten des Dritten im Hinblick auf den Vertragsbruch des Schuldners ein besonderer Unwertgehalt innewohnen. Dies ist regelmäßig nur dann der Fall, wenn der Dritte den Schuldner zum Vertragsbruch verleitet, also eine Anstiftung oder zumindest eine in diese Richtung gehende Handlung vornimmt. Der Dritte muss also von der Existenz der vertraglichen Bindung des Schuldners Kenntnis haben.

11 Im vorliegenden Fall hat F den V durch sein hohes Kaufpreisgebot zur Verletzung seiner Vertragspflichten gegenüber K veranlasst. In diesem Augenblick wusste F aber von den vertraglichen Ansprüchen der K noch nichts. Nachdem er davon erfahren hatte, hat er den V sinngemäß vor die Wahl zwischen einem hohen und einem normalen Verkaufserlös gestellt. Darin liegt eine weitere Beeinflussung. Ein sittenwidriges Verleiten zum Vertragsbruch setzt aber voraus, dass der Dritte den Schuldner entweder von Schadensersatzansprüchen des Gläubigers freistellt[9] oder dass beide gezielt zum Nachteil des Gläubigers zusammenwirken oder dass der

---

[4] Vgl. RGZ 157, 213, 220.

[5] A.A. MünchKommBGB/*Wagner* § 826 Rn. 10.

[6] Seit RGZ 48, 114, 124; zu § 826 etwa BGHZ 173, 246 Rn. 22 = NJW 2007, 2689 – TRIHOTEL (dazu *Altmeppen* NJW 2007, 2657); *BGH* NJW 2005, 145, 146 = bei *Emmerich* JuS 2005, 180 – Rheumaklinik; NJW 2014, 1380 Rn. 8 m.w.N.

[7] Vgl. MünchKommBGB/*Wagner* § 826 Rn. 8ff., 11: „funktionale Interpretation".

[8] Vgl. *BGH* NJW 2014, 1380 Rn. 8 m.w.N.

[9] *BGH* NJW 1981, 2184, 2185.

Schuldner besondere Vertrauenspflichten verletzt. All dies ist hier nicht ersichtlich. F hat zwar einen höheren Preis geboten, dies aber nicht im Hinblick auf den Anspruch der K,[10] sondern von sich aus. Ein besonderes Einwirken des F auf V über das – in der Marktwirtschaft ohne Weiteres zulässige – höhere Angebot hinaus ist nicht ersichtlich, ebenso wenig eine Absicht, gerade die ihm persönlich unbekannte K zu treffen. Dass F nach dem Vertragsschluss von V unter Hinweis auf das gute Geschäft Erfüllung verlangt, ist ebenfalls legitim. Damit fehlt es an der Sittenwidrigkeit der objektiven Schädigungshandlung.

Hinweis: Ohne nähere Kenntnis der Rspr. zum Vertragsbruch mag man zum gegenteiligen Ergebnis gelangen, was ohne Weiteres vertretbar ist, sofern man die Sittenwidrigkeit mit Argumenten begründet. Dann ist anschließend noch der **Vorsatz** zu prüfen. Anders als bei § 823 erfordert § 826 einen *Schädigungsvorsatz.* Es ist also festzustellen, ob der F von der drohenden Schädigung der K wusste – was nach der Mitteilung des V zu bejahen ist – und diese zumindest billigend in Kauf genommen hat (bedingter Vorsatz) – was man bei seiner Reaktion auf die späteren Bedenken des V bejahen müsste.

4. Ergebnis

K kann von F auch nach § 826 keinen Schadensersatz fordern (a. A. vertretbar). **12**

Hinweis: Sofern der Schadensersatzanspruch nach § 826 gegen den Dritten besteht, richtet er sich im Falle des Doppelverkaufs gemäß § 249 Abs. 1 gegebenenfalls auf Übereignung des begehrten Gegenstandes.[11] So wäre es, wenn F in Kenntnis des Vertrags zwischen V und K den viel höheren Preis geboten hätte.

---

[10] Zum bewussten Überbieten vgl. *BGH* WM 1981, 624, 625.
[11] Vgl. etwa RGZ 108, 58, 59; *OLG Schleswig* OLGR 2005, 86 = BeckRS 2004, 05350.

Fall 4. Tod und Schock

Sachverhalt

Stefan Semmler (S) schneidet seinen Kirschbaum zu und hat deshalb eine hohe Leiter auf dem Gehsteig vor seinem Grundstück aufgestellt. Als er fertig und von der Leiter herabgestiegen ist, sticht ihn unvermittelt eine Wespe. S zuckt erschrocken zusammen und stößt die Leiter um, die auf die Straße stürzt. Auf der Fahrbahn kommt gerade der Motorradfahrer Gero Gruser (G) mit angemessener Geschwindigkeit angefahren und wird von der Leiter zu Fall gebracht. G stürzt unglücklich und verstirbt noch an der Unfallstelle. Er hinterlässt seine Witwe Wanda (W) und vier (gemeinsame) Kinder im Alter zwischen zwei und acht Jahren, aber kein Testament.

W fordert für sich und die Kinder Schadensersatz, weil G als Ernährer der Familie weggefallen sei. Wegen der kleinen Kinder könne sie nicht arbeiten. Des Weiteren möchte sie die Beerdigungskosten ersetzt bekommen.

Stehen W die geltend gemachten Ansprüche gegen Stefan zu?

Abwandlung 1: Als W vom Unfalltod ihres Mannes erfährt, erleidet sie einen Nervenschock. Ihr Zustand ist so gravierend, dass sie einige Tage stationär und noch über Wochen medikamentös behandelt wird.

W fordert von S Ersatz der Heilungs- bzw. Pflegekosten sowie ein angemessenes Schmerzensgeld. S wendet ein, dass er W selbst doch gar nichts getan habe.

Abwandlung 2: W war schwanger, als die Nachricht vom Tode G's sie ereilte. Der Schock hat deshalb die weitere Folge, dass ihr fünftes Kind Korbinian (K) mit schweren Hirnschäden zur Welt kommt, die auf die Folgen des Schocks und ihrer notwendigen medikamentösen Behandlung im Krankenhaus zurückzuführen sind. Kann K von S Ersatz für seine vermehrten Bedürfnisse verlangen?

S wendet wiederum ein, er habe K doch gar nichts getan.

Gliederung

Lösung

Ausgangsfall: Anspruch der W auf Schadensersatz wegen G's Tod

I. Aus § 823 Abs. 1

1 Möglicherweise kann W für sich und ihre Kinder von S entgangenen Unterhalt sowie Ersatz der Beerdigungskosten gemäß § 823 Abs. 1 verlangen.

1. Rechtsgutsverletzung

2 G ist bei dem von S ausgelösten Unfall zu Tode gekommen; damit ist das Leben des G, also ein Rechtsgut i. S. d. § 823 Abs. 1 verletzt.

2. Handlung des S

3 Ein Schadensersatzanspruch aus § 823 Abs. 1 setzt ferner eine zurechenbare Verletzungshandlung des S voraus. Eine Handlung ist jedes menschliche Tun, das der Bewusstseinskontrolle und Willenslenkung unterliegt und somit beherrschbar ist; nur körperliche Bewegungen unter physischem Zwang oder unwillkürliche Reflexe infolge von Fremdeinwirkung sind ausgenommen.[1] Problematisch erscheint insofern, dass S durch den Wespenstich zusammengezuckt war und infolgedessen gegen die Leiter gestoßen war. Dieser Vorgang war für S möglicherweise nicht steuerbar; es könnte sich um einen Reflex gehandelt haben. Jedoch unterlag S dabei keinem Zwang, und seine Steuerungsfähigkeit war nicht völlig aufgehoben, sodass man seinen Zustand nicht mit dem der Bewusstlosigkeit i. S. v. § 827 Satz 1 vergleichen[2] könnte; vielmehr hatte er sich selbst nicht im gebotenen Ausmaß unter Kontrolle. Damit ist von einer Handlung des S auszugehen.

Hinweis: Ähnlich verhält es sich, wenn z. B. ein Autofahrer übermüdet einschläft oder einen Herzinfarkt erleidet und anschließend einen Unfall verursacht. Rein praktisch gesehen stellt sich zudem die

---

[1] BGHZ 39, 103, 106, 109 f. mit Gegenbeispiel: Ein Kegelbruder mit Kugel in der Hand wird angegriffen, die Kugel verletzt darauf hin einen Dritten.

[2] Vgl. dazu MünchKommBGB/*Wagner* § 827 Rn. 7.

Frage, wie weit die Darlegungslast des Geschädigten für das Vorliegen einer willensgesteuerten Handlung reicht.[3] Darauf ist bei der Fallbearbeitung aber typischerweise nicht einzugehen.

3. Haftungsbegründende Kausalität

Die Handlung des S müsste für die Rechtsgutsverletzung ursächlich gewesen sein. **4** Hätte S die Leiter nicht zum Umfallen gebracht, wäre sie nicht auf die Fahrbahn gestürzt und G nicht verunglückt; derartige Folgen sind bei einem solchen Vorfall nach der Lebenserfahrung nicht völlig ungewöhnlich. Die Handlung des S war damit kausal für den Tod des G.

4. Rechtswidrigkeit

Die Rechtswidrigkeit wird durch die Rechtsgutsverletzung indiziert. Rechtferti- **5** gungsgründe sind nicht ersichtlich.

5. Verschulden

S hat die verkehrsübliche Sorgfalt außer Acht gelassen, indem er direkt neben einer **6** Straße mit der Leiter hantiert hat. Dass die Leiter auf die Fahrbahn stürzen und einen tödlichen Unfall verursachen könnte, war vorhersehbar und vermeidbar. S handelte somit fahrlässig i. S. d. § 276 Abs. 2.

6. Ersatzfähiger Schaden und Ersatzberechtigung

Schließlich müssten W und ihre Kinder auch einen ersatzfähigen Schaden erlitten **7** haben und ersatzberechtigt sein. Ein Schaden ist zunächst jede Einbuße an Lebensgütern, wie Gesundheit, Ehre, Eigentum oder Vermögen.[4] Ein Vermögensschaden liegt vor, wenn der jetzige tatsächliche Wert des Vermögens des Geschädigten geringer ist als der Wert, den das Vermögen ohne das schädigende Ereignis hätte (sog. Differenzhypothese).[5]

Fraglich erscheint hier bereits die Ersatzberechtigung von W und ihren Kindern, **8** denn ersatzberechtigt ist grundsätzlich nur der unmittelbar Geschädigte, dessen Rechtsgut durch die unerlaubte Handlung unmittelbar verletzt wurde.[6] Vorliegend ist das Rechtsgut Leben des G verletzt worden und dieser somit unmittelbar geschädigt, doch kann er nach seinem Tod keinen Anspruch mehr haben.[7] Der Erbe bzw. die Erben müssen zwar nach § 1968 BGB die Beerdigungskosten tragen, doch wären diese irgendwann ohnehin entstanden (fehlende Kausalität bzw. beachtliche Reserveursache) und bilden zudem allenfalls einen Vermögensschaden, der nicht unter § 823 Abs. 1 fällt.[8] Nur mittelbar Geschädigte haben aber keinen Anspruch aus § 823 Abs. 1,[9] und W und ihre Kinder wurden hier durch die unerlaubte Handlung nicht unmittelbar in ihren Rechtsgütern verletzt, sodass sie nicht ersatz-

---

[3] Dazu m. w. N. etwa MünchKommBGB/*Wagner* § 823 Rn. 55; Soergel/*Spickhoff* § 823 Rn. 173 f.

[4] Palandt/*Grüneberg* Vor § 249 Rn. 9.

[5] *BGH* NJW 1958, 1085; 1980, 775, 776.

[6] *Looschelders* SBT Rn. 1414; *Wandt* § 20 Rn. 1, 8 und § 22 Rn. 53.

[7] *Medicus/Lorenz* I Rn. 701.

[8] *Medicus/Lorenz* I Rn. 703.

[9] MünchKommBGB/*Oetker* § 249 Rn. 280 ff. – Vgl. zu Ersatzansprüchen eines beruflichen Partners *BGH* NJW 2003, 1040 f. = bei *Emmerich* JuS 2003, 709.

berechtigt aus § 823 Abs. 1 sind. Für Schäden von mittelbar Geschädigten kommt jedoch ein Anspruch aus §§ 844, 845 in Betracht,[10] der im Folgenden zu prüfen ist.

7. Ergebnis

9 Einen Anspruch für den Ersatz der Beerdigungskosten und den entgangenen Unterhalt können W und ihre Kinder mangels Ersatzberechtigung aus § 823 Abs. 1 nicht geltend machen.

II. Aus § 823 Abs. 2 BGB i.V.m. § 222 StGB (fahrlässige Tötung)

10 Grundsätzlich wäre ein Ersatzanspruch gegen S wegen der erlittenen Schäden auch nach § 823 Abs. 2 BGB i.V.m. § 222 StGB möglich. Aus dem zu § 823 Abs. 1 Gesagten ergibt sich, dass S den Straftatbestand einer fahrlässigen Tötung (§ 222 StGB) verwirklicht und damit ein Schutzgesetz i.S.v. § 823 Abs. 2 schuldhaft verletzt hat. Die Rechtswidrigkeit wird durch die Verletzung des Schutzgesetzes indiziert.[11] Jedoch scheitern ein eigener Anspruch des G an seinem Tod und ein Anspruch seiner Hinterbliebenen am Grundsatz des Gläubigerinteresses (siehe Rn. 7f.).

III. Aus § 844 Abs. 1

11 Möglicherweise können W und ihre Kinder Schadensersatz für die Beerdigungskosten von S aus § 844 Abs. 1 verlangen.

Merke: Grundsätzlich kann nur derjenige Schadensersatz gemäß §§ 823 ff. verlangen, der in einem eigenen Rechtsgut verletzt ist (siehe Rn. 8). Die §§ 844, 845 normieren eine Ausnahme von diesem „Dogma des Gläubigerinteresses", indem sie Dritten Schadensersatz für die Verletzung eines anderen zugestehen.[12] Sie setzen die Tötung eines Menschen durch eine unerlaubte Handlung nach § 823 Abs. 1 oder § 823 Abs. 2 BGB i.V.m. §§ 211 ff., 227 StGB oder §§ 829, 833, 836 voraus. Es handelt sich um echte Schadensersatzansprüche, sodass gegebenenfalls Fragen der haftungsausfüllenden Kausalität oder der Vorteilsausgleichung usw. zu erörtern sein können.

1. Tötung durch unerlaubte Handlung nach § 823 Abs. 1

12 Wie bereits festgestellt, wurde G durch eine unerlaubte Handlung des S getötet.

2. Schaden und Ersatzberechtigung der W und ihrer Kinder

13 W und ihren Kindern müsste ein Schaden in Gestalt von Beerdigungskosten entstanden sein, und sie müssten ersatzberechtigt sein. Dies sind sie nach § 844 Abs. 1 dann, wenn sie die Beerdigungskosten zu tragen haben. Die Beerdigungskosten tragen gemäß § 1968 in erster Linie die Erben, sodass zu klären ist, ob W und ihre Kinder den G beerbt haben. Da eine Verfügung des G von Todes wegen nicht vorhanden ist, trat die gesetzliche Erbfolge ein. Gemäß § 1923 Abs. 1 und Abs. 4 erben die Kinder des G zu gleichen Teilen und daneben gemäß § 1931 Abs. 1 die W als Ehefrau. Somit sind W und ihre Kinder ersatzberechtigt.

---

[10] Palandt/*Sprau* § 823 Rn. 74.
[11] Palandt/*Sprau* § 823 Rn. 60.
[12] Vgl. dazu etwa *Medicus/Lorenz* I Rn. 650; *Wandt* § 22 Rn. 52 ff.

Ersatzfähig sind die Kosten einer angemessenen Beerdigung (wie bei § 1968).[13] **14**
Diese sind durch die Tötung des G adäquat verursacht worden.

3. Mitverschulden des G

Die Ersatzpflicht des S wäre gemäß § 846 i. V. m. § 254 Abs. 1 zu mindern, wenn **15**
den Getöteten G ein Mitverschulden an der Schadensentstehung träfe. Die Leiter
ist so plötzlich auf die Fahrbahn geraten, dass G trotz angemessener Geschwindigkeit nicht mehr reagieren konnte. Somit war der Unfall für G unvermeidbar, und
ein Mitverschulden scheidet aus.

4. Ergebnis

W und ihre Kinder können von S den Ersatz der Beerdigungskosten gemäß § 844 **16**
Abs. 1 (i. V. m. § 823 Abs. 1) verlangen.

IV. Aus § 844 Abs. 2

Fraglich ist, ob W für sich und ihre Kinder gemäß § 844 Abs. 2 auch Ersatz für den **17**
Unterhalt von S verlangen kann, der ihnen durch den Tod des G entgeht.

1. Tötung durch unerlaubte Handlung

Wie bereits festgestellt, wurde G durch eine unerlaubte Handlung des S getötet. **18**

2. Ersatzfähiger Unterhaltsschaden

Nach § 844 Abs. 2 ist (nur) der Unterhaltsschaden zu ersetzen, wenn die weiteren **19**
Voraussetzungen für den Schadensersatz vorliegen.

a) Schaden der W

Gemäß § 1360 Satz 1 sind die Ehegatten einander verpflichtet, die Familie ange- **20**
messen zu unterhalten. W hat ihre Unterhaltspflicht gemäß § 1360 Satz 2 erfüllt,
indem sie in Absprache mit G (vgl. § 1356) den Haushalt geführt und die Kinder
betreut hat. G war dagegen zum sog. Barunterhalt verpflichtet, sodass er im Zeitpunkt des tödlichen Unfalls kraft Gesetzes gemäß § 1360 Satz 1 gegenüber W zum
Unterhalt verpflichtet war. Der Unterhaltsanspruch der W gegen G ist durch dessen
Tod gemäß § 1360a Abs. 3 i. V. m. § 1615 Satz 1 erloschen. Das Vermögen der W
ist somit gemindert und ihr ist daraus ein Schaden entstanden.

b) Schaden der Kinder

Gegenüber den Kindern bestand gemäß §§ 1601 ff. eine Unterhaltspflicht des G. **21**
Diese haben einen Schaden erlitten, da ihr Unterhaltsanspruch gemäß § 1615
Abs. 1 erloschen ist.

c) Haftungsausfüllende Kausalität

Die Tötung des G hat in adäquat kausaler und zurechenbarer Weise zur Entstehung **22**
der genannten Schäden geführt. Es liegt insbesondere nicht außerhalb jeglicher Le-

---

[13] *Medicus/Lorenz* I Rn. 703; näher Palandt/*Weidlich* § 1968 Rn. 2. Zur Trauerkleidung *Looschelders*
SBT Rn. 1416.

benserfahrung, dass die Tötung eines Familienvaters bei den Angehörigen zum Verlust von Unterhaltsansprüchen führt.

3. Mitverschulden des G

23   Ein anspruchsminderndes Mitverschulden (§ 254 Abs. 1) des G scheidet aus.

4. Ergebnis

24   W kann S daher für die hypothetische Dauer der Unterhaltspflicht des G auf Zahlung einer Geldrente in entsprechender Höhe gemäß § 844 Abs. 2 in Anspruch nehmen. Auch gegenüber den Kindern des G ist S zur Zahlung einer Geldrente verpflichtet.

25   Da W nach dem Tod des G gemäß §§ 1626 Abs. 1, 1680 Abs. 1 alleinige Inhaberin der elterlichen Sorge und damit gemäß § 1629 Abs. 1 allein vertretungsberechtigt ist, kann W auch die Schadensersatzansprüche ihrer Kinder in deren Namen geltend machen.

Abwandlung 1: Anspruch der W auf Schadensersatz wegen ihres Schocks

I. Aus § 823 Abs. 1

26   W könnte gegen S einen Anspruch auf Ersatz der durch ihren Schock ausgelösten Schäden gemäß § 823 Abs. 1 haben.

1. Rechtsgutsverletzung

27   Dazu müsste zunächst ein Rechtsgut der W i. S. v. § 823 Abs. 1 verletzt sein. In Betracht kommt hier eine **Körperverletzung**. Darunter versteht man jede Beeinträchtigung der körperlichen Integrität[14] wie z. B. eine Wunde oder ein Knochenbruch, die hier nicht gegeben ist.

28   W könnte jedoch eine **Gesundheitsschädigung** erlitten haben. Damit ist jedes Hervorrufen oder Steigern eines von den normalen körperlichen Funktionen nachteilig abweichenden Zustands gemeint.[15] Darunter fallen auch medizinisch fassbare **psychische Folgewirkungen** des haftungsbegründenden Ereignisses, wie ein Nervenzusammenbruch oder Schlafstörungen, wenn sie von gewisser Dauer sind und nach der Verkehrsanschauung als Gesundheitsverletzung angesehen werden.[16] Letzteres ist nur dann der Fall, wenn die Beeinträchtigung nach Art und Schwere deutlich über das hinausgeht, was Nahestehende als mittelbar Betroffene in derartigen Fällen erfahrungsgemäß an Beeinträchtigungen erleiden.[17] Im vorliegenden Fall war der Schock der W so gravierend, dass sie sich für einige Tage in stationäre ärztliche Behandlung begeben musste. Im Anschluss daran musste sie noch einige Wochen medikamentös behandelt werden. Der Schockzustand stellt somit eine Gesundheitsschädigung i. S. d. § 823 Abs. 1 dar.

---

[14] Palandt/*Sprau* § 823 Rn. 4.
[15] *BGH* NJW 1989, 781, 783; 1990, 129; 2005, 2614, 2615.
[16] BGHZ 56, 163, 165; Palandt/*Sprau* § 823 Rn. 4.
[17] BGHZ 56, 163; *BGH* NJW 1971, 1883; 1989, 2317, 2318.

2. Handlung des S

Eine Handlung des S, die möglicherweise zur Gesundheitsschädigung bei W ge- **29** führt hat, liegt im Umstoßen der Leiter.

3. Haftungsbegründende Kausalität und Zurechenbarkeit

Zu prüfen ist, ob die Unfallverursachung durch S ursächlich für die Gesundheits- **30** schädigung bei W war.

a) Äquivalente Kausalität

Ausgangspunkt der Beurteilung ist die sog. Äquivalenztheorie. Danach ist jedes **31** Verhalten in gleicher Weise kausal, **das nicht hinweggedacht werden kann, ohne dass der eingetretene Erfolg entfiele** *(conditio sine qua non)*.[18] Hätte S die Leiter nicht umgestoßen, wäre diese nicht auf die Fahrbahn geraten und hätte nicht zum tödlichen Sturz des G geführt. Dann hätte W keinen Schock und damit keine Gesundheitsschädigung erlitten. Die äquivalente Kausalität liegt also vor.

b) Adäquate Kausalität

Da die Äquivalenztheorie jedes Verhalten ausreichen lässt, ohne dass der Erfolg **32** nicht eingetreten wäre, führt sie nach allgemeiner Auffassung zu einer nahezu uferlosen Haftung. Deshalb muss man den rechtlichen Kausalitätsbegriff durch weitere Kriterien sinnvoll begrenzen. Erster Ansatzpunkt dafür ist die sog. Adäquanz. Ein Ereignis ist adäquat kausal für den Erfolg, wenn es aus Sicht eines optimalen Beobachters unter Berücksichtigung der zur Zeit des Schadenseintritts erkennbaren Umstände allgemein und nicht nur unter besonders eigenartigen, unwahrscheinlichen und nach dem gewöhnlichen Verlauf der Dinge außer Betracht zu lassenden Umständen geeignet ist, den eingetretenen Erfolg herbeizuführen.[19] Für den konkreten Fall ist insoweit festzustellen, dass es nicht außerhalb jeder Lebenserfahrung liegt, dass das Verrichten gefährlicher Tätigkeiten am Fahrbahnrand zu einem tödlichen Unfall führt und dass dieser dann bei nahen Angehörigen einen Nervenzusammenbruch auslöst. Die adäquate Kausalität ist also zu bejahen.

c) Schutzzweck der Norm/Zurechnungszusammenhang

Auch der Adäquanzbegriff bedarf noch weiterer Einschränkungen, da er nur die **33** Zurechnung ganz ungewöhnlicher Geschehensabläufe ausschließt. Daher ist weiter zu fragen, ob der Zweck der jeweiligen Anspruchs- (§ 823 Abs. 1) oder Verbotsnorm darauf gerichtet ist, gerade das verletzte Rechtsgut oder Interesse vor Verletzungen der eingetreten Art zu schützen. Die Gesundheit ist jedenfalls vom Schutzzweck des § 823 Abs. 1 mit umfasst.

Allerdings ist zu berücksichtigen, dass unangenehme Mitteilungen generell geeignet **34** sind, dass Wohlbefinden von Menschen zu beeinflussen. Sog. Schockschäden, die ein Dritter durch den Tod oder die Verletzung eines anderen erleidet, sind dem Schädiger grundsätzlich nicht als Gesundheitsschädigung zuzurechnen, da es

---

[18] *BGH* NJW 1957, 1475; 2005, 1420, 1421; Palandt/*Grüneberg* Vor § 249 Rn. 25.
[19] *BGH* NJW 1995, 126, 127; 1998, 140; 2005, 1420.

sich um eine bloße Verwirklichung des allgemeinen Lebensrisikos handelt. Anders verhält es sich nach der Lehre vom Schutzzweck der Norm aber dann, wenn nahe Angehörige des Verletzten einen Schock erlitten haben **und** der Schock im Hinblick auf seinen Anlass verständlich ist.[20] Ein hinreichender Anlass ist insbesondere bei einer Tötung oder schweren Verletzung naher Angehöriger anzunehmen. In diesen Fällen kommt es nicht darauf an, ob der Schock durch die unmittelbare Beobachtung des schädigenden Ereignisses ausgelöst wird oder erst durch die spätere Benachrichtigung vom Tod oder der Verletzung.[21] Der Schockzustand der W ist auf die Nachricht vom Tod ihres Ehemannes, also eines nahen Angehörigen, zurückzuführen und damit im Hinblick auf seinen Anlass verständlich. Da im konkreten Fall die psychische Erkrankung über das allgemeine Lebensrisiko hinausgeht, muss G sich ihre Verursachung nach dem Schutzzweck des § 823 Abs. 1 zurechnen lassen.

Hinweis: Anders wäre es zu beurteilen, wenn ein Polizist zufällig Zeuge des Unfalls geworden und einen Schock mit ähnlich schwerwiegenden Folgen erlitten hätte. Denn nach der Rspr. soll es dem „allgemeinen Lebensrisiko" zuzuordnen sein, dass jemand zufällig Zeuge eines schweren Unfalls wird; auch schwere psychische Folgen sollen dem Schädiger deshalb nicht mehr zuzurechnen sein.[22] Ebenso könnte man sich allerdings auf den Standpunkt stellen, der Verlust eines nahen Angehörigen gehöre ebenfalls zum allgemeinen Lebensrisiko; insofern sind letztlich also Billigkeitserwägungen ausschlaggebend. – In Prüfungen sollte man versuchen, diese Grundsätze bereit zu haben, da man sie sich in der Prüfungssituation nicht unbedingt erarbeiten kann. Aus den Grundsätzen lässt sich dann auch ableiten, dass es im Falle der Tötung eines Tieres keinen Schockschadensersatz und auch kein Schmerzensgeld geben kann.[23]

4. Rechtswidrigkeit

35 Nach der Lehre vom Erfolgsunrecht wird die Rechtswidrigkeit durch den Verletzungserfolg indiziert.[24] Gerade bei einer nur mittelbaren Verursachung der Rechtsgutsverletzung – wie im vorliegenden Fall – wird aber teilweise vertreten, dass die Rechtswidrigkeit positiv festzustellen ist.[25] Dazu bedarf es eines Verstoßes gegen eine Ge- oder Verbotsnorm. S hat hier die allgemeine Rechtspflicht verletzt, Schädigungen Dritter im Rahmen des Erforderlichen und Zumutbaren zu vermeiden (Verkehrssicherungspflicht).[26] Die Gesundheitsverletzung war somit nach allen Auffassungen rechtswidrig. Der Meinungsstreit kann also dahinstehen. Rechtfertigungsgründe sind nicht ersichtlich.

5. Verschulden

36 S müsste vorsätzlich oder fahrlässig gehandelt haben. Da eine lange Leiter nicht einfach zu beherrschen und wenig standfest ist, musste S mit der Möglichkeit rechnen, dass die Leiter umfallen könnte. Damit hat er die im Verkehr erforderliche Sorgfalt außer Acht gelassen und fahrlässig i. S. v. § 276 Abs. 2 gehandelt.

---

[20] Vgl. BGHZ 56, 163, 165 ff.; 93, 351, 355.
[21] Vgl. Palandt/*Grüneberg* Vor § 249 Rn. 40 m. w. N.
[22] Vgl. *BGH* NJW 2007, 2764 = JuS 2008, 375 m. Anm.
[23] *BGH* NJW 2012, 1730 Rn. 8 f. m. w. N.; dazu erläuternd *Mäsch* JuS 2012, 841 ff.
[24] *BGH* NJW 1996, 3205.
[25] Palandt/*Sprau* § 823 Rn. 26.
[26] *BGH* NJW-RR 2003, 1459.

6. Schaden

W müsste durch die Gesundheitsverletzung ein Schaden entstanden sein, also eine **37** beliebige Einbuße an Lebensgütern, wie z.B. Gesundheit oder Vermögen.

Der Schaden der W besteht zunächst darin, dass ihr Vermögen durch die Heilbe- **38** handlungskosten gemindert wurde.

Daneben hat W auch einen immateriellen Schaden erlitten, da ihr Wohlbefinden **39** durch die gesundheitlichen Beschwerden stark beeinträchtigt und sie durch den Krankenhausaufenthalt vorübergehend in ihrer Bewegungsfreiheit eingeschränkt war.

7. Haftungsausfüllende Kausalität

Die Rechtsgutsverletzung muss schließlich für den konkreten Schaden kausal gewe- **40** sen sein. Der Nervenzusammenbruch der W hat in adäquat kausaler und zurechenbarer Weise zur Entstehung der Heilbehandlungskosten und der immateriellen Schäden geführt; insbesondere liegen derartige Schäden als Folge eines medizinisch feststellbaren Schockzustands nicht außerhalb jeglicher Lebenserfahrung. Die Schäden sind auch vom Schutzzweck des § 823 Abs. 1 umfasst.

8. Umfang der Ersatzpflicht

Gemäß § 249 Abs. 1 ist der Zustand herzustellen, der ohne Verletzung bestünde; **41** der Anspruch der W ist also auf **Naturalrestitution** gerichtet.

Der Umfang von Vermögensschäden ist mit Hilfe der **Differenzhypothese** zu er- **42** mitteln, also durch Vergleich der Vermögenslage mit und ohne das schädigende Ereignis.

Ohne den Unfall wäre keine ärztliche Behandlung zur Wiederherstellung des Ge- **43** sundheitszustandes nötig gewesen. W kann daher die entstandenen Heilbehandlungskosten gemäß § 249 Abs. 2 1 ersetzt verlangen.

Immaterielle Schäden sind dagegen gemäß § 253 Abs. 1 nur in den gesetzlich be- **44** stimmten Fällen ersatzfähig. Im vorliegenden Fall kann W aber auch für den Nichtvermögensschaden eine billige Entschädigung in Geld von S verlangen, da der Ersatzpflicht eine Gesundheitsverletzung zugrunde liegt und die Bagatellgrenze überschritten ist.

Hinweis: Es ist umstritten, ob § 253 eine eigene Anspruchsgrundlage für den Ersatz immaterieller Schäden ist[27] oder nur – wie die §§ 249 ff. im Übrigen – den Anspruchsumfang und die Art und Weise des zu leistenden Schadensersatzes festlegt.[28] Die systematische Stellung spricht für letzteres. Diese Kontroverse wird in Fallbearbeitungen üblicherweise nicht diskutiert, da sie keine Auswirkungen auf das Ergebnis haben kann.

9. Ergebnis

Der Anspruch der W gegen S auf Ersatz der Behandlungskosten und Zahlung eines **45** angemessen Schmerzensgeldes gemäß § 823 Abs. 1 besteht also.

---

[27] So etwa Palandt/*Grüneberg* § 253 Rn. 4.
[28] MünchKommBGB/*Oetker* § 253 Rn. 15 f. m.w. N.

II. Aus § 823 Abs. 2 BGB i. V. m. § 229 StGB (fahrlässige Körperverletzung)

46 Daneben besteht auch ein Schadensersatzanspruch der W gegen S aus § 823 Abs. 2 BGB i. V. m. § 229 StGB. S hat den Tatbestand des § 229 StGB verwirklicht, indem er die Gesundheit der W fahrlässig geschädigt hat. Damit hat er schuldhaft ein Schutzgesetz i. S. v. § 823 Abs. 2 verletzt. Die Rechtswidrigkeit wird durch die Schutzgesetzverletzung indiziert. Zum Anspruchsumfang gilt das oben Gesagte.

Abwandlung 2: Anspruch des K auf Schadensersatz wegen der Hirnschäden

I. Aus § 823 Abs. 1

47 K könnte gegen S einen Anspruch auf Schadensersatz für seine vermehrten Bedürfnisse infolge der Hirnschäden gemäß § 823 Abs. 1 haben.

1. Rechtsgutsverletzung

48 Dazu müsste zunächst ein Recht des K i. S. v. § 823 Abs. 1 verletzt sein.

49 In Betracht kommt hier eine **Körperverletzung.** Darunter versteht man jede Beeinträchtigung der körperlichen Integrität i. S. einer Substanzverletzung.[29] Der bereits im Mutterleib eingetretene Hirnschaden des K ist auf die gesundheitliche Beeinträchtigung der W und deren medikamentöse Behandlung zurückzuführen. Die Schädigung ist somit nicht die Folge einer substanzverletzenden Einwirkung auf den Körper des K. Eine Körperverletzung liegt daher nicht vor.

50 K könnte jedoch eine **Gesundheitsschädigung** erlitten haben. Darunter versteht man jedes Hervorrufen oder Steigern eines von den normalen körperlichen Funktionen nachteilig abweichenden Zustands.[30] Im Gegensatz zur Körperverletzung handelt es sich dabei um eine Störung innerer Lebensvorgänge. Von einer Gesundheitsschädigung ist im vorliegenden Fall auszugehen, da die Gehirnleistung bei K im Vergleich zu einem gesunden Kind seines Alters herabgesetzt ist.

51 Problematisch erscheint aber, dass K zum Zeitpunkt der Verletzung noch nicht geboren war. Der Anspruch aus § 823 Abs. 1 erfordert, dass „ein anderer" in seinen Rechten verletzt ist, also ein rechtsfähiger Mensch i. S. d. § 1. Die noch ungeborene Leibesfrucht *(nasciturus)* ist hingegen (noch) nicht rechtsfähig. Gleichwohl zeigen verschiedene Sondervorschriften, wie z. B. im BGB die §§ 844 Abs. 2 Satz 2, 1923 Abs. 2, 331 Abs. 2 oder auch das Embryonenschutzgesetz, dass auch der *nasciturus* einen gewissen Schutz genießt.[31] Daneben ist die Leibesfrucht durch Art. 1 Abs. 1, 2 Abs. 2 GG sogar verfassungsrechtlich geschützt.[32] Diese Wertentscheidungen sind auch bei der Anwendung des Deliktsrechts zu berücksichtigen. Pränatale Schädigungen der Leibesfrucht lösen daher Schadensersatzansprüche nach § 823 Abs. 1 aus, wenn das Kind später lebend geboren wird.[33] Dafür spricht auch, dass es sich bei der Leibesfrucht und dem später geborenen Kind um identische Wesen han-

---

[29] Palandt/*Sprau* § 823 Rn. 4.
[30] *BGH* NJW 2005, 2614, 2615; 1989, 781, 783; 1990, 129.
[31] Palandt/*Ellenberger* § 1 Rn. 5f.
[32] *BVerfG* NJW 1993, 1751.
[33] BGHZ 8, 243; 58, 48; 93, 351.

delt.[34] Die Leibesfrucht ist dazu bestimmt, als Mensch ins Leben zu treten.[35] Die Gesundheitsschädigung der Leibesfrucht setzt sich folglich nach der Geburt an einem rechtsfähigen Menschen fort.[36] Es ist nicht notwendig, dass die schädigende Handlung und der Verletzungserfolg (Gesundheitsschädigung eines geborenen Menschen) zeitgleich eintreten. Beide können auch zeitlich auseinanderfallen.

Im vorliegenden Fall wurde K lebend geboren, nachdem er bereits im Mutterleib geschädigt worden war. Somit liegt eine Hirnschädigung bei einem geborenen Kind vor, für die K unter den Voraussetzungen des § 823 Abs. 1 Schadensersatz verlangen kann. **52**

2. Handlung des S

Eine Handlung des S, die möglicherweise zur Gesundheitsschädigung bei K geführt hat, liegt im Umstoßen der Leiter. **53**

3. Haftungsbegründende Kausalität

Zu prüfen ist, ob die Herbeiführung des Unfalls durch S ursächlich für die Gesundheitsschädigung bei K war. **54**

a) Äquivalente Kausalität

Nach der Äquivalenztheorie ist jedes Verhalten in gleicher Weise kausal, das nicht hinweggedacht werden kann, ohne dass der eingetretene Erfolg entfiele *(conditio sine qua non)*.[37] Hätte S die Leiter nicht umgestoßen, wäre diese nicht auf die Fahrbahn geraten und hätte den Unfall nicht verursacht. Dann wäre es nicht zum Schock bei W und der damit einhergehenden Schädigung des ungeborenen Kindes gekommen. Das Verhalten des S war somit äquivalent kausal für die Hirnschädigung des K. **55**

b) Adäquate Kausalität

Um eine uferlose Haftung auszuschließen, müsste die Herbeiführung des Unfalls durch S aber auch adäquat kausal für die Schädigung des K sein. Bei der Schädigung eines Kindes im Mutterleib infolge einer gesundheitlichen Beeinträchtigung der Mutter handelt es sich nicht um einen völlig atypischen, regelwidrigen Geschehensverlauf, mit dem nach allgemeiner Lebenserfahrung nicht zu rechnen wäre. Das Kriterium der Adäquanz steht einer Haftung des S daher nicht entgegen. **56**

c) Schutzzweck der Norm/Zurechnungszusammenhang

S muss sich die Hirnschädigung des K auch nach dem Schutzzweck der Norm zurechnen lassen, da der Zweck des § 823 Abs. 1 gerade darin besteht, den Rechtsgutsträger vor Gesundheitsschädigungen zu schützen. **57**

4. Rechtswidrigkeit

Die Rechtswidrigkeit dieser mittelbaren Rechtsgutsverletzung ergibt sich – wie oben festgestellt – jedenfalls daraus, dass S gegen seine allgemeine Sorgfaltspflicht verstoßen hat. Ein Rechtfertigungsgrund ist nicht ersichtlich. **58**

---

[34] BGHZ 58, 48, 51.
[35] BGHZ 58, 48, 51.
[36] BGHZ 8, 243, 248 f.; 58, 48, 51.
[37] *BGH* NJW 1957, 1475; 2005, 1420, 1421; Palandt/*Grüneberg* Vor § 249 Rn. 25.

5. Verschulden

59 S hat die verkehrsübliche Sorgfalt außer Acht gelassen, indem er neben der Fahrbahn mit einem zu schweren Gegenstand hantiert hat. Die Gesundheitsschädigung erfolgte damit fahrlässig i. S. v. § 276 Abs. 2.

6. Schaden

60 Dem K ist ein Schaden in Form von vermehrten Bedürfnissen entstanden. Der Ausgleich der krankheitsbedingten Nachteile ist mit Mehraufwendungen verbunden, die das Vermögen des K dauerhaft mindern.

7. Haftungsausfüllende Kausalität

61 Die vermehrten Bedürfnisse beruhen auf der Gesundheitsschädigung, da sie gerade dazu dienen, die aus dem Hirnschaden erwachsenden Nachteile auszugleichen.

8. Art und Umfang des Ersatzes

62 Der Umfang der Ersatzpflicht richtet sich nach den §§ 249 ff., die im Bereich des Deliktsrechts durch die Sondervorschriften der §§ 842 ff. ergänzt werden. Gemäß § 843 Abs. 1 kann K von S für die Vermehrung seiner Bedürfnisse Schadensersatz in Form einer Geldrente verlangen. Der Unterhaltsanspruch des K gegen seine Mutter gemäß §§ 1601 ff. bleibt dabei gemäß § 843 Abs. 4 unberücksichtigt, da er seiner Natur nach nicht dem Schädiger zugutekommen soll.[38]

9. Ergebnis

63 K kann von S gemäß § 823 Abs. 1 Schadensersatz in Form einer Geldrente für die Vermehrung seiner Bedürfnisse verlangen.

II. Aus § 823 Abs. 2 BGB i. V. m. § 229 StGB (fahrlässige Körperverletzung)

64 K könnte seinen Schadensersatzanspruch gegen S auch auf § 823 Abs. 2 BGB i. V. m. § 229 StGB stützen, falls S eine fahrlässige Körperverletzung gemäß § 229 StGB zum Nachteil des K begangen und damit schuldhaft ein Schutzgesetz verletzt hätte. Da der Tatbestand des § 823 Abs. 1 bejaht wurde und normalerweise dann auch der „parallele" Straftatbestand erfüllt ist, liegt die Annahme nahe, es müsse auch hier so sein. Jedoch wird nach der im Strafrecht h. M. die Leibesfrucht vor Geburtsbeginn nicht über § 229 StGB gegen Einwirkungen geschützt, die Dauerschäden verursachen.[39] Folgt man dieser Ansicht, ist der Anspruch aus § 823 Abs. 2 zu verneinen.

Hinweis: In einer zivilrechtlichen Klausur auf Anfänger- und Fortgeschrittenenniveau braucht man diese speziell strafrechtliche Kontroverse nicht zu behandeln. Selbst im Examen wird der Aufgabensteller vermutlich nichts in diese Richtung erwarten.

---

[38] Palandt/*Sprau* § 843 Rn. 20.
[39] Vgl. nur *Lackner/Kühl,* 27. Aufl. 2011, § 229 Rn. 2 mit § 223 Rn. 2 m. w. N.

Fall 5. Vorsicht beim Baumfällen

Nach BGHZ 41, 123 = NJW 1964, 720.

Sachverhalt

Bauunternehmer Schredder (S) soll eine Straße verbreitern und muss deshalb einige am Straßenrand stehende Bäume fällen. Als ihn ein vorbeifahrendes Cabrio samt hübscher Fahrerin ablenkt, stürzt der Baum, den er gerade fällt, auf eine elektrische Freileitung, die u.a. das benachbarte Grundstück des Gansthaler (G) mit Strom versorgt.

G betreibt auf seinem Grundstück eine Straußenfarm und setzt dabei auch Brutapparate ein. Die Unterbrechung der Stromversorgung hat zur Folge, dass aus 60 Eiern in den Brutapparaten keine oder nur missgebildete und damit unverkäufliche Küken ausschlüpfen. Außerdem kann G während des Stromausfalls weitere Brutapparate nicht mit neuen Eiern bestücken, was zu einer Minderproduktion von weiteren 40 Straußenküken führt, die G noch am selben Tag seinem Abnehmer hätte liefern müssen. Die Apparate selbst werden nicht beschädigt, können ohne Strom aber auch nicht benutzt werden.

G hätte die Straußenküken zu einem Preis von jeweils 50 EUR verkaufen können. Er verlangt den entgangenen Verkaufserlös für 100 Straußenküken. S bestreitet seine Ersatzpflicht, weil er die Eier nicht beschädigt habe und die Beeinträchtigung des Betriebs des G nur zufällig erfolgt sei.

Abwandlung: Die Stromzufuhr wird nicht beim Baumfällen unterbrochen, sondern auf dem Grundstück des G von dem Umweltaktivisten U sabotiert, der dem G schon seit langem Tierquälerei auf seiner Straußenfarm vorwirft. Kann G von U Ersatz des Verkaufserlöses für 100 Straußenküken verlangen?

Gliederung

Lösung

Ausgangsfall: Ansprüche des G gegen S auf Schadensersatz für die Eier

Hinweis: Der Sachverhalt differenziert zwischen zwei Gruppen von Eiern, aus denen keine verkaufsfähigen Küken geschlüpft sind. Das muss nicht zwangsläufig bedeuten, dass sich auch im Ergebnis ein Unterschied ergibt. Es ist aber zumindest zu diskutieren, ob es Unterschiede gibt.

I. Aus § 823 Abs. 1 – Eigentumsverletzung

G könnte gegen S einen Schadensersatzanspruch i.H.v. 5000 EUR gemäß § 823 **1** Abs. 1 haben.

1. Rechts(guts)verletzung

Dazu müsste S ein Recht des G i.S.v. § 823 Abs. 1 verletzt haben. In Betracht **2** kommt hier eine Eigentumsverletzung durch Beschädigung der Eier in den Brutapparaten. Ohne die Unterbrechung der Stromzufuhr wären diese ordnungsgemäß ausgebrütet worden, nun sind sie verdorben. Darin liegt eine Sachbeschädigung und somit eine Eigentumsverletzung.[1]

Fraglich ist, ob eine Eigentumsverletzung auch darin liegt, dass G infolge des **3** Stromausfalls nicht weiterproduzieren konnte. Insofern ist zwar nicht das Eigentum an den (40 weiteren) Eiern verletzt, möglicherweise aber das Eigentum an den Produktionsanlagen, weil G seine Brutapparate (und sonstigen elektrischen Geräte) für die Dauer des Stromausfalls nicht nutzen konnte. Weil darin weder eine Substanzverletzung noch eine Besitzentziehung liegt, stellt sich die Frage, ob auch die bloße Gebrauchsbeeinträchtigung als Eigentumsverletzung anzusehen ist. Nach der Rspr. des BGH ist dies für Fälle der nur vorübergehenden Nichtbenutzbarkeit einer Sache zu verneinen;[2] neben der Dauer stellt die Rspr. zum Teil auch auf die Intensität des Eingriffs ab.[3] Dies deckt sich mit der Rspr. zu Verletzungen des (berechtigten) Besitzes, für die ebenfalls eine „relevante" Hinderung der Nutzung verlangt wird.[4] Für diese Einschränkung des Verletzungstatbestandes spricht der Gedanke der Begrenzung der Haftung potentieller Schädiger im Hinblick auf die Vorhersehbarkeit

---

[1] BGHZ 41, 123, 126 = NJW 1964, 720.

[2] BGHZ 55, 153, 159 – Fleetfall: eingesperrtes Schiff; 86, 152, 154f.: gesperrte Wasserstraße; *BGH* NJW-RR 2005, 673, 674 m.w.N.: Straßenbahnstrecke ohne Stromversorgung.

[3] Vgl. BGHZ 138, 230, 235f. m.w.N. = NJW 1998, 1942.

[4] Vgl. BGHZ 137, 89, 98: Blockade durch Demonstranten für zwei Tage; *BGH* NJW 1977, 2264, 2254: zweistündige Räumung wegen Gefahren nach Brand.

konkreter Schäden,[5] mag dieses Kriterium an sich auch eher der Kausalität bzw. dem Verschulden zuzuordnen sein. Wirklich befriedigende, über den Einzelfall hinaus wirkende Abgrenzungskriterien sind der Rspr. insgesamt nicht zu entnehmen.[6] Im vorliegenden Fall scheidet eine Eigentumsverletzung in Gestalt einer Gebrauchsbeeinträchtigung aus, da die Stromversorgung der Brutapparate nur vorübergehend unterbrochen war.[7]

2. Verhalten des S

4 Die Eigentumsverletzung müsste auf eine Handlung des S zurückzuführen sein. S hat die Eier zwar nicht unmittelbar selbst beschädigt; durch das unsachgemäße Baumfällen hat er aber eine Unterbrechung der Stromversorgung herbeigeführt, die wiederum den Ausfall der Apparate und den Verderb der 60 Eier zur Folge hatte.

3. Zurechnung: Haftungsbegründende Kausalität und Schutzzweck

5 Zu prüfen ist, ob die Handlung des S im rechtlichen Sinne kausal für die Verletzung des Eigentums des G war. Grundsätzlich wirkt jede Ursache haftungsbegründend, die man nicht hinweg denken kann, ohne dass der Erfolg entfiele (sog. Äquivalenztheorie). Ohne den Fehler beim Baumfällen wäre die Stromzufuhr für die Brutapparate nicht unterbrochen worden, dann wären die Eier auch nicht verdorben. Da der Kausalverlauf nicht völlig typisch ist, stellt sich die Frage, ob das Baumfällen auch nach der sog. Adäquanztheorie ursächlich für die Beschädigung der Eier war. Nach dieser Theorie kann ein Erfolg nur dann einer Person zugerechnet werden, wenn deren Verhalten aus der Sicht eines **optimalen Beobachters** und nach ihren besonderen Kenntnissen generell geeignet ist, diesen Erfolg herbeizuführen; der Erfolg darf also nicht „außerhalb jeder Wahrscheinlichkeit" liegen.[8] Nach der allgemeinen Lebenserfahrung ist es vorstellbar, dass beim Baumfällen eine in der Nähe befindliche Stromleitung beschädigt wird und der dadurch bedingte Stromausfall weitere Eigentumsverletzungen durch den Verderb von Sachen auslöst, die in irgendeiner Weise von der Stromzufuhr abhängig sind.[9] Es handelt sich nicht um einen Fall der nur mittelbaren Schädigung, sondern die Unterbrechung der Stromzufuhr war unmittelbar kausal für die Eigentumsverletzung. Die Kausalität der Handlung des S ist also zu bejahen, die Eigentumsverletzung ist ihm daher zuzurechnen. Zudem liegt es nicht außerhalb des Schutzzwecks der Vorschrift des § 823 Abs. 1, den S für die Folgen des von ihm verursachten Stromausfalls haften zu lassen, da die allgemeine Abhängigkeit von Strom es jedermann gebietet, die Energieversorgung zum Schutz auch von Dritten nicht zu unterbrechen.[10]

4. Rechtswidrigkeit

6 Rechtfertigungsgründe sind nicht ersichtlich. Da die mittelbare Rechtsgutsverletzung vom Schutzzweck des § 823 Abs. 1 umfasst ist, ist die Rechtswidrigkeit auch

---

[5] Vgl. Bamberger/Roth/*Spindler* § 823 Rn. 54 m.w.N.; MünchKommBGB/*Wagner* § 823 Rn. 180 ff., 187; Soergel/*Spickhoff* § 823 Rn. 61 ff.

[6] *Medicus/Petersen* Rn. 613.

[7] BGHZ 41, 123, 126 f. = NJW 1964, 720.

[8] RGZ 133, 126, 127 m.w.N.; 152, 397, 401; *BGH* NJW 2005, 1420, 1421; Palandt/*Grüneberg* Vor § 249 Rn. 26 ff. m.w.N.

[9] BGHZ 41, 123, 126.

[10] BGHZ 41, 123, 127 f. = NJW 1964, 720.

dann zu bejahen, wenn man insofern nicht den Verletzungserfolg, sondern das ihn herbeiführende Verhalten für entscheidend halten will.[11]

5. Verschulden

S müsste vorsätzlich oder fahrlässig gehandelt haben. Vorsatz scheidet hier aus; da S **7** beim Baumfällen aber unkonzentriert war, hat er die dabei erforderliche Sorgfalt außer Acht gelassen und somit fahrlässig i.S.v. § 276 Abs. 2 gehandelt.

6. Schaden

Dem G müsste durch die Rechtsgutsverletzungen ein Schaden entstanden sein. **8** Schaden ist jede Einbuße an Rechten oder Interessen.

Die Beschädigung der Eier hat dazu geführt, dass diese nicht mehr brauchbar waren **9** und keine Küken schlüpften, die G für 3000 EUR hätte verkaufen können. Darin liegt eine Vermögensminderung und damit ein Schaden.

Außerdem ist G ein Gewinn i.H.v. 2000 EUR aus dem Verkauf der weiteren 40 **10** Eier i.S.v. § 252 entgangen, die er gar nicht erst in den Brutapparat legen konnte. Auch insofern liegt ein Vermögensschaden vor.

7. Haftungsausfüllende Kausalität

Fraglich ist, ob diese beiden Schadensposten auf der Eigentumsverletzung durch **11** S beruhen. Bei dem Gewinnentgang wegen der beschädigten Eier ist dies zu bejahen. Dagegen ist der Gewinnentgang bzgl. der unbeschädigten Eier, die noch nicht verarbeitet werden konnten, nicht auf eine Eigentumsverletzung zurück-zu-führen; somit handelt es sich um einen nicht ersatzfähigen reinen Vermögens-schaden.

8. Art und Umfang des Ersatzes (§§ 249 ff.)

Der Umfang der Ersatzpflicht bestimmt sich nach den §§ 249 ff. Gemäß § 249 **12** Abs. 1 ist G so zu stellen, wie er ohne die Eigentumsverletzung stünde (Naturalrestitution). Wären die 60 Eier nicht beschädigt worden, hätte G für die dann geschlüpften Straußenküken einen Veräußerungserlös von je 50 EUR, also insgesamt 3000 EUR erzielt. Der zu ersetzende Schaden umfasst gemäß § 252 Satz 1 auch den entgangenen Gewinn. G kann daher von S Schadensersatz i.H.v. 3000 EUR gemäß § 252 verlangen.

9. Mitverschulden

Zu prüfen ist, ob der Schadensersatzanspruch des G gemäß § 254 Abs. 1 wegen **13** eines Mitverschuldens an der Schadensentstehung zu mindern ist. G hat für den Fall der Unterbrechung der Stromversorgung kein Notstromaggregat bereitgehalten. Dazu war er wegen der damit verbundenen Kosten im eigenen Interesse aber auch nicht gehalten.[12]

---

[11] Vgl. BGHZ 41, 123, 128 = NJW 1964, 720.
[12] BGHZ 41, 123, 128.

10. Ergebnis

14 G kann von S gemäß § 823 Abs. 1 unter dem Gesichtspunkt der Eigentumsverletzung lediglich Ersatz i. H. v. 3 000 EUR für die beschädigten Eier verlangen.

II. Aus § 823 Abs. 1 – Recht am Gewerbebetrieb

15 G könnte gegen S einen Schadensersatzanspruch i. H. v. 5 000 EUR gemäß § 823 Abs. 1 wegen Verletzung des Rechts am eingerichteten und ausgeübten Gewerbebetrieb haben.

1. Rechts(guts)verletzung

16 Dazu müsste S ein Recht des G i. S. v. § 823 Abs. 1 verletzt haben. Neben einer Eigentumsverletzung – wie sie oben für die 40 unbeschädigten Eier verneint wurde – kommt auch eine Verletzung eines sonstigen Rechts, nämlich des sog. Rechts am eingerichteten und ausgeübten Gewerbetrieb in Betracht.

a) Recht am eingerichteten und ausgeübten Gewerbebetrieb

17 Dieses sonstige Recht spielt für den Ersatz von Schäden eine Rolle, die in einem Unternehmen entstanden sind. Denn das Unternehmen als solches ist in der deutschen Rechtsordnung nicht umfassend geschützt. Deshalb verbleiben Schutzlücken zulasten des Unternehmensinhabers, die die Rspr. mit Hilfe des seit Jahrzehnten anerkannten „Rechts am Gewerbebetrieb" zu schließen versucht.[13] Zwar leugnen Teile des Schrifttums seine Existenzberechtigung und wollen die mit seiner Hilfe erfassten Fälle anderen Rechten oder Normen zuordnen. Da dies aber nicht in vollem Umfang möglich ist oder andere nicht überzeugende Konstruktionen nach sich zieht und ein Schutz des „Gewerbebetriebs" gegen schädigende Einwirkungen auf der Grundlage des Art. 12 Abs. 1 GG sogar verfassungsrechtlich geboten[14] ist, ist der Rspr. zu folgen.

18 Das Recht am Gewerbebetrieb bildet einen Auffangtatbestand, der nur eingreift, wenn speziellere Anspruchsgrundlagen versagen und ein Ausschluss von Ersatzansprüchen unter Berücksichtigung der widerstreitenden Interessen unangemessen wäre.[15] Im vorliegenden Fall ist der entgangene Gewinn bzgl. der 40 weiteren Eier auf andere Weise nicht ersatzfähig; insofern kann das Recht am Gewerbebetrieb grundsätzlich zur Anwendung kommen. Hinsichtlich der 60 unbrauchbar gewordenen Eier liegt dagegen eine Eigentumsverletzung vor, die den Rückgriff auf das Auffangrecht ausschließt.[16] Somit ist nur hinsichtlich der 40 unbeschädigten Eier zu prüfen, ob ein tatbestandsmäßiger Eingriff in das Recht am Gewerbebetrieb vorliegt:

19 G betreibt eine Straußenfarm als Unternehmen. Ein eingerichteter und ausgeübter Gewerbebetrieb mit rechtlich zulässigem Gegenstand liegt somit vor.

---

13 Seit RGZ 58, 24, 29; BGHZ 29, 65, 67 ff. m. w. N.
14 Siehe *BVerfG* NJW-RR 2004, 1710, 1711 m. w. N.
15 *BGH* NJW 1999, 1028, 1029 m. w. N.
16 Vgl. *BGH* NJW 1983, 812, 813.

b) Eingriff in das Recht am Gewerbebetrieb

Um eine unbegrenzte Haftung zu vermeiden und wegen des Auffangcharakters des **20** Rechts am Gewerbebetrieb verlangt die Rspr. als Verletzungshandlung einen **betriebsbezogenen Eingriff.**[17] Betriebsbezogen ist ein Eingriff, der sich gegen den Betrieb als solchen richtet und nicht ohne Weiteres vom Gewerbebetrieb ablösbare Rechte oder Rechtsgüter betrifft.[18] Im vorliegenden Fall hat S lediglich eine Stromleitung beschädigt, die nicht zur Straußenfarm des G gehörte, sondern sie nur mit Strom versorgte. Dass dadurch auch das Unternehmen des G in Mitleidenschaft gezogen wurde, war letztlich eine Frage des Zufalls. Damit fehlt es an einem betriebsbezogenen Eingriff[19] und somit an einer Rechtsverletzung i.S.v. § 823 Abs. 1 (a.A. vertretbar).

Hinweis: Wie im vorliegenden Fall, so scheitert ein Anspruch wegen Verletzung des Rechts am Gewerbebetrieb häufig an der fehlenden Betriebsbezogenheit eines Eingriffs. Dies gilt etwa auch, wenn Arbeitnehmer oder Tanzpartner des Unternehmensinhabers bei Verkehrs- und ähnlichen Unfällen verletzt werden.[20]

2. Ergebnis

G kann von S gemäß § 823 Abs. 1 auch unter dem Gesichtspunkt einer Verletzung **21** des Rechts am Gewerbebetrieb nicht Ersatz der weiteren 2000 EUR verlangen.

III. Aus § 823 Abs. 2 BGB i.V.m. § 303 Abs. 1 StGB

G könnte gegen S außerdem einen Schadensersatzanspruch gemäß § 823 Abs. 2 **22** BGB i.V.m. § 303 Abs. 1 StGB haben.

1. Schutzgesetz

Da § 303 Abs. 1 StGB eine Rechtsnorm i.S.v. Art. 2 EGBGB ist, die auch den **23** Schutz des Eigentümers bezweckt, liegt ein Schutzgesetz vor.

2. Verletzung

Aus dem zu § 823 Abs. 1 Gesagten ergibt sich, dass S zwar das Eigentum an den 60 **24** Eiern des G beschädigt, dabei aber nur fahrlässig gehandelt hat. Gemäß § 15 StGB ist nur vorsätzliches Handeln strafbar, wenn das Gesetz nicht auch fahrlässiges Handeln ausdrücklich mit Strafe bedroht. Im Falle der Sachbeschädigung ist letzteres nicht der Fall. Damit fehlt es an einer geeigneten Schutzgesetzverletzung.

3. Ergebnis

G kann von S nicht gemäß § 823 Abs. 2 BGB i.V.m. § 303 StGB Schadensersatz **25** verlangen.

---

[17] St. Rspr., etwa BGHZ 55, 153, 161; 86, 152; *BGH* NJW 1971, 886, 888; 1959, 479, 481; 2009, 355 Rn. 5.
[18] *BGH* NJW 1971, 886, 888.
[19] BGHZ 41, 123; *BGH* NJW 1959, 479, 481.
[20] *BGH* NJW 2003, 1040, 1041 m.w.N.: Eiskunstläufer; NJW 2009, 355 Rn. 5: kein Ersatz der Kosten einer Ersatzkraft für einen bei Verkehrsunfall verletzten Arbeitnehmer.

IV. Aus § 280 Abs. 1 i.V.m. den Grundsätzen über den Vertrag mit Schutzwirkung

26 Da G hinsichtlich des Produktionsausfallschadens nach dem Deliktsrecht leer ausginge, ist zu fragen, ob er einen Schadensersatzanspruch gemäß § 280 Abs. 1 gegen S haben könnte.

1. Bestehendes Schuldverhältnis

27 Dazu hätte bereits im Schädigungszeitpunkt ein Schuldverhältnis zwischen G und S bestehen müssen. S hat seine Arbeiten aber nicht aufgrund eines Werkvertrages (§ 631) mit G ausgeführt, sondern (vermutlich) aufgrund eines Vertrags mit dem Träger der Straßenbaulast.

28 Allerdings ist zu prüfen, ob dieser Vertrag Schutzwirkungen zugunsten des G entfalten kann. Dazu müsste G in gleicher Weise bestimmungsgemäß mit der Leistung des S in Berührung gekommen sein wie dessen Auftraggeber;[21] bereits diese Leistungsnähe erscheint bei Werkverträgen allgemein und auch hier fraglich. Außerdem müsste der Auftraggeber ein Interesse am Schutz gerade des G gehabt haben; diese Gläubigernähe ist hier auf jeden Fall zu verneinen.[22] Damit entfaltet der Werkvertrag, der den Arbeiten des S zugrunde liegt, keine Schutzwirkung zugunsten des G. Ein Schuldverhältnis lag nicht vor.

2. Ergebnis

29 G kann von S nicht gemäß § 280 Abs. 1 Schadensersatz verlangen.

V. Aus Anspruch des G gegen S aus Drittschadensliquidation

30 Schließlich ist zu fragen, ob G gegen S einen Anspruch aus Drittschadensliquidation haben könnte. Dies würde voraussetzen, dass G einen Schaden erlitten hat, ohne deshalb einen Anspruch gegen S zu haben, während ein anderer zwar den Anspruch gegen S hat, aber aufgrund einer zufälligen Schadensverlagerung keinen Schaden.[23]

1. Geschädigter ohne Anspruch

31 Wie bereits festgestellt, hat G einen Schaden, aber keinen Anspruch auf Ersatz gegen S oder einen Dritten.

2. Anspruchsinhaber ohne Schaden

32 Des Weiteren müsste ein anderer zwar dem Grunde nach einen Anspruch gegen S haben, aber selbst keinen ersatzfähigen Schaden erlitten haben. Hier könnte man einerseits an den Eigentümer der Stromleitung denken, der gegen S einen Schadensersatzanspruch gemäß § 823 Abs. 1, aber wegen der Beschädigung auch einen

---

[21] BGHZ 49, 350, 354; 70, 329.
[22] *BGH* NJW 1977, 2208, 2209.
[23] *BGH* NJW-RR 2001, 1612, 1613; NJW 1969, 269, 271; *Brox/Walker* AS § 29 Rn. 15; *Medicus/Lorenz* I Rn. 650.

eigenen Schaden hat,[24] was eine Drittschadensliquidation ausscheiden lässt. Andererseits dürfte auch der Auftraggeber des S wegen der mangelhaften Arbeiten einen Schadensersatz nach § 280 Abs. 1 gegen S haben. Ob dieser Auftraggeber einen eigenen Schaden erlitten hat, ist dem Sachverhalt nicht zu entnehmen. Unterstellt man, dies sei nicht der Fall, käme eine Drittschadensliquidation grundsätzlich in Betracht.

3. Zufälliges Auseinanderfallen von Anspruchsberechtigung und Schaden

Schließlich müsste das Auseinanderfallen der grundsätzlichen Anspruchsberechtigung und des eingetretenen Schadens auf Zufall beruhen. Der Zufall kann sich – so die anerkannten Fallgruppen des umstrittenen Rechtsinstituts – aus einer Parteivereinbarung, einer obligatorischen Gefahrentlastung aufgrund gesetzlicher Gefahrtragungsregeln, aus einem Obhuts- oder Treuhandverhältnis sowie aus einer mittelbaren Stellvertretung ergeben.[25] Nichts davon liegt hier vor, und auch in einem allgemeinen Sinne kann nicht davon die Rede sein, dass der Gewinnentgang hinsichtlich der weiteren 40 Eier nur zufällig nicht beim Auftraggeber des S eingetreten wäre.[26] **33**

4. Ergebnis

Damit scheidet auch eine Drittschadensliquidation zugunsten des G aus. **34**

Abwandlung: Ansprüche des G gegen U auf Schadensersatz für die Eier

I. Aus § 823 Abs. 1 wegen Eigentumsverletzung

G könnte gegen U einen Schadensersatzanspruch gemäß § 823 Abs. 1 haben. **35**

1. Rechts(guts)verletzung

Wie im Ausgangsfall liegt im Verderb der Eier in den Brutapparaten eine Eigentumsverletzung, während die anderen Eier nicht beschädigt wurden; auch eine Eigentumsverletzung an den Apparaten ist zu verneinen. **36**

2. Verhalten des U

Die Eigentumsverletzung müsste auf eine Handlung des U zurückzuführen sein. U hat die Eier zwar nicht unmittelbar selbst beschädigt, aber durch die Sabotage der Stromversorgung zur Beschädigung der Eier beigetragen. **37**

3. Zurechnung: Haftungsbegründende Kausalität und Schutzzweck

Die Kausalität der Sabotagehandlung des U ist – entsprechend den Ausführungen zum Ausgangsfall – zu bejahen und die Eigentumsverletzung ihm also zuzurechnen. **38**

---

[24] Vgl. BGHZ 29, 65, 75.
[25] *Medicus/Lorenz* I Rn. 651 ff.; *Brox/Walker* AS § 29 Rn. 17 ff.
[26] *BGH* NJW 1977, 2208, 2209 f.

4. Rechtswidrigkeit

39   Rechtfertigungsgründe sind nicht ersichtlich.

5. Verschulden

40   U müsste vorsätzlich oder fahrlässig gehandelt haben. U wollte die Stromzufuhr zum Betrieb des G unterbrechen. Dabei musste ihm klar sein, dass elektrische Apparate nicht mehr funktionieren und die darin befindlichen Eier verderben würden. Insofern hat er dadurch entstehende Eigentumsverletzungen zumindest billigend in Kauf genommen, also bedingt vorsätzlich gehandelt.

6. Schaden und Ersatzfähigkeit

41   Dem G ist ein Gewinn aus dem Verkauf der 60 verdorbenen Straußeneier von 50 EUR je Ei, also insgesamt i. H. v. 3 000 EUR entgangen. Dieser Schaden beruht auf der Eigentumsverletzung durch U und ist gemäß § 252 ersatzfähig.

42   Ein weiterer Vermögensschaden des G ist dadurch entstanden, dass weitere 40 Eier infolge des Stromausfalls nicht ausgebrütet und verkauft werden konnten. Insoweit fehlt es aber an der haftungsausfüllenden Kausalität (siehe Ausgangsfall).

7. Ergebnis

43   G kann von U gemäß § 823 Abs. 1 unter dem Gesichtspunkt der Eigentumsverletzung lediglich Schadensersatz i. H. v. 3 000 EUR verlangen.

II. Aus § 823 Abs. 1 wegen Verletzung des Rechts am eingerichteten und ausgeübten Gewerbetrieb

44   G könnte gegen U einen Schadensersatzanspruch i. H. v. 2 000 EUR gemäß § 823 Abs. 1 wegen Verletzung des Rechts am eingerichteten und ausgeübten Gewerbetrieb haben.

1. Rechts(guts)verletzung

45   Dazu müsste U ein Recht des G i. S. v. § 823 Abs. 1 verletzt haben. In Betracht kommt eine Verletzung des sog. Rechts am eingerichteten und ausgeübten Gewerbebetrieb, das als sonstiges Recht i. S. v. § 823 Abs. 1 anerkannt ist.

46   Die Straußenfarm des G ist ein eingerichteter und ausgeübter Gewerbebetrieb mit rechtlich zulässigem Gegenstand.

47   Da das Recht am Gewerbebetrieb Auffangcharakter hat, kann es Schadensersatzansprüche nur begründen, wenn es um Schäden geht, die auf anderer Grundlage nicht ersatzfähig wären. Wie oben festgestellt, liegt bei den 60 beschädigten Eiern eine Eigentumsverletzung vor, die eine Anwendung des Rechts am Gewerbebetrieb ausschließt. Hinsichtlich des reinen Produktionsausfallschadens i. H. v. 2 000 EUR kommt hingegen ein anderweitiger Ersatz nicht in Betracht, sodass insoweit auf den Auffangtatbestand zurückgegriffen werden kann.

48   Erforderlich ist wegen des Auffangcharakters ein **betriebsbezogener Eingriff,** also eine unmittelbare Beeinträchtigung des Betriebs als solchen.[27] U hat die Stromlei-

---

[27] Palandt/*Sprau* § 823 Rn. 135.

tung gezielt gekappt, damit die Produktion des G zum Stillstand kommt. Anders als im Ausgangsfall handelt es sich hier um eine bewusste Sabotagehandlung mit dem Ziel, gerade den Betrieb des G zu schädigen. Der Betrieb des G wurde nicht nur mittelbar durch ein zufällig von außen kommendes Schadensereignis beeinträchtigt. Die Verletzungshandlung des U richtete sich vielmehr unmittelbar und spezifisch gegen den Betrieb des G als solchen. Ein betriebsbezogener Eingriff liegt daher vor. Folglich ist G in seinem Recht am eingerichteten und ausgeübten Gewerbebetrieb verletzt.

2. Rechtswidrigkeit

Bei offenen Tatbeständen wie dem Recht am Gewerbebetrieb ist die Rechtswidrig- **49** keit des Eingriffs im Wege einer Interessenabwägung festzustellen.[28] Der Eingriff des U war rechtswidrig, da er gezielt und ohne Rechtfertigungsgrund einen fremden Betrieb sabotiert und dadurch einen nicht unbeachtlichen Schaden herbeigeführt hat.

3. Verschulden

U wollte, dass der Betrieb des G durch die Unterbrechung der Stromzufuhr zum **50** Stillstand kommt. Er handelte daher vorsätzlich.

4. Ersatzfähiger Schaden

Der Eingriff des U in den Gewerbebetrieb des G hat in adäquat kausaler und zure- **51** chenbarer Weise zu einem entgangenen Gewinn i. H. v. 2000 EUR geführt. Dieser Vermögensschaden ist gemäß § 252 ersatzfähig.

5. Ergebnis

G kann von U gemäß § 823 Abs. 1 unter dem Gesichtspunkt einer Verletzung des **52** Rechts am Gewerbebetrieb Ersatz der weiteren 2000 EUR verlangen.

III. Aus § 823 Abs. 2 BGB i. V. m. § 303 Abs. 1 StGB

G könnte gegen U außerdem einen Schadensersatzanspruch gemäß § 823 Abs. 2 **53** BGB i. V. m. § 303 Abs. 1 StGB haben.

1. Schutzgesetz

Da § 303 Abs. 1 StGB eine Rechtsnorm i. S. v. Art. 2 EGBGB ist, die auch den **54** Schutz des Eigentümers bezweckt, liegt ein Schutzgesetz vor.

2. Verletzung

Aus dem zu § 823 Abs. 1 Gesagten ergibt sich, dass U 60 Straußeneier, die im Ei- **55** gentum des G standen, beschädigt hat. Der objektive Tatbestand des § 303 Abs. 1 StGB ist damit erfüllt.

---

[28] Palandt/*Sprau* § 823 Rn. 133.

3. Rechtswidrigkeit

56 Die Rechtswidrigkeit wird durch die Schutzgesetzverletzung indiziert.[29]

4. Verschulden

57 Schließlich müsste U das Schutzgesetz schuldhaft verletzt haben, wobei der subjektive Tatbestand des § 303 Abs. 1 StGB maßgeblich ist. Gemäß § 15 StGB ist vorsätzliches Handeln in jedem Fall strafbar.

58 U handelte hinsichtlich der Eigentumsverletzung bedingt vorsätzlich und damit schuldhaft, da er den Verderb der Eier infolge seiner Sabotagehandlung zumindest billigend in Kauf nahm (siehe Rn. 50 zu § 823 Abs. 1).

5. Ersatzfähiger Schaden

59 Die Schutzgesetzverletzung hat in adäquat kausaler und zurechenbarer Weise zu einem Vermögensschaden des G i. H. v. 3000 EUR geführt, der gemäß § 252 ersatzfähig ist (siehe Rn. 51 zu § 823 Abs. 1).

6. Ergebnis

60 Ein Schadensersatzanspruch des G gegen U i. H. v. 3000 EUR ergibt sich auch aus § 823 Abs. 2 BGB i. V. m. § 303 Abs. 1 StGB.

IV. Aus § 280 Abs. 1 i. V. m. den Grundsätzen über den Vertrag mit Schutzwirkung

61 Ein Schadensersatzanspruch des G gegen U gemäß § 280 Abs. 1 i. V. m. den Grundsätzen über den Vertrag mit Schutzwirkung würde voraussetzen, dass im Zeitpunkt der schädigenden Handlung der U zu einem Dritten in einem Schuldverhältnis stand, welches Schutzwirkungen zugunsten des G entfalten könnte. Bereits daran fehlt es hier, sodass ein Anspruch gemäß § 280 Abs. 1 ausscheidet.

V. Anspruch des G gegen S aus Drittschadensliquidation

62 Zu fragen bleibt schließlich, ob eine Drittschadensliquidation dem G doch noch zum Schadensersatz verhelfen kann.

63 Zwar hat G durch den Produktionsausfall bzgl. der unversehrten Eier einen Schaden erlitten, ohne dass ihm insoweit ein Anspruch zusteht. Anders als im Ausgangsfall kommt als Inhaber eines Anspruchs dieses Mal nur der Betreiber des Stromnetzes in Betracht. Da dieser jedoch einen eigenen Schaden in Gestalt der Beschädigung der Stromleitung erlitten hat, fehlt es an einer Schadensverlagerung. Dies schließt eine Drittschadensliquidation aus. Zudem ist auch keine der für eine **zufällige** Schadensverlagerung anerkannten Fallgruppen einschlägig.

64 G erhält also keinen Schadensersatz.

---

[29] Palandt/*Sprau* § 823 Rn. 60.

Fall 6. In ein Loch gefallen

Sachverhalt

Bauunternehmer B errichtet in der Altstadt Regensburgs einen Neubau. Im Rahmen der Bauarbeiten muss die Straße aufgerissen werden, um Leitungen zu verlegen. Dazu baggert der seit Jahren stets zuverlässige Maurer M noch kurz vor Feierabend ein tiefes Loch in die Straße. Obwohl ihn B dazu angewiesen hat, die Baustelle stets zu sichern und die Absicherung bei Feierabend nochmals zu kontrollieren, vergisst M, das Loch zu sichern. Auch B kümmert sich an diese Abend nicht mehr um die Baustelle. In der Nacht fährt der Emsig (E) mit seinem Pkw auf der Straße von der Arbeit nach Hause. Das Loch befindet sich in einer engen Gasse hinter einer scharfen Kurve an einer unbeleuchteten Stelle. Obwohl E langsam fährt, kann er vor dem plötzlich auftauchenden Loch nicht mehr anhalten und fällt schuldlos mit seinem Pkw hinein.

E bleibt unverletzt. Die Reparatur seines Pkw dauert zehn Tage und kostet 7 500 EUR. Seine Versicherung zahlt keinen Pfennig. Das Fahrzeug war zum Zeitpunkt des Unfalls im ersten Jahr zugelassen und hatte einen Zeitwert von 18 000 EUR. Nach dem Unfall trat E zunächst eine dreitägige Bahnreise an, die er bereits vor Wochen gebucht hatte. Danach hat E sofort ein Fahrzeug derselben Güteklasse für täglich 150 EUR gemietet. E will sämtliche Schäden ersetzt bekommen, doch verweisen M und B jeweils auf den anderen. Hat E Ansprüche gegen M und B?

Gliederung

Lösung

I. Ansprüche des E gegen M

1. Aus § 823 Abs. 1

1 E könnte gegen M einen Schadensersatzanspruch wegen der Beschädigung des Pkw gemäß § 823 Abs. 1 haben.

a) Rechts(guts)verletzung

2 Dies setzt zunächst voraus, dass ein Rechtsgut oder ein sonstiges absolut geschütztes Recht des E i.S.v. § 823 Abs. 1 verletzt worden ist. Der im Eigentum des E stehende Pkw wurde bei dem Unfall beschädigt. Damit ist das Eigentum des E verletzt.

b) Verhalten des M

3 Das Eigentum des E müsste durch ein Verhalten des M verletzt worden sein.

4 M hat durch das Baggern des Lochs eine Gefahrenlage geschaffen. Das Ausheben einer Baugrube ist aber an sich sozial adäquat und dann ungefährlich, wenn man es hinreichend absichert.

5 Der Schwerpunkt der Vorwerfbarkeit ist daher darin zu sehen, dass M es unterlassen hat, die Baustelle anschließend hinreichend zu sichern. Ein Unterlassen ist aber nur tatbestandsmäßig i.S.v. § 823 Abs. 1, wenn eine Rechtspflicht zum Handeln besteht.[1] Hier kommt zunächst eine Verkehrssicherungspflicht des M in Betracht. Darunter versteht man die Pflicht desjenigen, der in seinem Verantwortungsbereich

---

[1] Palandt/*Sprau* § 823 Rn. 2.

eine Gefahrenlage schafft oder unterhält, alle erforderlichen und zumutbaren Vorkehrungen zu treffen, um Schädigungen Dritter zu verhindern.[2] M wäre also verpflichtet gewesen, vor dem Verlassen der Baustelle hinreichende Sicherheitsvorkehrungen zu treffen. Unabhängig davon oblag M schon deshalb eine Rechtspflicht zum Handeln, weil er die Gefahrenquelle tatsächlich beherrscht hat.

c) Haftungsbegründende Kausalität

Das Unterlassen des M müsste für die Eigentumsverletzung des E ursächlich sein. **6** Bei ausreichender Sicherung der Baustelle wäre der Pkw des E mit an Sicherheit grenzender Wahrscheinlichkeit nicht beschädigt worden. Die haftungsbegründende Kausalität ist damit gegeben.

d) Rechtswidrigkeit

Die Eigentumsverletzung müsste auch rechtswidrig erfolgt sein. Grundsätzlich wird **7** die Rechtswidrigkeit durch die Tatbestandsmäßigkeit indiziert. Eine Ausnahme gilt aber für mittelbare Rechtsgutsverletzungen und solche, die durch ein Unterlassen herbeigeführt wurden. In diesen Fällen ist der Verstoß gegen eine Verhaltenspflicht positiv festzustellen. Hier ergibt sich die Rechtswidrigkeit aus der Verletzung einer Verkehrssicherungspflicht (siehe Rn. 5).

e) Verschulden

Schließlich müsste M das Eigentum des E auch schuldhaft, also vorsätzlich oder **8** fahrlässig, verletzt haben. Fahrlässig handelt, wer die im Verkehr erforderliche Sorgfalt außer Acht lässt (§ 276 Abs. 2). M hat vergessen, die Baustelle zu sichern, obwohl er von B ausdrücklich dazu angewiesen worden war. Dabei musste sich ihm geradezu aufdrängen, dass von einem ungesicherten Loch auf einer befahrenen Straße ein erhebliches Gefährdungspotenzial ausgeht. M hat die Sicherung der Baustelle also sorgfaltswidrig und damit fahrlässig unterlassen.

f) Schaden

Eine Ersatzpflicht des M aus § 823 Abs. 1 setzt weiterhin voraus, dass dem E durch **9** die Eigentumsverletzung ein Schaden entstanden ist. Schaden ist jede Einbuße, die jemand an seinen Gütern und Interessen erleidet.[3]

Die Reparaturkosten i. H. v. 7 500 EUR haben zu einer Vermögensminderung und **10** damit zu einem Schaden des E geführt.

Darüber hinaus hat der Unfall eine Wertminderung am Pkw zur Folge, die trotz der **11** Reparatur fortbesteht. Dieser sog. merkantile Minderwert stellt ebenfalls einen Vermögensschaden dar. Im Verkehr wird nämlich ein Kfz, das Unfallschäden von einigem Gewicht erlitten hat, geringer bewertet als ein unfallfreies.[4] Dies gilt jedenfalls dann, wenn das Kfz die Altersgrenze von fünf Jahren nicht überschreitet und es sich nicht um einen bloßen Bagatellschaden handelt.[5] Der Pkw des E war zum

---

[2] *BGH* NJW-RR 2003, 1459.

[3] Vgl. Palandt/*Grüneberg* Vor § 249 Rn. 9.

[4] *BGH* NJW 2005, 277.

[5] Palandt/*Grüneberg* § 251 Rn. 16.

Zeitpunkt des Unfalls erst im ersten Jahr zugelassen. Zudem liegt eine Beschädigung, die Reparaturkosten i. H. v. 7500 EUR bei einem Zeitwert von 18000 EUR verursacht, deutlich über der Bagatellgrenze.

12 Ein weiterer Schaden ist dem E dadurch entstanden, dass er für einen Zeitraum von sieben Tagen ein Ersatzfahrzeug für täglich 150 EUR, also insgesamt 1050 EUR, anmieten musste.

13 Schließlich konnte E seinen Pkw infolge des Unfalls nicht nutzen. Es stellt sich daher die Frage, ob E für die drei Tage vor Anmietung des Ersatzfahrzeugs eine Nutzungsausfallentschädigung verlangen kann. Eine Einbuße an Gebrauchsvorteilen stellt nach st. Rspr. einen selbständigen Vermögensschaden dar, wenn es sich um ein Wirtschaftsgut handelt, dessen ständige Verfügbarkeit für die eigenwirtschaftliche Lebenshaltung von zentraler Bedeutung ist.[6] Dies ist für Kraftfahrzeuge allgemein anerkannt. Ein Schaden ist aber nur gegeben, wenn der Verlust der Gebrauchsvorteile beim Berechtigten zu einer fühlbaren Beeinträchtigung führt.[7] Der Berechtigte muss also im betreffenden Zeitraum über einen Nutzungswillen sowie über eine hypothetische Nutzungsmöglichkeit verfügt haben. Daran fehlt es hier, weil E mit der Bahn verreist war und sein Auto daher ohnehin nicht hätte nutzen können.

Hinweis: Nutzungsausfallentschädigung und Ersatz der Mietwagenkosten können grundsätzlich nur alternativ geltend gemacht werden. Hier geht es aber um verschiedene Zeiträume. Der Geschädigte kann also nicht gleichzeitig ein Ersatzfahrzeug anmieten und Nutzungsausfallentschädigung verlangen. Er ist aber nicht gehindert, nur für einen Tag einen Mietwagen zu nehmen und die Mietwagenkosten zu verlangen (anstelle der Nutzungsausfallentschädigung für diese Tage). Für die restlichen Tage kann dann die abstrakte Nutzungsausfallentschädigung geltend gemacht werden.

g) Haftungsausfüllende Kausalität

14 Die oben erläuterten Schäden beruhen auf der Eigentumsverletzung am Pkw.

h) Art und Umfang des Ersatzes (§§ 249 ff.)

15 Der Umfang der Ersatzpflicht bestimmt sich nach den §§ 249 ff. Zu prüfen ist daher, ob die oben genannten Schäden des E auch ersatzfähig sind.

16 Zunächst hat M dem E die Reparaturkosten i. H. v. 7500 EUR gemäß § 249 Abs. 2 Satz 1 zu ersetzen.

17 Hinsichtlich des merkantilen Minderwertes scheidet eine Naturalrestitution i. S. d. § 249 Abs. 1 aus, da die unfallbedingte Wertminderung nicht mehr rückgängig gemacht werden kann. In Betracht kommt daher nur eine sog. Schadenskompensation gemäß § 251 Abs. 1 Alt. 1. Da die Herstellung des unfallfreien Zustands nicht möglich ist, hat M dem E Wertersatz für die Wertminderung am Pkw zu leisten. Die Höhe der Ersatzpflicht wird im Wege der Schätzung ermittelt. Nach der Methode von Ruhkopf und Sahm ist der Minderwert mit einem bestimmten Prozentsatz der Summe von Wiederbeschaffungswert und Reparaturkosten anzusetzen, wobei der Prozentsatz anhand einer Tabelle zu ermitteln ist.[8] Unter Zugrundelegung der Zulassungsdauer von unter einem Jahr, der Reparaturkosten i. H. v.

---

[6] *BGH* NJW 1987, 50.

[7] Palandt/*Grüneberg* § 249 Rn. 42.

[8] Vgl. Palandt/*Grüneberg* § 251 Rn. 17.

7 500 EUR und des Wiederbeschaffungswertes von 18 000 EUR errechnet sich hier ein merkantiler Minderwert i. H. v. 1 530 EUR (6 % × (18 000 EUR + 7 500 EUR) = 1 530 EUR). Diesen hat M gemäß § 251 Abs. 1 Alt. 1 zu ersetzen.

E könnte von M auch die Mietwagenkosten i. H. v. 1 050 EUR (7 × 150 EUR) ge- **18** mäß § 249 Abs. 2 Satz 1 ersetzt verlangen, wenn dieser Geldbetrag objektiv erforderlich war. Erforderlich sind die Aufwendungen, die ein verständiger und wirtschaftlich denkender Mensch in der Lage des Geschädigten tätigen würde.[9] Die Anmietung eines Ersatzfahrzeugs gleichen Typs ist nicht zu beanstanden.

Allerdings muss sich E die ersparten Eigenaufwendungen im Wege der Vorteilsaus- **19** gleichung anrechnen lassen. Die Ersparnis, die sich aus der geringeren technischen Abnutzung und einer niedrigeren Laufleistung des eigenen Pkw ergibt, beläuft sich auf schätzungsweise (höchstens) 10 % der Mietwagenkosten.[10] Die Mietwagenkosten sind daher nur i. H. v. (mindestens) 945 EUR zu ersetzen.

Hinweis: Wegen dieser Ersparnisanrechnung wird üblicherweise ein Mietwagen in einer Klasse unter dem beschädigten Pkw angemietet, um die Kosten vollständig ersetzt zu bekommen. Das hat E aber nicht getan.

Eine abstrakte Nutzungsausfallentschädigung für die drei Tage vor der Anmietung **20** des Ersatzfahrzeugs, deren Höhe anhand von Tabellen ermittelt wird, scheidet mangels fühlbarer Beeinträchtigung des E aus (siehe Rn. 13).

Eine Minderung der Ersatzpflicht aufgrund eines Mitverschuldens des E gemäß **21** § 254 Abs. 1 kommt nicht in Betracht. Ausweislich des Sachverhalts ist E mit geringer Geschwindigkeit gefahren und hat auch sonst die gebotene Sorgfalt beachtet. Der Unfall war aufgrund der unübersichtlichen Verkehrsverhältnisse (Dunkelheit, scharfe Kurve) für E unvermeidbar. Ihn trifft daher kein Verschulden.

i) Ergebnis

E kann von M Schadensersatz i. H. v. insgesamt 99 750 EUR gemäß § 823 Abs. 1 **22** verlangen.

2. Aus § 823 Abs. 2 BGB i. V. m. § 303 Abs. 1 StGB und/oder § 315b Abs. 1 Nr. 2 StGB

Möglicherweise ergibt sich ein Schadensersatzanspruch des E gegen M auch aus **23** § 823 Abs. 2 BGB i. V. m. § 303 Abs. 1 StGB und/oder § 315b Abs. 1 Nr. 2 StGB.

a) Schutzgesetz

Dies setzt voraus, dass M ein Schutzgesetz verletzt hat. Unter einem Schutzgesetz **24** versteht man jede Rechtsnorm i. S. v. Art. 2 EGBGB, die ein bestimmtes Verhalten gebietet oder verbietet und zumindest auch den Schutz eines Einzelnen bezweckt.[11] Der Straftatbestand des § 303 Abs. 1 StGB dient dazu, den jeweiligen Rechtsgutsträger vor Eigentumsverletzungen zu schützen, und ist somit ein Schutzgesetz zugunsten des Sacheigentümers. Die Vorschrift des § 315b Abs. 1 StGB soll nicht nur

---

[9] *BGH* NJW 1985, 2639.
[10] *BGH* NJW 2010, 1445 Rn. 20 f. m. w. N. (früher: 15–20 %); Palandt/*Grüneberg* § 249 Rn. 36.
[11] Palandt/*Sprau* § 823 Rn. 56 ff.

die Sicherheit des Straßenverkehrs, sondern zugleich auch Leib und Leben von Menschen sowie Sachen von bedeutendem Wert vor Gefährdungen schützen; sie ist insofern Schutzgesetz sowohl zugunsten der Person als auch zugunsten des Eigentümers.

b) Verletzung

25 M müsste eines dieser Schutzgesetze oder beide verletzt haben. Der objektive Tatbestand des § 303 Abs. 1 StGB ist erfüllt, da M durch die Verletzung seiner Verkehrssicherungspflicht adäquat kausal und zurechenbar den Pkw des E, also eine fremde Sache, beschädigt hat (siehe oben zu § 823 Abs. 1). Die Verletzung des Schutzgesetzes müsste aber auch schuldhaft erfolgt sein. Dabei ist die vom Schutzgesetz geforderte Schuldform maßgeblich, wenn dessen Verwirklichung ein Verschulden voraussetzt.[12] Der subjektive Tatbestand des § 303 Abs. 1 StGB erfordert Vorsatz (vgl. § 15 StGB). Daran fehlt es hier, da M den Pkw des E nur fahrlässig beschädigt hat.

26 Der objektive Tatbestand des § 315b Abs. 1 Nr. 2 StGB verlangt zunächst eine Gefährdung der Sicherheit des Straßenverkehrs durch das Bereiten von Hindernissen, die hier durch das von M gebaggerte Loch in der Fahrbahn erfüllt ist. Dadurch trat zugleich eine Gefährdung für Verkehrsteilnehmer und Sachen von bedeutendem Wert ein. Im Ergebnis wurde dadurch adäquat kausal und zurechenbar der Pkw des E beschädigt, also eine fremde Sache von bedeutendem Wert. Die Verletzung des Schutzgesetzes müsste wiederum schuldhaft erfolgt sein, wobei die von § 315b Abs. 1 Nr. 2 StGB geforderte Schuldform maßgeblich ist Für den subjektiven Tatbestand des § 315b Abs. 1 StGB genügt Fahrlässigkeit, die – wie zu § 823 Abs. 1 festgestellt – hier vorliegt.

c) Ergebnis

27 Es besteht ein Schadensersatzanspruch des E gegen M auch gemäß § 823 Abs. 2 BGB i.V.m. § 315b Abs. 1 Nr. 2 StGB, der sich im Umfang mit dem aus § 823 Abs. 1 deckt.

II. Ansprüche des E gegen B

28 Daneben könnten E auch Schadensersatzansprüche gegen B wegen der Beschädigung seines Pkw zustehen.

1. Aus § 831 Abs. 1 Satz 1 hinsichtlich M

29 In Betracht kommt zunächst ein Schadensersatzanspruch des E gegen B gemäß § 831 Abs. 1 Satz 1. Dies setzt voraus, dass ein Verrichtungsgehilfe des B den E durch eine rechtswidrige unerlaubte Handlung in Ausführung der Verrichtung geschädigt hat und B sich nicht exkulpieren kann.

a) Verrichtungsgehilfe

30 M müsste zunächst Verrichtungsgehilfe des B sein. Verrichtungsgehilfe ist, wer mit Wissen und Wollen des Geschäftsherrn in dessen Interesse tätig wird und dessen

---

[12] Palandt/*Sprau* § 823 Rn. 61.

Weisungen Folge zu leisten hat.[13] Als Angestellter des B ist M weisungsgebunden und verrichtet im Rahmen eines sozialen Abhängigkeitsverhältnisses Tätigkeiten für B. M ist damit Verrichtungsgehilfe des B.

b) Rechtswidrige unerlaubte Handlung des M

E müsste durch eine rechtswidrige unerlaubte Handlung des M i.S.d. §§ 823 ff. **31** geschädigt worden sein. M hat den Tatbestand des § 823 Abs. 1 widerrechtlich verwirklicht (siehe Rn. 2 ff.).

c) In Ausführung der Verrichtung

Die Schädigung des E stand im inneren Zusammenhang mit der Aufgabenerfüllung **32** durch M, erfolgte also nicht nur bei Gelegenheit der Tätigkeit für B. In dem Unfall hat sich gerade die von der Baustelle ausgehende spezifische Gefahr realisiert, die durch die Absicherung der Baustelle hätte verhütet werden sollen.

d) Verschulden des Geschäftsherrn

Schließlich müsste den B als Geschäftsherrn auch ein Verschulden hinsichtlich der **33** Auswahl oder Überwachung seines Verrichtungsgehilfen treffen. Dieses Verschulden wird vermutet. B kann sich aber exkulpieren, indem er nachweist, dass er M sorgfältig ausgewählt und überwacht hat (§ 831 Abs. 1 Satz 2). M hat seit Jahren zuverlässig für B gearbeitet. Es ist daher davon auszugehen, dass B ihn für die zu verrichtenden Tätigkeiten sorgfältig ausgewählt hat. (Allenfalls könnte man erwägen, dass die Aufgabe nicht typisch für einen Maurer war.) Angesichts der Zuverlässigkeit des M musste B ihn auch nicht überwachen. Der Entlastungsbeweis wird B folglich gelingen (a.A. vertretbar).

e) Ergebnis

E kann von B somit keinen Schadensersatz gemäß § 831 Abs. 1 Satz 1 verlangen. **34**

2. Aus § 823 Abs. 1 wegen Organisationsverschuldens

Fraglich ist, ob B für die Beschädigung des Pkw unter dem Gesichtspunkt eines sog. **35** Organisationsverschuldens gemäß § 823 Abs. 1 haftet.

a) Rechts(guts)verletzung

E hat eine Rechtsgutsverletzung in Form einer Eigentumsverletzung erlitten, da sein **36** Pkw beschädigt worden ist (siehe Rn. 2).

b) Verhalten des B

Als schädigendes Verhalten des B kommt hier die Verletzung einer Organisations- **37** pflicht (Verkehrspflicht) in Betracht. Es handelt sich dabei um die Pflicht des Geschäftsherrn, seinen Betrieb so zu organisieren, dass durch die Arbeitsabläufe Dritte nach Möglichkeit nicht geschädigt werden.[14] Der Geschäftsherr hat z.B. für eine

---

[13] *BGH* NJW 1956, 1715.
[14] *BGH* MDR 1968, 139.

sachgerechte Kompetenzverteilung und hinreichende Kontroll- und Überwachungsmechanismen zu sorgen. Allgemeine Sicherheits- und Aufsichtsanweisungen müssen je nach Gefahrenintensität auf konkrete Arbeitsanweisungen und Überwachungsanleitungen des Geschäftsherrn selbst zulaufen.

38 Hier war B als Bauunternehmer und Geschäftsherr gegenüber der Allgemeinheit verpflichtet, eine abendliche Sicherheitskontrolle der Baustelle zu gewährleisten. Diese konnte er entweder selbst vornehmen oder einer geeigneten Person (Bauingenieur etc.) übertragen, die gegebenenfalls ihn als Geschäftsleiter über besondere Vorkommnisse und Maßnahmen zu informieren hatte.[15] Zwar ist dem Sachverhalt zu entnehmen, dass M normalerweise selbst die Sicherung bzw. Überprüfung der Baustellen vornehmen sollte und sie offenbar normalerweise auch vorgenommen hat. Doch erscheint es zweifelhaft, ob M als Maurer die für eine ordnungsgemäße Sicherheitskontrolle erforderliche Sachkunde besitzt. B hätte deshalb die Sicherheit der Baustelle selbst prüfen oder eine qualifizierte Person mit der Überprüfung betrauen müssen. Dem B ist somit hinsichtlich der Sicherung der Baustelle ein Organisationsfehler unterlaufen (a. A. vertretbar).

c) Haftungsbegründende Kausalität

39 Der Organisationsfehler des B war für die Eigentumsverletzung des E ursächlich, da die Baustelle bei ordnungsgemäßer Organisation des Bauunternehmens hinreichend gesichert worden wäre.

d) Verschulden

40 B hat die gebotenen Sicherheitsvorkehrungen sorgfaltswidrig unterlassen. Er hat damit seine Organisationspflicht fahrlässig verletzt (§ 276 Abs. 2).

e) Schaden und haftungsausfüllende Kausalität

41 Die Eigentumsverletzung hat einen Schaden des E in Gestalt der Reparaturkosten, des merkantilen Minderwertes und der Mietwagenkosten verursacht (siehe Rn. 16 ff.).

f) Umfang der Ersatzpflicht

42 Der entstandene Schaden i. H. v. insgesamt 9 870 EUR ist gemäß §§ 249 ff. ersatzfähig.

g) Ergebnis

43 E kann auch von B Schadensersatz i. H. v. insgesamt 9 870 EUR gemäß § 823 Abs. 1 verlangen.

---

[15] BGHZ 95, 67; 109, 297.

Fall 7. Verkehrsunfall

Sachverhalt

A fährt mit dem Pkw seiner Ehefrau E zum Einkaufen. Dabei übersieht er aus Unachtsamkeit an einem Zebrastreifen den ordnungsgemäß die Straße überquerenden Beamten B. Es kommt zu einem Zusammenstoß, bei dem B verletzt wird. Als die Polizei kommt, behauptet A, den Unfall habe allein der B verursacht, der ganz überraschend rückwärts auf die Straße gelaufen sei. Darüber regt sich B so auf, dass er einen leichten Herzinfarkt erleidet. Dem privat krankenversicherten B entstehen Arztkosten i.H.v. 1200 EUR wegen der Unfallverletzung und i.H.v. 3000 EUR wegen des Herzinfarkts. Außerdem ist er durch das u.a. erlittene Hals-Wirbel-säulen-Trauma (HWS-Trauma) gezwungen, für vier Wochen eine Halskrause zu tragen, und dadurch in seiner Bewegungsfähigkeit eingeschränkt. Im Rahmen der Behandlung der Unfallfolgen wird dann auch noch festgestellt, dass B an einer schwerwiegenden Herzerkrankung leidet, die zur Folge hat, dass er vor Erreichen der Altersgrenze pensioniert wird und deshalb eine geringere Pension erhält.

Ansprüche des B gegen die E und den A?

Abwandlung: B ist plötzlich über eine Absperrung gesprungen, die das Überqueren der Straße verhindern sollte, und unachtsam auf die Straße gelaufen.

Gliederung

Lösung

Ausgangsfall

Hinweis: Es stellt sich, da neben § 823 Abs. 1 noch ein Anspruch gemäß § 7 Abs. 1 StVG („Halterhaftung") in Betracht kommt, wieder einmal die Frage nach der Prüfungsreihenfolge. Grundsätzlich kann man § 7 Abs. 1 StVG als die speziellere Norm ansehen, da sie an den Betrieb eines Kfz Haftungsfolgen knüpft. Dies spricht dafür, mit dieser Vorschrift zu beginnen. Wegen der unterschiedlichen Anspruchsvoraussetzungen verdrängt das StVG aber die Anspruchsnormen des BGB nicht, sodass es keinen zwingenden Grund gibt, mit den Anspruchsgrundlagen des StVG zu beginnen. Im Folgenden wird zunächst § 823 Abs. 1 geprüft, weil dies verdeutlicht, warum daneben (zumindest) die Halterhaftung nach dem StVG notwendig ist.

I. Anspruch des B gegen die E

1. Aus § 823 Abs. 1

B könnte aus § 823 Abs. 1 einen Schadensersatzanspruch gegen die E haben. **1**

a) Rechts(guts)verletzung

Es müsste ein Recht oder Rechtsgut des B i.S.d. § 823 Abs. 1 verletzt sein. In Be- **2** tracht kommt die Verletzung des Körpers des B. Körperverletzung ist jeder unbefugte Eingriff in die körperliche Befindlichkeit.[1] B wurde durch den Zusammenstoß mit dem Pkw verletzt, er erlitt u.a. ein HWS-Trauma. Da er außerdem einen Herzinfarkt erlitten hat, ist seine Gesundheit verletzt.

b) Handlung der E

Da die F selbst nicht gefahren ist, kommt als haftungsbegründende Handlung sei- **3** tens der E nur die Überlassung des Fahrzeugs an ihren Mann A in Betracht.

c) Haftungsbegründende Kausalität und Zurechenbarkeit

Da die Überlassung des Pkw an A nicht hinweg gedacht werden kann, ohne dass **4** die Verletzungen des B entfielen, und Unfälle mit Körperschäden beim Betrieb eines Kfz nie auszuschließen sind, war die Überlassung äquivalent und adäquat kausal für die Verletzung des B.

Jedoch ist über die Kausalität hinaus zu fragen, ob ein Verletzungserfolg einer Per- **5** son zurechenbar ist, die eine mittelbare Ursache gesetzt hat. Im vorliegenden Fall erscheint es deshalb fraglich, ob man die E für den von A unmittelbar verursachten Unfall haften lassen kann. Denn die Überlassung von Kraftfahrzeugen an andere Personen mit Fahrerlaubnis, insbesondere an Ehegatten, Lebensgefährten usw., ist zum einen sozial adäquat; zum anderen wird der Kausalverlauf hier in erster Linie durch den eigenverantwortlich Handelnden A bestimmt, dessen Verhalten die E nach der Überlassung des Pkw in keiner Weise mehr beeinflussen kann.

Hinweis: Anders wäre es, würde E den A als „willenloses Werkzeug" einsetzen (mittelbare Täterschaft, vgl. § 25 Abs. 1 StGB).

Das eigenverantwortliche Handeln des A unterbricht somit den von E in Gang ge- **6** setzten Kausalverlauf, sodass ihr der Unfall nicht mehr zuzurechnen ist.

d) Ergebnis

Ein Anspruch des B gegen die E nach § 823 Abs. 1 besteht nicht. **7**

Hinweis: Da es an einem haftungsbegründenden Verhalten i.S.d. Deliktsrechts fehlt, kann man hier auf die Prüfung von § 823 Abs. 2 BGB i.V.m. § 229 StGB (fahrlässige Körperverletzung) verzichten. Denn insofern wären zumindest sehr ähnliche Erwägungen anzustellen. – Ein kurzes Anprüfen mit Verweis nach oben wäre natürlich zulässig.

2. Aus § 7 Abs. 1 StVG

B könnte einen Schadensersatzanspruch gegen die E aus § 7 Abs. 1 StVG haben. **8**

---

[1] Palandt/*Sprau* § 823 Rn. 4.

a) Betrieb eines Kraftfahrzeugs

9 Es müsste zunächst der Betrieb eines Kraftfahrzeuges vorliegen; ein Kraftfahrzeug i. S. d. § 1 Abs. 2 StVG ist ein Landfahrzeug, das durch Maschinenkraft bewegt wird und nicht an Schienen gebunden ist. Der Pkw der E ist ein solches Kraftfahrzeug.

10 Da A mit dem Pkw der E – also mit einem Kfz – gefahren ist, befand sich das Kfz auch – wie von § 7 Abs. 1 StVG verlangt – in Betrieb, als es zum Unfall kam.

b) Haltereigenschaft der E

11 Die E müsste Halterin des Pkw sein, bei dessen Betrieb es zu einer Schädigung eines Dritten gekommen ist. Halter ist derjenige, der das Kfz oder den Anhänger im eigenen Namen nicht nur ganz vorübergehend für eigene Rechnung in Gebrauch hat und der die Verfügungsgewalt über das Kfz ausübt.[2] Da es sich laut Sachverhalt um „ihren" Pkw handelt, ist die E als Halterin anzusehen.

c) Rechtsgutsverletzung

12 Ferner müsste es zu einer der in § 7 Abs. 1 StVG genannten Rechtsgutsverletzungen gekommen sein; hier ist der Körper des B bei dem Unfall verletzt worden. Außerdem hat B anschließend einen Herzinfarkt erlitten, also eine Gesundheitsverletzung.

d) Haftungsbegründende Kausalität

13 Der Betrieb des Kfz müsste den Verletzungserfolg adäquat-kausal verursacht haben; insofern gelten im Wesentlichen dieselben Kriterien wie bei § 823 Abs. 1. Ohne die Fahrt des A mit dem Pkw wären die Verletzungserfolge nicht eingetreten, und es handelt sich zumindest bei der Körperverletzung auch um einen Erfolg, der beim Betrieb eines Kfz nach der Lebenserfahrung eintreten kann.

14 Fraglicher erscheint, wie es sich mit dem Herzinfarkt des B verhält. Dieser beruht nicht unmittelbar auf der Verletzung durch den Pkw der E, sondern auf der Aufregung des B darüber, dass A ihm (wahrheitswidrig) die „Schuld" am Unfall zugewiesen hat. Damit ist der Schaden nicht mehr beim Betrieb des Kfz der E verursacht worden und liegt im Übrigen auch außerhalb des Schutzzwecks des StVG.[3]

15 Somit ist nur die Körperverletzung auf den Betrieb des Pkw der E zurückzuführen.

e) Haftungsausschluss bei höherer Gewalt

16 Die Ersatzpflicht der E wäre ausgeschlossen, wenn höhere Gewalt i. S. v. § 7 Abs. 2 StVG vorläge. Davon ist hier nicht auszugehen, sodass eine Haftung der E grundsätzlich zu bejahen ist.

f) Schaden

17 Der Schaden des B liegt darin, dass er am Körper verletzt wurde und sich deshalb einer Krankenhausbehandlung unterziehen musste. Außerdem hat er Schmerzen

---

[2] BGHZ 13, 351, 354; 116, 200, 205 f. m. w. N. = NJW 1992, 900.
[3] BGHZ 107, 359, 366 f.

erlitten und ist aufgrund der entdeckten Herzkrankheit mit der Folge geringerer Pensionsansprüche vorzeitig in den Ruhestand versetzt worden.

g) Haftungsausfüllende Kausalität

Die eingetretenen Schäden müssten adäquat-kausal auf dem Betrieb des Pkw der E **18** beruhen und vom Schutzzweck des § 7 StVG umfasst sein. Hinsichtlich der Behandlungskosten für die Folgen der Körperverletzung und die erlittenen Schmerzen ist dies zu bejahen.

Fraglich ist aber, ob auch die Frühpensionierung auf der Verletzung des B bei dem **19** Unfall beruht. Im konkreten Fall hat die Entdeckung der Herzkrankheit die Frühpensionierung und damit die darauf beruhenden Fortkommensschäden unmittelbar ausgelöst, und zudem liegt es auch im Rahmen der Lebenserfahrung, dass bei unfallbedingten ärztlichen Untersuchungen noch andere körperliche Schäden festgestellt werden können. Insofern ist die adäquate Kausalität der Körperverletzung für die Frühpensionierung zu bejahen. Jedoch hängt die Ersatzfähigkeit von Schäden über die adäquate Kausalität hinaus noch von weiteren wertenden Gesichtspunkten ab, insbesondere vom Schutzbereich der jeweiligen Anspruchsnorm, hier also § 7 StVG. Diese Vorschrift soll – wie § 823 – vor Schäden aus einem verletzenden Verhalten schützen und deren Ersatz gewährleisten; die Vorschrift soll den Geschädigten aber nicht davor schützen, dass bei den notwendigen ärztlichen Untersuchungen andere, bereits zuvor vorhandene Erkrankungen entdeckt werden, die ihrerseits Vermögensnachteile nach sich ziehen.[4] Damit sind die Vermögenseinbußen aus der Frühpensionierung nicht nach § 7 Abs. 1 StVG ersatzfähig.

h) Art und Umfang des Schadensersatzes

In welchem Umfang B von E Schadensersatz verlangen kann, richtet sich grundsätz- **20** lich nach den §§ 249 ff., die hier jedoch von den §§ 10 ff. StVG überlagert werden. Für die Körperverletzung regelt § 11 Satz 1 StVG klarstellend, dass die Heilungskosten zu ersetzen sind; gemäß § 11 Satz 2 StVG kann B auch ein Schmerzensgeld verlangen.

i) Ergebnis

B hat daher gegen die E gemäß § 7 Abs. 1 StVG einen Anspruch auf Ersatz seiner **21** Behandlungskosten für die Unfallfolgen i. H. v. 1200 EUR und auf ein angemessenes Schmerzensgeld.

Hinweis: Gemäß § 115 Abs. 1 VVG i. V. m. § 3a PflVG kann B direkt von der Kfz-Haftpflichtversicherung Zahlung verlangen.

II. Ansprüche des B gegen A

1. Aus § 823 Abs. 1

B könnte gegen A einen Anspruch auf Schadensersatz wegen der entstandenen **22** Arztkosten und auf Schmerzensgeld aus § 823 Abs. 1 haben.

---

[4] *BGH* NJW 1968, 2287, 2288.

a) Haftungsbegründung

23 Dafür müsste zuerst eine Handlung des A vorliegen. A fuhr mit seinem Pkw, ohne die Vorfahrtsberechtigung des B zu beachten. In dieser Vorfahrtsmissachtung liegt die Handlung des A. Dadurch müsste ein Rechtsgut verletzt worden sein. Hier kam es durch den Vorfahrtsverstoß zu einem Unfall und dabei zu einer Verletzung des Körpers des B. Die Missachtung der Vorfahrt durch A war für die Körperverletzung des B ursächlich.

b) Rechtswidrigkeit

24 Rechtfertigungsgründe sind nicht ersichtlich.

c) Verschulden

25 Hinsichtlich des Verschuldens des A ist von seiner Verschuldensfähigkeit (§ 828) auszugehen, da der Sachverhalt keine gegenteiligen Hinweise gibt. Dem A ist die Handlung auch zurechenbar, da er die im Verkehr erforderliche Sorgfalt nicht beachtet hat (§ 276 Abs. 2), als er die Vorfahrt missachtete.

d) Schaden

26 Zu prüfen bleibt, welcher Schaden dem B durch das schuldhafte Handeln des A entstanden ist.

27 Dem B sind durch die Gesundheitsverletzung Arztkosten i.H.v. 1 200 EUR entstanden. Diese hat A gemäß § 249 Abs. 2 Satz 1 zu ersetzen. Außerdem war B durch seine Verletzung in seiner Beweglichkeit eingeschränkt. Dies stellt keinen Vermögensschaden dar, allerdings kann gemäß § 253 Abs. 2 bei einer Verletzung des Körpers oder der Gesundheit auch für einen Schaden, der nicht Vermögensschaden ist, eine billige Entschädigung in Geld gefordert werden. Dem B ist daher ein angemessenes Schmerzensgeld für seine Verletzung zu leisten.

e) Ergebnis

28 B kann von A gemäß § 823 Abs. 1 Schadensersatz i.H.v. 1 200 EUR sowie ein angemessenes Schmerzensgeld verlangen.

2. Aus § 823 Abs. 2 BGB i.V.m. § 229 StGB bzw. § 26 Abs. 1 StVO

29 B könnte gegen A außerdem Schadensersatzansprüche gemäß § 823 Abs. 2 BGB i.V.m. § 229 StGB haben.

a) Schutzgesetz

30 Dazu müsste zunächst die Verletzung eines Schutzgesetzes in Betracht kommen, also nach Art. 2 EGBGB die Verletzung einer Rechtsnorm. Zunächst könnte § 229 StGB ein Schutzgesetz i.S.v. § 823 Abs. 2 sein. Die Körperverletzungsdelikte des StGB dienen jedenfalls auch dem Schutz der körperlichen Unversehrtheit des Einzelnen. § 229 StGB ist demnach ein Schutzgesetz. Bei den Vorschriften der StVO kommt es auf den jeweiligen Regelungsgehalt an; das Gebot des § 26 Abs. 1 StVO, Fußgängern an speziellen Überwegen das Überqueren der Fahrbahn zu ermöglichen und dazu gegebenenfalls mit mäßiger Geschwindigkeit zu fahren, soll erkennbar ebenfalls die körperliche Integrität dieser Verkehrsteilnehmer schützen.

b) Verletzung

Wie bei § 823 Abs. 1 festgestellt, hat A den Körper des B fahrlässig verletzt und damit zugleich den Tatbestand des § 229 StGB verwirklicht. Zugleich hat er entgegen § 26 Abs. 1 StVO dem B das Überqueren der Straße nicht ermöglicht und auch dieses Schutzgesetz verletzt; Letzteres geschah i. S. v. § 823 Abs. 2 Satz 2 fahrlässig und damit schuldhaft. **31**

Hinweise: (1.) Man muss auf das Verschuldenserfordernis des § 823 Abs. 2 Satz 2 hinweisen, da der Verstoß gegen § 326 StVO auch ohne Verschulden möglich ist. Eventuell könnte man den Ordnungswidrigkeitentatbestand des § 49 Abs. 1 Nr. 24 Buchst. b StVO hinzuzitieren, um ein Verschuldenserfordernis beim Schutzgesetz selbst zu konstruieren. Das ist aber in einem zivilrechtlichen Fall sicherlich mehr oder weniger bedeutungslos.
(2.) Als weiteres Schutzgesetz käme hier auch noch ein gefährlicher Eingriff in den Straßenverkehr i. S. v. § 315c Abs. 1 Nr. 2 Buchst. c StGB in Betracht, doch müsste A dazu „grob verkehrswidrig und rücksichtslos" gehandelt haben, was man bei einem bloßen Übersehen eines Passanten nicht annehmen kann. Auf eine Prüfung wurde verzichtet, da es in einem zivilrechtlichen Fall – wie früher erwähnt – in aller Regel nicht darum geht, möglichst viele Schutzgesetze zu prüfen, wenn ein Anspruch etwa nach § 823 Abs. 1 besteht. Anders ist es nur, wenn man nur über § 823 Abs. 2 und die Schutzgesetzverletzung zu einem Anspruch gelangen kann.

c) Schaden

Der Umfang der Ersatzverpflichtung entspricht der aus § 823 Abs. 1. **32**

d) Ergebnis

B kann von A auch gemäß § 823 Abs. 2 BGB i. V. m. § 229 StGB sowie i. V. m. § 26 Abs. 1 StVO Schadensersatz i. H. v. 1200 EUR sowie ein angemessenes Schmerzensgeld verlangen. **33**

3. Anspruch aus § 18 Abs. 1 StVG

B könnte einen Schadensersatzanspruch gegen A gemäß § 18 Abs. 1 StVG haben. **34**

a) Betrieb eines Kraftfahrzeugs

Wie oben (siehe Rn. 9 f.) festgestellt, ereignet sich der Unfall beim Betrieb eines Kfz. **35**

b) Fahrzeugführereigenschaft des A

A müsste Führer des Pkw sein, bei dessen Betrieb es zur Schädigung des B gekommen ist. „Führer des Kraftfahrzeugs" i. S. d. § 18 Abs. 1 StVG ist derjenige, der im Augenblick des Unfalls das Kfz lenkt und die tatsächliche Gewalt über das Steuer hat.[5] Dies war bei der fraglichen Fahrt der A. **36**

c) Rechtsgutsverletzung

Ferner müsste es zu einer der in § 7 Abs. 1 StVG genannten Rechtsgutsverletzungen gekommen sein; hier ist der Körper des B bei dem Unfall verletzt worden. Außer- **37**

---

[5] *Burmann/Heß/Hühnermann/Jahnke/Janker* § 18 StVG Rn. 3.

dem hat B anschließend einen Herzinfarkt erlitten, also eine Gesundheitsverletzung.

d) Haftungsbegründende Kausalität

38 Der Betrieb des Kfz müsste den Verletzungserfolg adäquat-kausal verursacht haben; insofern gelten im Wesentlichen dieselben Kriterien wie bei § 823 Abs. 1. Ohne die Fahrt des A mit dem Pkw wären die Verletzungserfolge nicht eingetreten, und es handelt sich zumindest bei der Körperverletzung auch um einen Erfolg, der beim Betrieb eines Kfz nach der Lebenserfahrung eintreten kann.

39 Fraglicher erscheint, wie es sich mit dem Herzinfarkt des B verhält. Dieser beruht nicht unmittelbar auf der Verletzung durch den Pkw der E, sondern auf der Aufregung des B darüber, dass A ihm (wahrheitswidrig) die „Schuld" am Unfall zugewiesen hat. Damit ist der Schaden nicht mehr beim Betrieb des Kfz der E verursacht worden und liegt im Übrigen auch außerhalb des Schutzzwecks des StVG.[6]

40 Somit ist nur die Körperverletzung auf den Betrieb des Pkw der E zurückzuführen.

e) Haftungsausschluss bei fehlendem Verschulden

41 Die Ersatzpflicht des A wäre ausgeschlossen, wenn der Schaden nicht durch ein Verschulden des Führers verursacht worden ist (§ 18 Abs. 1 Satz 2 StVG). Da A unaufmerksam war und somit i.S.v. § 276 Abs. 2 die im Verkehr erforderliche Sorgfalt außer Acht gelassen hat, verbleibt es bei seiner Haftpflicht.

Hinweis: Im Unterschied zu § 823 Abs. 1 wird also das Verschulden des Fahrzeugführers nach § 18 Abs. 1 Satz 1 StVG vermutet, er muss den Entlastungsbeweis führen. Die beweisrechtliche Situation ist also nach dem StVG für den Geschädigten günstiger, wenn sich die Frage nicht aufklären lässt.

f) Schaden

42 Der Schaden des B liegt darin, dass er am Körper verletzt wurde und sich deshalb einer Krankenhausbehandlung unterziehen musste. Außerdem hat er Schmerzen erlitten und ist aufgrund der entdeckten Herzkrankheit mit der Folge geringerer Pensionsansprüche vorzeitig in den Ruhestand versetzt worden.

g) Haftungsausfüllende Kausalität

43 Die eingetretenen Schäden müssten adäquat-kausal auf dem Betrieb des Pkw der E beruhen und vom Schutzzweck des § 18 Abs. 1 StVG umfasst sein. Hinsichtlich der Behandlungskosten für die Folgen der Körperverletzung und die erlittenen Schmerzen ist dies zu bejahen.

44 Auch die Frühpensionierung des B beruht zwar ursächlich auf seiner Verletzung bei dem Unfall. Wie bereits oben (siehe Rn. 19) ausgeführt, hängt die Ersatzfähigkeit von Schäden aber über die adäquate Kausalität hinaus von weiteren wertenden Gesichtspunkten ab, insbesondere vom Schutzbereich der jeweiligen Anspruchsnorm. Auch § 18 Abs. 1 StVG soll einen Geschädigten nicht davor schützen, dass durch notwendige ärztliche Untersuchungen andere, bereits vor einem schädigenden Ereignis vorhandene Erkrankungen entdeckt werden, die ihrerseits Vermögensnachtei-

---

6 BGHZ 107, 359, 366 f.

le nach sich ziehen.[7] Daher sind die Vermögenseinbußen aus der Frühpensionierung auch nach § 18 Abs. 1 StVG nicht ersatzfähig.

h) Art und Umfang des Schadensersatzes

In welchem Umfang B von E Schadensersatz verlangen kann, richtet sich grundsätzlich nach den §§ 249 ff., die hier jedoch von den §§ 10 ff. StVG überlagert werden. Für die Körperverletzung regelt § 11 Satz 1 StVG klarstellend, dass die Heilungskosten zu ersetzen sind; gemäß § 11 Satz 2 StVG kann B auch ein Schmerzensgeld verlangen. **45**

i) Ergebnis

B kann von A auch gemäß § 18 Abs. 1 StVG Schadensersatz i. H. v. 1200 EUR sowie ein angemessenes Schmerzensgeld verlangen. **46**

Abwandlung

I. Anspruch B gegen E aus § 7 Abs. 1 StVG

B könnte gegen E Anspruch auf Ersatz der Arztkosten und Schmerzensgeld gemäß § 7 Abs. 1 StVG haben. **47**

1. Anspruchsvoraussetzungen

E ist Halterin des Pkw. Der Körper des B wurde beim Betrieb des Fahrzeugs verletzt (siehe Ausgangsfall). **48**

2. Höhere Gewalt

Die Ersatzpflicht wäre ausgeschlossen, wenn höhere Gewalt i. S. v. § 7 Abs. 2 StVG vorläge. Dies ist der Fall, wenn das schadensverursachende Ereignis von außen einwirkt, selbst durch die äußerste zumutbare Sorgfalt nicht abgewendet werden kann und auch nicht wegen seiner Häufigkeit in Kauf zu nehmen ist. B ist unachtsam an einer gesperrten Stelle über die Straße gelaufen. Ein solches Fehlverhalten anderer Verkehrsteilnehmern stellt gerade keine höhere Gewalt dar. Damit ist die Haftung der E nicht ausgeschlossen. **49**

3. Mitverschulden

Der Anspruch des B könnte jedoch eingeschränkt sein. Beim Umfang des Schadensersatzes gemäß § 9 StVG findet die Vorschrift des § 254 entsprechende Anwendung, sodass eine Mitverursachung des Schadens durch den Geschädigten ebenfalls beim Schadensumfang zu berücksichtigen ist. B hat den Unfall durch sein unvorsichtiges und grob verkehrswidriges Verhalten i. S. v. § 254 Abs. 1 mit verursacht. Daher ist sein Anspruch entsprechend zu kürzen. Angesichts der – nicht sehr eindeutig geschilderten – Umstände erscheint eine Kürzung um (maximal) die Hälfte angebracht, da stets die große Gefährlichkeit des Kfz zu berücksichtigen bleibt. **50**

---

[7] *BGH* NJW 1968, 2287, 2288.

4. Ergebnis

51 B hat gegen E gemäß § 7 Abs. 1 StVG Anspruch auf Erstattung seiner Arztkosten und Zahlung eines Schmerzensgeldes, wegen des Mitverschuldens des B besteht der Anspruch aber nur in eingeschränktem Umfang.

II. Ansprüche B gegen A aus § 823 Abs. 1 und 2 BGB i. V. m. § 229 StGB bzw. § 18 Abs. 1 StVG

52 Hier gilt jeweils das Gleiche; die haftungsbegründenden Tatbestände sind – wie im Ausgangsfall – erfüllt. Beim Umfang des Schadensersatzes findet § 254 Abs. 1 – bei § 18 Abs. 1 StVG über § 9 StVG entsprechende – Anwendung und führt zur Kürzung des Anspruchs auf die Hälfte des Betrags der entstandenen Schäden.

Fall 8. Gefährlicher Ruhestand

Sachverhalt

An einem goldenen Herbsttag macht sich der frisch pensionierte Gerhard (G) auf den Weg zu einem Freundschaftsspiel der örtlichen Freizeitkicker aus der „Bunten Liga". Kurz vor dem Fußballplatz fliegt ein Ball herüber und rollt G direkt vor die Füße. Der hilfsbereite G befördert den Ball mit seinem starken Linken zurück auf das Spielfeld und trifft versehentlich, aber heftig den Hinterkopf von Stürmer Stefan (S). Dieser ist kurz benommen, dann platzt ihm der Kragen. Er beschließt, „es dem G heimzuzahlen", stellt ihn zur Rede und schubst ihn dreimal so heftig gegen den Oberkörper, dass G stürzt und kurz auf dem angrenzenden Radweg liegen bleibt.

Auf dem Radweg nähert sich just in diesem Moment die Radfahrerin Fiona (F), die voller Bewunderung auf das Fußballfeld und einige attraktive Hobbykicker schaut. Deshalb übersieht sie den G, der sich vom Radweg gerade wieder aufrichtet, und fährt ungebremst in ihn hinein. G geht erneut zu Boden und kann nicht mehr aufstehen.

Im Krankenhaus stellt man einen Oberschenkelhalsbruch sowie einige Schrammen fest. Unklar ist jedoch, ob er sich die Verletzungen bereits bei seinem ersten Sturz oder erst infolge der Kollision mit dem Fahrrad der F zugezogen hat. Der privat versicherte G fordert von S Ersatz der Behandlungskosten i.H.v. 10000 EUR. Außerdem verlangt er ein angemessenes Schmerzensgeld für die erlittenen Qualen der Verletzung und den Umstand, dass er vier Wochen lang in seiner Bewegungsfreiheit eingeschränkt war. Dagegen wendet S ein, er zahle keinen Cent; schließlich habe G ihn „provoziert" und ihm eine Gehirnerschütterung zugefügt, aufgrund derer er beim ersten Saisonspiel auf der Bank sitzen und auf die Auflaufprämie von 150 EUR verzichten musste.

Da S aufgrund diverser Schlägereien kurz vor der Privatinsolvenz steht, wendet sich G auch an F, weil sie auch zum Dilemma beigetragen habe. F ist der Meinung, sie treffe keinerlei „Schuld" am Geschehenen; schließlich sei sie vorschriftsgemäß auf dem gekennzeichneten Radweg gefahren.

Stehen G die geltend gemachten Ansprüche gegen S bzw. F zu?

Abwandlung: Im Krankenhaus klärt man den G vor der Operation ordnungsgemäß über bestehende Risiken auf. Später unterläuft sowohl dem Chirurgen Christian (C) als auch der Assistenzärztin Anne (A) jeweils ein Behandlungsfehler. Es kommt beim Heilungsprozess des G zu Komplikationen, ohne dass geklärt werden kann, auf welchen Fehler sie zurückzuführen sind. Wegen der Komplikationen bleibt G, der seinen den Haushalt selbst führt, vier statt zwei Wochen auf die Unterstützung der Haushaltshilfe Helga (H) angewiesen. Zwei weitere Wochen kommen hinzu, weil G nach dem Motto „Ein Indianer kennt keinen Schmerz" den vom Arzt verordneten Einsatz einer Gehhilfe vorzeitig eigenmächtig beendet hat. H kostet ihn insgesamt 600 EUR (100 EUR pro Woche). Er wendet sich deshalb sowohl an F und S als auch an C und A.

1. Zu Recht? Etwaige vertragliche Ansprüche bleiben außer Betracht.

2. Welche Folgen hat es für S, F und A, wenn C die 600 EUR an G zahlt?

Gliederung

Lösung

Ausgangsfall

I. Anspruch des G gegen S

G könnte einen Anspruch auf Ersatz der entstandenen Behandlungskosten sowie **1** auf ein angemessenes Schmerzensgeld gegen S haben.

1. Aus § 823 Abs. 1

Ein solcher könnte sich zunächst aus § 823 Abs. 1 ergeben. **2**

a) Rechts(guts)verletzung des G

Es müsste zudem ein Recht oder Rechtsgut des G i.S.d. § 823 Abs. 1 verletzt wor- **3** den sein. Hier könnte eine Verletzung des Körpers des G vorliegen. Unter einer Körperverletzung ist jeder unbefugte Eingriff in die körperliche Integrität zu verstehen.[1] Wie sich im Krankenhaus herausstellte, erlitt F neben den Schürfwunden einen Oberschenkelhalsbruch. Beides stellt jeweils eine Integritätsbeeinträchtigung und damit eine Körperverletzung dar.

b) Handlung des S

Die Stöße des S gegen den Oberkörper des G stellen als bewusstes und beherrschba- **4** res Verhalten des S eine Handlung i.S.v. § 823 Abs. 1 dar.[2]

c) Haftungsbegründende Kausalität

Die Handlung des S müsste zudem *conditio sine qua non* für die Körperverletzung **5** des G sein. Der Angriff des S auf G dürfte demnach nicht hinweg zu denken sein,

---

[1] Palandt/*Sprau* § 823 Rn. 4.
[2] Vgl. zur Definition der Handlung BGHZ 39, 103, 106 = NJW 1963, 953; Palandt/*Sprau* § 823 Rn. 2.

ohne dass die Verletzung des G entfiele. Hätte S den G nicht geschubst, wäre dieser nicht auf den Radweg gestürzt, vom Fahrrad der F angefahren worden und mit einem Oberschenkelhalsbruch und Schürfwunden ins Krankenhaus eingeliefert worden, sodass die Handlung des S jedenfalls äquivalent kausal für die Verletzungen des G war.

6 Als Erstschädiger muss sich S grundsätzlich sämtliche im Verlauf des Gesamtgeschehens entstandene Verletzungen des G zurechnen lassen. Der Zurechnungszusammenhang ist im vorliegenden Fall auch nicht dadurch unterbrochen worden, dass die F mit ihrem Fahrrad in den sich auf dem Radweg aufrichtenden G fuhr, da sich damit gerade die durch den Angriff des S herbeigeführte Gefahr weiterer Verletzungen verwirklicht hat.[3]

d) Rechtswidrigkeit

7 Die von S verursachte Körperverletzung bei G war zugleich widerrechtlich i.S.v. § 823 Abs. 1. Zwar könnte man erwägen, ob sie dadurch zu rechtfertigen ist, dass G den S „provoziert" hat, indem er ihm den Ball gegen den Hinterkopf schoss. Dies könnte eine Notwehrlage i.S.v. § 227 Abs. 2 ausgelöst haben, doch war der Angriff des G auf den S, wenn man einen solchen hier bejahen will, jedenfalls mit dem Treffer beendet und somit nicht mehr gegenwärtig. Damit scheidet eine Notwehr i.S.v. § 227 Abs. 1 ebenso aus wie eine Berechtigung zur Selbsthilfe nach § 229. S handelte also widerrechtlich.

e) Verschulden

8 S müsste ferner schuldhaft i.S.v. § 823 Abs. 1 behandelt haben. Da es ihm darauf ankam, dem G dessen „Kopfschuss" heimzuzahlen, beabsichtigte er eine Körperverletzung des G (*dolus directus* 1. Grades). Somit handelte S auch vorsätzlich i.S.v. § 823 Abs. 1.

f) Schaden, haftungsausfüllende Kausalität und Umfang des Ersatzes

9 Dem G müsste schließlich ein auf der Rechtsgutsverletzung beruhender Schaden entstanden sein. Unter einem Schaden ist jede Einbuße von Rechten und Interessen zu verstehen. Der Oberschenkelhalsbruch des G machte eine ärztliche Behandlung im Krankenhaus erforderlich, woraus dem G Kosten i.H.v. 10 000 EUR entstanden sind. Da die ärztliche Heilbehandlung nicht als das Ergebnis eines im Hinblick auf die Rechtsgutsverletzung völlig atypischen Geschehensverlaufs erscheint, ist die Körperverletzung des G auch adäquat kausale Bedingung des eingetretenen Schadens.[4] Ferner hätte G keine Schmerzen und keine Einschränkung seiner Bewegungsfähigkeit und Teilnahme am sozialen Leben erfahren.

10 Gemäß § 249 Abs. 1 muss S den Zustand herstellen, der ohne den zum Ersatz verpflichtenden Umstand bestehen würde. Ohne die Verletzung wären dem G keine Heilbehandlungskosten entstanden; nach § 249 Abs. 2 ist G berechtigt, statt der Heilbehandlung den Ersatz der dafür notwendigen Kosten zu verlangen. Da eine

---

3 Vgl. *BGH* NJW 1965, 1177; 1987; 2000, 947.
4 Vgl. RGZ 133, 126; *BGH* NJW 2002, 2232, 2233.

Körperverletzung vorliegt, kann er zudem für seine immateriellen Schäden, also die Schmerzen usw., gemäß § 253 Abs. 2 eine billige Entschädigung in Geld verlangen.

g) Teilerlöschen durch Aufrechnung

Möglicherweise ist der Anspruch des G jedoch gemäß § 389 durch Aufrechnung **11** des S i. H. v. 150 EUR erloschen.

Dazu müsste zunächst eine wirksame Aufrechnungserklärung i. S. d. § 388 vorlie- **12** gen. Eine solche ist hier in der Aussage des S zu sehen, er zahle keinen Cent an G, da ihm infolge der von G verursachten Gehirnerschütterung die Auflaufprämie i. H. v. 150 EUR entgangen sei (vgl. §§ 133, 157).

Darüber hinaus müssten die Voraussetzungen von § 387 erfüllt sein. S müsste dem **13** erfüllbaren Anspruch des G aus § 823 Abs. 1 demnach eine fällige, durchsetzbare und gleichartige Forderung entgegenhalten können. Als Gegenforderung kommt hier ein Anspruch des S gegen G aus § 823 Abs. 1 bzw. § 823 Abs. 2 BGB i. V. m. § 229 StGB wegen fahrlässiger Körperverletzung in Betracht, denn G traf den S mit seinem Schuss am Hinterkopf.

Ob eine Aufrechnungslage zu bejahen ist, kann hier jedoch dahinstehen, da eine **14** Aufrechnung des S gegen die Forderung des G aus der vorsätzlichen Körperverletzung des S jedenfalls gemäß § 393 ausgeschlossen ist.

Hinweis: Wegen der Schwerpunktsetzung des Falles und zur Zeitersparnis empfiehlt es sich an dieser Stelle, mit Verweis auf das Aufrechnungsverbot des § 393 auf eine umfassende Prüfung der Voraussetzungen des § 387 zu verzichten.

h) Ergebnis

G kann von S Ersatz der entstandenen Behandlungskosten i. H. v. 10 000 EUR so- **15** wie ein angemessenes Schmerzensgeld aus § 823 Abs. 1 i. V. m. §§ 249 Abs. 2, 253 Abs. 2 verlangen.

2. Aus § 823 Abs. 2 BGB i. V. m. § 223 StGB

G könnte gegen S außerdem einen Schadensersatzanspruch gemäß § 823 Abs. 2 **16** BGB i. V. m. § 223 StGB haben.

a) Schutzgesetz

Dafür müsste § 223 StGB ein Schutzgesetz i. S. v. § 823 Abs. 2 sein. Da die Körper- **17** verletzungsdelikte des StGB jedenfalls auch dem Schutz der körperlichen Unversehrtheit des Einzelnen zu dienen bestimmt sind, handelt es sich bei § 223 StGB um ein Schutzgesetz.

b) Verletzung

Wie festgestellt, hat S den Körper des G vorsätzlich verletzt (vgl. § 223 StGB). **18**

c) Schaden

Der Umfang der Ersatzverpflichtung entspricht der aus § 823 Abs. 1. **19**

d) Ergebnis

20 G kann von S folglich auch gemäß § 823 Abs. 2 i. V. m. § 223 StGB Ersatz der Behandlungskosten i. H. v. 10 000 EUR sowie ein angemessenes Schmerzensgeld verlangen.

II. Anspruch des G gegen F

1. Aus § 823 Abs. 1

21 G könnte zudem einen Schadensersatzanspruch aus § 823 Abs. 1 gegen F haben.

a) Rechts(guts)verletzung des G

22 Wie oben (siehe Rn. 3) festgestellt, liegt eine Körperverletzung des G in Form von Schürfwunden und eines Oberschenkelhalsbruchs vor.

b) Pflichtwidrige Handlung der F

23 F ist mit ihrem Fahrrad in den auf dem Radweg stehenden G gefahren. Hierin liegt ein der Bewusstseinskontrolle unterliegendes beherrschbares Verhalten der F und damit eine haftungsbegründende Handlung[5] i. S. d. § 823 Abs. 1. Da die F als Radfahrerin zu ständiger Vorsicht und Rücksichtnahme auf andere Verkehrsteilnehmer gehalten ist (vgl. § 1 Abs. 1 StVO) und sich so zu verhalten hat, dass niemand geschädigt oder gefährdet wird (vgl. § 1 Abs. 2 StVO), stellt das Anfahren des auf dem Radweg stehenden G eine Verkehrspflichtverletzung der F dar und erfolgte damit auch pflichtwidrig. Daran ändert der Einwand der F, sie sei vorschriftsgemäß auf dem gekennzeichneten Radweg gefahren, nichts.

c) Haftungsbegründende Kausalität

24 Die Handlung der F müsste zudem *conditio sine qua non* für die Körperverletzung des G sein. Der Zusammenstoß des G mit dem Fahrrad der F dürfte demnach nicht hinweg zu denken sein, ohne dass die Verletzung des G entfiele. Da jedoch nicht geklärt werden kann, ob die Verletzungen des G auf die Kollision mit dem Fahrrad der F zurückgehen oder G sich diese bereits bei seinem ersten Sturz zugezogen hat, dessen Ablauf F nicht als Erstschädigerin in Gang gesetzt hat, fehlt es an der haftungsbegründenden Kausalität des Verhaltens der F für die Verletzungen des G.

Hinweis: Anders läge der Fall, wenn die Körperverletzung des G auf das Zusammenwirken beider Stürze zurückginge. Hätte der erste Sturz lediglich zu einem Anbruch, der zweite schließlich zum Durchbruch des Oberschenkelhalses geführt, wären beide Stürze als haftungsbegründend kausal anzusehen (Fall der kumulativen Kausalität[6]).

d) Ergebnis

25 G hat folglich keinen Anspruch gegen F aus § 823 Abs. 1.

Hinweis: Mangels haftungsbegründenden Verhaltens kann man an dieser Stelle (vgl. bereits Fall 7) auf die Prüfung von § 823 Abs. 2 BGB i. V. m. § 229 StGB (fahrlässige Körperverletzung) verzichten.

---

[5] Vgl. BGHZ 39, 103, 106 = NJW 1963, 953; Palandt/*Sprau* § 823 Rn. 2.
[6] Vgl. Jauernig/*Teichmann* § 823 Rn. 22.

2. Aus § 830 Abs. 1 Satz 2 i.V.m. §§ 840 Abs. 1, 421

Möglicherweise steht dem G jedoch ein Anspruch auf Schadensersatz gegen die F **26** aus § 830 Abs. 1 Satz 2 i.V.m. §§ 840 Abs. 1, 421 zu. Dazu müsste F als Beteiligte einen anspruchsbegründenden Verursachungsbeitrag geleistet haben, der dazu geeignet ist, den Schaden des G zu begründen.[7]

Hinweis: Umstritten ist, ob § 830 Abs. 1 Satz 2 eine eigene Anspruchsgrundlage[8] oder nur eine Beweislastnorm[9] ist, die etwa im Rahmen des § 823 Abs. 1 zur Überwindung des in Rn. 24 dargelegten Problems mit der Kausalität herangezogen werden kann; Letzteres erscheint an sich zutreffender. Da dies letztlich aber nur eine Art der Aufbaufrage ist, diskutiert man das nicht, sondern prüft § 830 Abs. 1 Satz 2 entweder (wie hier mit der h.M.) als Anspruchsgrundlage oder als Hilfsnorm bei § 823 Abs. 1.

a) Schaden und haftungsausfüllende Kausalität

Die dem G entstandenen Behandlungskosten i.H.v. 1000 EUR stellen einen auf **27** der Körperverletzung beruhenden Vermögensschaden dar.

b) Beteiligte

Als Beteiligte i.S.v. § 830 Abs. 1 Satz 2 kommen hier nur F und S in Betracht. Der **28** Rspr. zufolge verlangt der Begriff der Beteiligung, dass die einzelnen Gefährdungshandlungen mit der Schädigung durch einen (räumlich, sachlich und zeitlich) einheitlichen Lebensvorgang verbunden sind, wobei insbesondere auf die Gleichartigkeit der Gefährdung des bedrohten Rechtsguts abzustellen sei.[10] Eine subjektive Beziehung zwischen den Beteiligten sei indes nicht erforderlich.[11] Die von der Rspr. entwickelten Kriterien sind jedoch unpräzise und im Hinblick auf das Erfordernis der Kausalitätseignung im Rahmen des § 830 Abs. 1 Satz 2 überflüssig.[12] In der Lit. wird das Merkmal der Beteiligung daher überwiegend auf die Voraussetzung der Eignung der jeweiligen Handlung zur Schadensverursachung gestützt[13] und die Funktion der Norm darin gesehen, dem Geschädigten über Probleme beim Kausalitätsnachweis hinwegzuhelfen. Im vorliegenden Fall konnte nicht geklärt werden, ob die Schädigung des G auf den ersten oder zweiten Sturz zurückgeht, sodass sowohl die Stöße des S als auch die Kollision mit dem Fahrrad der F potentielle Schadensursachen darstellen. Darüber hinaus bilden das Anrempeln des G durch S sowie die Kollision mit F einen engen sachlichen, räumlichen und zeitlichen Zusammenhang mit der Verletzung des G, sodass auch die vom BGH gestellten Anforderungen erfüllt sind. F und S sind folglich nach allen Ansichten als Beteiligte i.S.v. § 830 Abs. 1 Satz 2 einzustufen, weshalb ein Streitentscheid an dieser Stelle entbehrlich erscheint.

---

[7] Vgl. zu § 830 Abs. 1 Satz 2 etwa *Brox/Walker* BS § 51 Rn. 5 ff.; *Wandt* § 19 Rn. 7 ff.
[8] So explizit BGHZ 67, 14, 17; ebenso wohl BGHZ 72, 355; *Looschelders* SBT Rn. 1388, 1393.
[9] So *Brox/Walker* BS § 51 Rn. 5.
[10] RGZ 58, 357, 361; 96, 224, 226; BGHZ 33, 286, 292 = NJW 1961, 263, 264; BGHZ 55, 86, 93 = NJW 1971, 506, 508.
[11] Insbesondere müssten die Beteiligten keine Kenntnis vom jeweils anderen haben, BGHZ 33, 286, 292 = NJW 1961, 263, 264; *OLG Köln* MDR 1982, 408 f.
[12] So auch *Looschelders* SBT Rn. 1395; MünchKommBGB/*Wagner* § 830 Rn. 59 m.w.N.
[13] Vgl. beispielhaft *Deubner* JuS 1962, 383, 385 f.; Erman/*Schiemann* § 830 Rn. 5 ff., 8; MünchKommBGB/*Wagner* § 830 Rn. 58 f.

c) Verwirklichung eines Haftungstatbestands durch die Beteiligten

29 Darüber hinaus müssten die Beteiligten – vom Kausalitätsnachweis abgesehen – einen Haftungstatbestand verwirklicht haben.[14]

30 Es bedarf zunächst eines anspruchsbegründenden Verhaltens der F i. S. v. § 823 Abs. 1. Wie oben (siehe Rn. 23) festgestellt, ist die F pflichtwidrig mit ihrem Fahrrad in den sich auf dem Radweg aufrichtenden G gefahren. Die Pflichtwidrigkeit des Verhaltens der F indiziert dessen Rechtswidrigkeit. Da F ihre Aufmerksamkeit während der Fahrt für einen Augenblick nicht auf den Straßenverkehr, sondern auf das nebengelegene Fußballfeld richtete, ließ sie die im Verkehr erforderliche Sorgfalt außer Acht (Fahrlässigkeit) und handelte damit auch schuldhaft i. S. v. § 276 Abs. 2, sodass der haftungsbegründende Tatbestand des § 823 Abs. 1 erfüllt ist.

31 Auch auf Seiten des S ist, wie festgestellt, der Tatbestand des § 823 Abs. 1 dem Grunde nach verwirklicht.

> **Hinweis:** Dass der Begriff der Beteiligung i. S. d. § 830 Abs. 1 Satz 2 nicht im strafrechtlichen Sinne zu verstehen ist, ergibt sich im Umkehrschluss aus § 830 Abs. 1 Satz 1, Abs. 2.[15] – Abzugrenzen ist der in § 830 Abs. 1 Satz 2 geregelte Fall alternativer Kausalität von der Nebentäterschaft. Bei dieser steht fest, dass mehrere Schädiger einen für den Schaden kausalen Beitrag geleistet haben (sog. kumulative Kausalität).[16] Darauf ist § 830 Abs. 1 Satz 2 (nur) dann entsprechend anwendbar, wenn nicht feststellbar ist, in welchem Umfang der Schaden von dem einen oder dem anderen verursacht worden ist (sog. Anteilszweifel bei kumulativer Kausalität).[17]

d) Gewissheit der Schadensverursachung durch einen Beteiligten

32 § 830 Abs. 1 Satz 2 setzt weiter voraus, dass der Schaden zweifelsfrei durch einen der potentiellen Schädiger verursacht worden ist.[18] Dies ist im vorliegenden Fall zu bejahen, da die Verletzungen des G laut Sachverhalt jedenfalls entweder auf dessen ersten, durch die Stöße des S verursachten, oder den zweiten, auf dem Zusammenstoß mit F basierenden, Sturz des G zurückgehen. Weitere Schadensursachen kommen nicht in Betracht.

e) Ungewissheit hinsichtlich der Verursachung

33 Zentrale Voraussetzung des § 830 Abs. 1 Satz 2 ist schließlich die Ungewissheit bezüglich der konkreten Schadensverursachung. Demnach darf nicht feststellbar sein, wer von den Beteiligten den Schaden ganz (Urheberzweifel) oder teilweise (Anteilszweifel) verursacht hat.[19] Im vorliegenden Fall könnten Urheberzweifel hinsichtlich der Schädigung des G bestehen, da unklar ist, ob dieser sich den Oberschenkelhalsbruch und die Schürfwunden bei dem Angriff des S oder bei dem Zusammenstoß mit F zugezogen hat. Jedoch verneint die Rspr. die Anwendung von § 830 Abs. 1 Satz 2 ausdrücklich in denjenigen Fällen, in denen ein sicher haftender Erstschädi-

---

[14] *BGH* NJW 1996, 3205, 3207.

[15] *Looschelders* SBT Rn. 1394.

[16] *Looschelders* SBT Rn. 1395.

[17] BGHZ 67, 14, 19; *BGH* NJW 1994, 932; MünchKommBGB/*Wagner* § 830 Rn. 44, 51 f.; Palandt/ *Sprau* § 830 Rn. 9.

[18] *BGH* NJW 1996, 3205, 3207.

[19] *BGH* NJW 1996, 3205, 3207.

ger vorhanden ist:[20] Dieser müsse sich nicht nur eine wie auch immer geartete unmittelbare Verletzung, sondern auch die aus dieser resultierende hilflose Lage des Geschädigten zurechnen lassen, denn er habe den Gesamtschaden zumindest mittelbar durch seine Handlung verursacht. In seiner Begründung verweist der BGH auf Sinn und Zweck des § 830 Abs. 1 Satz 2, der zwar eine Beweiserleichterung für den Fall vorsehe, in dem der Geschädigte „seinen sicher gegen einen der Beteiligten bestehenden Anspruch nicht durchsetzen könnte". Die Norm dürfe jedoch nicht „dazu missbraucht werden, dem Geschädigten weitere, eventuell solventere Schuldner zu verschaffen". Im vorliegenden Fall muss sich S folglich nicht nur den ersten Sturz des G und alle aus diesem resultierenden möglichen Verletzungen zurechnen lassen. Er muss vielmehr auch für eine mögliche Verletzung des G infolge des Zusammenstoßes mit F einstehen, hat er den G doch durch sein Schubsen auf dem Radweg zu Fall gebracht, wo dieser zunächst hilflos liegen blieb, bevor er von F angefahren wurde. Damit steht S als Verursacher des Schadens fest.

f) Ergebnis

Eine Schadensersatzhaftung der F nach § 830 Abs. 1 Satz 2 scheidet folglich aus. **34**

Abwandlung – Frage 1

I. Anspruch des G gegen S

Möglicherweise kann G die Kosten für H von S ersetzt verlangen. **35**

1. Aus § 823 Abs. 1

Ein solcher Anspruch könnte sich zunächst aus § 823 Abs. 1 ergeben. **36**

a) Haftungsbegründung

Wie oben erläutert, geht die Körperverletzung des G auf den rechtswidrigen vorsätzlichen Angriff des S zurück, sodass der haftungsbegründende Tatbestand des § 823 Abs. 1 erfüllt ist. **37**

b) Schaden und haftungsausfüllende Kausalität

Hätte S den G nicht zu Fall gebracht, so hätte dieser sich den Oberschenkelhals nicht gebrochen und ihm wären die Hüftoperation sowie die aus dieser resultierende sechswöchige Bettlägerigkeit, während derer er auf die Hilfe von H angewiesen war, erspart geblieben. Die Kosten für die Haushaltshilfe stellen folglich einen auf die Rechtsgutverletzung des S zurückgehenden Vermögensschaden in Form einer Verbindlichkeit[21] des G dar. **38**

Fraglich ist jedoch, ob sich S als Erstschädiger auch die durch die Operation eingetretene Folgeschädigung des G zurechnen lassen muss. Dies wäre jedenfalls dann **39**

---

[20] *BGH* NJW 1979, 544.
[21] Vgl. BGHZ 57, 78, 81 ff. = NJW 1971, 2218; BGHZ 59, 148 ff. = NJW 1972, 1856; BGHZ 61, 346 f. = NJW 1974, 34; *BGH* NJW 2007, 1809, 1811.

nicht der Fall, wenn es sich bei den Behandlungskomplikationen um völlig atypische, außerhalb des nach dem gewöhnlichen Lauf der Dinge zu Erwartenden liegende Vorkommnisse handeln würde.[22] Der Rspr. zufolge muss sich ein Erstschädiger jedoch auch die Fehler von Personen zurechnen lassen, die der Geschädigte zur Schadensbeseitigung hinzuzieht, sodass sich seine Haftung auch auf solche Schäden erstreckt, die auf ärztliche Kunstfehler während der Behandlung des Geschädigten zurückgehen.[23] S muss sich folglich grundsätzlich auch die zur Bettlägerigkeit des G führenden Behandlungsfehler des C bzw. der A und die daraus resultierenden Kosten i. H. v. 100 EUR pro Woche für die Beschäftigung der H zurechnen lassen, insgesamt also für vier Wochen.

40 Zu prüfen bleibt aber, ob S auch für die von G selbst verursachte weitere Verlängerung seiner Bewegungsunfähigkeit um weitere zwei Wochen einzustehen hat, denn G beendete die vom Arzt verordnete Bettruhe eigenmächtig bereits nach drei Wochen und musste deshalb am Ende noch zwei weitere Wochen ruhen. Da G sich im Vollbesitz seiner geistigen Kräfte befand, als er die vom Arzt verordnete Bettruhe eigenmächtig vorzeitig beendete, scheidet eine Zurechnung dieser weiteren Verletzungsfolge zur von S verursachten Körperverletzung aus.

c) Ergebnis

41 G kann daher gemäß § 823 Abs. 1 Ersatz der ihm im Rahmen der Beschäftigung von H entstandenen Kosten i. H. v. 400 EUR (vgl. § 249 Abs. 1) von S verlangen.

2. Aus § 823 Abs. 2 BGB i.V.m. § 223 StGB

42 Da S den G mit Absicht zu Fall gebracht hat, um ihm dessen „Kopfschuss" heimzuzahlen, kann G seinen Schadensersatzanspruch auch auf § 823 Abs. 2 BGB i.V.m. § 223 StGB stützen.

II. Anspruch des G gegen F

1. Aus § 823 Abs. 1

43 Wie oben festgestellt, lässt sich die für diesen Anspruch notwendige haftungsbegründende Kausalität des Verhaltens der F nicht feststellen, sodass eine Haftung der F ausscheidet. An der Operation des G war die F nicht beteiligt.

2. Aus § 830 Abs. 1 Satz 2 i.V.m. §§ 840 Abs. 1, 421

44 Auch hinsichtlich eines Schadensersatzanspruchs des G gegen F aus § 830 Abs. 1 Satz 2 i.V.m. §§ 840 Abs. 1, 421 ergeben sich keine Unterschiede zum Ausgangsfall.

III. Anspruch des G gegen C und A aus § 830 Abs. 1 Satz 2 i.V.m. §§ 840 Abs. 1, 421

45 Möglicherweise kann G neben S aber auch den C bzw. die A für die ihm entstandenen Kosten i. H. v. 600 EUR in Anspruch nehmen.

---

[22] Vgl. *BGH* NJW 1998, 138, 40; 2005, 1420.
[23] *BGH* NJW 1986, 2368; 1989, 768.

1. Beteiligte

C und A müssten Beteiligte i. S. v. § 830 Abs. 1 Satz 2 sein. Da die operativen Ein- **46** griffe beider Operateure einen einheitlichen Lebensvorgang mit den aufgetretenen Komplikationen bilden und laut Sachverhalt geeignete Ursachen für die Bettlägerigkeit des G darstellen, ist eine Beteiligung von C und A zu bejahen.

2. Anspruchsbegründendes Verhalten

Darüber hinaus müssten die Beteiligten – vom Kausalitätsnachweis abgesehen – **47** einen Haftungstatbestand verwirklicht haben.[24] Der Rspr. zufolge erfüllt der ärztliche Heileingriff – unabhängig davon, ob er pflichtwidrig erfolgt oder nicht – stets den Tatbestand der Körperverletzung i. S. v. § 823 Abs. 1.[25] Die durch den Eingriff indizierte Rechtswidrigkeit entfällt dabei jedenfalls dann, wenn der aufgeklärte Patient in die Behandlung eingewilligt hat.[26] Im vorliegenden Fall haben C und A den G einer Hüftoperation unterzogen und ihn damit in seiner physischen Integrität verletzt.

Zwar ist davon auszugehen, dass die ärztliche Behandlung dem (mutmaßlichen) **48** Willen des ordnungsgemäß aufgeklärten G entspricht, jedoch erstreckt sich die Einwilligung ausschließlich auf eine den Regeln der ärztlichen Kunst entsprechende Behandlung,[27] sodass der dem C bzw. der A während der OP unterlaufene „Fehler" nicht gerechtfertigt sein kann. Damit haben C und A den Tatbestand des § 823 Abs. 1, vom Kausalitätsnachweis abgesehen, dem Grunde nach verwirklicht.

3. Gewissheit der Verursachung durch einen Beteiligten

Laut Sachverhalt geht die Folgeschädigung des G mit Gewissheit von den Opera- **49** teuren C bzw. A aus.

4. Ungewissheit hinsichtlich der Schadensverursachung

Es müsste jedoch unklar sein, wer von den Beteiligten den Schaden ganz (Urheber- **50** zweifel) oder teilweise (Anteilszweifel) verursacht hat.[28] Im vorliegenden Fall ließ sich nicht aufklären, ob der Behandlungsfehler auf einen Operationsbeitrag des C oder der A zurückgeht. Es bestehen folglich Urheberzweifel hinsichtlich der Schädigung des G während der Operation. Der Anwendung von § 830 Abs. 1 Satz 2 könnte jedoch erneut entgegenstehen, dass S, der den zur Schädigung des G führenden Kausalverlauf erst in Gang gesetzt hat, als Erstschädiger zur Verantwortung gezogen werden kann. Ein Haftungsausschluss ist mit dem BGH jedoch dann zu verneinen, wenn ein unbeteiligter Dritter eine weitere Schadensbedingung gesetzt hat.[29] Die deliktische Verantwortlichkeit des S steht damit einer Haftung von C und A gemäß § 830 Abs. 1 Satz 2 nicht entgegen.

---

[24] *BGH* NJW 1996, 3205, 3207.
[25] Vgl. *BGH* NJW 1980, 1905.
[26] Zu den Grundlagen der deliktischen Arzthaftung vgl. Palandt/*Sprau* § 823 Rn. 143 ff.
[27] *BGH* NJW 1989, 767; 1995, 776.
[28] *BGH* NJW 1996, 3205, 3207.
[29] BGHZ 67, 14, 20; 72, 355, 359. Krit. hierzu Staudinger/*Eberl-Borges* (2012) § 830 Rn. 99.

5. Schaden und haftungsausfüllende Kausalität

51 Ein Schaden liegt hier in der aus der Körperverletzung hervorgegangenen Vermögenseinbuße des G i.H.v. 600 EUR, die dieser aufgrund der Beschäftigung der H während seiner insgesamt sechswöchigen Bettlägerigkeit erlitt. Wie oben bereits festgestellt, entfällt jedoch die Zurechnung der von G verursachten Verlängerung seiner Bewegungsunfähigkeit um zwei Wochen, sodass sich auch eine etwaige Haftung von C und A auf die Kosten für H während der vierwöchigen Bettruhe des G i.H.v. 400 EUR beschränken muss. Allerdings ist weiter zu berücksichtigen, dass G bereits vor dem ärztlichen Kunstfehler von S verletzt worden war und dies ohnehin zu einer zweiwöchigen Bettlägerigkeit geführt hatte, die den Ärzten nicht zugerechnet werden kann. Letztlich sind ihnen also die Kosten für die Haushaltshilfe nur für einen Zeitraum von zwei Wochen zuzurechnen.

6. Ergebnis

52 Neben S kann G auch C und A gemäß § 830 Abs. 1 Satz 2 auf Ersatz der Kosten für die Haushaltshilfe i.H.v. 200 EUR in Anspruch nehmen. Gemäß §§ 840 Abs. 1, 421 haften alle drei als Gesamtschuldner.

Abwandlung – Frage 2: Zahlung des C

I. Auswirkungen auf die Verpflichtungen der übrigen Beteiligten

53 (Nur) S, C und A haften dem G gemäß §§ 840 Abs. 1, 421 als Gesamtschuldner auf Ersatz von 200 EUR für die verlängerte Inanspruchnahme der Haushaltshilfe. Nach § 421 Abs. 1 kann der Gläubiger bei einer Gesamtschuld die Leistung zwar nach seiner Wahl von allen Schuldnern ganz oder zu einem Teil fordern, die Leistung aber insgesamt nur einmal fordern. Dementsprechend wirkt gemäß § 422 Abs. 1 Satz 1 die Erfüllung durch C auch für die übrigen Gesamtschuldner S und A. Deren Verbindlichkeiten sind **gegenüber G** somit gemäß §§ 422 Abs. 1, 362 Abs. 1 durch die Leistung des S erloschen. Zugleich sind die Forderungen des G gegen C und A nach § 426 Abs. 2 Satz 1 auf S übergegangen, soweit dieser von ihnen Ausgleich verlangen kann.

II. Ausgleichsanspruch des C gegen die übrigen Beteiligten

54 Die Leistung des C an G hat ferner gemäß § 426 Abs. 1 zur Folge, dass er von den weiteren Gesamtschuldnern S und A Ausgleich verlangen kann. Nach § 426 Abs. 1 Satz 1 sind die Gesamtschuldner im Innenverhältnis zu gleichen Teilen verpflichtet, soweit nicht ein anderes bestimmt ist. Bei Schadensersatzansprüchen kommt es insofern analog § 254 primär auf das Ausmaß der Verursachungsbeiträge und nur sekundär auf das Verschulden an.[30] Zwar hat S die Ursache für den Krankenhausaufenthalt des G gesetzt, die Behandlungsfehler aber nicht unmittelbar verursacht. Damit haften für deren Folgen **im Innenverhältnis** nur C und A. C kann somit gemäß § 426 Abs. 1 Satz 1 von A die Hälfte der 200 EUR verlangen.

Hinweis: Will man das anders sehen, so hätte der Eintritt der bei S drohenden Privatinsolvenz gemäß § 426 Abs. 1 Satz 2 zur Folge, dass C und A den auf S entfallenden Haftungsanteil zu tragen hätten. C könnte wiederum die Hälfte von A verlangen.

[30] St. Rspr., siehe etwa BGHZ 203, 193 Rn. 40ff. m.w.N. = NJW 2015, 1763 (Ls.).

Fall 9. Wie der Herr, so das …!

Sachverhalt

Kitty (K) ist stolze Besitzerin einer französischen Pudeldame namens Charlotte (C). Eines Abends führt sie die C nach Feierabend, wie üblich, eine Runde Gassi. Nahe dem Eingang zum Englischen Garten erblickt K schon von weitem ihren Nachbarn Norbert (N) mit seiner Dackeldame Dörte (D). K steht zwar allen Hunderassen prinzipiell tolerant gegenüber – D, den „bissigen Köter", hat sie aber noch nie leiden können, und N geht ihr mit seinem „Geschwätz" meistens auf die Nerven. K will deshalb die Straßenseite wechseln, doch N hat sie bereits erkannt, kommt herbei und verwickelt sie in eine Unterhaltung. C und D beschnuppern sich unterdessen zunächst. Dann beginnt D plötzlich laut zu kläffen und beißt völlig unvermittelt auf C ein. Diese erschrickt so sehr, dass sie sich von K's Leine losreißt und auf die Straße flüchtet. Dort wird sie von einem Pkw überfahren, dessen Fahrer nicht mehr reagieren konnte.

K kann zunächst nicht fassen, was passiert ist. Als sie endlich realisiert, dass die geliebte C den Vorfall nicht überlebt hat, erleidet sie einen Nervenzusammenbruch, der in eine über mehrere Wochen andauernde posttraumatischen Belastungsstörung (PTBS) übergeht, die eine Behandlung mit Antidepressiva erforderlich macht. Während dieser Zeit ist K arbeitsunfähig und gezwungen, ihre kleine Tierfutterhandlung geschlossen zu lassen.

Als K den Schreck allmählich verdaut hat, verlangt sie von N Ersatz ihres Verdienstausfalls für den Zeitraum ihrer Arbeitsunfähigkeit sowie eine Wiedergutmachung des durch den Verlust der C erlittenen seelischen Schmerzes. K's Ehemann (E) denkt wie üblich nur ans Geld und verlangt Ersatz der finanziellen Einbußen, die er und seine Frau durch das vorzeitige Ableben der C erlitten haben: Die C sei satte 2 000 EUR wert gewesen und hätte mit an Sicherheit grenzender Wahrscheinlichkeit auch in diesem Jahr wieder den „Oberhausener Schönheitswettbewerb der Pudel" mit einem Preisgeld von 1 000 EUR gewonnen.

N hingegen ist sich keiner Schuld bewusst. Schließlich habe er die D vorschriftsgemäß auf dem Gehweg an der Leine geführt und könne nichts für deren Ausraster.

Abwandlung: Wie verhält es sich, wenn N blind und D ein zum Blindenhund ausgebildeter – an sich gutmütiger – Schäferhund ist?

Gliederung

Lösung

Ausgangsfall

I. Anspruch der K gegen N

1. Aus § 823 Abs. 1

1 K könnte gegen N einen Anspruch auf Ersatz ihres Verdienstausfalls sowie auf ein angemessenes Schmerzensgeld aus § 823 Abs. 1 haben.

a) Rechts(guts)verletzung der K

2 Als Rechtsgutsverletzung der K kommt zunächst eine Gesundheitsverletzung in Betracht. Unter den Begriff der Gesundheitsverletzung fällt neben dem Hervorrufen oder Steigern körperlicher Funktionsstörungen auch die Beeinträchtigung geistiger bzw. seelischer Lebensvorgänge.[1] Da die posttraumatische Belastungsreaktion

---

[1] Palandt/*Sprau* § 823 Rn. 4.

104

der K als vorübergehende Störung ihrer seelischen Konstitution und psychisch bedingte Folgewirkung des Unfalltods der C eine pathologisch fassbare Störung des Erlebens und Verhaltens der K darstellt, die eine psychopharmakologische Behandlung erforderlich machte, ist eine Gesundheitsverletzung zu bejahen.[2]

Darüber hinaus könnte K in ihrem Eigentum an C verletzt worden sein. Gemäß **3** §§ 1006 Abs. 1 Satz 1, 866, 90a Satz 3 ist zu vermuten, dass C im Miteigentum der Ehegatten K und E stand. Unter den Begriff der Eigentumsverletzung fällt u.a. jede Beeinträchtigung der Sachsubstanz. C ist von einem Pkw überfahren und damit in ihrer „Substanz" zerstört worden, sodass mit dem Tod der C beide Ehegatten in ihrem (Mit-)Eigentum verletzt worden sind.

b) Handlung des N

Dazu müsste zunächst eine Handlung des N vorliegen. Eine solche ist hier im Ausführen der D auf öffentlichen Wegen im Stadtgebiet München zu sehen. **4**

c) Haftungsbegründende Kausalität

Die Handlung des N müsste zudem ursächlich für die Gesundheits- bzw. Eigentumsverletzung der K sein. Als *conditio sine qua non* dürfte man sie also nicht hinwegdenken können, ohne dass die Rechtsgutsverletzungen entfielen. Hätte N die D an dem Abend nicht zur gleichen Zeit Gassi geführt wie K die C, so wären sie sich damals nicht begegnet, die D hätte die C durch ihre Bisse nicht erschreckt, und C wäre nicht vor den Pkw gelaufen. Folglich wäre C nicht verstorben, und K hätte nicht die Belastungssymptomatik entwickelt. Damit war das Verhalten des N ursächlich für die Rechtsgutsverletzungen der K. **5**

Hinsichtlich der Gesundheitsverletzung der K stellt sich jedoch die Frage, ob sich N **6** diese lediglich mittelbare Schädigung der K auch zurechnen lassen muss. Eine Zurechnung wäre jedenfalls dann ausgeschlossen, wenn der Kausalverlauf nicht adäquat gewesen wäre, sondern außerhalb jeder Lebenserfahrung und Wahrscheinlichkeit gelegen hätte (Adäquanztheorie[3]). Dies könnte jedoch dahinstehen, wenn es ohnehin an dem für die Haftung nach § 823 Abs. 1 zwingend erforderlichen Verschulden des N fehlte.

d) Rechtswidrigkeit

Rechtfertigungsgründe sind nicht ersichtlich. **7**

e) Verschulden

Zwar hatte N weder den Willen, die K an ihrer Gesundheit zu schädigen, noch **8** rechnete er mit einer Schädigung der K und nahm diese billigend in Kauf als er sich zu einem Spaziergang mit Hündin Dörte entschloss, sodass ihm jedenfalls kein Vorsatz zur Last fällt (vgl. § 276 Abs. 1). Für ein fahrlässiges Handeln des N i.S.v. § 276 Abs. 2 gibt der Sachverhalt ebenfalls keinerlei Anhaltspunkte, denn N führte die D auf dem Gehweg an der Leine. Dass im Stadtgebiet München durch Verord-

---

2 Vgl. dazu BGHZ 56, 163, 166; *BGH* NJW 2000, 862; 2007, 2764.
3 Vgl. RGZ 133, 126 f.; BGHZ 137, 11, 19; *BGH* NJW 2002, 2232 f.

nung eine Maulkorbpflicht für Dackel besteht, ist nach dem Sachverhalt nicht anzunehmen. Auch die Tatsache, dass es sich nach Angaben der K bei D um einen „bissigen Köter" handelt, was darauf hindeutet, dass bereits früher bekannt war, dass von der D eine Gefahr für andere Hunde und für Menschen ausgeht, begründet noch keine Verpflichtung des N, der D einen Maulkorb anzulegen. Zwar ist einem in der Vergangenheit als aggressiv in Erscheinung getretenen Hund nach Ansicht der Rspr. unter Umständen ein Maulkorb anzulegen.[4] Jedoch gibt die Behauptung der K im vorliegenden Fall keinen hinreichend konkreten Anhalt für eine objektive Gefährlichkeit der D, sodass auf Grund der subjektiven Einschätzung der K nicht davon ausgegangen werden kann, dass D einer Maulkorbpflicht unterlag.

f) Ergebnis

9　Eine Haftung des N aus § 823 Abs. 1 scheitert damit jedenfalls am erforderlichen Verschulden.

2. Aus § 823 Abs. 2 BGB i.V.m. § 223 StGB

10　Aus demselben Grunde besteht auch kein Anspruch der K gegen N aus § 823 Abs. 2 BGB i.V.m. § 223 StGB.

3. Aus § 833 Abs. 1 Satz 1

11　Die K könnte jedoch einen Anspruch auf Ersatz ihres Verdienstausfalls bzw. auf ein angemessenes Schmerzensgeld aus § 833 Abs. 1 Satz 1 gegen N haben, wenn dieser als Tierhalter verschuldensunabhängig für das Verhalten der D einstehen müsste.

a) Schadensverursachung durch ein Tier

12　Dazu müsste die D als Tier i.S.d. § 833 Abs. 1 Satz 1 zunächst rechtswidrig einen Schaden verursacht haben.

13　Tiere i.S.d. Norm sind alle tierischen Lebewesen im naturwissenschaftlichen Sinne, unabhängig davon, ob sie gezähmt, wild oder bösartig sind.[5] Damit ist D als Hund unproblematisch auch Tier in diesem Sinne.

14　Geschädigt wurden hier die Gesundheit und das Eigentum der K.

15　Diese Rechtsgutsverletzungen müssten „durch ein Tier" eingetreten, also adäquat kausal durch dessen Verhalten hervorgerufen worden sein. Mit den eingetretenen Rechtsgutsverletzungen muss sich dabei gerade die spezifische Tiergefahr, die in der Unberechenbarkeit tierischen Verhaltens begründet ist, realisiert haben.[6] Insofern liegen sowohl das plötzliche Bellen als auch das Beißen anderer Hunde zweifelsohne in der Natur eines Dackels. Letzteres hat dann unmittelbar dazu geführt, dass C erschrak und vor einen Pkw lief. Dass der „Angriff" der D auf C dazu führte, dass diese sich von der Leine losreißen und vor einen Pkw laufen würde, liegt im Bereich des Vorhersehbaren und ist dem Verhalten der D damit ohne Weiteres **zurechen-**

---

[4]　So *OLG Karlsruhe* VersR 2001, 724.
[5]　Palandt/*Sprau* § 833 Rn. 4.
[6]　Vgl. *BGH* NJW 1976, 2130; 2014, 2434 Rn. 5; NJW-RR 2006, 813.

bar. Der darauf beruhende Tod der C erweist sich als eine (mittelbare) adäquate Folge des Verhaltens der D.

Nicht so eindeutig erscheint der **Zurechnungszusammenhang** zwischen dem Ver- **16** halten der D und der Schädigung der K, die infolge des Todes der C eine Gesundheitsverletzung erfahren hat. Eine Zurechnung wäre ausgeschlossen, wenn der zur Belastungssymptomatik der K führende Kausalverlauf nicht adäquat gewesen wäre, sondern außerhalb jeder Lebenserfahrung und Wahrscheinlichkeit gelegen hätte (Adäquanztheorie[7]). Es kommt also darauf an, ob die mittelbar durch das Verhalten der D herbeigeführte Gesundheitsverletzung bei K infolge des Todes der C noch zurechenbar ist oder ob wenigstens diese außerhalb des zu Erwartenden lag. So könnte man erwägen, dass die Bindung eines Tierhalters an seinen Hund nach allgemeiner Lebenserfahrung nicht die Qualität einer zwischenmenschlichen Beziehung erreicht, sodass der Tod eines Haustieres zwar regelmäßig mit einem vorübergehenden Trauerzustand, nicht jedoch mit einer tiefgreifenden Störung des Erlebens und Verhaltens des Besitzers verbunden ist. Da andererseits bekannt ist, dass manche Tierhalter zu ihrem „Liebling" eine Beziehung entwickeln, die der zu nahestehenden Menschen ähnlich ist, insbesondere wenn sie keine Familie bzw. wenige soziale Kontakte haben, kann man allerdings auch den gegenteiligen Standpunkt einnehmen. Das Adäquanzkriterium erweist sich somit als wenig hilfreich.

Nach der jüngsten Rspr. des BGH zur Schockschadensproblematik im Rahmen von **17** § 823 Abs. 1 gehören psychisch vermittelte Gesundheitsbeeinträchtigungen infolge der Verletzung oder Tötung eines Tieres zum allgemeinen Lebensrisiko und begründen daher ihrer Natur nach keinerlei Ersatzansprüche des Geschädigten.[8] Die für den Ausgleich sog. „Schockschäden" entwickelten Kriterien bei der Verletzung oder Tötung nahestehender Personen (vgl. Fall 4) erachtet das Gericht für auf die Verletzung oder Tötung eines Tieres von vornherein nicht übertragbar. Unabhängig von der Frage nach der Übertragbarkeit dieser Rspr. auf die Konstellation des § 833 Abs. 1 Satz 1 vermag die Begründung des BGH jedoch nicht zu überzeugen, da die Schädigung eines Angehörigen bzw. einer sonst nahestehenden Bezugsperson ebenso Teil des allgemeinen Lebensrisikos ist wie die Verletzung eines Haustieres.[9]

Als Ansatzpunkt für einen Ausschluss der Zurechnung verbleibt somit nur noch der **18** Schutzzweck der Norm: Soweit § 833 Satz 1 das Eigentum schützt, hat er nicht den Zweck, einen Tierhalter vor den psychischen Folgewirkungen eines Eigentumsverlusts zu bewahren.[10] Auch steht die Belastungsreaktion der K in einem krassen Missverhältnis zu ihrem Anlass, dem Tod der C, der als Haustier keinesfalls die Stellung eines Angehörigen beizumessen ist.[11] Die posttraumatische Belastungssymptomatik der K wäre dem N damit zumindest deshalb nicht zurechenbar, weil sie vom Schutzzweck des § 833 Satz 1 nach allen Gesichtspunkten nicht erfasst wird.

---

[7] Vgl. RGZ 133, 126 f.; BGHZ 137, 11, 19; *BGH* NJW 2002, 2232 f.

[8] BGHZ 193, 34 Rn. 9 = NJW 2012, 1730 = JuS 2012, 841 m. Anm. *Mäsch*; die Ausführungen dort beziehen sich allgemein auf alle psychisch vermittelten Gesundheitsverletzungen.

[9] So auch *Mäsch* JuS 2012, 841, 842.

[10] Vgl. auch *Mäsch* JuS 2012, 841, 843.

[11] Vgl. hierzu *AG Essen* JurBüro 1986, 1494; BT-Drs. 11/7369 S. 7; Palandt/*Grüneberg* Vor § 249 Rn. 40.

19 dd) Da K keine Duldungspflicht traf, war die Einwirkung der D auf C auch rechtswidrig.

b) Tierhaltereigenschaft des N

20 Verpflichteter i.S.d. § 833 Abs. 1 Satz 1 ist derjenige, der nach der Verkehrsanschauung darüber entscheidet, ob Dritte der von einem Tier ausgehenden, nur unzulänglich beherrschbaren Gefahr ausgesetzt werden.[12] Indizien für die Tierhaltereigenschaft stellen dabei die Bestimmungsmacht über das Tier sowie das Tragen der Unterhaltskosten bzw. des Verlustrisikos dar.[13] Auch Eigentum und Besitz am Tier sprechen für die Eigenschaft als Halter.[14] Da es sich bei D um den Hund des N handelt (vgl. § 1006 Abs. 1 Satz 1 i.V.m. § 90a Satz 2), ist von dessen Haltereigenschaft auszugehen.

c) Keine Exkulpation des N gemäß § 833 Abs. 1 Satz 2

21 Eine Entlastung des N gemäß § 833 Abs. 1 Satz 2 scheidet schon deshalb aus, weil es sich bei Dackeldame Dörte nicht um ein Haustier handelt, das dem Beruf, der Erwerbstätigkeit oder dem Unterhalt des N zu dienen bestimmt ist (sog. Nutztiereigenschaft).

d) Ersatzfähiger Schaden

22 K kann demzufolge von N nach § 823 Abs. 1 nur Ersatz der ihr aus der Tötung der C, also der Verletzung ihres Eigentums entstandenen Schäden verlangen. Unter den Begriff des Schadens i.S.d. §§ 249 ff. fällt jede unfreiwillige Einbuße von Gütern. Ohne weiteres ersatzfähig wäre nach § 251 Abs. 1 Satz der materielle Verkehrswert der C, den die K jedoch nicht geltend macht.

23 Vielmehr fordert die K Ersatz des ihr durch die seelische Erschütterung entstandenen Verdienstausfalls sowie des immateriellen Wertes der geliebten C. Zwar ist ein Verdienstausfall als Vermögensschaden grundsätzlich nach § 249 Abs. 1 ersatzfähig, jedoch fällt er nicht in den Schutzbereich der Eigentumsverletzung, sodass mangels Zurechenbarkeit ein Ersatz ausscheidet. Eine Ersatzmöglichkeit für immaterielle Schäden sieht der Gesetzgeber nur ausnahmsweise, jedenfalls nicht für den Fall eines verletzten Affektionsinteresses an einer zerstörten bzw. beschädigten Sache vor (vgl. § 253), sodass auch der ideelle Wert der K nicht ersatzfähig ist.

e) Ergebnis

24 K hat gegen N keinen Anspruch aus § 823 Abs. 1 auf Ersatz der geltend gemachten Schäden.

II. Anspruch des E gegen N

1. Aus §§ 823 ff.

25 Ein etwaiger Schadensersatzanspruch des E scheitert unabhängig vom Vorliegen eines Haftungsbegründungstatbestands gemäß der §§ 823 ff. jedenfalls am fehlenden Verschulden des N (siehe Rn. 8).

---

[12] Palandt/*Sprau* § 833 Rn. 10.
[13] So *BGH* NJW-RR 1988, 655.
[14] *LG Hanau* NJW-RR 2003, 457.

2. Aus § 833 Abs. 1 Satz 1

In Betracht kommt jedoch eine verschuldensunabhängige Haftung des N gemäß **26** § 833 Abs. 1 Satz 1.

a) Haftungsbegründung

Wie oben bereits festgestellt, ist zu vermuten, dass die C im gemeinsamen Eigen- **27** tum der Eheleute K und E stand, sodass durch ihren Tod nicht nur K, sondern auch E in seinem Eigentum verletzt worden ist (vgl. §§ 1006 Abs. 1 Satz 1, 866, 90a Satz 3). Da der Schaden auch adäquat kausal „durch ein Tier" – nämlich den Dackel von Halter N – verursacht worden ist, liegen die Voraussetzungen des § 833 Abs. 1 Satz 1 vor.

b) Keine Exkulpation des N gemäß § 833 Abs. 1 Satz 2

Eine Entlastung des N gemäß § 833 Abs. 1 Satz 2 kommt nicht in Betracht. **28**

c) Ersatzfähiger Schaden

E verlangt von N Ersatz des Verkehrswertes der C i. H. v. 2 000 EUR. Dieser ist un- **29** problematisch gemäß § 251 Abs. 1 ersatzfähig. Fraglich ist dagegen, ob E den N im Rahmen der §§ 249 ff. auch auf Ersatz des erwarteten Preisgeldes i. H. v. 1 000 EUR in Anspruch nehmen kann. Zwar erstreckt sich die Ersatzpflicht des Schuldners im Rahmen der Naturalrestitution gemäß § 252 Satz 1 grundsätzlich auch auf den ent-gangenen Gewinn; doch entspricht es nicht dem gewöhnlichen Lauf der Dinge (vgl. § 252 Satz 2), dass die C – wie E behauptet – auch in diesem Jahr den jährli-chen Pudelwettbewerb gewonnen und damit das Preisgeld von 1 000 EUR „abge-sahnt" hätte. Dies gilt selbst dann, wenn ein Sieg der C aufgrund ihrer Favoriten-stellung durchaus im Bereich des Wahrscheinlichen gelegen hätte.[15]

d) Ergebnis

Der Anspruch des E gegen N beschränkt sich folglich auf Ersatz des Verkehrswertes **30** der C i. H. v. 2 000 EUR, §§ 833 Abs. 1 Satz 1, 249 Abs. 1, 1011 Hs. 1.

Abwandlung

I. Anspruch der K und E gegen N aus § 823 Abs. 1

Wie im Ausgangsfall scheitert eine Haftung des N gemäß § 823 Abs. 1 am fehlen- **31** den Verschulden. Insbesondere kann mangels Angaben im Sachverhalt nicht davon ausgegangen werden, dass für den „gutmütigen" Schäferhund D eine Maulkorb-pflicht bestand, der N nicht nachgekommen wäre (vgl. § 276 Abs. 2).

II. Aus § 833 Abs. 1 Satz 1

In Betracht kommt jedoch erneut eine Ersatzpflicht des N gemäß des verschuldens- **32** unabhängigen Gefährdungshaftungstatbestands von § 833 Abs. 1 Satz 1.

---

[15] Vgl. hierzu *OLG Düsseldorf* NJW-RR 1986, 517.

1. Haftungsbegründung

33 Die Eigenschaft des D als Blindenhund ändert nichts an der grundsätzlichen Haftung des N als sein Halter gemäß § 833 Abs. 1 Satz 1.

2. Keine Exkulpation des N gemäß § 833 Abs. 1 Satz 2

34 Eine Ersatzpflicht des N wäre jedoch ausgeschlossen, wenn es sich bei D um ein Haustier handeln würde, dass dem Beruf, der Erwerbstätigkeit oder dem Unterhalt des N zu dienen bestimmt ist und N nachweisen könnte, dass sein Verhalten nicht sorgfaltswidrig war oder der eingetretene Schaden auch bei Anwendung der erforderlichen Sorgfalt eingetreten wäre (vgl. § 833 Abs. 1 Satz 2). Entscheidend ist dabei die Widmung des Tieres als Nutztier.[16] Im Gegensatz zu einem Dackel, der als Luxustier in der Regel aus rein ideellen Erwägungen heraus gehalten wird, dient ein Blindenhund nach überwiegender Auffassung dem Unterhalt seines Halters, da er ohne dass er unmittelbar zur Ausübung der Erwerbstätigkeit des Blinden benötigt würde, der menschlichen Existenz und damit zugleich dem Unterhalt diene.[17] Insbesondere erschiene es unbillig, einem Blinden, der auf die Führung seines Hundes im Straßenverkehr angewiesen ist, um Kontakte zu pflegen und Besorgungen des täglichen Lebens zu tätigen, der Gefährdungshaftung des § 833 Abs. 1 Satz 1 auszusetzen, denn das Tier hat aus seiner Sicht mehr lebensnotwendigen Gebrauchs- denn bloßen Freizeitwert.[18] Die Nutztiereigenschaft des D ist damit zu bejahen. Auch gibt der Sachverhalt keinerlei Anhaltspunkte für ein etwaiges pflichtwidriges Verhalten des N, sodass ihm der Entlastungsbeweis gemäß § 833 Abs. 1 Satz 2 gelingen wird.

3. Ergebnis

35 K und E haben keinen Anspruch auf Ersatz der geltend gemachten Schäden aus § 833 Abs. 1 Satz 1 gegen N.

---

[16] Siehe hierzu MünchKommBGB/*Wagner* § 833 Rn. 40 ff.

[17] So *Deutsch* JuS 1987, 673, 679. Vgl. auch Palandt/*Sprau* § 833 Rn. 17; Staudinger/*Eberl-Borges* (2012) § 833 Rn. 140; *Weimar* JR 1982, 401 f.; a. A. MünchKommBGB/*Wagner* § 833 Rn. 37: Privilegierung des Nutztierhalters in § 833 Satz 2 *per se* „teleologisch nicht zu rechtfertigen".

[18] Vgl. *Weimar* JR 1982, 401, 402.

Fall 10. Grillen – Spaß für die ganze Familie

Nach BGHZ 103, 338 = NJW 1988, 2667; BGHZ 203, 224 = NJW 2015, 940 m. Anm. Kampen.

Sachverhalt[1]

Ein junges Ehepaar (E) ist zusammen mit seiner fünfjährigen Tochter (T) von einer guten Freundin (F) zum Grillabend eingeladen. Damit der Grillrauch die auf der Terrasse sitzenden Gäste nicht belästigt, stellt F ihren Holzkohlegrill auf der anderen Seite des Hauses im Garten auf.

Der Abend verläuft zunächst gut. Alle Anwesenden sind bei bester Laune, und T beschäftigt sich allein mit ihren Spielsachen oder erkundet fröhlich den Garten, ohne dass die grundsätzlich etwas nachlässigen E besonders auf sie achten.

Ein Gast (G) erklärt sich gegenüber F bereit, das Feuer auf dem Grill zu entfachen. Hierzu gibt ihm F eine Flasche Spiritus. G hat zunächst Bedenken, den Spiritus einzusetzen, nimmt die Flasche aber doch mit. In etwa drei Metern Entfernung vom Grill spielt – von ihren Eltern unbeaufsichtigt – T mit ihrer Puppe im Gras. G nimmt an, das Kind sei weit genug entfernt vom Grill und die Lage somit unbedenklich. Als die Holzkohle nach einigen Versuchen noch immer nicht recht brennen will, versucht der wenig grillerfahrene G, die Kohle durch Zugabe einer größeren Menge Spiritus zu entflammen. Plötzlich explodiert das Gemisch, und es bildet sich eine meterhohe Stichflamme, die auch den aus der Flasche kommenden Spiritusstrahl entzündet. Über den Strahl schießt die Flamme schnell Richtung G. In seiner Panik wirft G die brennende Flasche reflexartig zur Seite weg in Richtung der T. Diese wird von der bereits in Flammen stehenden Spiritusflasche getroffen, wodurch ihr Kleidchen sofort Feuer fängt. T erleidet schwere Verbrennungen an Armen, Brust und Hals. Die durch den gellenden Schrei des Kindes alarmierten E eilen herbei und können die T noch rechtzeitig löschen. Die alarmierten Rettungskräfte fliegen das Kind sofort per Hubschrauber in das Regensburger Uniklinikum.

In den Folgemonaten liegt T auf der Intensivstation, wird mehrfach operiert und aufwändig medizinisch versorgt. Es entstehen Heilbehandlungskosten i. H. v. 55 000 EUR.

Frage 1: Hat T gegen die E und/oder gegen G Anspruch auf Ersatz der Heilbehandlungskosten i. H. v. 55 000 EUR sowie auf ein angemessenes Schmerzensgeld? Kann G, wenn er an T gezahlt hat, von den E einen anteiligen Ausgleich verlangen?

Als sich Vater (V) zu seinem täglichen Besuch bei T in das ca. 30 km entfernt gelegene Uniklinikum Regensburg aufmacht, bittet ihn ein Nachbar, seinen Bekannten (B) nach Regensburg mitzunehmen und am Bahnhof abzusetzen. V – durch den Grillunfall und die daraus folgenden rechtlichen Probleme verunsichert – willigt ein, fordert aber von B die Unterzeichnung eines Haftungsausschlusses für die Be-

---

[1] Nach *LG Münster* BeckRS 2015, 12026. – Siehe zum Regress des G bei den E auch *OLG Hamm* r+s 2014, 574.

förderung. So geschieht es. Auf dem Weg gerät der Pkw des V in einen Unfall mit einem Opel Manta, bei dem B ein schweres HWS-Trauma erleidet. Der Unfall wird von V und dem Mantafahrer (M) zu gleichen Teilen infolge von Unachtsamkeit verursacht.

Frage 2: Kann B von V und/oder M Ersatz der entstandenen Heilbehandlungskosten von 1 500 EUR verlangen?

Gliederung

Lösung

Frage 1

I. Ansprüche der T gegen E

1. Verletzung eines absolut geschützten Rechtsguts i.S.d. § 823 Abs. 1

T könnte gegen ihre Eltern E einen Anspruch auf Ersatz der entstandenen Heilbehandlungskosten sowie ein angemessenes Schmerzensgeld aus § 823 Abs. 1 haben. **1**

a) Verletzung eines absolut geschützten Rechtsguts i.S.d. § 823 Abs. 1

2 Zunächst müsste ein Rechtsgut der T verletzt sein. In Betracht kommt eine Körperverletzung. Sie erfordert eine Verletzung der körperlichen Integrität,[2] welche angesichts der Verbrennungen der T vorliegt.

3 Ferner könnte T in ihrem Rechtsgut Gesundheit verletzt sein. Unter einer Gesundheitsverletzung versteht man jede unbefugte, aus medizinischer Sicht behandlungsbedürftige Störung der körperlichen, geistigen oder seelischen Lebensvorgänge. Es kommt darauf an, dass eine vom normalen Zustand abweichende, nachteilige Veränderung oder Steigerung eines pathologischen Zustands vorliegt.[3] Durch die schweren Verbrennungen wurde bei T ein vom Normalzustand in erheblicher Weise negativ abweichender Zustand hervorgerufen, der intensiver medizinischer Behandlung bedurfte. Dass T starke Schmerzen durchleiden musste, ist für die Bejahung einer Körper- bzw. Gesundheitsverletzung irrelevant.[4]

4 Mithin wurde T an Körper und Gesundheit verletzt.

b) Verletzungshandlung

5 Zu klären ist, ob die Verletzung auf ein Verhalten der E zurückzuführen ist. Im vorliegenden Fall scheidet ein Verhalten in Form aktiven Tuns aus. Jedoch haben es die E unterlassen, ihrer elterlichen Aufsichtspflicht gemäß §§ 1626, 1631 nachzukommen, worin letztlich auch ein taugliches Verletzungsverhalten i.S.d. § 823 Abs. 1 zu sehen ist.

c) Haftungsbegründende Kausalität

6 Ferner müsste die Rechtsgutsverletzung kausal auf dem Verletzungsverhalten der E beruhen. Nach der *Conditio-sine-qua-non*-Formel der Äquivalenztheorie ist ein Verhalten kausal für den eingetretenen Erfolg, wenn sie nicht hinweggedacht werden kann, ohne dass der Verletzungserfolg in seiner konkreten Form entfiele.[5] Wären die Eltern ihrer elterlichen Aufsichtspflicht nachgekommen und hätten die T vom Grill als Gefahrenquelle ferngehalten, dann wäre T auch nicht von der brennende Flasche getroffen und an Körper und Gesundheit verletzt worden, sodass die haftungsbegründende Kausalität zu bejahen ist.

d) Rechtswidrigkeit

7 Die E müssten ferner rechtswidrig gehandelt haben. Nach der h.L. vom Erfolgsunrecht wird die Rechtswidrigkeit – außer bei sog. Rahmenrechten – durch die eingetretene Rechtsgutsverletzung indiziert.[6] Somit handelten die E rechtswidrig i.S.d. § 823 Abs. 1.

e) Verschulden (§ 1664 Abs. 1 i.V.m. § 277)

8 Fraglich ist, ob seitens der E ein Verschulden i.S.d. § 823 Abs. 1 vorliegt, d.h. Vorsatz oder Fahrlässigkeit. Hier kommt nur fahrlässiges Verhalten i.S.d. § 276 Abs. 2

---

[2] Palandt/*Sprau* § 823 Rn. 4.
[3] Soergel/*Spickhoff* § 823 Rn. 33, 38.
[4] *BGH* NJW 1953, 1440.
[5] Palandt/*Grüneberg* Vor § 249 Rn. 24f.
[6] Palandt/*Sprau* § 823 Rn. 24; Bamberger/Roth/*Förster* § 823 Rn. 259.

in Betracht, wenn die E die im Verkehr erforderliche Sorgfalt außer Acht gelassen hätten. Dies ist zu bejahen, da sie die ihnen obliegende elterliche Aufsichtspflicht missachtet haben.

Allerdings könnte zugunsten der Eltern das Haftungsprivileg des § 1664 Abs. 1 **9** eingreifen. Danach haben sie lediglich für diejenige Sorgfalt einzustehen, die sie auch in eigenen Angelegenheiten anzuwenden pflegen (§ 277; sog. *diligentia quam in suis*). Dies führt zunächst zu Frage, ob § 1664 auf Verletzungen der Aufsichtspflicht anwendbar ist; dies wird teilweise verneint, weil der Maßstab der eigenüblichen Sorgfalt damit unvereinbar sei.[7] Dagegen spricht jedoch, dass es seltsam wäre, wenn die Haftungsprivilegierung für die Ausübung der elterlichen Sorge gerade in dem wichtigen Bereich der Aufsichtspflicht nicht eingreifen würde. Somit findet § 1664 hier Anwendung.[8]

Laut Sachverhalt sind die E generell etwas unaufmerksam, sodass sie im vorliegen- **10** den Fall von der Haftungsprivilegierung profitieren. Sie würden also nur haften, wenn sie ihre Aufsichtspflicht grob fahrlässig missachtet hätten. Da sie ihr Kind im grundsätzlich nicht gefährlichen Garten der F haben spielen lassen, haben sie nicht außer Acht gelassen, was in der konkreten Situation jedem eingeleuchtet hätte; insbesondere konnten sie davon ausgehen, dass der grillende G auf das Kind achten würde, das sich zudem in einer normalerweise sicheren Entfernung zum Grill befand. Mangels grober Fahrlässigkeit haften sie nicht.[9]

f) Zwischenergebnis

Mangels Verschulden besteht kein Schadensersatzanspruch der T gegen E aus § 823 **11** Abs. 1.

2. Aus § 823 Abs. 2 BGB i.V.m. §§ 229, 230 StGB

Vorliegend wurde zwar dadurch, dass die E die ihnen obliegende Aufsichtspflicht **12** nach § 1631 Abs. 1 missachtet haben, in rechtswidriger Weise gegen § 229 StGB als Schutzgesetz i.S.d. § 823 Abs. 2 verstoßen, welchem auch ein abstrakter Individualschutzcharakter zukommt. Jedoch greift auch insofern zu Gunsten der E das gesetzliche Haftungsprivileg des § 1664 Abs. 1.

3. Ergebnis

T hat gegen die E keinen Anspruch auf Ersatz der Heilbehandlungskosten sowie des **13** Schmerzensgeldes.

II. Ansprüche der T gegen G

Fraglich ist, ob T nicht zumindest Schadensersatzansprüche gegen G geltend ma- **14** chen kann.

---

[7] HK/*Kemper* § 1664 Rn. 3; Staudinger/*Engler* (2009) Rn. 33.

[8] H. M., siehe etwa *OLG Hamm* r+s 2014, 574; MünchKommBGB/*Huber* § 1664 Rn. 9, 12 m. w. N. zum Streitstand.

[9] *OLG Hamm* r+s 2014, 574 f., wo sogar die E selbst dem G den Spiritus übergeben hatten.

1. Aus § 823 Abs. 1

15 T könnte gegen G einen Anspruch auf Ersatz der entstandenen Heilbehandlungskosten sowie ein angemessenes Schmerzensgeld aus § 823 Abs. 1 haben.

a) Haftungsbegründender Tatbestand

16 Wie bereits oben (siehe Rn. 2 ff.) festgestellt, wurde T durch den brennenden Spiritus in ihren absoluten Rechtsgütern Körper und Gesundheit verletzt. Fraglich ist, ob die Verletzung auf ein Verhalten des G zurückzuführen ist. In Panik warf G die Spiritusflasche reflexartig von sich. Somit stellt sich die Frage, ob dies für die Annahme einer Handlung ausreicht. Nach herrschender Ansicht ist Handlung jedes der Bewusstseinskontrolle und Willenslenkung unterliegende beherrschbare Verhalten unter Ausschluss physischen Zwangs oder unwillkürlichen Reflexes durch fremde Einwirkung.[10] Hieran könnte man im vorliegenden Fall zunächst zweifeln. Jedoch stellt die Schreckreaktion des G doch zumindest ein noch vom Bewusstsein beherrschtes, wenn auch hektisches Verhalten dar. G war sich der Tatsache bewusst, dass – sollte er die Flasche, die im Begriff war Feuer zu fangen, nicht rechtzeitig von sich entfernen – eine reelle Gefahr für seine körperliche Unversehrtheit entstehen würde. Er entschied sich also bewusstseinsgesteuert, die Flasche in seitlicher Richtung wegzuwerfen, weshalb eine taugliche Verletzungshandlung i. S. d. § 823 Abs. 1 gegeben ist.

17 Ferner müsste die Rechtsgutsverletzung kausal auf der Verletzungshandlung des Schädigers beruhen. Nach der *Conditio-sine-qua-non*-Formel der Äquivalenztheorie ist eine Handlung kausal für den eingetretenen Erfolg, wenn sie nicht hinweggedacht werden kann, ohne dass der Verletzungserfolg in seiner konkreten Form entfiele.[11] Hätte G die brennende Flasche nicht in Richtung der T geworfen, so wäre diese nicht durch Verbrennungen an Körper und Gesundheit verletzt worden, sodass das Kriterium der haftungsbegründenden Kausalität erfüllt ist.

b) Rechtswidrigkeit und Verschulden

18 Mit Eintritt des tatbestandlichen Erfolges wird die Rechtswidrigkeit indiziert (siehe Rn. 7).

19 G müsste zudem schuldhaft i. S. d. § 823 Abs. 1 gehandelt haben. Ihm muss also zumindest Fahrlässigkeit zur Last gelegt werden können. Unter Fahrlässigkeit versteht man gemäß § 276 Abs. 2 das Außerachtlassen der im Verkehr erforderlichen Sorgfalt. Indem G die brennende Flasche Spiritus unkontrolliert wegwarf, obwohl ihm bewusst war, dass sich ein kleines Kind in unmittelbarer Nähe aufhielt, hat G i. S. d. § 276 Abs. 2 die im Verkehr erforderliche Sorgfalt außer Acht gelassen. G handelte demnach schuldhaft.

c) Haftungsausfüllender Tatbestand

aa) Ersatzfähiger Schaden und haftungsausfüllende Kausalität

20 Der T müsste schließlich ein auf der Rechtsgutsverletzung beruhender ersatzfähiger Schaden entstanden sein. Unter Schaden versteht man jede Einbuße von

---

[10] Palandt/*Sprau* § 823 Rn. 2.
[11] Palandt/*Grüneberg* Vor § 249 Rn. 24 f.

Rechten und Interessen. Die schweren Verbrennungen machten eine intensive ärztliche Behandlung im Uniklinikum Regensburg erforderlich, woraus der T letztlich 55 000 EUR an Heilbehandlungskosten entstanden sind. Die ärztliche Heilbehandlung ist auch kein im Hinblick auf die Rechtsgutsverletzung völlig atypischer Geschehensablauf, sodass die Körper- und Gesundheitsverletzung auch adäquat-kausal für den eingetretenen Schaden war.[12] Ferner hätte T keine Schmerzen sowie Einschränkungen an der Teilnahme am sozialen Leben erleiden müssen.

Nach § 249 Abs. 1 ist der Schädiger zur Naturalrestitution verpflichtet, muss also **21** den Zustand herstellen, der bestünde, wenn das die Ersatzpflicht auslösende Ereignis ausgeblieben wäre. Wäre T nicht durch die geworfene brennende Spiritusflasche an Körper und Gesundheit verletzt worden, so wären auch die Heilbehandlungskosten nicht entstanden. T ist gemäß § 249 Abs. 2 berechtigt, anstelle der Heilbehandlungskosten den Ersatz der dafür notwendigen Kosten zu verlangen. Zudem kann sie auch ihre immateriellen Schäden (Schmerzensgeld) in Form einer Geldentschädigung ersetzt verlangen (§ 253 Abs. 2).

bb) Mitverschulden (§ 254)

Zu prüfen ist jedoch, ob der Ersatzanspruch wegen eines Mitverschuldens nach **22** § 254 Abs. 1 zu kürzen ist. Ein eigenes Mitverschulden der T scheidet, da insofern § 828 Abs. 1 entsprechend anzuwenden ist,[13] wegen ihres Alters von sechs Jahren aus.

Zu prüfen ist daher, ob T sich ein Mitverschulden ihrer Eltern E gemäß § 254 **23** Abs. 2 Satz 2 zurechnen lassen muss. Dies kann man im konkreten Fall nicht wegen § 1664 von vornherein offenlassen, denn diese Norm beschränkt die Haftung der Eltern ihrem Wortlaut nach nur gegenüber dem Kind.

Daher ist zunächst ist zu klären, ob § 254 Abs. 2 Satz 2 im vorliegenden Fall überhaupt Anwendung findet, denn das – möglicherweise anrechenbare – Mitverschulden der E bezieht sich auf die in § 254 Abs. 1 angesprochene Frage der Schadensentstehung. Doch ist die Zurechnungsnorm des § 254 Abs. 2 Satz 2 nach allgemeiner Auffassung wie ein dritter Absatz des § 254 zu lesen und bezieht sich folglich auch auf Abs. 1.[14]

Ferner stellt sich die Frage, wie der Verweis zu verstehen ist, ob es sich um einen **25** Rechtsgrund- oder einen Rechtsfolgenverweis auf § 278 handelt. Gegen eine Rechtsfolgenverweisung spricht, dass der Geschädigte im Deliktsrecht dann so behandelt würde, als läge ein Schuldverhältnis vor. Deshalb enthält § 254 Abs. 2 Satz 2 nach herrschender Auffassung eine Rechtsgrundverweisung auf § 278, sodass sich der Schädiger das Verschulden seiner Erfüllungsgehilfen und gesetzlichen Vertreter nur dann anrechnen lassen muss, wenn die Voraussetzungen des § 278 vorliegen, also wenn im Schädigungszeitpunkt bereits ein Schuldverhältnis zwischen Schädiger und Geschädigtem vorlag. Da im Zeitpunkt der Rechtsgutsverletzung zwischen T und G aber noch kein Schuldverhältnis bestanden hat, in dessen Rahmen die E hätten tätig werden können, sind die Voraussetzungen des § 278 für eine Zurechnung des Verschuldens der E nicht erfüllt.

---

[12] Vgl. *BGH* NJW 2002, 2232, 2233.
[13] Palandt/*Grüneberg* § 254 Rn. 9 m. w. N.
[14] *BGH* NJW 2009, 582, 585; BeckOK BGB/*Lorenz* § 254 Rn. 40; *Wandt* § 27 Rn. 11.

26 Fehlt die für § 278 notwendige Sonderverbindung zwischen dem Schädiger und dem Geschädigten, zieht die h.M. § 831 entsprechend heran.[15] Jedoch sind die E ihrem Kind T gegenüber nicht weisungsgebunden und somit keine Verrichtungsgehilfen, weshalb auch diese Möglichkeit ausscheidet.

27 Mithin muss sich T ein etwaiges Mitverschulden ihrer Eltern nicht gemäß § 254 anrechnen lassen.

cc) Kürzung um den Verursachungsbeitrag der E gemäß § 840 i.V.m. § 426?

28 Zu prüfen ist, ob der Anspruch der T gegen G um den Verursachungsbeitrag der E zu kürzen ist. Dies wird von der h.M. im Falle einer sog. gestörten Gesamtschuld angenommen, soll hier aber – aus didaktischen Gründen – erst einmal offengelassen werden (siehe dazu Rn. 37 ff.).

Hinweis: Fortgeschrittene und Examenskandidaten könnten die Problematik sogleich hier erörtern. Für Anfänger/innen ist die Lösung dann zu kompliziert, weil verschachtelt.

2. Ergebnis

29 G haftet der T grundsätzlich in vollem Umfang nach § 823 Abs. 1 auf Schadensersatz.

3. Aus § 823 Abs. 2 BGB i.V.m. §§ 229, 239 StGB

30 T könnte gegen G einen Schadensersatzanspruch aus § 823 Abs. 2 BGB i.V.m. § 229 f. StGB haben.

a) § 229 StGB als Schutzgesetz i.S.d. § 823 Abs. 2 BGB

31 Dazu müsste der Straftatbestand der fahrlässigen Körperverletzung zunächst ein Schutzgesetz i.S.d. § 823 Abs. 2 sein. Schutzgesetz in diesem Sinne ist grundsätzlich jede Rechtsnorm, die zumindest auch dem individuellen Schutz eines anderen zu dienen bestimmt ist;[16] ferner muss die geschädigte Person in den persönlichen Schutzbereich der Norm fallen. Bei § 229 StGB handelt es sich um einen Straftatbestand, der das Verbot enthält, Dritte zu verletzen. Der Norm wohnt also individualschützender Charakter inne, sodass sie ein Schutzgesetz i.S.d. § 823 Abs. 2 ist.

b) Rechtswidriger und schuldhafter Verstoß gegen das Schutzgesetz

32 Gegen dieses Schutzgesetz müsste G in fahrlässiger Weise, d.h. unter Missachtung der im Verkehr üblichen Sorgfalt, gehandelt haben. Indem G mit der brennenden Flasche in Richtung der T warf, ließ er die im Verkehr erforderliche Sorgfalt, auf Rechtsgüter und Interessen der Menschen in seiner Umgebung Rücksicht zu nehmen, außer Acht. Mangels Vorliegens von Rechtfertigungsgründen handelte G auch in rechtswidriger und schuldhafter Weise. Mit Krankenhauskosten und Schmerzensgeld liegen auch ersatzfähige Schäden i.S.d. §§ 249 ff. vor.

Hinweis: Eine vollständige Prüfung nach allen Regeln des Strafrechts sollte man im Rahmen des § 823 Abs. 2 vermeiden bzw. auf Fälle beschränken, in denen sich ein Ersatzanspruch nur über den Tatbe-

---

[15] Palandt/*Grüneberg* § 254 Rn. 48.
[16] Palandt/*Sprau* § 823 Rn. 57 f.; Bamberger/Roth/*Förster* § 823 Rn. 263.

stand des strafrechtlichen Schutzgesetzes konstruieren lässt. Denn der zivilrechtliche Aufgabensteller sieht bei der Prüfung des Schutzgesetzverstoßes meist keinen Schwerpunkt.

c) Strafantragserfordernis (§ 230 StGB)

Dass es sich bei § 229 StGB um ein Antragsdelikt handelt, spielt für seine Verletzung und den Schadensersatz keine Rolle. Vielmehr ist ein Strafantrag der T, vertreten durch ihre Eltern, nach § 230 StGB nur Voraussetzung für die Strafverfolgung. **33**

d) Zwischenergebnis

Mithin hat T auch einen Anspruch gegen G aus § 823 Abs. 2 BGB i.V.m. § 229 StGB. **34**

4. Ergebnis

T hat gegen G Schadensersatzansprüche aus §§ 823 Abs. 1 und 823 Abs. 2 BGB i.V.m. §§ 229 f. StGB. **35**

III. Anspruch des G gegen E aus § 426 Abs. 1 Satz 2

Fraglich ist, ob der vollhaftende G bei den haftungsprivilegierten Eltern E gemäß § 426 Abs. 1 Satz 2 Regress nehmen kann, weil diese objektiv und rechtswidrig ebenfalls zur Rechtsgutverletzung der T beigetragen haben. **36**

1. Voraussetzung: Gesamtschuld (§§ 840, 421)

Grundsätzlich haften mehrere Schädiger nach § 840 als Gesamtschuldner i.S.v. § 421. Nimmt der Geschädigte einen von ihnen auf vollen Schadensersatz in Anspruch, so kann der Inanspruchgenommene von den Mitschädigern nach § 426 Abs. 1 im Innenverhältnis einen anteiligen Ausgleich verlangen. **37**

Hinweis: Nach § 421 Satz 1 liegt eine Gesamtschuld dann vor, wenn mehrere eine Leistung in der Weise schulden, dass jeder die ganze Leistung zu bewirken verpflichtet, der Gläubiger aber die Leistung nur einmal zu fordern berechtigt ist. Zu den Mindestvoraussetzungen der Gesamtschuld zählt insbesondere die Identität des Leistungsinteresses, obgleich die Forderungen nicht denselben Leistungsinhalt und -umfang haben müssen;[17] eine an der Grenze zur inhaltlichen Gleichheit liegende besonders enge Verwandtschaft reicht aus.[18] – Der Gläubiger ist nach § 421 berechtigt, die Leistung nach seinem Belieben von jedem der Schuldner ganz oder zum Teil zu fordern. Er kann also selbst frei entscheiden, gegen welchen Schuldner er seine Forderung gelten machen will. Damit aber der in Anspruch genommene Schuldner nicht allein belastet wird und die übrigen Schuldner nicht unbillig entlastet werden, muss im Innenverhältnis zwischen den Schuldnern ein Ausgleich stattfinden. Der in Anspruch genommene Schuldner erhält deshalb einen Mitwirkungs- und Freistellungsanspruch gegen die Übrigen (§ 426 Abs. 1). Als Folge der Gesamtschuldnerischen Haftung gehen die Forderungen des Gläubigers nach § 426 Abs. 2 – also im Rahmen einer Legalzession (§ 412) – auf den in Anspruch genommenen und regressberechtigten Gesamtschuldner im Innenverhältnis über.

Wie oben festgestellt, haben auch die E grundsätzlich die Rechtsgutverletzung der T verursacht, doch haften sie aufgrund der in § 1664 normierten Privilegierung nicht. Damit fehlt es an einer Gesamtschuld. **38**

---

[17] *BGH* NJW-RR 2015, 275 Rn. 34; Palandt/*Grüneberg* § 421 Rn. 6.
[18] Palandt/*Grüneberg* § 426 Rn. 6; *BGH* NJW 1965, 1175.

2. Behandlung der gestörten Gesamtschuld

39 Damit liegt eine sog. gestörte Gesamtschuld vor, bei der einer der Gesamtschuldner auf gesetzlicher oder vertraglicher Grundlage von der Haftung befreit bzw. in der Haftung beschränkt ist. Weil in derartigen Konstellationen eine direkte Inanspruchnahme des befreiten – privilegierten – Schädigers (sog. Erstschädiger) durch den Geschädigten nicht möglich ist, stellt sich die Frage, welche Folgen dies für den Zweitschädiger im Rahmen des Gesamtschuldnerausgleichs nach § 426 Abs. 1 hat. Hierzu werden drei unterschiedliche Lösungsansätze diskutiert, wobei unterschieden werden muss, ob ein Fall gesetzlicher oder vertraglicher Haftungsprivilegierung vorliegt.[19]

a) Alleinige Haftung des Zweitschädigers wegen Privilegierung des Erstschädigers

40 Zum einen könnte man den Dritten vollumfänglich haften lassen und somit den Privilegierten ganz aus der Haftung nehmen, d. h. keinen Regress beim Mitschädiger erlauben. Hierfür spricht zumindest, dass G den ganzen Schaden auch dann tragen müsste, wenn außer ihm ein Deliktsunfähiger oder ein Naturereignis an der Schadensentstehung mitgewirkt hätte.[20] Diese vom BGH früher vertretene Ansicht[21] wird heute fast[22] allgemein als unbillig abgelehnt, da der nichtprivilegierte Schädiger den Schaden voll ersetzen müsste, ohne vom freigestellten Schädiger jedweden Ausgleich fordern zu können.[23]

b) Anspruchskürzung im Außenverhältnis zum Nachteil des Berechtigten

41 Die überwiegende Ansicht im Schrifttum[24] sieht es als unbillig an, dass dem Zweitschädiger durch die Haftungsprivilegierung des Erstschädigers die Möglichkeit des Regresses nach § 426 genommen wird. Sie hält es aber auch für unbillig, wenn der Erstschädiger trotz seiner Privilegierung – und sei es im Wege des Regresses – in Anspruch genommen werden kann. Um dies zu vermeiden, erkennt sie dem Geschädigten im Ergebnis nur einen gekürzten Anspruch gegen den nicht privilegierten Schädiger zu. Der Anspruch des Geschädigten wird also in Höhe des Verantwortungsanteils gekürzt, der auf den privilegierten Schädiger entfiele, wenn man die Privilegierung hinwegdenkt (sog. absolute Außenwirkung). Es könne nicht sein, dass der privilegierte Schuldner bei gemeinschaftlicher Haftung schlechter stehe als bei alleiniger Verantwortung.[25] Zudem würde durch diese Lösung mit dem Schädiger nur derjenige belastet, dessen Interessen durch den Haftungsausschluss ohnehin abgewertet seien.[26] Dem hat sich die Rspr. insbesondere die Haftungsprivilegierung bei Arbeitsunfällen (§§ 104 ff. SGB VII) angeschlossen.[27]

---

[19] Vgl. dazu näher etwa *Looschelders* SAT Rn. 1291 ff.; *Medicus/Lorenz* I Rn. 902 ff.

[20] *Medicus/Petersen* Rn. 932.

[21] *BGH* NJW 1956, 217; 1967, 982; 1969, 236.

[22] Ähnlich *Stamm* NJW 2004, 811 ff. über eine erweiternde Anwendung des § 426 Abs. 2.

[23] *BGH* NJW 1967, 982, 983.

[24] *Brox/Walker* AS § 37 Rn. 23 f.; *Medicus/Petersen* Rn. 933 ff.

[25] *Hager* NJW 1989, 1642; *Walker* JuS 2015, 865, 874; *Larenz* I § 37 III.

[26] *Medicus/Petersen* Rn. 933 f. m. w. N.

[27] Vgl. BGHZ 203, 224 = NJW 2015, 940 Rn. 19 ff. m. w. N. und m. Anm. *Kampen*.

c) Regressmöglichkeit des Haftenden bei den privilegierten Mitschädigern

Die Gegenauffassung lässt den nicht privilegierten Schuldner ebenfalls im Außen- **42** verhältnis zum Geschädigten allein haften. Sie räumt ihm aber die Möglichkeit ein, beim privilegierten Schuldner gemäß § 426 Abs. 1 Regress zunehmen.[28] Es wird letztlich eine fiktive Gesamtschuld konstruiert (sog. relative Außenwirkung) mit der Folge einer Gesamtschuldnerhaftung im Innenverhältnis zu gleichen Teilen. Dagegen wird eingewandt, dass die Haftungsprivilegierung im Ergebnis ausgehebelt werde, sodass der privilegiert Haftende letztlich schlechter stehe als bei alleiniger Schadensverursachung, für die er nicht haften würde.[29] Allerdings könnte man diese Folge vermeiden, indem man dem privilegierten Schädiger gegen den Geschädigten einen Freistellungsanspruch zugesteht. So ist die Rspr. teilweise verfahren, allerdings nur bei Haftungsprivilegierungen auf vertraglicher Grundlage.[30]

d) Stellungnahme

Die Entscheidung der Kontroverse fällt nicht leicht, da sie davon abhängt, wessen **43** Interessen man den Vorzug geben will. Mit der weithin als unbefriedigend empfundenen Gesetzeslage[31] stimmt die erste Ansicht überein. Für sie spricht bei gesetzlich angeordneten Haftungsprivilegien, dass diese auf einer Entscheidung des Gesetzgebers beruhen, die man nicht ohne Weiteres unterlaufen darf. Daher ist sie an sich vorzugswürdig. G hätte dann keinen Anspruch gegen die E (und T müsste sich deren Unaufmerksamkeit nicht anrechnen lassen).

Da diese Ansicht kaum mehr vertreten wird,[32] weil man die Alleinhaftung des **44** Zweitschädigers für unbillig hält, sollte man sich in der Klausur für eine der beiden anderen Ansichten entscheiden. Gegen die h.M. spricht, dass sie zwar zu einem ebenfalls angemessenen Ergebnis führt, aber dogmatisch kaum zu begründen, wie es zur Kürzung des Anspruchs des Geschädigten kommen soll, die man zum Schutz des Zweitschädiger für notwendig hält, weil dieser sonst die Last der Privilegierung des Erstschädigers tragen müsste. Demgegenüber respektiert die Mindermeinung die gesetzgeberische Entscheidung, wer haften soll und wer nicht haften soll. Der Bruch, der in der Konstruktion einer fiktiven Gesamtschuld liegt, lässt sich als Rechtsfortbildung anhand einer Interessenabwägung nach § 242 deuten, die dafür spricht, die Privilegierung nur im Verhältnis zum Geschädigten anzuerkennen, nicht hingegen im Verhältnis zu außenstehenden Dritten. Letztlich bleibt wertungsmäßig immer das Problem, dass einerseits der Zweitschädiger auch dann voll haften müsste, wenn es den Erstschädiger gar nicht gäbe, und dass umgekehrt der Geschädigte ohne Anspruch wäre, wenn der Schaden nur vom Erstschädiger verursacht wäre.

Die Entscheidung der Kontroverse kann allerdings für den vorliegenden Fall dahin- **45** stehen. Denn die Rspr. gelangt seit einigen Jahren zu einem anderen Ergebnis, wenn es um das gesetzliche Haftungsprivileg des § 1664 geht, das im vorliegenden Fall zugunsten der E eingreift. In dieser Konstellation nimmt der BGH an, dass der

---

[28] *Brox/Walker* AS § 37 Rn. 22.
[29] *Medicus/Petersen* Rn. 931.
[30] *BGH* NJW 1983, 624, 626.
[31] Für eine gesetzliche Regelung *Mollenhauer* NJW 2011, 1, 8.
[32] Ähnlich *Stamm* NJW 2004, 811 ff. über § 426 Abs. 2.

nicht haftungsbegünstigte Gesamtschuldner im Verhältnis zu einem nach § 1664 privilegierten Schädiger zur Zahlung des vollen Schadenersatzes ohne Regressmöglichkeit verpflichtet sei. Denn § 1664 Abs. 1 schütze die Familie nicht nur nach innen, sondern auch nach außen. Deshalb sei die Familie auch als Ganze mit der Außenwirkung privilegiert, sodass der Zweitschädiger in dieser Konstellation den gesamten Schaden ungekürzt alleine tragen müsse.[33] Dieser Ansicht haben sich die meisten Vertreter des Schrifttums angeschlossen[34] oder ihr jedenfalls nicht widersprochen.[35] Sie überzeugt, da dem Gesetzgeber die Problematik grundsätzlich bekannt war und er sich für eine Privilegierung der Eltern entschieden hat (a.A. vertretbar).

Hinweis: Der Gedanke der „Befriedung" gilt wohl auch bei § 1359, während im Übrigen umstritten ist, ob bzw. wann man ihn heranziehen kann, wenn ein Schädiger nur für eigenübliche Sorgfalt haftet.[36]

3. Zwischenergebnis

46 Da die E wegen der Privilegierung des § 1664 Abs. 1 von der Haftung befreit sind, ist der Schadensersatzanspruch der T gegen G weder um einen Verursachungsbeitrag der E zu kürzen noch kann G bei den E gemäß § 426 Abs. 1 Satz 2 BGB Regress nehmen.

IV. Endergebnis zu Frage 1

47 T hat gegen G Schadensersatzansprüche aus §§ 823 Abs. 1 und 823 Abs. 2 BGB i.V.m. § 229f. StGB. Ansprüche gegen E bestehen aufgrund der Privilegierung des § 1664 Abs. 1 i.V.m. § 277 BGB hingegen nicht. Auch ein Regressanspruch des G gegen E scheidet im vorliegenden Fall aus.

Frage 2

I. Schadensersatzansprüche B gegen V

1. Aus § 823 Abs. 1 BGB

48 B könnte gegen V einen Anspruch auf Ersatz der entstandenen Heilungskosten sowie ein angemessenes Schmerzensgeld aus § 823 Abs. 1 haben.

a) Haftungsbegründender Tatbestand

49 Als Rechtsgutsverletzung kommt eine Körper- und Gesundheitsverletzung bei B in Betracht. Die dafür erforderliche Verletzung der körperlichen Integrität einschließlich der zugefügten Schmerzen[37] liegt bei B mit dem schweren HWS-Trauma vor. Dieses hat bei B einen Zustand hervorgerufen, der vom Normalzustand in negativer

---

[33] *BGH* NJW 1988, 2667.

[34] Bamberger/Roth/*Veit* § 1664 Rn. 9.1; Erman/*Böttcher* § 426 Rn. 39; MünchKommBGB/*Bydlinski* § 426 Rn. 66; *Hager* NJW 1989, 1640, 1647; a.A. Bamberger/Roth/*Gehrlein* § 426 Rn. 14.

[35] Vgl. *Looschelders* SAT Rn. 1298; *Medicus/Lorenz* I Rn. 904.

[36] Befürwortend im Grundsatz Erman/*Böttcher* § 426 Rn. 39 m.w.N. zum Meinungsstand.

[37] Palandt/*Sprau* § 823 Rn. 4.

Weise abwich und ärztlicher Behandlung bedurfte. Ob B Schmerzen erleiden muss-te, ist für die Bejahung einer Körper- bzw. Gesundheitsverletzung nicht von Rele-vanz.[38] B wurde somit an Körper und Gesundheit verletzt. Dafür war die Fahrt des V, die nicht hinweggedacht werden kann, ohne dass der Verletzungserfolg in seiner konkreten Form entfiele, adäquat kausal. Die Rechtsgutsverletzung erfolgte rechts-widrig und, da V unachtsam war, also fahrlässig i.S.v. § 276 Abs. 2 gehandelt hat, auch schuldhaft. Der haftungsbegründende Tatbestand ist mithin erfüllt.

b) Haftungsausfüllender Tatbestand

Ferner müssten die Behandlungskosten und das angemessene Schmerzensgeld er- **50** satzfähige Schadenspositionen i.S.d. §§ 249 ff. darstellen. Unter einem Schaden wird jede Einbuße von Rechten und Interessen verstanden. Das schwere HWS-Trauma machte medizinische Behandlung erforderlich und verursachte bei B auch Schmerzen

Nach § 249 Abs. 1 ist derjenige Zustand herzustellen, der bestünde, wenn das die **51** Ersatzpflicht ausgelöst habende Ereignis ausgeblieben wäre. Wäre B nicht durch den von V mitverschuldeten Unfall an Körper und Gesundheit verletzt worden, so wä-ren auch keine Heilbehandlungskosten erforderlich gewesen. B ist gemäß § 249 Abs. 2 berechtigt, anstatt der Heilbehandlungskosten den Ersatz der dafür notwen-digen Kosten zu verlangen. Zudem kann er auch seine immateriellen Schäden (Schmerzensgeld) in Form einer Geldentschädigung ersetzt verlangen (§ 253 Abs. 2).

c) Haftungsausschluss und gestörte Gesamtschuld

Der Haftung des V könnte aber entgegenstehen, dass er mit B vor Antritt der Fahrt **52** nach Regensburg einen wirksamen Haftungsausschluss vereinbart hat. Haftungspri-vilegien und -ausschlüsse (letztere nur bzgl. eines Fahrlässigkeitsvorwurfs) können als Ausdruck der Vertragsfreiheit vertraglich vereinbart werden, wie man aus § 276 Abs. 1 Satz 1, Abs. 3 ableiten kann.[39] Sie finden ihre Grenze lediglich in § 276 Abs. 3, der es versagt die Haftung wegen Vorsatzes auszuschließen.[40] Für den durch Unachtsamkeit des V entstandenen Schaden hat dieser folglich nicht zu haften, da ein Haftungsausschluss im Hinblick auf die hier vorliegende Fahrlässigkeit wirksam vereinbart werden konnte.

d) Ergebnis

Mithin kann B von V nicht Zahlung der 1500 EUR Behandlungskosten zzgl. an- **53** gemessenen Schmerzensgeldes verlangen.

2. Aus § 823 Abs. 2 BGB i.V.m. § 229 StGB

Auch dieser Anspruch ist dem Grunde nach gegeben, doch scheitert er an dem ver- **54** einbarten Haftungsausschluss.

---

[38] *BGH* NJW 1953, 1440.
[39] *Nugel* NZV 2011, 1; *Walker* JuS 2015, 865, 869.
[40] *Brox/Walker* AT § 20 Rn. 10.

3. Aus § 7 Abs. 1 bzw. § 18 StVG

a) Halterhaftung (§ 7 StVG)

55 In Betracht käme auch ein Anspruch aus § 7 Abs. 1 StVG. V hat vorliegend ein Kraftfahrzeug i. S. v. § 1 Abs. 2 StVG betrieben, dessen Halter[41] er ist. Der Betrieb des Kfz war – wie bei § 823 Abs. 1 festgestellt – für die Verletzung geschützter Rechtsgüter (Körper und Gesundheit) adäquat kausal. Für das Vorliegen höherer Gewalt i. S. d. § 7 Abs. 2 StVG, die den Anspruch ausschließen würde, reicht ein Fehlverhalten anderer Verkehrsteilnehmer allein nicht aus[42] und ist im Übrigen nichts ersichtlich.

56 Mit den Heilbehandlungskosten und dem Schmerzensgeld liegen auch ersatzfähige Schäden gemäß §§ 249 ff. vor, die ihrerseits im Rahmen des haftungsausfüllenden Tatbestandes adäquat-kausal auf den Rechtsgutverletzungen beruhen und vom Schutzzweck des § 7 StVG umfasst sind.

57 Allerdings scheitert ein Anspruch nach § 7 StVG ebenfalls aus den oben beschriebenen Gründen. Bei der vorliegenden gestörten Gesamtschuld und der hier vertretenen Theorie von der absoluten Außenwirkung ist V aufgrund des vertraglichen Haftungsausschlusses der Haftung gänzlich entzogen.

b) Fahrzeugführerhaftung (§ 18 StVG)

58 Auch eine verschuldensunabhängige Haftung des V als Fahrzeugführer gemäß § 18 Abs. 1 StVG scheidet aus, da bereits ein Anspruch aus § 7 StVG nicht gegeben ist.

4. Ergebnis

59 B hat gegen V weder Schadensersatzansprüche aus § 823 Abs. 1 und 2 BGB noch aus §§ 7, 18 StVG.

II. Schadensersatzansprüche B gegen M

60 B könnte jedoch Ersatzansprüche gegen den M haben.

1. Aus § 823 Abs. 1 BGB

a) Tatbestand

61 Wie bereits dargelegt wurde B beim Verkehrsunfall mit M an Körper und Gesundheit verletzt. Da der Zusammenstoß mit M nicht hinweggedacht werden kann, ohne dass der tatbestandliche Erfolg in seiner konkreten Form, nämlich der Verletzung des M, entfiele, ist die haftungsbegründende Kausalität gegeben.

62 M handelte auch rechtswidrig, da nach der Lehre vom Erfolgsunrecht die Rechtswidrigkeit bereits durch den Eintritt der Rechtsgutverletzung bei B indiziert ist. Weiter hat M den Unfall laut Sachverhalt auch verschuldet.

---

[41] Zur Definition des Halters siehe Fall 7 Rn. 13 m. w. N.
[42] *Burmann/Heß/Hühnermann/Jahnke/Janker* § 7 Rn. 19.

Bei den von B geltend gemachten Schadenspositionen Schmerzensgeld und Heilbe- **63** handlungskosten handelt es sich auch um ersatzfähige Schäden i.S.d. §§ 249 ff. BGB. Da der eingetretene Schaden aus der Rechtsgutsverletzung resultiert, ist auch die haftungsausfüllende Kausalität gegeben.

Ein Anspruch des B gegen M aus § 823 Abs. 1 BGB besteht. **64**

b) Kürzung des Anspruchs analog §§ 426, 254, 278 wegen gestörter Gesamtschuld?

Möglicherweise ist der Ersatzanspruch des B gegen M aber der Höhe nach um den **65** Verursachungsbeitrag des V zu kürzen. Denn der wirksame Haftungsausschluss zwischen V und B führt zu einer gestörten Gesamtschuld: V ist von der Haftung ausgeschlossen, während der Zweitschädiger M voll haftet. Fraglich ist aber, wie eine gestörte Gesamtschuld zu behandeln ist, wenn die Haftung aufgrund einer rechtsgeschäftlichen Vereinbarung zwischen einem der Schädiger und dem Geschädigten gemildert oder ausgeschlossen ist.

aa) Relative Außenwirkung der Haftungsbeschränkung: Regresskreisel (Rspr.)

Wie bei gesetzlichen Haftungsmilderungen wählt die Rspr. bei vertraglichen Haf- **66** tungsprivilegierungen eine Lösung zu Lasten des Schädigers, d.h. der Zweitschädiger haftet voll, hat aber die Möglichkeit, den Erstschädiger nach § 426 Abs. 1 in Regress zu nehmen. Der Geschädigte hat demnach gegen den nichtprivilegierten Schädiger einen ungekürzten Schadensersatzanspruch. Macht er ihn geltend, kann der nichtprivilegierte Mitschädiger vom privilegierten Erstschädiger im Innenverhältnis nach § 426 Abs. 1 Ausgleich im Rahmen eines fingierten Gesamtschuldverhältnisses verlangen. Begründet wird dies damit, dass eine Vereinbarung über einen Haftungsausschluss den Ausgleichsanspruch nach § 426 nicht beeinträchtigen dürfe.[43] Faktisch haften danach privilegierter und nichtprivilegierter Schädiger als Gesamtschuldner zu gleichen Teilen. Folgt man diesem Ansatz, so wäre der vertragliche Haftungsausschluss zwischen B und V für das Verhältnis des B zu M bedeutungslos. Allerdings wäre es denkbar, dass V, wenn er von M in Regress genommen wird, insofern Freistellung von B verlangen kann, weil er mit diesem eine völlige Haftungsfreistellung vereinbart hatte.[44]

bb) Absolute Außenwirkung der Haftungsbeschränkung: Anspruchskürzungslösung (Lit.)

Die h.L. sieht das eben skizzierte Ergebnis als widersprüchlich an, weil V im Falle **67** einer Alleinverursachung besser stünde als bei Vorhandensein eines zweiten Schädigers. Deshalb lehnt sie eine relative Außenwirkung bzw. einen Ausgleich im Innenverhältnis als unbillig ab. Vielmehr solle dem Geschädigten lediglich ein gekürzter Anspruch zustehen, um den Privilegierten nicht unangemessen zu benachteiligen. Er dürfe nicht schlechter stehen, als er bei alleiniger Schadensverursachung stünde.[45] Zugleich sei es angemessen, den Geschädigten an seiner Vereinbarung mit dem privilegierten Schädiger festzuhalten.

---

[43] BGHZ 12, 213, 217 f. = NJW 1954, 875; ebenso Erman/*Ehmann*, 10. Aufl. 2000, § 426 Rn. 67.
[44] Vgl. BGHZ 12, 213, 217 f. = NJW 1954, 875; *BGH* NJW 1989, 2386, 2387.
[45] Bamberger/Roth/*Gehrlein* § 426 Rn. 12 m.w.N.; Staudinger/*Looschelders* (2012) § 426 Rn. 183; *Walker* JuS 2015, 865, 874.

cc) Stellungnahme und Zwischenergebnis

68 Für die Auffassung der h.L. spricht, dass eine Gesamtschuld hier nur auf einer privatautonomen Entscheidung des Geschädigten beruht. In dieser Konstellation wäre es kaum nachvollziehbar, könnte das Hinzutreten eines weiteren Schädigers die vereinbarte Privilegierung gänzlich entwerten. Für die Notwendigkeit einer Korrektur des Ergebnisses spricht ferner, dass eine vertragliche Vereinbarung zwischen dem Geschädigten und einem der Schädiger sich nicht zu Lasten des anderen Schädigers auswirken sollte.[46] Nimmt man daher trotz des vereinbarten Haftungsausschlusses eine Gesamtschuld bzw. eine Regressmöglichkeit an, geht aber die Privilegierung im Ergebnis (zumindest anteilig) verloren. Dies spricht dafür, in dieser Konstellation den Geschädigten teilweise an dem von ihm akzeptierten Haftungsausschluss festzuhalten, indem man seinen Anspruch gegen den Zweitschädiger in dem Umfang kürzt, wie ein Regressanspruch gegen den privilegierten Erstschädiger ausgeschlossen ist.[47]

69 Im vorliegenden Fall ist daher der Anspruch des geschädigten B gegen den M um den Verursachungsanteil des V zu kürzen (a.A. vertretbar).

c) Ergebnis

70 B hat gegen M gemäß § 823 Abs. 1 einen Anspruch auf Schadensersatz, der sich nach einer Kürzung analog §§ 426, 254, 278 auf 750 EUR beläuft.

2. Aus § 823 Abs. 2 BGB i.V.m. §§ 229f. StGB

71 In Betracht kommt weiter eine Haftung nach § 823 Abs. 2. Wie bereits dargestellt handelt es sich bei § 229 StGB um ein Schutzgesetz i.S.d. § 823 Abs. 2, das individualschützenden Charakter aufweist. Gegen dieses Schutzgesetz hat M laut Sachverhalt auch in schuldhafter Weise verstoßen. Da zugunsten des M kein Rechtfertigungsgrund ersichtlich ist handelte dieser auch in rechtswidriger Weise. Mit Krankenhauskosten und Schmerzensgeld liegen ferner ersatzfähige Schäden i.S.d. §§ 249ff. vor.

72 Der mithin bestehende ein Anspruch des B gegen M aus §§ 823 Abs. 2 BGB i.V.m. §§ 229f. StGB ist jedoch ebenfalls der Höhe nach um den Verursachungsanteil des V zu kürzen.

3. Aus § 7 Abs. 1 bzw. § 18 StVG

a) Halterhaftung (§ 7 Abs. 1 StVG)

73 M hat ein Kfz i.S.d. § 1 Abs. 2 StVG betrieben. Mangels anderweitiger Angaben im Sachverhalt ist von der seiner Haltereigenschaft auszugehen. Bei dem Unfall mit V kam es schließlich auch bedingt durch den Betrieb des Kfz zur Körper- und Gesundheitsverletzung des B. Auch hier gelten im Wesentlichen die Ausführungen zu § 823 Abs. 1. Höhere Gewalt i.S.d. § 7 Abs. 2 StVG liegt ebenfalls nicht vor, da sich im Unfall lediglich ein dem Straßenverkehr allgemein innewohnendes Risiko

---

[46] *Looschelders* SAT Rn. 1295.

[47] Ebenso *Walker* JuS 2015, 865, 874 m.w.N.; *Brox/Walker* AT § 37 Rn. 24f.; *Looschelders* SAT Rn. 1295.

verwirklicht hat. Mit den Heilbehandlungskosten und dem Schmerzensgeld liegen auch ersatzfähige Schäden i.S.d. §§ 249ff. vor.

Somit kann B von M auch Schadensersatz aus § 7 Abs. 1 StVG verlangen, welcher **74** der Höhe nach wieder um den Verursachungsbeitrag des V zu kürzen ist.

b) Fahrzeugführerhaftung (§ 18 Abs. 1 StVG)

M haftet schließlich – neben der Haftung aus § 7 Abs. 1 StVG – auch als Fahrzeug- **75** führer gemäß § 18 Abs. 1 StVG, da ihm die Widerlegung des vermuteten Verschuldens nicht gelingen wird.

4. Ergebnis

B hat gegen M Schadensersatzansprüche aus § 823 Abs. 1, aus § 823 Abs. 2 BGB **76** i.V.m. §§ 229f. StGB sowie aus den §§ 7 Abs. 1, 18 Abs. 1 StVG. Die Ansprüche sind allerdings der Höhe nach um den Verursachungsbeitrag des privilegierten V zu Lasten des B zu kürzen.

III. Endergebnis zu Frage 2

Gegenüber V kann B keine Ansprüche geltend machen. Hingegen hat B gegen M **77** Schadensersatzansprüche aus § 823 Abs. 1, aus § 823 Abs. 2 BGB i.V.m. §§ 229f. StGB sowie aus den §§ 7, 18 StVG. Diese Ansprüche sind allerdings der Höhe nach um den Verursachungsbeitrag des privilegierten V zu Lasten des B zu kürzen.

Fall 11. Geplatzter Reifen

Sachverhalt

Der Unternehmer G kauft bei der Autohändlerin S Ende 2008 einen zwei Jahre alten Sportwagen als Firmenfahrzeug. In den branchenüblichen AGB, die die S verwendet und die wirksam in den Vertrag einbezogen sind, ist die Haftung der S für leichte Fahrlässigkeit auf solche Schäden beschränkt, die nicht durch eine Fahrzeugversicherung oder – bei Drittschäden – durch die Haftpflichtversicherung gedeckt sind. Am Ende des Vertragsformulars findet sich der – die Vertragsverhandlungen der Parteien zutreffend wiedergebende – handschriftliche Zusatz: „Die vertragliche Gewährleistung ist ausgeschlossen; dafür wurde der Kaufpreis um 2000 EUR reduziert."

Im August 2009 platzt bei einer schnellen Autobahnfahrt der linke Hinterreifen; bei dem sich anschließenden Unfall wird der Sportwagen völlig zerstört. Ein Sachverständiger stellt fest, dass der geplatzte Reifen im Unfallzeitpunkt bereits sechs Jahre alt war und für die Höchstgeschwindigkeit des Sportwagens bereits Ende 2008 nicht mehr geeignet war. Das Alter eines Reifens kann man an der darauf aufgedruckten sog. DOT-Nummer erkennen; außerdem hatte der Hinterreifen ein Profil, das nur bis 2003 produziert wurde. In der auch von S konsultierten Fachpresse waren die Nachteile dieser sehr markanten Art von Profil intensiv diskutiert worden.

Bei dem Unfall ist der Sportwagen stark ins Schleudern geraten und hat sich mehrfach über die Fahrbahnen der Autobahn gedreht, ehe ihn eine Kollision mit der Mittelleitplanke zum Stehen brachte. Dies zwang den Fahrer eines Lkw mit Anhänger, den der Sportwagen gerade erst überholt hatte, zu einer starken Bremsung mit Ausweichmanöver; der Lkw kommt schließlich ohne Kollision mit dem Wrack zum Stehen, doch kippt der Anhänger um. Infolgedessen blockieren nun das Sportwagenwrack die linke und der Lkw-Anhänger die rechte Spur der Autobahn, die an dieser Stelle über keine dritte Spur und auch über keinen Standstreifen verfügt. Dies veranlasst nun zunächst einen ortskundigen, dann eine Vielzahl nachfolgender Kfz-Führer, über einen Grünstreifen neben der Autobahn auf einen an dieser Stelle nahe an der Autobahn vorbeiführenden Radweg auszuweichen, über den man die nur ein paar hundert Meter entfernte nächste Anschlussstelle erreichen kann. Dadurch wird der Radweg massiv beschädigt.

Frage 1: G verlangt von S Schadensersatz für den zerstörten Sportwagen, den er für mangelhaft hält. S verweist auf den Gewährleistungs- und Haftungsausschluss.

Frage 2: Die Stadt E verlangt von G und S Ersatz der Kosten für die Reparatur des Radwegs.

128

Gliederung

Lösung

Frage 1

I. Ansprüche G gegen S auf Schadensersatz für den Sportwagen

Hinweis: Vertragliche sind vor gesetzlichen Anspruchsgrundlagen zu prüfen. Da zwischen den Parteien ein Kaufvertrag vorliegt, sind somit in erster Linie Schadensersatzansprüche wegen eines Mangels zu prüfen, also Schadensersatz statt der Leistung wegen eines infolge der Zerstörung des Sportwagens nachträglich nicht mehr behebbaren Mangels.

1. Aus §§ 437 Nr. 3, 280 Abs. 1 und 3, 283

1 G könnte gegen S einen Anspruch auf Schadensersatz statt der Leistung wegen der Zerstörung des Sportwagens haben.

a) Kaufvertrag

2 Wie von § 437 vorausgesetzt, liegt zwischen den Parteien ein Kaufvertrag vor.

b) Mangel

3 Der Sportwagen müsste einen Mangel aufweisen; in Betracht kommt wegen des überalterten Reifens ein Sachmangel i. S. v. § 434. Die Parteien hatten im Hinblick auf die Bereifung oder den Sportwagen an sich weder eine bestimmte Beschaffenheit i. S. v. § 434 Abs. 1 Satz 1 vereinbart noch vertraglich eine bestimmte Verwendung i. S. v. § 434 Abs. 1 Satz 2 Nr. 1 vorausgesetzt. Damit kommt es nach § 434 Abs. 1 Satz 2 Nr. 2 darauf an, ob der Sportwagen sich für die gewöhnliche Verwendung eignet und eine Beschaffenheit aufweist, die bei Sachen der gleichen Art üblich ist und die der Käufer nach der Art der Sache erwarten kann. Ein zwei Jahre alter Sportwagen, der auf hohe Geschwindigkeiten ausgelegt ist, muss eine Bereifung aufweisen, mit der er gefahrlos in der zu erwartenden Weise bewegt werden kann; dies gilt umso mehr, wenn er bei einer Händlerin gekauft wird. Der Reifen, der deutlich älter war als das Fahrzeug selbst und dieses gefährlich macht, begründet somit einen Mangel i.S.v. § 434 Abs. 1 Satz 2 Nr. 2, der bereits bei Gefahrüber-gang – also der Übergabe i.S.v. § 446 Satz 1 von S an G – vorhanden war.

c) Gewährleistungsausschluss

Jedoch schließt der handschriftliche Zusatz im Vertragsformular die vertragliche **4** Gewährleistung der S ausdrücklich aus. Ein Gewährleistungsausschluss ist, wie § 444 im Umkehrschluss zu entnehmen ist, grundsätzlich zulässig.

Für eine Unwirksamkeit des Gewährleistungsausschluss gemäß § 444 – Arglist der **5** S oder Übernahme einer Beschaffenheitsgarantie – sind keine Anhaltspunkte er-sichtlich.

Nach § 475 Abs. 1 wäre der Gewährleistungsausschluss unwirksam, wenn ein Ver- **6** brauchsgüterkauf i.S.v. § 474 Abs. 1 vorläge; da G den Sportwagen als „Firmen-fahrzeug" gekauft hat, also zu Zwecken einer gewerblichen oder selbständigen be-ruflichen Tätigkeit i.S.v. § 14 Abs. 1, hat er den Vertrag nicht als Verbraucher i.S.v. § 13 geschlossen. Damit findet § 475 Abs. 1 keine Anwendung.

Der (pauschale) Gewährleistungsausschluss könnte auch gemäß § 308 Nr. 8 **7** Buchst. b unwirksam sein, wenn er in den AGB enthalten wäre. Dazu müsste er sich aus für eine Vielzahl von Verträgen vorformulierten Vertragsbedingungen erge-ben, die die S dem G bei Vertragsschluss gestellt haben müsste (§ 305 Abs. 1 Satz 1). Zwar hat die S grundsätzlich AGB verwendet, die laut Sachverhalt auch Vertragsbestandteil geworden sind. Jedoch ist der Gewährleistungsausschluss von den Parteien individuell ausgehandelt worden; damit liegen gemäß § 305 Abs. 1 Satz 3 insofern keine AGB vor, und die §§ 305 ff. finden auf den Gewährleistungs-ausschluss keine Anwendung.

Somit ist der Gewährleistungsausschluss wirksam. **8**

Hinweis: In den von der Rspr. bislang entschiedenen Fällen war nicht die Gewährleistung ausgeschlos-sen, sondern die Verjährungsfrist für die Mängelansprüche – nach früherem Recht nur sechs Monate (§ 477 Abs. 1 a.F.) – abgelaufen.

d) Ergebnis

G hat gegen S keinen Schadensersatzanspruch gemäß §§ 437 Nr. 3, 280 Abs. 1 und **9** 3, 283.

2. Aus § 823 Abs. 1

Zu prüfen ist, ob G gegen S ein Schadensersatzanspruch gemäß § 823 Abs. 1 zu- **10** steht.

a) Rechtsgutsverletzung

Dazu müsste S ein Recht des G i.S.v. § 823 Abs. 1 verletzt haben. In Betracht **11** kommt eine Eigentumsverletzung, weil der Sportwagen bei dem Unfall zerstört worden ist.

Dagegen könnte sprechen, dass seine Zerstörung darauf zurückzuführen ist, dass **12** der Sportwagen bereits im Augenblick der Übereignung von S an G mit einem

Mangel (siehe Rn. 3) behaftet war. Eine mangelhafte Leistung eines Verkäufers führt grundsätzlich nicht zu einer Eigentumsverletzung beim Käufer, weil dieser von vornherein nur mit dem Mangel behaftetes Eigentum erwirbt; der Schutz des Interesses an einer Gleichwertigkeit von Leistung und Gegenleistung (sog. Äquivalenzinteresse) obliegt dem Vertrags- und nicht dem Deliktsrecht.[1]

13 Von diesem Grundsatz macht die Rspr. dann eine Ausnahme, wenn sich der Mangel zunächst nur auf einen Teil der Sache beschränkt und beseitigt werden könnte, später aber – weil er nicht beseitigt worden ist – die Gesamtsache schädigt oder zerstört. Die Rspr. hat früher – vergleichsweise praktikabel – auf die funktionelle Abgrenzbarkeit des mangelhaften Teils abgestellt, beschreibt das entscheidende Kriterium mittlerweile seit Längerem mit dem Kriterium der „Stoffgleichheit" von Mangelunwert und dem später eingetretenen Schaden an der Gesamtsache.

14 Im vorliegenden Fall beschränkte sich der Mangelunwert zunächst auf die Bereifung des Sportwagens, die man ohne Weiteres hätte austauschen können und die den Wert des Sportwagens nur in vergleichsweise geringem Umfang (Kosten für neue Reifen) minderte. Im Vergleich dazu ist der in der späteren Zerstörung des Gesamtfahrzeugs liegende Schaden etwas anderes, weitergehendes. Damit liegt keine „Stoffgleichheit" vor, sodass die Zerstörung des Sportwagens als Eigentumsverletzung aufgefasst werden kann.

15 In der Lit. werden verbreitet erhebliche Bedenken gegen die Rspr. zu den „Weiterfresser-Mängeln" geäußert. Zum einen erscheint das Abgrenzungskriterium der Stoffgleichheit eher diffus, wie die nicht geringe Anzahl von korrigierenden BGH-Entscheidungen zeigt. Vor allem aber lässt sich kaum leugnen, dass die Rechtsordnung an die mangelhafte Leistung die speziellen Rechtsfolgen des Leistungsstörungsrechts knüpft (hier Ansprüche gemäß §§ 437 Nr. 3, 280 Abs. 1 und 3, 281 Abs. 1 Satz 1), die im Grundsatz als abschließend anzusehen sein dürften. Warum bei besonders umfassender Mangelhaftigkeit der Kaufsache eine Eigentumsverletzung und damit eine deliktische Haftung ausscheiden soll, während sie bei eher begrenzter Mangelhaftigkeit möglich erscheint, ist wertungsmäßig nicht gut nachvollziehbar und steht auch in Widerspruch zu § 1 Abs. 1 Satz 2 ProdHaftG.[2] Letztlich lässt sich die Rspr. allenfalls mit der ihr wohl auch ursprünglich zugrunde liegenden Billigkeitserwägung rechtfertigen, dass ein Mangel in einem funktionell abgegrenzten Teil oftmals erst nach längerer Zeit erkennbar wird und dass die Entscheidung des Gesetzgebers, die Verjährungsfrist für Mängel gemäß § 438 Abs. 2 (früher: § 477 Abs. 2 Satz 1 a. F.) kenntnisunabhängig auszugestalten, vor diesem Hintergrund zu unbilligen Ergebnissen führen kann.

16 Mit dieser Erwägung ist eine Eigentumsverletzung hier zu bejahen.

b) Verhalten der S

17 Die Eigentumsverletzung müsste auf eine Handlung der S zurückzuführen sein. Diese Handlung liegt hier im Verkauf bzw. genauer in der anschließenden Übergabe des mangelhaft bereiften Fahrzeugs.

---

[1] BGHZ 86, 256, 258 f. m. w. N.
[2] So eingehend etwa Soergel/*Spickhoff* § 823 Rn. 82 f. m. w. N.

c) Haftungsbegründende Kausalität/Zurechenbarkeit

Ohne diese mangelhafte Leistung wäre der Sportwagen nicht im Eigentum des G **18** stehend zerstört worden; dass die Lieferung eines mangelhaften Fahrzeugs später zu dessen Zerstörung führen kann, entspricht zudem der Lebenserfahrung. An der Zurechenbarkeit der Eigentumsverletzung bestehen keine Bedenken.

d) Rechtswidrigkeit

Da Rechtfertigungsgründe nicht ersichtlich sind, ist die Eigentumsverletzung **19** rechtswidrig.

e) Verschulden der S

S müsste die Eigentumsverletzung vorsätzlich oder fahrlässig herbeigeführt haben. **20** Für Vorsatz wäre zumindest erforderlich, dass S eine Überalterung oder einen sonstigen Mangel der Reifen für möglich hielt und billigend in Kauf nahm, wofür es keine Anhaltspunkte gibt.[3] Jedoch könnte S durch die Übergabe des mangelhaft bereiften Sportwagens an G die im Verkehr erforderliche Sorgfalt außer Acht gelassen und somit i.S.v. § 276 Abs. 2 fahrlässig gehandelt haben. Bei jedem Kfz, besonders aber bei einem Sportwagen gehört die ordnungsgemäße Bereifung zu den sicherheitsrelevanten Merkmalen. Insofern liegt es nahe, dass zumindest ein gewerblicher Autohändler vor der Übergabe eine Überprüfung – gegebenenfalls anhand der DOT-Nummer – vornehmen muss; dies kann letztlich aber offenbleiben, da das konkrete Profil besonders markant war und es S als Fachhändlerin aufgrund der auch ihr bekannten Diskussionen in der Fachpresse hätte auffallen müssen; dann hätte sie aber zugleich die Überalterung der Reifen erkannt.[4] Somit hat S die im Verkehr erforderliche Sorgfalt außer Acht gelassen und i.S.v. § 276 Abs. 2 fahrlässig gehandelt.

f) Schaden des G, Zurechenbarkeit und Ersatzfähigkeit

Dem G müsste **durch** die Eigentumsverletzung der S ein Schaden entstanden sein, **21** also eine Einbuße an Rechten oder Interessen. Die Eigentumsverletzung hat dazu geführt, dass der Gesamtumfang seines (Geschäfts-)Vermögens um den Wert des Sportwagens gemindert wurde. Damit liegt ein Vermögensschaden vor, dessen Entstehung nach der Lebenserfahrung im Falle der Lieferung eines verkehrsunsicheren Fahrzeugs ohne Weiteres eintreten kann. Der Zurechnungszusammenhang ist, da G mit dem gekauften Fahrzeug normal gefahren ist, auch nicht unterbrochen.

Somit kann G von S gemäß § 249 Abs. 1 grundsätzlich Naturalrestitution verlangen. Da diese bei dem völlig zerstörten Sportwagen nicht möglich ist, kann G von S **22** gemäß § 251 Abs. 1 Wertersatz für das Fahrzeug verlangen, d.h. den objektiven Marktwert, den Wiederbeschaffungswert für ein gleichwertiges Ersatzfahrzeug.

g) Anspruchsminderndes Mitverschulden (§ 254 Abs. 1)

Der Schadensersatzanspruch des G wäre gemäß § 254 Abs. 1 zu mindern, wenn ihn **23** ein Mitverschulden an der Schadensentstehung träfe. Einen Mitverursachungsbei-

---

[3] Vgl. *BGH* NJW 2004, 1032f.
[4] Vgl. *BGH* NJW 2004, 1032, 1033.

trag könnte man hier darin sehen, dass auch G das Alter der Reifen nicht bemerkt hat. Jedoch ist G kein Fachmann, zudem hatte er das Fahrzeug bei einem solchen gekauft. Daher scheidet ein Mitverschulden aus.

h) Gewährleistungs- bzw. Haftungsausschluss

24 Wie bereits oben festgestellt, haben G und S in ihrem Kaufvertrag die Gewährleistung durch eine wirksame Individualvereinbarung ausgeschlossen. Zu prüfen ist, ob dieser vertragliche Gewährleistungsausschluss auch konkurrierende gesetzliche Ansprüche umfasst. Dies ist grundsätzlich möglich, jedoch stets im Wege der Auslegung der konkreten Vereinbarung gemäß §§ 133, 157 zu ermitteln. Ihrem Wortlaut nach bezieht sich die Individualvereinbarung am Ende des Vertrags nur auf „vertragliche Gewährleistung". Dies ist zwar eher ungewöhnlich, andererseits ist der Wortlaut eindeutig und bildet jedenfalls im Grundsatz eine Grenze für die Auslegung. Da der Sachverhalt keine Anhaltspunkte für einen abweichenden übereinstimmenden wirklichen Parteiwillen liefert, erstreckt sich der Gewährleistungsausschluss nur auf vertragliche Ansprüche und steht dem Anspruch aus § 823 Abs. 1 nicht entgegen.

i) Ergebnis

25 G kann von S gemäß § 823 Abs. 1 Ersatz des Wertes des Sportwagens verlangen.

Frage 2

II. Ansprüche der Stadt E gegen G auf Schadensersatz für den Radweg

1. Aus § 7 Abs. 1 StVG

26 E könnte gegen G ein Schadensersatzanspruch gemäß § 7 Abs. 1 StVG wegen der Beschädigung des Radwegs zustehen.

a) Haltereigenschaft des G

27 Dazu müsste der Anspruchsgegner G zunächst Halter des in den Unfall involvierten Sportwagens gewesen sein. Fahrzeughalter ist, wer das Kraftfahrzeug für eigene Rechnung im Gebrauch hat und die dafür erforderliche Verfügungsgewalt besitzt.[5] Auf die Eigentumsverhältnisse am Kfz kommt es für die Haltereigenschaft nicht an. G hat den Sportwagen regelmäßig als Firmenfahrzeug benutzt und die Kosten für dessen Betrieb selbst bestritten. Er war damit Halter des Fahrzeugs.

b) Rechtsgutsverletzung

28 Weiterhin müsste eines der in § 7 Abs. 1 StVG genannten Rechtsgüter verletzt sein. Der im Eigentum der E stehende Radweg wurde bei dem Unfall massiv beschädigt. Somit liegt eine tatbestandsmäßige Rechtsgutsverletzung in Form einer Sachbeschädigung vor.

---

5 BGHZ 13, 351, 354 f.; *BGH* NJW 1983, 1492, 1493.

c) Bei dem Betrieb des Kfz (haftungsbegründende Kausalität)

Die Halterhaftung nach § 7 Abs. 1 StVG setzt ferner voraus, dass die Sache bei dem **29** Betrieb eines Kfz (vgl. § 1 Abs. 2 StVG) beschädigt worden ist.

aa) Betrieb eines Kfz

Fraglich ist zunächst, ob der Sportwagen des G noch in Betrieb war, als die nachfol- **30** genden Kraftfahrer auf den Radweg auswichen. Der Wagen des G war nämlich zu diesem Zeitpunkt infolge der Kollision mit der Mittelleitplanke bereits zum Stehen gekommen. Der Betriebsbegriff des § 7 Abs. 1 StVG ist umstritten.

Nach einer vor allem früher vertretenen Auffassung gilt ein sog. **maschinentechni- 31 scher Betriebsbegriff.** Danach ist ein Kfz nur solange in Betrieb, wie die Motor- kräfte auf das Fahrzeug einwirken.[6] Nach dieser Auffassung endete der Betrieb des Sportwagens in dem Zeitpunkt, als das Kfz mit einem Totalschaden auf der Fahr- bahn zum Stehen kam, da es nicht mehr aus eigener Kraft fortbewegt werden konn- te. Gegen diesen Betriebsbegriff spricht, dass bei den heutigen Verkehrsverhältnis- sen von einem auf der Fahrbahn stehenden Kfz sogar eine größere Betriebsgefahr ausgehen kann als von einem Fahrenden. Er ist daher zu eng und wird dem Norm- zweck des § 7 StVG, die Verkehrsteilnehmer vor den Gefahren des Kraftfahrzeug- verkehrs zu schützen, nicht gerecht.[7]

Der Vorzug gebührt daher der heute herrschenden **verkehrstechnischen Auffas- 32 sung.** Danach dauert der Betrieb eines Fahrzeugs fort, solange der Fahrer das Fahr- zeug im Verkehr belässt und die dadurch geschaffene Gefahrenlage fortbesteht.[8] In Betrieb sind also alle Fahrzeuge, die im öffentlichen Verkehrsraum bewegt werden oder in verkehrsbeeinflussender Weise darin ruhen.[9] Der Betrieb wird auch nicht dadurch unterbrochen, dass das Kfz infolge eines Motorschadens auf der Fahrbahn liegen bleibt, selbst wenn dieser Zustand längere Zeit andauert.[10] Unter Zugrunde- legung des verkehrstechnischen Betriebsbegriffs war das Kfz des G im Zeitpunkt der Beschädigung des Radweges noch in Betrieb.

bb) Ursachenzusammenhang

Der Betrieb des Sportwagens war *conditio sine qua non* für die Beschädigung des **33** Radweges, da es ohne die Verkehrsteilnahme des G nicht zu dem Unfall und dem dadurch veranlassten Ausweichen der nachfolgenden Kraftfahrer gekommen wäre.

Eine Haftungsbegrenzung unter dem Gesichtspunkt der Adäquanz kommt hier **34** nicht in Betracht, da die Beschädigung des Radweges nicht auf einem völlig regel- widrigen, atypischen Kausalverlauf beruht. Bei Unfällen im fließenden Verkehr liegt es nicht völlig außerhalb des nach allgemeiner Lebenserfahrung Vorhersehbaren, dass nachfolgende Verkehrsteilnehmer die Unfallstelle umfahren und dabei Schäden an Grünflächen oder Radwegen anrichten.[11]

---

[6] *OLG Köln* DAR 1932, 121; vgl. auch *BGH* NJW 1975, 1886 f. zur Benutzung eines Lkw-Motors bei der Entladung.
[7] BGHZ 29, 163, 166 = NJW 1959, 627.
[8] *BGH* NJW 1972, 904, 905; 1959, 627, 628.
[9] *OLG Saarbrücken* NJW-RR 2007, 681, 682.
[10] *BGH* NJW 1959, 627.
[11] *BGH* NJW 1972, 904, 905.

cc) Unterbrechung des Zurechnungszusammenhangs?

35 Möglicherweise scheitert die **Zurechenbarkeit** der Schäden am Radweg aber daran, dass diese Schäden erst durch das Dazwischentreten eigenverantwortlich handelnder Dritter entstanden sind. Grundsätzlich muss sich der Erstschädiger auch solche Schadensfolgen zurechnen lassen, die auf dem freien Entschluss eines Dritten beruhen (sog. **psychisch vermittelte Kausalität**). Selbst vorsätzliches und rechtswidriges Fehlverhalten Dritter lässt den Zurechnungszusammenhang nicht schlechthin entfallen.[12] Das Eingreifen Dritter führt nur dann zu einer Unterbrechung des Kausalzusammenhangs, wenn dadurch die Ursächlichkeit des ersten Umstandes für das zweite Ereignis vollständig beseitigt wird (sog. **Regressverbot**).[13] Die nachfolgenden Kraftfahrer sind aufgrund eines freien Willensentschlusses auf den Radweg ausgewichen. Sie haben sich dabei nicht nur verkehrswidrig verhalten, sondern sich sogar wegen (bedingt) vorsätzlicher Sachbeschädigung gemäß § 303 Abs. 1 StGB strafbar gemacht. Allerdings bewirkt nicht jedes vorsätzliche und rechtswidrige Verhalten Dritter, das zur Schadensentstehung beigetragen hat, eine Unterbrechung des Kausalzusammenhangs. Im vorliegenden Fall hat die von G verursachte Blockade der Fahrbahn die nachfolgenden Kraftfahrer zum Ausweichen veranlasst. Da deren Verhalten auch keine ungewöhnliche Reaktion auf das Unfallereignis darstellt, wirkt der Betrieb des Kfz in der Beschädigung des Radwegs noch fort.

Hinweis: Veranlasst der Betrieb eines Kfz einen anderen Verkehrsteilnehmer zu einem objektiv nicht notwendigen Ausweichmanöver, unterbricht die unangemessene Reaktion den Zurechnungszusammenhang ebenfalls nicht; in Betracht kommt aber ein Mitverschulden.[14]

dd) Realisierung der Betriebsgefahr („bei" dem Betrieb)

36 Der Radweg müsste aber gerade **bei** dem noch fortdauernden Betrieb des Sportwagens beschädigt worden sein. Nach st. Rspr. ist eine Rechtsgutverletzung „beim Betrieb eines Kfz" eingetreten, wenn sich die von dem Kfz ausgehende typische Gefahr auf den Schadensablauf ausgewirkt hat, wenn also das Unfallgeschehen durch das Kfz mitgeprägt worden ist.[15]

37 Dazu bedarf es zunächst eines **nahen örtlichen und zeitlichen Zusammenhangs** zwischen dem Betriebsvorgang und der Sachbeschädigung.[16] Im vorliegenden Fall besteht ein derartiger Zusammenhang, da die anderen Kraftfahrer unmittelbar nach der von G verursachten Blockade der Fahrbahn auf den Radweg auswichen, der direkt neben der Autobahn verläuft.

Hinweis: Dagegen wurde ein solcher Zusammenhang verneint, wenn ein Pkw ordnungsgemäß auf einem Parkplatz abgestellt ist, von Dritten vorsätzlich angezündet wird und der Brand dazu führt, dass der Pkw zu einem anderen Fahrzeug rollt und dieses ebenfalls in Brand setzt.[17]

38 Allerdings könnte hier der **Schutzzweck** des § 7 StVG einer Zurechnung der Sachbeschädigung zum Betrieb des Kfz entgegenstehen.[18] Ein die Zurechnung rechtfertigender Zusammenhang zwischen dem Betrieb des Kfz und dem Schadensereignis

---

[12] *BGH* NJW 1972, 904, 905.
[13] *BGH* NJW 1972, 904, 905f.
[14] *BGH* NJW 2005, 2081, 2082f.
[15] BGHZ 37, 311, 315f.; 105, 65, 66f.; *BGH* NJW 1991, 2568.
[16] *BGH* NJW 1959, 627; 1972, 904, 905.
[17] *BGH* NJW-RR 2008, 764 Rn. 9ff. m.w.N.
[18] *BGH* NJW 1981, 2127; Palandt/*Grüneberg* Vor § 249 Rn. 49.

setzt voraus, dass es sich bei der Schädigung um eine spezifische Auswirkung derjenigen Gefahren handelt, zu deren Abwehr die Haftungsnorm des § 7 Abs. 1 StVG erlassen worden ist.[19] Der Zweck des § 7 Abs. 1 StVG besteht darin, die Verkehrsteilnehmer umfassend vor den Gefahren zu schützen, die durch ein Kfz in den Verkehr getragen werden.[20] Das Eingreifen Dritter lässt den Zurechnungszusammenhang demnach vor allem dann unberührt, wenn das Verhalten des Erstschädigers die schadenstiftende Handlung des Dritten **herausgefordert** hat.[21] Im vorliegenden Fall bestand aber gerade keine zum Eingreifen drängende Lage, als die nachfolgenden Kraftfahrer auf den Radweg auswichen. Sie wurden nicht etwa zum Ausweichen gezwungen, um eine Kollision mit dem verunfallten Sportwagen zu vermeiden. Da eine Gefahr für bedeutende Rechtsgüter nicht ersichtlich war, durften sich die ungeduldigen Fahrer durch die Blockade der Autobahn nicht zur Beschädigung fremden Eigentums herausgefordert fühlen. Die von G verursachte Sperrung der Straße bildete nur den äußeren Anlass für das eigenmächtige und rücksichtslose Verhalten der ungeduldigen Kraftfahrer, stand aber in keinem die Zurechnung rechtfertigenden inneren Zusammenhang mit dem Unfallereignis.[22] Bei wertender Betrachtung lag die Herrschaft über das schadenstiftende Geschehen allein bei den nachfolgenden Kraftfahrern. Die Beschädigung des Radweges kann G daher nach dem Schutzzweck des § 7 Abs. 1 StVG nicht zugerechnet werden.[23]

d) Ergebnis

E kann somit von G keinen Schadensersatz für die Beschädigung des Radweges **39** gemäß § 7 Abs. 1 StVG verlangen.

Hinweis: Damit gelangt man im vorliegenden Fall nicht mehr zur Prüfung eines Haftungsausschlusses nach § 7 Abs. 2 StVG. Der Begriff der höheren Gewalt umfasst aber ohnehin nur von außen kommende Ereignisse, die keinen betrieblichen Zusammenhang aufweisen, unvorhersehbar sind und auch durch äußerste Sorgfalt nicht abgewendet werden können.[24] Beschaffenheitsmängel am Kfz bewirken daher keinen Haftungsausschluss nach § 7 Abs. 2 StVG.

2. Aus § 18 Abs. 1 StVG

Auch eine (verschuldensabhängige) Haftung des G als Fahrzeugführer gemäß § 18 **40** Abs. 1 StVG scheidet aus, da die Voraussetzungen des § 7 Abs. 1 StVG nicht erfüllt sind.

3. Aus § 823 Abs. 1

Fraglich ist, ob E von G gemäß § 823 Abs. 1 Ersatz für den beschädigten Radweg **41** beanspruchen kann.

a) Rechts(guts)verletzung

Der im Eigentum der E stehende Radweg wurde beschädigt. Damit ist das Eigen- **42** tum der E, also ein Rechtsgut i. S. d. § 823 Abs. 1, verletzt.

---

[19] *BGH* NJW 1972, 904, 906; 1991, 2568; 2005, 2081 m. w. N.
[20] *BGH* NJW 1959, 627.
[21] Palandt/*Grüneberg* Vor § 249 Rn. 33.
[22] *BGH* NJW 1972, 904, 906.
[23] *BGH* NJW 1972, 904, 906; Palandt/*Grüneberg* Vor § 249 Rn. 49.
[24] BGHZ 100, 185.

b) Verhalten

43 Der Radweg müsste durch ein Verhalten des G beschädigt worden sein. G ist mit dem Sportwagen gefahren, obwohl dessen Verkehrssicherheit aufgrund der altersbedingten Mängel der Reifen nicht gewährleistet war. Damit hat G gegen die dem Fahrzeughalter obliegende Pflicht verstoßen, das Kfz in einem verkehrssicheren Zustand zu erhalten und vor Fahrtantritt auf etwaige Mängel hin zu überprüfen (allgemeine Verkehrssicherungspflicht).[25]

c) Haftungsbegründende Kausalität

44 Wäre G nicht mit dem verkehrsuntauglichen Sportwagen auf der Autobahn gefahren, dann wäre es nicht zu dem Unfall gekommen, der die nachfolgenden Kraftfahrer zum Ausweichen auf den Radweg veranlasst hat. Die Fahrt mit dem mangelbehafteten Sportwagen war daher *conditio sine qua non* für die Beschädigung des Radweges.

45 Auch hinsichtlich der adäquaten Kausalität ergeben sich keine Bedenken, da eine unfallbedingte Blockade der Fahrbahn erfahrungsgemäß andere Kraftfahrer zum Ausweichen über angrenzende Grünstreifen und Radwege veranlasst.

46 Nach dem oben Gesagten kann die Beschädigung des Radweges dem G aber nicht zugerechnet werden. Die Schäden beruhen auf dem eigenmächtigen vorsätzlichen Fehlverhalten der nachfolgenden Kraftfahrer, das durch G auch nicht herausgefordert worden ist. Diese Schadensfolgen werden daher vom Schutzzweck des § 823 Abs. 1 ebenso wenig umfasst wie von dem des § 7 Abs. 1 StVG.

Hinweis: Ein Schadensersatzanspruch der E gegen G aus § 823 Abs. 1 scheitert im Übrigen auch am fehlenden Verschulden des G. Ein Fahrlässigkeitsvorwurf würde G nur treffen, wenn der zum Unfall führende Reifenmangel bei pflichtgemäßer Prüfung hätte erkannt werden können.[26] Das Herstellungsdatum der Reifen war jedoch in der DOT-Nummer verschlüsselt und daher nur für einen Fachmann erkennbar. Aus dem Sachverhalt geht auch nicht hervor, dass das Reifenprofil einen Abnutzungsgrad aufwies, der altersbedingte Mängel der Reifen nahe legte.

d) Ergebnis

47 E hat somit auch aus § 823 Abs. 1 keinen Schadensersatzanspruch gegen G.

4. Aus § 823 Abs. 2 BGB i.V.m. StVO

48 E kann ihr Schadensersatzbegehren gegenüber G schließlich auch nicht auf § 823 Abs. 2 BGB i.V.m. StVO stützen. Aus dem Sachverhalt geht nicht hervor, dass G mit überhöhter Geschwindigkeit gefahren ist oder sonstige Verkehrsverstöße begangen hat. Mangels eines Verstoßes gegen die StVO fehlt es folglich an einer Schutzgesetzverletzung.

III. Ansprüche der Stadt E gegen S auf Schadensersatz für den Radweg

1. Aus § 1 Abs. 1 Satz 1 ProdHaftG

49 Eine Gefährdungshaftung der S gegenüber E gemäß § 1 Abs. 1 Satz 1 ProdHaftG kommt von vornherein nicht in Betracht, da S als Autohändlerin nicht Herstellerin des Sportwagens i.S.d. § 4 ProdHaftG ist.

---

[25] Vgl. *OLG Stuttgart* NZV 1991, 68 zur Haftung für Unfall durch Reifenplatzen.
[26] Vgl. *OLG Stuttgart* NZV 1991, 68.

2. Aus § 823 Abs. 1

Fraglich ist, ob E von S gemäß § 823 Abs. 1 Ersatz für den beschädigten Radweg **50** verlangen kann.

a) Rechts(guts)verletzung

E ist infolge der Beschädigung des Radweges in ihrem Eigentum verletzt. **51**

b) Verhalten der S

Als Verletzungshandlung kommt die Übergabe des nicht verkehrssicheren Sportwa- **52** gens an G in Betracht.

c) Haftungsbegründende Kausalität

Das Verhalten der S ist für die Beschädigung des Radweges ursächlich, da es nicht **53** hinweggedacht werden kann, ohne dass der Unfall und das dadurch veranlasste Ausweichen der anderen Kraftfahrer entfielen. Es liegt auch nicht außerhalb jeglicher Wahrscheinlichkeit, dass ein nicht verkehrstaugliches Kfz einen Unfall verursacht und andere Autofahrer infolgedessen über einen angrenzenden Radweg ausweichen.

Das eigenmächtige Dazwischentreten der ungeduldigen Kraftfahrer unterbricht **54** jedoch den Zurechnungszusammenhang, wenn die Beschädigung des Radweges nicht mehr vom Schutzzweck des § 823 Abs. 1 umfasst ist. Selbst wenn G den Verkehrsunfall schuldhaft verursacht hätte, würde er nach dem Schutzzweck des § 823 Abs. 1 für die Beschädigung des Radweges durch Dritte nicht haften. S ist vom schadenstiftenden Geschehen aber noch weiter entfernt als G und hat die Reaktion der nachfolgenden Kraftfahrer ebenso wenig herausgefordert wie G. Bei wertender Betrachtung fehlt es damit am Zurechnungszusammenhang zwischen der Übergabe des verkehrsuntauglichen Kfz und der Beschädigung des Radweges.

d) Ergebnis

Somit kann E auch von S keinen Ersatz der Reparaturkosten gemäß § 823 Abs. 1 **55** beanspruchen.

Fall 12. Leiden eines Bierfreundes

Bauunternehmer Gernot Gerstl (G) ist ein Freund der gepflegten Hopfenkaltschale. In einem neu eröffneten Getränkemarkt kauft er verschiedene Flaschen ihm bislang unbekannter Biersorten, die er daheim in seinem Keller abstellt.

Bei einer der gekauften Flaschen will G in seinem Arbeitszimmer noch ein paar Angebote durchsehen. Kaum hat er sein Arbeitszimmer erreicht, klingelt es an der Haustür. G stellt die Flasche „Windsheimer Weizen" auf dem Schreibtisch ab und geht zur Haustür. Unterdessen reißt an der Bierflasche der – für diese Biersorte eher ungewöhnliche – Bügelverschluss ab, weil er zu schwach ist und deshalb dem durch den Transport ausgelösten Druck in der Flasche nicht mehr standhält. Das Weizenbier sprudelt in einer Fontäne auf das daneben liegende Notebook des G, dringt in das Gehäuse ein und beschädigt das Gerät. Das Notebook wird von G ausschließlich beruflich genutzt; es ist sechs Jahre alt und hat einen Zeitwert von 300 EUR. Seine Reparatur würde einschließlich der notwendigen Neueinrichtung von Betriebssystem und Programmen 700 EUR kosten. Außerdem sind die Daten eines Gebots auf eine EU-weite Ausschreibung zerstört worden, deren Wiederherstellung 250 EUR kostet. G verlangt von der Privatbrauerei Wilhelm Winzer (W), die das Bier hergestellt hat, Ersatz seiner Schäden. W wendet ein, auch eine andere Brauerei würde diese Art von Verschluss verwenden; daher sei ihm „nichts vorzuwerfen"; außerdem sei es von G höchst unvorsichtig gewesen, die Flasche unbeaufsichtigt neben den Computer zu stellen.

Entnervt holt sich G am Abend eine weitere Flasche Bier aus dem Keller und erwischt ein Fürstenzeller Fürstenpils von der Brauerei Fürstenzell GmbH (F-GmbH). Es handelt sich um eine typische Einheits-Mehrwegflasche aus Glas, die seit Längerem im Umlauf war, aber bei der Abfüllung keine sichtbaren Schäden aufwies. Eine Überprüfung der Flasche auf ihre Druckbeständigkeit hat nicht stattgefunden. Als G die Flasche in die Hand nimmt, explodiert sie und verletzt ihn an der Hand. Im Krankenhaus werden einige Glassplitter aus der Haut entfernt und lediglich ein paar Hautverletzungen festgestellt. G ist einige Tage arbeitsunfähig; Behandlungskosten und Verdienstausfall werden von der F-GmbH ohne Anerkennung einer Rechtspflicht ersetzt. Nachdem alles erfolgreich verheilt ist, betreibt G sein Baugeschäft zunächst wieder, verfällt dann aber dem Whisky und stellt jegliche Berufstätigkeit ein. Dafür macht er die F-GmbH verantwortlich: Weil ihm die Explosion nicht aus dem Kopf gehe und er deshalb aus Angst keine Bierflasche mehr in die Hand nehmen könne, zudem seine Konzentrationsfähigkeit gestört sei und er aus Verzweiflung Whisky trinke, könne er nicht mehr arbeiten. G verlangt von der F-GmbH daher auch noch eine Unterhaltsrente. Diese weigert sich unter Hinweis darauf, dass zum einen G einen Produktfehler nicht nachweisen könne und ihr zum anderen jedenfalls die angebliche Arbeitsunfähigkeit des G nicht zuzurechnen sei, weil sie in keinem nachvollziehbaren Verhältnis zu den erlittenen Verletzungen stehe.

Bestehen die Ansprüche, die G gegen W und die F-GmbH erhebt?

Gliederung

Lösung

Hinweis: Denkbar wären auch Schadensersatzansprüche gegen den Getränkemarktbetreiber, zu dem eine vertragliche Beziehung besteht. Die Fragestellung blendet sie aus; die Ansprüche gemäß §§ 437 Nr. 3, 280 Abs. 1 auf Ersatz sog. Mangelfolgeschäden scheitern am fehlenden Verschulden, das der Getränkemarktbetreiber ausnahmsweise nachweisen (§ 280 Abs. 1 Satz 2) kann: Den Handel trifft grundsätzlich keine Untersuchungspflicht, weil sie für ihn im Massengeschäft kaum zumutbar wäre, und aus dem gleichen Grund scheidet auch eine Haftung nach § 823 Abs. 1 wegen Verletzung von Verkehrspflichten aus.[1]

I. Schadensersatzansprüche des G gegen W wegen des Notebooks

1. Aus § 280 Abs. 1

1 G könnte gegen W einen Schadensersatzanspruch gemäß § 280 Abs. 1 haben.

2 Dies setzt voraus, dass zwischen den Parteien ein Schuldverhältnis besteht. Da sie keinen Vertrag geschlossen haben, könnte sich ein Schuldverhältnis nur aus einem Vertrag mit Schutzwirkung zugunsten Dritter ergeben. Insofern kommt nur ein Liefervertrag zwischen W und seinem Abnehmer, sei es ein Großhändler oder der Getränkemarkt in Betracht, also ein Kaufvertrag. Da für den Verkäufer typischerweise nicht ersichtlich ist, welche Dritten mit der (mangelhaften) gelieferten Sache bestimmungsgemäß in Berührung kommen werden und am Schutz welcher Dritten der Käufer ein schutzwürdiges Interesse haben könnte, entfaltet ein Kaufvertrag in der Regel keine drittschützende Wirkung, insbesondere nicht in der hier vorliegenden Konstellation.[2]

Hinweis: In Betracht kommen damit nur noch Ansprüche nach § 1 Abs. 1 ProdHaftG und § 823 Abs. 1 wegen Verletzung von Verkehrssicherungspflichten des Herstellers. Beide stehen in Anspruchsgrundlagenkonkurrenz (vgl. § 15 Abs. 2 ProdHaftG). Eine zwingende Prüfungsreihenfolge gibt es deshalb nicht. Da § 1 Abs. 1 ProdHaftG speziellere (Schädigung durch fehlerhaftes Produkt) und zugleich geringere (kein Verschulden) Voraussetzungen hat, liegt es nahe, mit dieser Norm zu beginnen.

2. Aus § 1 Abs. 1 ProdHaftG

3 G könnte gegen W einen Anspruch auf Ersatz seiner Schäden aus § 1 Abs. 1 ProdHaftG haben.

a) Rechtsgutsverletzung

4 Dazu müsste zunächst eines der in § 1 Abs. 1 ProdHaftG genannten Rechtsgüter verletzt sein. In Betracht kommt angesichts der Beschädigung des Notebooks eine Sachbeschädigung. Das Notebook ist eine Sache i.S.v. § 90, und es wurde durch das ausgetretene Bier beschädigt.

5 Zweifelhafter erscheint die Situation bei den verlorengegangenen Daten. Zwar umfasst der Begriff der Beschädigung in § 1 Abs. 1 ProdHaftG gegebenenfalls auch den Verlust, doch erscheint es fraglich, ob man Daten generell als Sachen, also als körperliche Gegenstände i.S.v. § 90 Satz 1 ansehen kann,[3] oder zumindest dann,

---

[1] Dazu *BGH* NJW 2007, 762 Rn. 10 ff. – Zur Entwicklung dieser Rspr. siehe *Rothe* NJW 2007, 740.

[2] Grundlegend BGHZ 51, 91, 96 – Hühnerpestfall, ausführlicher zum Aspekt der Schutzwirkung abgedruckt in NJW 1969, 269, 271 f. (m. zust. Anm. *Diederichsen*).

[3] *König* NJW 1993, 3121 ff.

wenn sie auf einem Datenträger verkörpert sind und ohne Beschädigung des Datenträgers beeinträchtigt werden.[4] Die Frage ist stark umstritten; für eine Gleichstellung sprechen in erster Linie wirtschaftliche Gründe, dagegen jedoch die ganz überwiegende Verkehrsauffassung. Deshalb wird teilweise für die Anerkennung eines „Rechts am eigenen Datenbestand" als sonstiges Recht i.S.v. § 823 Abs. 1 plädiert.[5] Doch geht auch die Meinung, die eine Sachqualität der Daten stets verneint, davon aus, dass eine Ersatzfähigkeit von Datenverlusten dann besteht, wenn der sie enthaltende Datenträger im weitesten Sinne beschädigt wird.[6] Da eine solche Substanzbeschädigung vorliegt, die den Datenverlust umfasst, ist für den vorliegenden Fall nach allen Auffassungen von einer Sachbeschädigung auszugehen; die Kontroverse bedarf daher keiner Entscheidung.

Sachbeschädigungen begründen gemäß § 1 Abs. 1 Satz 2 ProdHaftG allerdings nur **6** dann eine Ersatzpflicht, wenn eine andere Sache als das fehlerhafte Produkt beschädigt wird und diese Sache ihrer Art nach gewöhnlich für den privaten Ge- oder Verbrauch bestimmt und hierzu von dem Geschädigten hauptsächlich verwendet worden ist. Zwar ist das Notebook eine andere Sache als das fehlerhafte Produkt, doch setzt G das Notebook ausschließlich für seine gewerbliche Tätigkeit ein. Damit ist die Ersatzfähigkeit der Schäden gemäß § 1 Abs. 1 Satz 2 ProdHaftG ausgeschlossen.

b) Ergebnis

Nach § 1 Abs. 1 ProdHaftG kann G von W für die Schäden am Notebook und den **7** Datenverlust keinen Ersatz fordern.

Hinweis: Damit erweist sich die sog. Produzentenhaftung auf der Grundlage des § 823 Abs. 1 als entscheidend, die der BGH bereits lange vor der Schaffung des ProdHaftG entwickelt hat.

3. Aus § 823 Abs. 1

G könnte gegen W einen Anspruch auf Ersatz seiner Schäden aus § 823 Abs. 1 haben. **8**

a) Rechts(guts)verletzung

Als verletztes Rechtsgut kommt – wie bereits oben dargelegt – das Eigentum des G **9** am Notebook in Betracht. Die Sachbeschädigung stellt eine Eigentumsverletzung dar. Ob der Datenverlust als solcher ebenfalls als Eigentumsverletzung anzusehen ist oder dem die fehlende Sacheigenschaft der Daten i.S.v. § 90 entgegensteht, kann aus den in Rn. 5 ff. genannten Gründen dahinstehen.

b) Verhalten des W

W hat das Bier produziert, in die schadhafte Flasche abgefüllt und so auf den Markt **10** gebracht. Er hat also als Hersteller ein fehlerhaftes Produkt in den Verkehr gebracht.

---

[4] Bamberger/Roth/*Spindler* § 823 Rn. 55 m.w.N.

[5] *Meier/Wehlau* NJW 1998, 1585, 1588 f.; Bamberger/Roth/*Spindler* § 823 Rn. 93: Daten auf fremden Rechnern; dazu a.A. Soergel/*Spickhoff* § 823 Rn. 79: Verletzung berechtigten Besitzes.

[6] Vgl. Bamberger/Roth/*Fritzsche* § 90 Rn. 26 m.w.N.; MünchKommBGB/*Wagner* § 823 Rn. 165 m.w.N.; *Spindler* NJW 2004, 3145, 3146 m.w.N.

c) Haftungsbegründende Kausalität und Zurechenbarkeit

11 Das Verhalten des W müsste für die Eigentumsverletzung ursächlich gewesen sein. Ohne das Inverkehrbringen der fehlerhaften Bierflasche wäre das Notebook nicht beschädigt worden, und, dass eine fehlerhafte Flasche über den Austritt ihres Inhalts fremde Sachen beschädigen kann, liegt nicht außerhalb der Lebenserfahrung.

12 Gleichwohl stellt sich die Frage, ob der Verletzungserfolg dem W zurechenbar ist. Denn das Inverkehrbringen von Produkten, auch von Bierflaschen, im Rahmen der Rechtsordnung ist sozialadäquat. Damit bedarf die Zurechnung der Beschädigung des Notebooks durch das ausgetretene Bier einer besonderen Begründung. Bei fehlerhaften Produkten geht die Rspr. davon aus, dass der Hersteller (unter Umständen neben anderen Personen) dann haftet, wenn er beim Inverkehrbringen des fehlerhaften Produkts eine Verkehrssicherungspflicht verletzt hat.

Hinweis: Die Verletzung einer Verkehrssicherungspflicht kann nach Ansicht von Teilen der Lit. auch bei der Rechtswidrigkeit oder als Fall der Schutzgesetzverletzung erfolgen; überwiegend plädiert man jedoch für eine Prüfung auf der Ebene der Zurechnung.[7] Es hängt dann von der konkreten Konstellation ab, ob man die Verkehrssicherungspflicht bereits beim Vorliegen eines menschlichen Verhaltens prüft (so etwa bei Unterlassungsdelikten, Nicht-Streuen des Gehwegs bei Eis im Winter) oder erst beim Zurechnungszusammenhang wie hier.

13 Erforderlich ist zunächst das Vorliegen eines Produktfehlers; insofern gelten die gleichen Kategorien wie bei § 2 ProdHaftG. Im Wesentlichen sind drei Fehlerkategorien anerkannt, nämlich Konstruktionsfehler, Fabrikationsfehler und Instruktionsfehler. Ein Konstruktionsfehler liegt vor, wenn ein Produkt technisch nicht so konstruiert ist, dass es der durchschnittliche Verwender im Rahmen des Verwendungszwecks gefahrlos gebrauchen kann.[8] Im vorliegenden Fall war der an der Weizenbierflasche angebrachte Bügelverschluss seiner Bauart nach zu schwach, um dem Druck im Innern der Flasche standzuhalten. Damit hatte die Flasche nicht die Eigenschaften, die ein durchschnittlicher Benutzer erwarten darf, sodass ein Konstruktionsfehler vorliegt.

14 Zurechenbar ist dieser Produktfehler dem W, wenn er ihn objektiv durch geeignete und zumutbare Maßnahmen hätte vermeiden können. Da es sich um einen Konstruktionsfehler handelt, ist davon auszugehen, dass er durch eine bessere Organisation bei der Produktentwicklung hätte vermieden werden können.

d) Rechtswidrigkeit

15 W handelte rechtswidrig.

Hinweis: Auch im Rahmen von Produkthaftungsfällen wird die Rechtswidrigkeit diskutiert, sollte sie problematisch sein. Nach der Lehre vom Erfolgsunrecht wird die Rechtswidrigkeit durch die Verletzung des absoluten Rechts indiziert. Eingeschränkt wird diese Lehre in Fällen, in denen ein fahrlässiges Handeln nur mittelbar zur Rechtsgutsverletzung führt; dann soll die Tat nur rechtswidrig sein, wenn ein objektiver Verstoß gegen eine Verhaltenspflicht vorliegt,[9] was dann bei der Rechtswidrigkeit näher zu prüfen ist. Nach der Lehre vom Handlungsunrecht ist ein nicht vorsätzliches Handeln dann rechtswid-

---

[7] *Fuchs/Pauker* Delikts- und Schadensersatzrecht, 8. Aufl. 2012, 2. Kap. A IV 2 (S. 97) m. w. N.
[8] BGHZ 104, 323, 328 = NJW 1988, 2611; BGHZ 105, 346, 351 = NJW 1989, 707; *BGH* NJW-RR 1999, 25, 26.
[9] Palandt/*Sprau* § 823 Rn. 26.

rig, wenn eine von der Rechtsordnung aufgestellte Verhaltenspflicht, z. B. eine Verkehrssicherungspflicht, verletzt wird (dann muss man das Verschulden hier mit prüfen).[10]

e) Verschulden

W müsste seine Verkehrssicherungspflicht vorsätzlich oder fahrlässig, also schuldhaft, verletzt haben. Für Vorsatz gibt es keine Anhaltspunkte. Fraglich ist daher, ob W i. S. v. § 276 Abs. 2 die im Verkehr erforderliche Sorgfalt außer Acht gelassen und fahrlässig gehandelt hat. Auch dafür teilt der Sachverhalt keine Anhaltspunkte mit. **16**

Insofern spiegelt der Fall allerdings die Folgen der oftmals komplexen Entwicklungs- und Produktionsvorgänge in der modernen Wirtschaft wider, in die der Geschädigte typischerweise keinen Einblick hat. Da der Geschädigte aus diesem Grunde eine Nachlässigkeit in der Produktion oder der Unternehmensorganisation kaum darlegen oder gar nachweisen kann, hat die Rspr. für die deliktische Produzentenhaftung eine Beweislastumkehr für den Fall anerkannt, dass das Inverkehrbringen eines mangelhaften Produkts feststeht.[11] Da ein Produktfehler hier feststeht, muss W als Produzent nachweisen, dass er sein Unternehmen so organisiert hat, dass bei der Entwicklung des Weizenbiers in der Bügelflasche der Stand von Wissenschaft und Technik berücksichtigt wurde und auch sonst das Entstehen von Konstruktionsfehlern (und anderen Produktfehlern) möglichst ausgeschlossen war. W hat lediglich vorgetragen, auch eine andere Brauerei würde die gleiche Art von Verschluss verwenden, weshalb ihm nichts vorzuwerfen sei. Dies sagt freilich nichts über die Einhaltung der bestehenden Organisationspflichten und darüber aus, ob er den von ihm verwendeten Verschlusstyp auf die Eignung für sein Weizenbier hat testen lassen. Daher ist davon auszugehen, dass W fahrlässig gehandelt hat. **17**

f) Schaden

Ein Schaden ist grundsätzlich jede Einbuße an Rechten oder Interessen. Solche Einbußen hat G hier an der Gebrauchstauglichkeit des Notebooks und durch den Datenverlust erlitten; da das Notebook an Wert verloren hat und die Beseitigung des Datenverlusts Kosten verursacht, handelt es sich auch um Vermögensschäden. **18**

g) Haftungsausfüllende Kausalität und Zurechenbarkeit der Schäden

Beide Schadensposten beruhen auf dem von W verschuldeten Produktfehler der Weizenbierflasche. **19**

h) Art und Umfang des Schadensersatzes

Art und Umfang des Schadensersatzes richten sich nach den §§ 249 ff. W hat G gemäß § 249 Abs. 2 Satz 1 grundsätzlich die für die Reparatur des Notebooks erforderlichen Kosten zu erstatten, also 700 EUR. Jedoch kann W als Schädiger gemäß § 251 Abs. 2 Satz 1 die Naturalrestitution verweigern, wenn die dazu notwendigen Aufwendungen unverhältnismäßig sind. Die Rspr. zieht die Grenze zur Unverhältnismäßigkeit bei Kraftfahrzeugen bei 130% des Zeitwertes. Diese Grenze **20**

---

[10] MünchKommBGB/*Grundmann* § 276 Rn. 17.
[11] Siehe etwa BGHZ 116, 104, 107 ff. m. w. N.: sogar in Kleinbetrieben; *BGH* NJW 1999, 1028, 1029.

soll bei anderen Sachen nicht schematisch übertragbar sein, wird aber im Ausgangspunkt herangezogen. Da das Notebook nur noch 300 EUR wert ist, müsste W die Reparaturkosten nur bis maximal 480 EUR tragen. Diesen Betrag übersteigen die Kosten so stark, dass sie unverhältnismäßig erscheinen. W kann daher den Ersatz der Reparaturkosten verweigern und dem G stattdessen das Wertinteresse ersetzen, das hier in den Kosten für ein gleichartiges Gebrauchtgerät in ähnlichem Zustand liegt. Mangels anderer Anhaltspunkte dürfte der Wiederbeschaffungswert dem Zeitwert von 300 EUR entsprechen.

21 Vom Schaden an der Hardware des Notebooks zu unterscheiden sind die Kosten für die Wiederherstellung der Daten i. H. v. 200 EUR. Sie sind nach § 249 Abs. 2 Satz 1 zu ersetzen.

Hinweis: Bei der Datenrettung kann die Grenze zwischen Wiederherstellung und Neuschaffung durch Rekonstruktion fließend sein. Soweit eine Wiederherstellung der Daten im eigentlichen Sinne nicht mehr möglich sein sollte, wäre der Wert der Daten nach § 251 Abs. 1 zu ersetzen, den man mit den Kosten für die Herstellung der Ausschreibungsunterlagen ansetzen müsste. Die Kosten für die Datenrettung sind also ersatzfähig.

i) Mitverschulden

22 Zu prüfen ist, ob der Anspruch des G gemäß § 254 Abs. 1 wegen Mitverschuldens herabzusetzen ist. Eine Mitverursachung des Schadens könnte sich daraus ergeben, dass G die Flasche neben dem empfindlichen Notebook mit den wichtigen Daten abgestellt hat, obwohl es der Lebenserfahrung entspricht, dass Getränkeflaschen manchmal sogar explodieren können. Doch geschieht dies so selten, dass hierin kein Mitverschulden zu sehen ist, das man andernfalls auch bei Körperverletzungen durch explodierende Flaschen annehmen müsste.

j) Ergebnis

23 G kann von S gemäß § 823 Abs. 1 Ersatz der Kosten für die Beschaffung eines gleichwertigen Notebooks i. H. v. 300 EUR sowie für die Datenwiederherstellung i. H. v. 200 EUR verlangen.

II. Schadensersatzansprüche des G gegen die F-GmbH wegen seiner Verletzungen

1. Aus § 1 Abs. 1 ProdHaftG

24 G könnte gegen die F-GmbH einen Anspruch auf Ersatz seiner Schäden aus § 1 Abs. 1 ProdHaftG haben. Die F-GmbH ist gemäß § 13 Abs. 1 GmbHG juristische Person und rechtsfähig.

a) Rechtsgutsverletzung

25 Dazu müsste zunächst eines der in § 1 Abs. 1 ProdHaftG genannten Rechtsgüter verletzt sein. Im vorliegenden Fall ist der Körper des G durch die explodierende Flasche verletzt worden.

b) Durch ein Produkt i. S. v. § 2 ProdHaftG

Die Körperverletzung müsste durch ein Produkt erfolgt sein. Produkt ist gemäß § 2 **26** ProdHaftG jede bewegliche Sache, auch wenn sie einen Teil einer anderen beweglichen Sache oder einer unbeweglichen Sache bildet, sowie Elektrizität. Damit ist die Bierflasche ein Produkt.

c) Fehler des Produkts i. S. v. § 3 ProdHaftG

Die Bierflasche müsste einen Fehler gehabt haben, der zur Sachbeschädigung ge- **27** führt hat. Gemäß § 3 Abs. 1 ProdHaftG hat ein Produkt einen Fehler, wenn es nicht die Sicherheit bietet, die unter Berücksichtigung aller Umstände, insbesondere seiner Darbietung (Buchst. a), des Gebrauchs, mit dem billigerweise gerechnet werden kann (Buchst. b) und des Zeitpunkts, in dem es in den Verkehr gebracht wurde (Buchst. c), berechtigterweise erwartet werden kann. Maßgeblicher Zeitpunkt ist das Inverkehrbringen des Produkts (vgl. § 1 Abs. 1 Nr. 1 ProdHaftG).

Zur Konkretisierung des Fehlerbegriffs sind im Wesentlichen drei Fehlerkategorien **28** anerkannt, nämlich Konstruktionsfehler, Fabrikationsfehler und Instruktionsfehler. Im konkreten Fall haftet der Fehler nicht der gesamten Serie, sondern nur einer einzelnen Bierflasche an; ein Konstruktionsfehler scheidet somit aus. Da es nicht um ein besonderes Risiko des ordnungsgemäßen Gebrauchs oder eines naheliegenden Fehlgebrauchs geht, scheidet auch ein Instruktionsfehler aus. Somit kommt ein Fabrikationsfehler in Betracht: Das Bier war in eine Flasche gefüllt worden, die aufgrund ihres mechanischen Verschleißes nicht mehr hätte verwendet werden dürfen. Zum Produkt zählt hier auch die Flasche als notwendige Verpackung des Bieres. Da die Flasche dem Druck des kohlensäurehaltigen Inhalts nicht mehr gewachsen war, liegt ein Fabrikationsfehler bei der von G gekauften Flasche vor.

d) Ursächlichkeit des Fehlers für die Rechtsgutsverletzung

Ohne den Verschleiß bei der Flasche wäre es nicht zur Explosion und damit nicht **29** zur Körperverletzung bei G gekommen.

e) Hersteller oder Importeur (§ 4 ProdHaftG)

Die F-GmbH ist Hersteller des Bieres i. S. v. § 4 Abs. 1 Satz 1 ProdHaftG, also des **30** Endprodukts aus Getränk und der Flasche als notwendiger Verpackung, auch wenn sie die Flasche sicherlich nicht selbst hergestellt hat.

f) Schaden

G kann somit Ersatz der Schäden aus der Körperverletzung verlangen (§ 1 Abs. 1 **31** ProdHaftG), also gemäß § 249 Abs. 1 verlangen, dass die F-GmbH den Zustand herstellt, der ohne das schädigende Ereignis bestehen würde.

In diesem Fall wären die Behandlungskosten und der Verdienstausfall bis zur Hei- **32** lung nicht entstanden; die Ersatzfähigkeit dieser Schadensposten wird von § 8 Satz 1 ProdHaftG bestätigt. Gemäß § 8 Satz 2 ProdHaftG kann G zudem Ersatz seiner immateriellen Schäden verlangen, also ein angemessenes Schmerzensgeld. Hinsichtlich dieser Schadensposten hat die F-GmbH allerdings Ersatz geleistet, sodass der Anspruch insofern gemäß § 362 Abs. 1 erloschen ist.

33 Fraglich ist jedoch, ob G auch wegen des späteren Verdienstausfalls tatsächlich eine Geldrente verlangen kann. Grundsätzlich sieht § 9 Abs. 1 ProdHaftG – in Übereinstimmung mit den §§ 843, 844 – vor, dass im Falle der Aufhebung oder Minderung der Erwerbsfähigkeit Schadensersatz für die Zukunft durch eine Geldrente zu leisten ist. Auch hat der Schädiger grundsätzlich für alle – physischen wie psychischen – Folgen seines Verhaltens unbegrenzt einzustehen (Grundsatz der Totalreparation).[12] Bei psychischen Folgen, wie sie hier mit dem Alkoholismus und der darauf beruhenden Arbeitsunfähigkeit vorliegen, bemüht sich die Rspr. jedoch um eine Begrenzung. So sollen solche Folgeschäden dem Schädiger nicht mehr zuzurechnen sein, die angesichts des eigentlichen Schadensereignisses völlig unangemessen erscheinen; insofern könnte man zwar an der Adäquanz zweifeln, doch entspricht auch eine unangemessene Reaktion – wie fast alles – noch der Lebenserfahrung. Letztlich geht es eher darum, dem Schädiger nicht das sog. „allgemeine Lebensrisiko" aufzubürden.[13] Damit bis zu einem gewissen Grad verwandt sind die Fälle der unangemessenen psychischen Reaktionen auf ein Schadensereignis wie etwa die sog. „Rentenneurose", bei der der Geschädigte von einer Überwindung der Schadensfolgen im Hinblick auf die Ersatzpflicht des Schädigers unbewusst absieht.[14] Dies ist bei G zwar nicht geschehen, da er zunächst seine Arbeit wieder aufgenommen hat. Doch schließt die Rspr. eine Zurechnung von psychischen Schadensfolgen auch dann aus, wenn das Schadensereignis eher geringfügig ist und nicht auf eine spezielle Schadensanlage beim Geschädigten trifft. Im vorliegenden Fall ist G von der explodierenden Flasche nur geringfügig und ohne bleibenden Schäden an der Hand verletzt worden; eine stationäre Behandlung war nicht erforderlich. Zwar mag der Schreck über die Explosion hinzutreten, doch stellt es insgesamt eine unangemessene Reaktion dar, wegen des Ereignisses übermäßige Angstreaktionen zu zeigen, deshalb in den Alkohol zu fliehen und die Berufstätigkeit einzustellen. Daher ist die spätere Arbeitsunfähigkeit des G der F-GmbH nicht mehr zuzurechnen und der (weitere) Verdienstausfallschaden nicht ersatzfähig.

g) Ergebnis

34 G hat gegen die F-GmbH aus § 1 Abs. 1 ProdHaftG keine weiteren Ansprüche wegen der Explosion mehr.

2. Aus § 823 Abs. 1

35 G könnte gegen die F-GmbH einen Anspruch auf Schadensersatz einschließlich Schmerzensgeld gemäß § 823 Abs. 1 haben.

a) Rechts(guts)verletzung

36 Die spätere Explosion der Bierflasche hat den Körper des G verletzt.

b) Verhalten der F-GmbH

37 Die F-GmbH hat die Bierflasche in Verkehr gebracht.

---

[12] Vgl. etwa *BGH* NJW 1997, 1640, 1641 m.w.N.; Palandt/*Grüneberg* Vor § 249 Rn. 3, 36 ff. m.w.N.
[13] Vgl. dazu MünchKommBGB/*Oetker* § 249 Rn. 194 ff. m.w.N.
[14] Siehe MünchKommBGB/*Oetker* § 249 Rn. 189 ff. m.w.N.; Palandt/*Grüneberg* Vor § 249 Rn. 39.

c) Haftungsbegründende Kausalität und Zurechenbarkeit

Fraglich ist, ob das Inverkehrbringen der Bierflasche durch die F-GmbH für die **38** Verletzung des G kausal war. Ohne das Inverkehrbringen der Bierflasche wäre G bei deren Explosion nicht verletzt worden; dass Flaschen mit kohlensäurehaltigen Getränken explodieren können, liegt nicht außerhalb jeder Lebenserfahrung.

Gleichwohl stellt sich die Frage, ob der Verletzungserfolg der F-GmbH zurechenbar **39** ist. Denn das Inverkehrbringen von Produkten, auch von Bierflaschen, im Rahmen der Rechtsordnung ist sozialadäquat. Damit bedarf die Zurechnung der Körperverletzung durch die explodierte Flasche einer besonderen Begründung. Bei fehlerhaften Produkten geht die Rspr. davon aus, dass der Hersteller dann haftet, wenn er beim Inverkehrbringen des fehlerhaften Produkts eine Verkehrssicherungspflicht verletzt hat.

Erforderlich ist zunächst das Vorliegen eines Produktfehlers; insofern gelten die glei- **40** chen Kategorien wie bei § 2 ProdHaftG. In Betracht kommen also vor allem Konstruktionsfehler, Fabrikationsfehler und Instruktionsfehler. Ein Konstruktionsfehler ist bei der explodierten Flasche üblicher Art nicht ersichtlich. In Betracht kommt jedoch ein Fabrikationsfehler, falls die F-GmbH eine Flasche verwendet haben sollte, die man angesichts ihrer Abnutzung nicht mehr hätte verwenden dürfen. Ob dies der Fall ist, ist allerdings objektiv unklar und zwischen den Parteien umstritten. Jedoch sind Hersteller kohlensäurehaltiger Getränke nach Deliktsgrundsätzen verpflichtet, in den Grenzen des technisch Möglichen und wirtschaftlich Zumutbaren dafür zu sorgen, dass der Verbraucher durch ihre Erzeugnisse – also sowohl das Getränk an sich als auch das verwendete Behältnis sowie die Abstimmung beider aufeinander – keine Gesundheitsschäden erleiden.[15] Die Verantwortlichkeit erstreckt sich auch auf die Haltbarkeit der verwendeten Flaschen beim Transport und den ordnungsgemäßen Gebrauch. Wegen der potentiellen Gefährlichkeit mehrfach verwendeter Einheitsmehrwegflaschen war die F-GmbH verpflichtet, die verwendeten Flaschen vor dem Verlassen ihres Betriebs zu überprüfen und dies zu dokumentieren. Da nach der Explosion einer Flasche oft nicht mehr feststellbar ist, ob die Flasche schadhaft war und ob dieser Zustand bereits beim Inverkehrbringen bestand oder erst hinterher, unter Umständen durch die Art und Weise der Benutzung durch den geschädigten G, entstanden ist, erscheint es ausnahmsweise angemessen, die allgemeinen Beweislastgrundsätze zulasten der F-GmbH als Getränkeherstellerin umzukehren. Da sie verpflichtet war, die verwendeten Flaschen mit geeigneten Methoden auf ihre Berst- und Bruchsicherheit zu prüfen und dies zu dokumentieren, was sie nicht getan hat, geht die Unaufklärbarkeit des Sachverhalts zu ihren Lasten.

Vom Vorliegen eines Produktfehlers ist somit auszugehen. **41**

d) Rechtswidrigkeit

Die F-GmbH handelte rechtswidrig. **42**

e) Verschulden

Sie müsste ihre Verkehrssicherungspflicht vorsätzlich oder fahrlässig, also schuld- **43** haft, verletzt haben. Dabei ist der F-GmbH als juristischer Person das Verhalten

---

[15] BGHZ 104, 323, 326 f. = NJW 1988, 2611.

und Verschulden ihrer Organe – also insbesondere der Geschäftsführer (§ 35 GmbHG) – analog § 31 zuzurechnen. Da in ihrem Betrieb ausgehende Flaschen trotz der allgemein bekannten Explosionsgefahr bei Befüllung mit kohlensäurehaltigen Getränken nicht vorgesehen ist, haben die Organe die Produktion nicht entsprechend der erforderlichen Sorgfalt ausgestaltet und somit die Verkehrssicherungspflicht zumindest i. S. v. § 276 Abs. 2 fahrlässig verletzt.

f) Schaden

44 Ein Schaden ist grundsätzlich jede Einbuße an Rechten oder Interessen, also auch die Verletzung des Körpers des G. Vermögensschäden hat er durch die Behandlungskosten und den vorübergehenden und den weiteren Verdienstausfall erlitten.

g) Haftungsausfüllende Kausalität und Zurechenbarkeit der Schäden

45 Sämtliche Schadensposten beruhen grundsätzlich auf der von der F-GmbH und ihren Organen verschuldeten Körperverletzung des G, doch sind der spätere Alkoholismus des G und seine darauf beruhende Erwerbsunfähigkeit der F-GmbH aus den oben (siehe Rn. 39 f.) genannten Gründen nicht mehr zuzurechnen und somit nicht ersatzfähig.

h) Art und Umfang des Schadensersatzes

46 Für die Behandlungskosten kann G gemäß § 249 Abs. 2 Satz 1, für den ursprünglichen Verdienstausfall gemäß §§ 249 Abs. 1, 252, 842 f. Ersatz verlangen.

i) Mitverschulden

47 Ein anspruchsminderndes Mitverschulden des G i. S. v. § 254 Abs. 1 ist, da ein unvorsichtiger Umfang mit der Flasche nicht vorliegt, zu verneinen.

j) Erlöschen des Anspruchs durch Erfüllung

48 Da die F-GmbH die ersatzfähigen Schadensposten bereits durch Zahlung beglichen hat, ist der Anspruch des G grundsätzlich gemäß § 362 Abs. 1 infolge von Erfüllung erloschen. Fraglich ist, ob sich an diesem Ergebnis etwas ändert, weil die F-GmbH „ohne Anerkennung einer Rechtspflicht" geleistet hat. Dies ist jedoch unbeachtlich.

k) Ergebnis

49 G kann von S gemäß § 823 Abs. 1 keine weiteren Zahlungen verlangen, insbesondere nicht eine Geldrente i. S. v. § 844.

Hinweis: Ein Eingehen auf weitere Anspruchsgrundlagen scheint entbehrlich, da jeweils kein anderes Ergebnis zu erwarten ist. Eine Erörterung des § 229 StGB im Rahmen von § 823 Abs. 2 wäre insofern zwar nicht falsch, aber wenig gewinnbringend.

Teil 3. Geschäftsführung ohne Auftrag

Die folgenden Fälle sollen in typische Fallkonstellationen der Geschäftsführung ohne Auftrag (GoA) einführen. Gleichwohl zeigt sich bereits hier, dass man die GoA nicht als isoliertes Phänomen verstehen kann, das allein zur Lösung eines Falles beiträgt. Die GoA steht – auch aufgrund von Verweisungsnormen wie etwa § 539 Abs. 1, § 601 Abs. 2 oder § 994 Abs. 2 – in Beziehung zu anderen Regelungsmaterien des bürgerlichen Rechts. Ihr Anwendungsbereich ist im Detail relativ umstritten, etwa für nichtige Verträge. Dieses für den Anfänger komplizierte Geflecht von Konkurrenzen verschiedener Normkomplexe gehört zum Stoff der gesetzlichen Schuldverhältnisse. Deshalb kommen Ansprüche aus GoA nicht nur in den beiden folgenden Fällen (Fälle 13 und 14) vor, sondern auch später in einigen Fällen zum Bereicherungsrecht (etwa Fälle 16, 22–24, 27). Man muss gerade dort auch immer an die GoA denken, weil die berechtigte GoA (§ 683 Satz 1) einen rechtlichen Grund i.S.v. § 812 liefert.

Fall 13. Hilfe unter Nachbarn

Sachverhalt

Schreinermeister Gutmann (G) hat zu seinem Nachbarn, dem Notar Nöhlig (N), ein eher gespanntes Verhältnis. Als N für vier Wochen auf die Malediven fliegt, bittet er eine andere Nachbarin, die Zahnärztin Zeiser (Z), auf seinem Anwesen nach dem Rechten zu sehen. Doch bringt ein Unfall die Z alsbald ins Krankenhaus.

Eines Abends bemerkt G, dass N s Gartentor offensteht. Er beschließt, vorsichtshalber nachzusehen, ruft „Hallo?" und betritt dann das Grundstück. Vor der Haustür sieht er einen Rucksack liegen und will mit seinem Mobiltelefon die Polizei rufen. Da wird G von einem unbekannten Einbrecher (E) niedergeschlagen. Er muss sich von seinem Arzt behandeln lassen und dafür 150 EUR bezahlen.

Um N's Grundstück zu sichern, beseitigt G am nächsten Tag den Schaden am Gartentor, das der E gewaltsam aufgebrochen hatte. Seine Tochter Tanja (T), zehn Jahre alt, findet, dass das reparierte Tor mit alten und neuen Holzteilen in verschiedenen Farben nicht mehr schön aussieht. Sie besorgt daher von ihrem Taschengeld die passende Holzfarbe und streicht das Gartentor einheitlich an. Ihre Eltern bemerken dies erst hinterher und meinen, T hätte dies für den meist unfreundlichen N nicht tun müssen.

Frage 1: G verlangt von N nach dessen Rückkehr 50 EUR für das verwendete Material, 100 EUR Werklohn und die Arztkosten i. H. v. 150 EUR sowie ein angemessenes Schmerzensgeld.

Frage 2: T hätte gerne von N Ersatz des Kaufpreises für die Farbe und 40 EUR für das Streichen.

Muss N zahlen?

Gliederung

Lösung

Frage 1: Ansprüche des G gegen N

I. Vertragliche Ansprüche

1 Ansprüche des G gegen N aus einem zwischen beiden Parteien bestehenden Vertrag scheiden mangels Vertragsschlusses aus.

II. Anspruch aus GoA (§§ 683 Satz 1, 670)

2 G könnte gegen N einen Aufwendungsersatzanspruch i.H.v. 300 EUR zzgl. eines angemessenen Schmerzensgeldes nach §§ 683 Satz 1, 670 aus berechtigter Geschäftsführung ohne Auftrag (GoA; §§ 677 ff.) haben.

1. Geschäftsbesorgung

3 Der Kontrollgang und die Reparatur des Gartentors müssten eine Geschäftsbesorgung des G i.S.d. § 677 darstellen. Als Geschäftsbesorgung kommt grundsätzlich jede tatsächliche oder rechtsgeschäftliche Tätigkeit in Betracht,[1] also auch die beiden Maßnahmen des G.

2. Fremdes Geschäft

4 Mit seinem Kontrollgang wollte G feststellen, was los sei, weil N infolge seiner Abwesenheit sich nicht selbst darum kümmern konnte. Die Reparatur des Gartentors diente dazu, weitere, dem N drohende Schäden zu verhindern. Folglich fällt die Tätigkeit des G objektiv in den Interessenkreis des N und war deshalb für G objektiv fremd.

3. Fremdgeschäftsführungswille

5 Weiter muss G mit Fremdgeschäftsführungswillen gehandelt haben. Der Fremdgeschäftsführungswille wird nach allgemeiner Ansicht vermutet, wenn die Tätigkeit ein objektiv fremdes Geschäft zum Gegenstand hatte.[2] Da die Tätigkeit des G objektiv in den Interessenkreis des N fiel und sich G dessen auch bewusst war, kann der Fremdgeschäftsführungswille des G nicht nur vermutet, sondern sogar positiv festgestellt werden.

---

[1] *Palandt/Sprau* § 677 Rn. 2 und § 662 Rn. 6.
[2] *BGH* NJW 1963, 1825, 1826; *Palandt/Sprau* § 677 Rn. 4.

4. Ohne Auftrag oder sonstige Berechtigung

Zwischen N und G bestand – anders als zwischen N und Z – kein Auftragsverhält- **6** nis. Als sonstige Berechtigung des G, für N tätig zu werden, könnte man das zwischen den beiden bestehende Nachbarschaftsverhältnis in Betracht ziehen. Doch ist dieses weder ein Schuldverhältnis noch in sonstiger Weise inhaltlich konkret genug, um eine sonstige Berechtigung des G zu begründen.

5. Voraussetzungen der berechtigten GoA (§ 683 Satz 1)

Eine berechtigte GoA setzt nach § 683 Satz 1 voraus, dass die Übernahme der Ge- **7** schäftsführung dem Interesse und Willen des Geschäftsherrn entspricht.

a) Interesse des N

Eine Geschäftsführung liegt im Interesse des Geschäftsherrn, wenn sie im Zeit- **8** punkt der Übernahme für ihn objektiv nützlich ist. Da die Maßnahmen des G weitere Schäden von N verhinderten, ist dies für sie zu bejahen.

b) Wille des N

Fraglich ist, ob die Geschäftsführung des G dem wirklichen oder mutmaßlichen **9** Willen des N entsprach, da G im Nachhinein immerhin 300 EUR Aufwendungsersatz und Schmerzensgeld von N verlangt hat.

Abzustellen ist zunächst auf den wirklichen Willen des N, so wie er zum Zeitpunkt **10** der Geschäftsübernahme oder ihrer Anzeige (§ 681 Satz 1) zum Ausdruck gebracht wurde. Hier konnte sich N wegen seiner Abwesenheit nicht äußern. Deshalb kann nur auf den mutmaßlichen Willen des N abgestellt werden. Es kommt damit darauf an, welchen Willen N im Zeitpunkt der Geschäftsführung bei objektiver Betrachtung mutmaßlich geäußert hätte. Mangels entgegenstehender Anhaltspunkte kann hier davon ausgegangen werden, dass die Maßnahmen, die im Interesse des N lagen, auch seinem mutmaßlichen Willen entsprachen. Daran ändern die entstandenen Kosten nichts. Wäre N anwesend gewesen, so hätte er selbst auch nach dem Rechten gesehen. Auch er hätte sich der Gefahr ausgesetzt, von einem Einbrecher überrascht zu werden, und auch ihm wären Kosten für die Reparatur des Gartentors entstanden. Also entsprach die Tätigkeit des G dem mutmaßlichen Willen des N.

6. Rechtsfolge: Aufwendungsersatzanspruch nach Auftragsrecht

Damit liegt eine sog. berechtigte GoA vor, sodass G von N gemäß § 683 Satz 1 **11** „wie ein Beauftragter" Ersatz seiner Aufwendungen nach § 670 verlangen kann. Aufwendungen sind bewusste und freiwillige Vermögensopfer im Rahmen der Geschäftsführung.[3] Ersatzfähig sind aber gemäß § 670 nur solche Aufwendungen, die der Geschäftsführer den Umständen nach für erforderlich halten durfte.

a) Materialkosten

Da G die Kosten für das bei der Reparatur verwendete Material bewusst verauslagt **12** hat, stellen sie Aufwendungen dar. Die Reparatur des Gartentors war zudem erforderlich, um das Grundstück des N gegen den Zutritt Unbefugter zu sichern. G kann also von N für das Material 50 EUR Aufwendungsersatz verlangen.

---

[3] Staudinger/*Bergmann* (2006) § 683 Rn. 46; Palandt/*Sprau* § 683 Rn. 8 und § 670 Rn. 3.

b) Arbeitsleistung des G

13 Fraglich ist, ob G weitere 100 EUR für seine Arbeitskraft beanspruchen kann. Dagegen spricht an sich der Verweis in § 683 Satz 1 auf die Auftragsvorschriften: Ein Beauftragter wird gemäß § 662 unentgeltlich tätig und kann deshalb über § 670 kein Geld für eine erbrachte Arbeitsleistung verlangen.

14 Gleichwohl macht die h. M. bei der GoA eine Ausnahme, soweit die Tätigkeit in die berufliche Sphäre des Geschäftsführers fällt. Dann kann die übliche Vergütung im Wege des Aufwendungsersatzes gefordert werden. Begründet wird dies mit dem Rechtsgedanken des § 1835 Abs. 3 und der Überlegung, dass es bei der GoA, anders als beim Auftrag, an einer Vereinbarung über die Unentgeltlichkeit der Tätigkeit gerade fehlt.[4] Die Reparatur des Gartentors gehörte zur beruflichen Tätigkeit des G als Schreinermeister. Die geforderte Vergütung von 100 EUR ist für eine derartige Arbeitsleistung auch durchaus üblich. G kann deshalb von N weitere 100 EUR für seine aufgewendete Arbeitskraft verlangen.

c) Arztkosten

15 Bei den 150 EUR Arztkosten, die G von N ersetzt verlangt, erscheint problematisch, dass diese Kosten dem G nicht „freiwillig" entstanden sind. Vielmehr handelt es sich bei den Arztkosten um einen Schaden und damit nicht um Aufwendungen (im klassischen Sinne). Eine unmittelbare Anwendung des § 670 scheidet daher aus.

16 Fraglich ist aber, ob der Geschäftsführer bei der Geschäftsbesorgung entstandene Schäden in entsprechender Anwendung des § 670 ersetzt verlangen kann. Dies ist heute für Schäden, in denen sich ein spezifisches Risiko der Geschäftsbesorgung verwirklicht hat (sog. risikotypische Begleitschäden), allgemein anerkannt.[5] Spezifische Gefahren der Geschäftsführung sind solche, die mit der Art der Tätigkeit oder den Umständen ihrer Ausführung erkennbar und mit einer gewissen Wahrscheinlichkeit verbunden sind.[6] Ein adäquater Kausalzusammenhang zwischen Geschäftsführung und Schaden soll hingegen nicht ausreichen, sodass Schäden, in denen sich nur das allgemeine Lebensrisiko realisiert, nicht ersatzfähig sind.[7] Umstritten ist lediglich, ob – so die h. M. – die freiwillige Übernahme eines Schadensrisikos einem freiwilligen Vermögensopfer i. S. d. Aufwendungsbegriffs gleichzusetzen ist[8] oder wegen Zweifeln an der dogmatischen Haltbarkeit dieser Gleichsetzung eine „Risikohaftung bei Tätigkeit in fremdem Interesse" anzunehmen ist.[9] Welcher Begründung zu folgen ist, kann dahinstehen, da beide Ansichten dem Gedanken Rechnung tragen, dass es unbillig wäre, den fremdnützig handelnden Geschäftsführer dauerhaft mit Schäden zu belasten, die Folge der typischen Gefahr einer Geschäftsbesorgung sind, die einem anderen zugute kommt.

17 Vorliegend war die Untersuchung des Hauses wegen des aufgebrochenen Gartentors spezifisch mit dem Risiko verbunden, auf einen Einbrecher zu stoßen. In der Ver-

---

4 St. Rspr., siehe nur *BGH* NJW 1971, 609, 612 (in BGHZ 55, 128 nicht abgedruckt); NJW-RR 2005, 639, 641 m. w. N.; Palandt/*Sprau* § 683 Rn. 8.

5 BGHZ 38, 270, 277; NJW 1993, 2234, 2235; Palandt/*Sprau* § 683 Rn. 9 und § 670 Rn. 11.

6 Bamberger/Roth/*Gehrlein* § 683 Rn. 4 m. w. N.

7 *Wandt* § 5 Rn. 38.

8 MünchKommBGB/*Seiler* § 683 Rn. 18 m. w. N.: analoge Anwendung; Palandt/*Sprau* § 670 Rn. 11.

9 Etwa m. w. N. Erman/*Dornis* § 683 Rn. 14 und Erman/*Berger* § 670 Rn. 19; *Larenz* II/1 § 57 Ib (S. 449 f.).

letzung des G hat sich deshalb gerade die mit dem Kontrollgang verbundene gesteigerte Gefahr verwirklicht, von einem überraschten Einbrecher angegriffen zu werden. Daher kann G auch Ersatz für die ihm entstandenen Arztkosten verlangen.

d) Schmerzensgeld

Umstritten ist, ob der Aufwendungsersatzanspruch nach § 670 für risikotypische **18** Begleitschäden auch immaterielle Schäden umfasst. Der BGH hat dies in einer älteren Entscheidung im Hinblick auf den Ausnahmecharakter des § 847 a. F. und die Genugtuungsfunktion des Schmerzensgeldes abgelehnt.[10] Nach einer im Vordringen befindlichen Literaturmeinung sind dagegen auch immaterielle Schäden in analoger Anwendung des § 253 Abs. 2 ersatzfähig.[11]

Der zuletzt genannten Auffassung gebührt der Vorzug. Für sie spricht, dass seit der **19** Ablösung des § 847 a. F. durch § 253 Abs. 2 immaterielle Schäden auch außerhalb des Deliktsrechts ersatzfähig sind. Zudem richtet sich der Umfang der Ersatzpflicht im Falle risikotypischer Begleitschäden auch im Übrigen nach allgemeinem Schadensrecht, also nach den §§ 249 ff.[12] Folglich kann G von N nach § 253 Abs. 2 analog auch eine billige Entschädigung in Geld für die erlittenen Schmerzen beanspruchen.

7. Ergebnis

G kann von N Aufwendungsersatz i. H. v. 300 EUR sowie ein angemessenes **20** Schmerzensgeld nach §§ 683 Satz 1, 670 verlangen.

Hinweis: Zu prüfen wäre als nächstes grundsätzlich ein Verwendungsersatzanspruch des G gegen N nach § 994 Abs. 1 bzw. 2 oder § 996, was Studienanfänger aber noch nicht wissen können. Voraussetzung wäre jeweils eine sog. Vindikationslage, d. h., Eigentümer N müsste gegen D als Besitzer des Grundstücks einen Herausgabeanspruch nach § 985 haben. G hat aber keinen Besitz am Grundstück des N, sodass Ansprüche nach den §§ 994, 996 nicht bestehen.

III. Anspruch aus § 812 Abs. 1 Satz 1 Alt. 1

Möglicherweise kann G von N auch nach § 812 Abs. 1 Satz 1 Alt. 1 Ersatz für seine **21** Arbeitsleistung und das eingebaute Material verlangen. Dazu müsste N etwas durch Leistung des G erlangt haben, ohne dass ein Rechtsgrund für das Behaltendürfen besteht.

Hinweis: Für das eingebaute Material wäre es auch vertretbar, einen Anspruch aus §§ 951 I 1 i. V. m. 812 Abs. 1 Satz 1 Alt. 1 zu prüfen. Nach Ansicht des BGH und einer **Mindermeinung** umfasst die Verweisung des § 951 Abs. 1 Satz 1 in das Bereicherungsrecht auch die Leistungskondiktion.[13] Die h. L. entnimmt § 951 Abs. 1 Satz 1 hingegen einen Verweis ausschließlich auf die Nichtleistungskondiktion des § 812 Abs. 1 Satz 1 Alt. 2. Dafür spricht, dass der Rechtserwerb bei Vorliegen einer Leistung aufgrund des Willens des Leistenden erfolgt, selbst wenn er sich (im vorliegenden Fall) nach den §§ 946 ff. vollzieht.[14] In Zwei-Personen-Verhältnissen wirkt sich der Streit nicht aus, da hier beide Auffassungen zum selben Ergebnis führen.[15]

---

[10] *BGH* NJW 1969, 1665, 1666.

[11] *Däubler* JuS 2002, 625, 626; Palandt/*Sprau* § 670 Rn. 13; *Wandt* § 5 Rn. 39.

[12] Vgl. Palandt/*Sprau* § 670 Rn. 13; *Wandt* § 5 Rn. 39.

[13] BGHZ 108, 256, 263 = NJW 1989, 2745; *Prütting*, Sachenrecht, 35. Aufl. 2014, Rn. 466.

[14] *Bauer/Wolf* JuS 1966, 393, 399; Bamberger/Roth/*Kindl* § 951 Rn. 2 m. w. N.

[15] MünchKommBGB/*Füller* § 951 Rn. 3, der darlegt, warum es in Drei-Personen-Verhältnissen anders ist. – Freilich muss die h. L. § 951 Abs. 1 Satz 2 auf die Leistungskondiktion analog anwenden.

1. Etwas erlangt

22 N müsste zunächst etwas erlangt haben. Als erlangtes Etwas kommt jeder Vermögensvorteil in Betracht.[16]

23 Im vorliegenden Fall ist N in den Genuss einer Arbeitsleistung gelangt, die üblicherweise nur gegen Entgelt erbracht wird. Er hat sich dadurch entsprechende eigene Aufwendungen erspart und zumindest deshalb etwas erlangt.[17]

Hinweis: Zwischen Lit. und Rspr. ist umstritten, worin der Bereicherungsgegenstand in solchen Fällen zu sehen ist. Die Rspr. stellt häufig auf die Ersparnis eigener Aufwendungen ab, die Lit. hingegen auf die Dienstleistung oder in anderen Fällen z. B. auf die tatsächliche Nutzung eines Gegenstandes. Letzteres ist präziser; die Frage der Aufwendungsersparnis ist zutreffend erst bei § 818 Abs. 3 zu prüfen.

24 Daneben hat N kraft Gesetzes das Eigentum am eingebauten Material erworben. Durch den Einbau in das Gartentor des N wurde das Material mit einem wesentlichen Grundstücksbestandteil derart verbunden, dass es nun selbst wesentlicher Bestandteil des Grundstücks ist.[18] Damit hat N als Grundstückseigentümer gemäß §§ 946, 94 Abs. 1 das Eigentum am Material erworben.

2. Durch Leistung des G

26 Fraglich ist aber, ob die genannten Vermögensvorteile auf eine Leistung des G zurückzuführen sind, also auf eine bewusste und zweckgerichtete Mehrung fremden Vermögens.[19]

27 G hat N seine Arbeitskraft sowie Eigentum und Besitz am eingebauten Material bewusst zugewendet.

28 Es fehlt aber an einer zweckgerichteten Vermögensmehrung, da G keinen Leistungszweck verfolgt hat. G hat das Gartentor des N nicht in Erfüllung einer (vermeintlichen) Verbindlichkeit *(solvendi causa)* repariert. Vielmehr war ihm bewusst, dass er N mangels vertraglicher Beziehung nichts schuldete. Die Reparatur des Tors erfolgte ausschließlich zur Sicherung des Nachbargrundstücks, also aus rein fremdnützigen Motiven, und stellt somit keine Leistung dar.

3. Ohne rechtlichen Grund

29 Im Übrigen erfüllt die Reparatur des Gartentors nach dem oben Gesagten den Tatbestand einer berechtigten GoA gemäß § 683 Satz 1. Diese bildet einen Rechtsgrund i. S. d. § 812 Abs. 1 Satz 1 Alt. 1,[20] der einer Leistungskondiktion ebenfalls entgegensteht.

4. Ergebnis

30 Folglich kann G von N nach § 812 Abs. 1 Satz 1 Alt. 1 keinen Ersatz für seine Arbeitsleistung und das eingebaute Material beanspruchen.

---

[16] Palandt/*Sprau* § 812 Rn. 8.
[17] Vgl. Palandt/*Sprau* § 812 Rn. 11.
[18] Vgl. Bamberger/Roth/*Fritzsche* § 94 Rn. 10, 18; Palandt/*Ellenberger* § 94 Rn. 3.
[19] BGHZ 58, 184, 188; *BGH* NJW 2004, 1169; Palandt/*Sprau* § 812 Rn. 3.
[20] *BGH* NJW 1993, 3196.

IV. Anspruch aus §§ 951 Abs. 1 Satz 1, 812 ff. bzgl. des eingebauten Materials

Schließlich könnte G gegen N einen Anspruch auf Wertersatz für das verarbeitete **31** Material aus §§ 951 Abs. 1 Satz 1, 812 Abs. 1 Satz 1 Alt. 2, 818 Abs. 2 haben.

1. Anwendbarkeit

Wie oben (siehe Rn. 20) festgestellt, bestand im Zeitpunkt der Verwendungen des **32** G auf das Grundstück des N kein Eigentümer-Besitzer-Verhältnis zwischen G und N, welches gegenüber §§ 951 Abs. 1 Satz 1, 812 ff. eine Sperrwirkung entfalten könnte.

2. Rechtsverlust des G gemäß §§ 946 ff.

Dies setzt zunächst voraus, dass G gemäß §§ 946–950 einen Rechtsverlust erlitten **33** hat. Indem G die Materialien in das Gartentor des N eingebaut hat, hat er sie mit einem wesentlichen Bestandteil des Grundstücks i.S.d. § 94 Abs. 1 verbunden, wodurch die Materialien selbst zum wesentlichen Grundstücksbestandteil wurden.[21] Damit hat N als Grundstückseigentümer nach § 946 das Eigentum am eingebauten Material erworben und G das Eigentum an dem Material verloren.

3. Folge: Bereicherungsausgleich nach § 812 Abs. 1 Satz 1 Alt. 2

§ 951 Abs. 1 Satz 1 beinhaltet nach h.M. eine Rechtsgrundverweisung auf § 812 **34** Abs. 1 Satz 1 Alt. 2 (sog. Nichtleistungskondiktion), d.h. ein Bereicherungsanspruch besteht nur unter den dort genannten Voraussetzungen.

Im vorliegenden Fall hat N etwas erlangt, nämlich gemäß § 946 Eigentum und Be- **35** sitz am eingebauten Material.

Dies geschah auch in sonstiger Weise, nämlich kraft Gesetzes (§ 946). **36**

Der gesetzliche Eigentumserwerb durch N erfolgte ferner auf Kosten des G, da er **37** mit einem entsprechenden Rechtsverlust des G einherging.

Allerdings hat N Eigentum und Besitz am Material nicht ohne rechtlichen Grund **38** erlangt, da die berechtigte GoA (§ 683) einen Rechtsgrund für das Behaltendürfen i.S.v. § 812 Abs. 1 Satz 1 darstellt.

4. Ergebnis

Ein Anspruch des G gegen N auf Wertersatz für das eingebaute Material gemäß **39** §§ 951 Abs. 1, 812 ff. besteht folglich nicht.

V. Anspruch aus § 812 Abs. 1 Satz 1 Alt. 2 bzgl. der aufgewendeten Arbeitskraft

Schließlich kann G von N auch nach § 812 Abs. 1 Satz 1 Alt. 2 keinen Wertersatz **40** für seine Arbeitskraft beanspruchen, da die berechtigte GoA gemäß § 683 Satz 1 einen Rechtsgrund i.S.d. § 812 Abs. 1 darstellt.

---

[21] Vgl. Bamberger/Roth/*Fritzsche* § 94 Rn. 10, 18; Palandt/*Ellenberger* § 94 Rn. 3.

Frage 2: Ansprüche der T gegen N

I. Vertragliche Ansprüche

41 Vertragliche Ansprüche der T gegen N kommen von vornherein nicht in Betracht, da zwischen T und N kein Vertragsverhältnis besteht.

II. Anspruch aus GoA (§§ 683 Satz 1, 670)

42 T könnte gegen N einen Anspruch auf Ersatz der ihr entstandenen Aufwendungen nach §§ 683 Satz 1, 670 aus berechtigter Geschäftsführung ohne Auftrag (GoA; §§ 677 ff.) haben.

1. Geschäftsbesorgung

43 Da jede Tätigkeit eine Geschäftsbesorgung sein kann, stellt das Anstreichen des Gartentors eine Geschäftsbesorgung der T i. S. d. § 677 dar.

2. Fremdgeschäftsführungswille

44 Der Fremdgeschäftsführungswille der T kann vermutet werden, da sie bei ihrer Tätigkeit ein objektiv fremdes Geschäft besorgt hat.

3. Ohne Auftrag oder sonstige Berechtigung

45 T hat ohne Auftrag oder eine sonstige Berechtigung gegenüber N gehandelt.

4. Unwirksamkeit der Übernahme nach § 111 Satz 1?

46 Fraglich ist, ob die Übernahme des Geschäfts durch T wirksam erfolgen konnte, da T zum Zeitpunkt der Geschäftsführung noch minderjährig war.

47 Nach h. M.[22] ist die GoA als Rechtshandlung wegen der Vielzahl der von ihr erfassten Sachverhalte eine Unterart der rein tatsächlichen Handlungen. Die Vorschriften über Rechtsgeschäfte, insbesondere die §§ 104 ff., finden deshalb keine Anwendung. T konnte demnach ohne Weiteres ein Geschäft des N übernehmen. Nimmt der Minderjährige im Rahmen der GoA gegenüber einem Dritten eine rechtsgeschäftliche oder rechtsgeschäftsähnliche Handlung vor, ist er insofern über die unmittelbar geltenden §§ 104 ff. sowie gegebenenfalls über § 179 Abs. 3 Satz 2 geschützt.

48 Die Gegenansicht[23] sieht in der Übernahme der GoA eine rechtsgeschäftsähnliche Handlung; die überwiegende Anzahl ihrer Vertreter hält deshalb eine analoge Anwendung der Regeln über Rechtsgeschäfte für stets geboten. Da T gemäß §§ 2, 106 beschränkt geschäftsfähig ist, wäre die Übernahme der Geschäftsführung als einseitige Handlung analog § 111 Satz 1 unwirksam. Somit würde eine wirksame GoA durch T und damit auch ein Aufwendungsersatzanspruch[24] ausscheiden.

---

[22] Palandt/*Sprau* Vor § 677 Rn. 2; krit. MünchKommBGB/*Seiler* Vor § 677 Rn. 5, § 682 Rn. 2 ff.
[23] Soergel/*Mühl*, 11. Aufl. 1980, § 682 Rn. 1; *LG Aachen* NJW 1963, 1252, 1253.
[24] Insofern a. A. Soergel/*Beuthien* § 682 Rn. 2: dennoch Anspruch aus § 683.

Vorzugswürdig erscheint die h.M., denn die Vorschriften über die Geschäftsfähig- **49** keit dienen allein dem Schutz des Minderjährigen. Ihre Anwendung auf die Geschäftsführung würde dazu führen, dass dem Minderjährigen die Ansprüche aus GoA verwehrt würden. Dies würde den von den §§ 104 ff. bezweckten Minderjährigenschutz aber in sein Gegenteil verkehren. Es genügt, wenn der Minderjährige vor Gegenansprüchen des Geschäftsherrn ausreichend geschützt ist (vgl. z.B. § 682).

Daher steht die Minderjährigkeit der T einer wirksamen Geschäftsführung für N **50** nicht entgegen (a.A. vertretbar, dann weiter mit § 812).

5. Voraussetzungen der berechtigten GoA (§ 683 Satz 1)

Die Übernahme des Geschäfts durch T müsste dem Interesse und Willen des N **51** entsprochen haben (§ 683 Satz 1).

a) Interesse des N

Fraglich ist, ob der neue Anstrich des Gartentors dem Interesse des N entsprach **52** (§ 683 Satz 1). Wie bereits erwähnt, besteht ein objektives Interesse des Geschäftsherrn an der Geschäftsübernahme, wenn diese ihm zum Zeitpunkt der Übernahme nützlich ist. Die objektive Nützlichkeit ist im Wege einer objektiven Betrachtung anhand der konkreten Sachlage im Einzelfall festzustellen, die aber subjektiv auf die Verhältnisse des Geschäftsherrn bezogen werden muss.[25]

Ob demnach ein objektives Interesse des Geschäftsherrn N am neuen, einheitlichen **53** Anstrich des Tors bestand, lässt sich aufgrund der spärlichen Hinweise im Sachverhalt nur vermuten. Man kann insoweit davon ausgehen, dass N sein Gartentor ohnehin wieder einheitlich angestrichen hätte, weshalb der neue Anstrich aus objektiver Sicht für N nützlich war. Aus dieser objektiven Nützlichkeit folgt, mangels gegenteiliger Anhaltspunkte, dann das objektive Interesse des N an der Tätigkeit der T.

b) Wille des N

Mangels entgegenstehender Hinweise kann davon ausgegangen werden, dass die im **54** objektiven Interesse des N liegende Maßnahme auch dessen mutmaßlichen Willen entspricht.

6. Rechtsfolge: Aufwendungsersatzanspruch nach Auftragsrecht

T hat demnach einen Aufwendungsersatzanspruch nach §§ 683 Satz 1, 670. **55**

Der Anspruch umfasst, da es sich hierbei um ein freiwilliges Vermögensopfer und **56** damit um eine Aufwendung der T handelt, den von T entrichteten Kaufpreis für die Holzfarbe. Da anzunehmen ist, dass T für die Farbe den marktüblichen Preis bezahlt hat, war die Aufwendung auch erforderlich i.S.d. § 670.

Hingegen ist die Arbeitskraft der T für die Malerarbeiten nach dem oben Gesagten **57** – also wegen des Verweises auf das Auftragsrecht – nicht ersatzfähig. Eine Ausnahme ergibt sich hier auch nicht aus dem Rechtsgedanken des § 1835 Abs. 3, da es sich bei der Arbeitsleistung um keine zum Beruf der T gehörige Tätigkeit gehandelt hat.

---

[25] *LG München* NJW-RR 1988, 1013; Palandt/*Sprau* § 683 Rn. 4.

7. Anspruchsausschluss gemäß § 685 Abs. 1

58 Der Aufwendungsersatzanspruch der T könnte aber gemäß § 685 ausgeschlossen sein, wenn sie in freigebiger Absicht gehandelt hat. Dies setzt voraus, dass T einen entsprechenden Verzichtswillen ausdrücklich oder konkludent kundgegeben hat. Die Frage, ob der Verzichtswille der T hinreichend deutlich zutage getreten ist, kann hier aber dahin stehen. Eine derartige Willensäußerung der T wäre rechtlich nachteilig und daher mangels Einwilligung der Eltern gemäß §§ 107, 111 unwirksam.[26] Ein Anspruchsausschluss nach § 685 Abs. 1 scheidet folglich aus.

8. Ergebnis

59 T kann nach §§ 683 Satz 1, 670 nur Ersatz des Kaufpreises für die Farbe von N verlangen.

III. Anspruch aus § 994 Abs. 1 bzw. 2 oder § 996

60 Ein Verwendungsersatzanspruch der T gegen N nach § 994 Abs. 1 bzw. 2 oder § 996 scheidet mangels Bestehens einer Vindikationslage aus. T hatte keinen Besitz am Grundstück des N, als sie Verwendungen auf das Gartentor machte.

IV. Anspruch aus § 812 Abs. 1 Satz 1 Alt. 1

61 Ein Anspruch der T gegen N auf Ersatz des Kaufpreises für die Farbe und der aufgewendeten Arbeitskraft könnte sich aber aus § 812 Abs. 1 Satz 1 Alt. 1 (sog. Leistungskondiktion) ergeben. Dies setzt voraus, dass N etwas durch Leistung der T erlangt hat und kein Rechtsgrund für das Behaltendürfen besteht.

1. Etwas erlangt

62 Als erlangtes Etwas kommt jeder Vermögensvorteil in Betracht.[27]

63 Die Malerarbeiten der T haben N einen Vermögensvorteil verschafft, da für derartige Tätigkeiten üblicherweise eine Vergütung bezahlt wird und N sich entsprechende eigene Aufwendungen erspart hat.

64 Zudem hat N gemäß §§ 946, 94 Abs. 1 kraft Gesetzes das Eigentum an der verarbeiteten Farbe erworben, da T die Farbe mit dem Gartentor, also mit einem wesentlichen Bestandteil des Grundstücks, verbunden hat. Die beschränkte Geschäftsfähigkeit der zehnjährigen T (§§ 2, 106) steht dem Eigentumserwerb des N nicht entgegen, da die §§ 107, 108 Abs. 1 nur auf den rechtsgeschäftlichen Eigentumserwerb nach § 929 Satz 1 anwendbar sind, nicht aber auf den gesetzlichen. T ihrerseits konnte nach § 107 das Eigentum an der gekauften Farbe gemäß § 929 Satz 1 erwerben. Auf die Wirksamkeit des schuldrechtlichen Verpflichtungsgeschäfts nach §§ 107, 110 kommt es dafür nicht an. Die Frage, unter welchen Voraussetzungen ein gesetzlicher Eigentumserwerb, den ein Nichtberechtigter herbeiführt, kondiktionsfest ist, kann hier folglich dahinstehen.

---

[26] Vgl. Palandt/*Sprau* § 685 Rn. 2.
[27] Palandt/*Sprau* § 812 Rn. 8.

2. Durch Leistung der T

Fraglich ist aber, ob N diese Vermögensvorteile durch Leistung der T erlangt hat. **65** Unter einer Leistung ist jede bewusste und zweckgerichtete Mehrung fremden Vermögens zu verstehen.[28]

T hat das Vermögen des N bewusst gemehrt, indem sie N das Eigentum an der **66** Farbe und ihre Arbeitsleistung zugewendet hat. Der gesetzliche Eigentumserwerb des N gemäß §§ 946, 94 Abs. 1 steht der Annahme einer Leistung nicht entgegen, da der Rechtserwerb auf dem Willen der T beruht.[29]

Eine zweckgerichtete Vermögensmehrung liegt aber nur vor, wenn T einen taugli- **67** chen Leistungszweck verfolgt hat. Der Leistungszweck folgt aus der bei der Zuwendung getroffenen Zweckbestimmung.[30]

Hier könnte die beschränkte Geschäftsfähigkeit der T (§§ 2, 106) der Wirksamkeit **68** einer derartigen Zweckbestimmung entgegenstehen. Bei der Zweckbestimmung handelt es sich um eine einseitige empfangsbedürftige Willenserklärung oder zumindest um eine rechtsgeschäftsähnliche Handlung, sodass die §§ 104 ff. Anwendung finden.[31] Gemäß §§ 111 Satz 1, 107 ist ein einseitiges Rechtsgeschäft, das ein Minderjähriger ohne Einwilligung des gesetzlichen Vertreters vornimmt, unwirksam, sofern es nicht lediglich rechtlich vorteilhaft ist. Eine Zweckbestimmung verschafft dem Zuwendenden aber grundsätzlich lediglich einen rechtlichen Vorteil, da sie eine bestehende Verbindlichkeit zum Erlöschen bringen kann.[32] Die von einem beschränkt Geschäftsfähigen getroffene Zweckbestimmung ist daher an sich wirksam.

Fraglich ist aber, ob T überhaupt einen Leistungszweck verfolgt hat. Bei § 812 **69** Abs. 1 Satz 1 Alt. 1 *(condictio indebiti)* besteht der Leistungszweck grundsätzlich in der Erfüllung einer (vermeintlichen) Verbindlichkeit.[33] Im vorliegenden Fall wusste T jedoch, dass sie N mangels vertraglicher Beziehung nichts schuldete. Zwar kommt als Leistungszweck auch die Erfüllung eines Schenkungsversprechens in Betracht (Leistung *donandi causa*). Im Zeitpunkt der Zuwendung lag jedoch – für alle Beteiligten erkennbar – kein Schenkungsvertrag zwischen N und T vor, da der abwesende N schon keine Gelegenheit zur Annahme eines etwaigen Schenkungsangebots der T hatte.

Nach dem maßgeblichen objektiven Empfängerhorizont hat T das Gartentor aus **70** rein fremdnützigen Motiven gestrichen und nicht um eine Verbindlichkeit gegenüber N zu erfüllen. T hat somit keine Leistung erbracht.

3. Ohne rechtlichen Grund

Im Übrigen stellt die berechtigte GoA (§ 683) einen Rechtsgrund i. S. d. § 812 Abs. 1 **71** Satz 1 Alt. 1 dar,[34] sodass eine Leistungskondiktion auch insofern ausscheidet.

---

[28] BGHZ 58, 184, 188; *BGH* NJW 2004, 1169; Palandt/*Sprau* § 812 Rn. 3.
[29] Vgl. Palandt/*Bassenge* § 951 Rn. 2.
[30] *Wandt* § 10 Rn. 15.
[31] MünchKommBGB/*Schwab* § 812 Rn. 49 f.
[32] *Wandt* § 10 Rn. 16.
[33] *Wandt* § 10 Rn. 17.
[34] *BGH* NJW 1993, 3196.

4. Ergebnis

72 Folglich kann T von N keinen Ersatz für die Holzfarbe und ihre Arbeitsleistung aus § 812 Abs. 1 Satz 1 Alt. 1 verlangen.

V. Anspruch aus §§ 951 Abs. 1 Satz 1, 812 Abs. 1 Satz 1 Alt. 2 bzgl. der Farbe

73 Möglicherweise kann T im Wege der Nichtleistungskondiktion nach §§ 951 Abs. 1 Satz 1, 812 Abs. 1 Satz 1 Alt. 2 Ersatz für die Holzfarbe von N beanspruchen.

1. Anwendbarkeit

74 Die Sperrwirkung des EBV (hier: §§ 994 ff.) steht der Anwendung der §§ 951 Abs. 1 Satz 1, 812 Abs. 1 Satz 1 Alt. 2 nicht entgegen, da T im Zeitpunkt der Verwendungen keinen Besitz am Grundstück des N hatte.

2. Rechtsverlust der T nach §§ 946 ff.

75 Gemäß § 951 Abs. 1 Satz 1 müsste T zunächst einen Rechtsverlust gemäß §§ 946 ff. erlitten haben. T war ursprünglich Eigentümerin der Holzfarbe. Der Erwerb des Eigentums an der Farbe nach § 929 Satz 1 war für T lediglich rechtlich vorteilhaft und daher gemäß § 107 auch ohne Einwilligung der Eltern wirksam. Auf die Frage, ob auch das schuldrechtliche Verpflichtungsgeschäft, also der Kaufvertrag, nach §§ 107, 110 wirksam war, kommt es hier nicht an. Indem T das Tor des N mit der Holzfarbe gestrichen hat, hat sie die Farbe mit dem Tor verbunden, welches wiederum ein wesentlicher Bestandteil des Grundstücks des N i. S. d. § 94 Abs. 1 ist.

76 Folglich hat N gemäß § 946 kraft Gesetzes das Eigentum an der verarbeiteten Farbe erworben, was mit einem Rechtsverlust bei T einhergeht.

3. Folge: Bereicherungsausgleich nach § 812 Abs. 1 Satz 1 Alt. 2

77 Ein Bereicherungsausgleich findet aber nur unter den zusätzlichen Voraussetzungen des § 812 Abs. 1 Satz 1 Alt. 2 (Nichtleistungskondiktion) statt, da § 951 Abs. 1 Satz 1 nach h. M. insoweit eine Rechtsgrundverweisung enthält.[35]

a) Etwas erlangt

78 N hat das Eigentum an der Farbe gemäß §§ 946, 94 Abs. 1 gesetzlich erworben.

b) In sonstiger Weise

79 N müsste das Eigentum an der Farbe in sonstiger Weise, also nicht durch Leistung, erlangt haben. Wie oben festgestellt, scheidet eine vorrangige Leistungsbeziehung zwischen N und T aus, da T beim Streichen des Tors keinen Leistungszweck verfolgt hat. T hat N einen Vermögensvorteil verschafft, indem sie Verwendungen, also sachbezogene Aufwendungen, auf dessen Gartentor getätigt hat. Somit ist hier die Verwendungskondiktion als Sonderfall der Nichtleistungskondiktion gemäß § 812 Abs. 1 Satz 1 Alt. 2 einschlägig.[36]

---

[35] Bamberger/Roth/*Kindl* § 951 Rn. 2 m. w. N.; Soergel/*Henssler* § 951 Rn. 2, 4.
[36] *Wandt* § 11 Rn. 59.

c) Auf Kosten der T

Weiterhin müsste N das Eigentum an der Farbe auf Kosten der T erlangt haben. **80**
Der gesetzliche Eigentumserwerb durch N hat unmittelbar dazu geführt, dass T das
Eigentum an der Farbe verloren hat. Folglich ist N auf Kosten der T bereichert.

d) Ohne Rechtsgrund

Fraglich ist schließlich, ob N das Eigentum an der Farbe ohne Rechtsgrund erwor- **81**
ben hat. Wie oben ausgeführt, ist die Tätigkeit der T als berechtigte GoA i.S.d.
§ 683 zu qualifizieren. Die berechtigte GoA stellt aber einen Rechtsgrund für das
Behaltendürfen der erlangten Vermögensvorteile dar.[37]

4. Ergebnis

Eine Verwendungskondiktion gemäß §§ 951 Abs. 1 Satz 1, 812 Abs. 1 Satz 1 Alt. 2 **82**
scheitert folglich am Bestehen eines rechtlichen Grundes.

VI. Anspruch aus § 812 Abs. 1 Satz 1 Alt. 2 bzgl. der aufgewendeten Arbeitskraft

Auch ein Wertersatzanspruch der T gegen N für die aufgewendete Arbeitskraft nach **83**
§ 812 Abs. 1 Satz 1 Alt. 2 scheitert daran, dass mit der berechtigten GoA ein
Rechtsgrund i.S.d. § 812 Abs. 1 besteht.

Ergänzende Hinweise: (1.) Gelangt man zu dem Ergebnis, dass die Geschäftsführung durch T nicht
dem Interesse des N entspricht, wäre ein Anspruch aus unberechtigter GoA nach § 684 Satz 1 i.V.m.
§§ 812 ff. zu prüfen; N hat die Geschäftsführung der T auch nicht nach § 684 Satz 2 genehmigt. § 684
Satz 1 enthält eine Rechts**folgen**verweisung auf das Bereicherungsrecht, sodass ein Bereicherungsaus-
gleich nach §§ 818 ff. stattfinden würde.[38] T könnte also nach § 818 Abs. 2 von N Wertersatz für die
Holzfarbe sowie eine angemessene Vergütung für ihre Arbeitsleistung verlangen, da eine Herausgabe des
Erlangten i.S.v. § 818 Abs. 1 ausscheidet. Allerdings müsste man sich dann noch fragen, ob hier ein
Fall der „aufgedrängten Bereicherung" vorliegt. Damit ist gemeint, dass die Bereicherung gegen den
Willen des Bereicherten (N) erfolgt ist. In einem solchen Fall wäre es unbillig, müsste der Bereicherte
nach § 818 Abs. 2 den vollen Wert des nicht gewollten Etwas ersetzen. Deshalb wird die Wertersatzpflicht bei aufgedrängter Bereicherung ausnahmsweise nach dem subjektiven Interesse des Erwerbenden
an dem Vermögenszuwachs bemessen.[39] Ein Kondiktionsausschluss nach § 814 kommt hingegen nicht
in Betracht, da diese Vorschrift nur auf die Leistungskondiktion anwendbar ist und T keine Leistung
erbracht hat.

(2.) Für den Anspruch aus §§ 951 Abs. 1 Satz 1, 812 Abs. 1 Satz 1 Alt. 2 würde sich folgende Änderung ergeben: Verneint man die berechtigte GoA, fehlt es am Rechtsgrund, sodass ein Anspruch der T
gegen N dem Grunde nach besteht. Gemäß § 951 Abs. 1 Satz 1 könnte T von N eine Vergütung in
Geld, also Wertersatz in Höhe des Kaufpreises der verwendeten Farbe beanspruchen. Die Rückgewähr
des Eigentums an der Farbe kommt wegen § 951 Abs. 1 Satz 2 hingegen nicht in Betracht. Auch in
diesem Zusammenhang stellt sich dann wieder das Problem der aufgedrängten Bereicherung.

---

[37] *BGH* NJW 1993, 3196.
[38] Palandt/*Sprau* § 684 Rn. 1.
[39] Vgl. Palandt/*Bassenge* § 951 Rn. 18 ff.

Fall 14. Probleme auf dem Weg zur Arbeit

Sachverhalt

A muss jeden Tag 30 km zu seinem Arbeitsplatz fahren, der mit öffentlichen Verkehrsmitteln nicht zu erreichen ist. Eines Morgens stellt A schon beim Aufstehen fest, dass ein Wohnmobil direkt vor seiner Garagenausfahrt parkt und diese vollständig blockiert. Es gehört dem Touristen T, der gerade in einem nahegelegenen Café ein ausgiebiges Frühstück einnimmt und die Garagenausfahrt des A übersehen hat. Als das Wohnmobil 45 Minuten später immer noch vor seiner Ausfahrt steht, lässt A das Wohnmobil vom Abschleppunternehmer U abschleppen, dem er dafür 150 EUR zahlen muss. T ist damit gar nicht einverstanden und findet auch die Kosten zu hoch.

Kann A die Abschleppkosten von T ersetzt verlangen?

Im Sommer fährt A mit dem Fahrrad zur Arbeit. Eines Morgens fährt er auf einem Radweg mit angemessener Geschwindigkeit und will einen langsameren Fahrradfahrer (F) überholen. Als A nur noch drei Meter hinter ihm ist, wird F von einem plötzlich aus einem Gebüsch laufenden Hund zu Fall gebracht. Um den auf den Radweg stürzenden F nicht mit seinem Fahrrad zu rammen, reißt A den Lenker herum. Dabei kommt er vom Radweg ab. A springt geistesgegenwärtig noch von seinem Fahrrad ab, ehe es auf die Fahrbahn fällt und dort von einem Lkw überrollt wird. Lkw-Fahrer und Hund entkommen unerkannt. F bleibt dank des Ausweichmanövers unverletzt. Das Fahrrad des A ist irreparabel beschädigt; es war noch 600 EUR wert.

Kann A von F Ersatz i. H. v. 600 EUR verlangen?

Straßenverkehrsordnung (StVO) – Auszug

§ 1 Grundregeln

(1) Die Teilnahme am Straßenverkehr erfordert ständige Vorsicht und gegenseitige Rücksicht.

(2) Jeder Verkehrsteilnehmer hat sich so zu verhalten, dass kein Anderer geschädigt, gefährdet oder mehr, als nach den Umständen unvermeidbar, behindert oder belästigt wird.

§ 12 Halten und Parken

(1), (2) [...]

(3) Das Parken ist unzulässig

1., 2. [...]

3. vor Grundstücksein- und -ausfahrten [...]

4., 5. [...]

(3a)–(6) [...]

Gliederung

Lösung

I. Ansprüche des A gegen T

Hinweis: Dass hier vertragliche Ansprüche ausscheiden, ist so eindeutig, dass man dies nicht extra anzusprechen braucht. Andererseits wäre es auch nicht schädlich, es kurz zu erwähnen.

1. Anspruch aus GoA (§§ 683 Satz 1, 670)

1 A könnte gegen T einen Aufwendungsersatzanspruch in Höhe der Abschleppkosten nach §§ 683 Satz 1, 670 aus berechtigter Geschäftsführung ohne Auftrag (GoA; §§ 677 ff.) haben.

a) Geschäftsbesorgung

2 Das Abschleppen des die Ausfahrt des A blockierenden Pkw des T müsste eine Geschäftsbesorgung i. S. v. § 677 darstellen. Als Geschäftsbesorgung kommt grundsätzlich jede tatsächliche oder rechtsgeschäftliche Tätigkeit in Betracht,[1] also das Abschleppen des Pkw bzw. hier die Beauftragung eines Abschleppunternehmers durch den A.

b) Fremdes Geschäft

3 Fraglich ist, ob das Abschleppen des Pkw des T für A ein fremdes Geschäft war. Dagegen spricht zunächst, dass es im Interesse des A lag, mit dem Auto aus der Garage und in die Arbeit fahren zu können. Dies schließt aber ein fremdes Geschäft i. S. d. §§ 677 ff. nicht aus, wenn die Tätigkeit zugleich bzw. vorrangig in den Interessenkreis eines anderen fällt (sog. **auch fremdes** Geschäft). Daher ist zu prüfen, ob das Abschleppen des Wohnmobils auch in den Rechtskreis des T fiel.

4 Dies wäre dann der Fall, wenn T dem A gegenüber zum Entfernen seines Wohnmobils verpflichtet gewesen wäre. Daher ist zu prüfen, ob das Blockieren der Garagenausfahrt eine Beeinträchtigung des Eigentums des A und/oder eine Störung seines Besitzes darstellt, zu deren Beseitigung T nach § 1004 Abs. 1 Satz 1 bzw. § 862 Abs. 1 Satz 1 verpflichtet war.

5 Eine Besitzstörung (§ 862 Abs. 1) durch verbotene Eigenmacht (§ 858 Abs. 1) wäre jedenfalls dann zu bejahen, wenn T auf dem Grundstück des A geparkt hätte.[2] Dies ist hier aber nicht der Fall, sodass sich die Frage stellt, ob das Zuparken der Grundstücks- bzw. Garagenzufahrt ebenfalls als verbotene Eigenmacht i. S. v. § 858 Abs. 1 bzw. Eigentumsbeeinträchtigung i. S. v. § 1004 Abs. 1 anzusehen ist. Zwar lässt sich das Grundstück an sich weiterhin nutzen, doch zählen zur Grundstücksnutzung auch der Zugang zum Grundstück und die Zufahrt mit Fahrzeugen aller Art. Daher sind hier sowohl eine Besitzstörung[3] als auch eine Eigentumsbeeinträchtigung zu bejahen, und zwar nicht nur bzgl. des Grundstücks, sondern auch im Hinblick auf den Pkw, den A nicht aus der Garage fahren kann. Da der Störungszustand zudem im Zeitpunkt der Beauftragung des U noch andauerte, war T dem A gemäß §§ 862 Abs. 1 Satz 1, 1004 Abs. 1 Satz 1 zur Beseitigung der Störung verpflichtet.

6 Damit hat A auch im Interessenkreis des T gehandelt.

---

[1] Palandt/*Sprau* § 677 Rn. 2 und § 662 Rn. 6a.
[2] BGHZ 181, 233 = NJW 2009, 2530 Rn. 13 m. w. N.; Bamberger/Roth/*Fritzsche* § 858 Rn. 10.
[3] BGHZ 181, 233 = NJW 2009, 2530 Rn. 13 m. w. N.; Staudinger/*Gutzeit* (2012) § 858 Rn. 50.

c) Fremdgeschäftsführungswille

Weiter muss A mit Fremdgeschäftsführungswillen gehandelt haben. Der Fremdge- 7
schäftsführungswille ist nach allgemeiner Ansicht beim objektiv fremden Geschäft,[4]
aber auch beim sog. **auch fremden** Geschäft zu vermuten. Da das Abschleppen der
Beseitigung des Störungszustands diente, zu der T verpflichtet war, ist der Fremdgeschäftsführungswille des A zu vermuten.

d) Ohne Auftrag oder sonstige Berechtigung

A war von T weder beauftragt noch in anderer Weise ermächtigt. **8**

e) Voraussetzungen der berechtigten GoA (§ 683 Satz 1)

Ansprüche aus berechtigter GoA setzen nach § 683 Satz 1 voraus, dass die Über- 9
nahme der Geschäftsführung dem Interesse und Willen des Geschäftsherrn entspricht.

aa) Interesse des T

Eine Geschäftsführung liegt im Interesse des Geschäftsherrn, wenn sie im Zeit- **10**
punkt der Übernahme für ihn objektiv nützlich ist. Im Hinblick auf die Erfüllung
der Verpflichtung des T aus §§ 862, 1004 kann man dies bejahen.

bb) Wille des T

Fraglich ist, ob die Geschäftsführung des A dem wirklichen oder mutmaßlichen **11**
Willen des T entsprach. Im Zeitpunkt der Geschäftsübernahme hat T keinen Willen gezeigt, wohl aber bei ihrer Anzeige (§ 681 Satz 1). Dabei hat er klar zum Ausdruck gebracht, dass er mit dem kostenpflichtigen Abschleppen nicht einverstanden
war. Auch wenn man auf seinen mutmaßlichen Willen abstellen wollte, dürfte man
trotz der Nützlichkeit wohl zu keinem anderen Ergebnis gelangen.[5] Das Abschleppen entsprach also nicht dem Willen des T.

Hinweis: Man könnte das anders sehen, wenn man davon ausgeht, dass andernfalls ein noch höherer
Anspruch gegen T entstanden wäre: Da u. a. eine Eigentumsverletzung vorliegt, kann A nach § 823
Abs. 1 Ersatz aller dadurch entstehenden Schäden verlangen, also auch der Taxikosten, die A entstanden
wären, hätte er das Wohnmobil nicht abschleppen lassen. Nun mögen diese Kosten in etwa den Abschleppkosten entsprechen, sodass man mit dieser Erwägung nicht weiterkommt. Hätte A aber z. B. an
dem Tag mit seinem Pkw noch eine Dienstfahrt von 100 km unternehmen müssen, könnte man zu
einem anderen Ergebnis gelangen, nämlich dass das Abschleppen als günstigere Lösung dem Willen des
T entsprach.[6] Freilich sind das Spekulationen ohne Stütze im Fall.

cc) Unbeachtlichkeit des entgegenstehenden Willens des T nach § 679?

Ein der Geschäftsführung entgegenstehender Wille des Geschäftsherrn ist nach **12**
§ 679 unbeachtlich, wenn ohne die Geschäftsführung eine Pflicht des Geschäftsherrn, deren Erfüllung im öffentlichen Interesse liegt, nicht rechtzeitig erfüllt werden würde. Damit ist zu prüfen, ob hier eine solche Pflicht des T bestand. Die Erfüllung der privatrechtlichen Pflicht des T gegenüber A aus §§ 862, 1004 als solche
liegt jedenfalls nicht im öffentlichen Interesse. Fraglich ist, ob sich etwas anderes

---

4 *BGH* NJW 1963, 1825, 1826; Palandt/*Sprau* § 677 Rn. 4.
5 *Lorenz* NJW 2009, 1025, 1027.
6 So *Baldringer/Jordans* NZV 2005, 75, 77.

daraus ergibt, dass T zugleich gegen § 12 Abs. 3 Nr. 3 StVO verstoßen und somit eine Gefahr für die öffentliche Sicherheit und Ordnung begründet hat. Dafür spricht, dass der Parkverstoß nach § 49 Abs. 1 Nr. 12 StVO i. V. m. § 24 StVG ordnungswidrig war. An der Beseitigung von Gefahren für die öffentliche Sicherheit und Ordnung besteht aber ein generelles öffentliches Interesse.[7] Somit ist der dem Abschleppen entgegenstehende Wille des T nach § 679 als unbeachtlich anzusehen (a. A. vertretbar).[8]

Hinweis: Sieht man dies anders, liegt keine berechtigte, sondern eine unberechtigte GoA vor. Der Anspruch aus §§ 683 Satz 1, 670 besteht nicht. Somit kann A von T gemäß § 684 Satz 1 i. V. m. § 818 nur Ersatz der Ersparnis verlangen, die T durch das Abschleppen erlangt hat. Eine solche ist aber nicht ersichtlich.

f) Rechtsfolge: Aufwendungsersatzanspruch nach Auftragsrecht

13 Damit liegt eine sog. berechtigte GoA vor, sodass A von T gemäß § 683 Satz 1 „wie ein Beauftragter" Ersatz seiner Aufwendungen nach § 670 verlangen kann. Aufwendungen sind bewusste und freiwillige Vermögensopfer im Rahmen der Geschäftsführung.[9] Ersatzfähig sind aber gemäß § 670 nur solche Aufwendungen, die der Geschäftsführer den Umständen nach für erforderlich halten durfte.

14 Eine andere Möglichkeit, die Besitzstörung durch T zu beenden, als das Abschleppen gab es nicht. Auch ist keine billigere Alternative ersichtlich. Somit sind die entstandenen marktüblichen Abschleppkosten als erforderlich i. S. v. § 670 anzusehen und dem A von T zu ersetzen.

g) Ergebnis

15 A kann von T Aufwendungsersatz i. H. v. 150 EUR nach §§ 683 Satz 1, 670 verlangen, außerdem nach § 256 Zinsen aus diesem Betrag.

Hinweis: Hätte A noch nicht an T gezahlt, läge die Aufwendung in seiner Belastung mit dem Vergütungsanspruch des U nach § 631 Abs. 1. A könnte dann nach § 257 von T Befreiung von dieser Verbindlichkeit verlangen.

2. Anspruch aus § 823 Abs. 1

16 Damit A von T Schadenersatz nach § 823 Abs. 1 verlangen könnte, müsste dieser durch sein Verhalten das Eigentum des A verletzt haben.

a) Rechts(guts)verletzung

17 Wie bereits festgestellt (siehe Rn. 5), hat T durch das Versperren der Grundstücksausfahrt mit seinem Wohnmobil das Grundeigentum des A verletzt; außerdem hat er auch die Nutzungsmöglichkeit des A an seinem Pkw und damit das Eigentum daran verletzt.[10]

Hinweis: Problematischer wäre die Eigentumsverletzung, wenn der Pkw nicht in die Garage gekonnt hätte, weil dann seine eigentliche Nutzbarkeit nicht eingeschränkt wäre.[11]

---

[7] *Baldringer/Jordans* NZV 2005, 75, 77.
[8] Vgl. auch *Lorenz* NJW 2009, 1025, 1027.
[9] Staudinger/*Bergmann* (2006) § 683 Rn. 46; Palandt/*Sprau* § 683 Rn. 8 und § 670 Rn. 3.
[10] Vgl. Bamberger/Roth/*Spindler* § 823 Rn. 50 ff. m. w. N.
[11] Näher Bamberger/Roth/*Spindler* § 823 Rn. 53 f. m. w. N.

b) Rechtwidrigkeit und Verschulden

Diese war rechtswidrig und, da T die im Verkehr erforderliche Sorgfalt (§ 276 **18** Abs. 2) außer Acht gelassen hat, fahrlässig.

c) Schaden und Ersatzmodalitäten

Somit ist T dem A zum Ersatz aller durch das Zuparken des Grundstücks entstan- **19** denen Schäden verpflichtet (§ 249 Abs. 1). Ohne das Zuparken hätte A nicht den U beauftragen und diesem keine 150 EUR zahlen müssen. Folglich hat T dem A diesen Betrag zu erstatten.

Hinweis: Hätte A noch nicht an T gezahlt, läge der Schaden in seiner Belastung mit dem Vergütungs- anspruch des U nach § 631 Abs. 1.

d) Ergebnis

A kann von T gemäß § 823 Abs. 1 Schadensersatz i. H. v. 150 EUR verlangen. **20**

3. Anspruch aus § 823 Abs. 2 i. V. m. § 858

Ein Anspruch des A gegen T auf Zahlung von Schadensersatz könnte sich auch aus **21** § 823 Abs. 2 i. V. m. § 858 ergeben.

a) Schutzgesetz

Die Vorschrift des § 858 Abs. 2 enthält eine Rechtsnorm (Art. 2 EGBGB), die den **22** Schutz des Besitzers bezweckt.

b) Verletzung des Schutzgesetzes

Wie in Rn. 5 ausgeführt, hat T verbotene Eigenmacht i. S. v. § 858 Abs. 1 verübt. **23**

c) Verschulden (§ 823 Abs. 2 Satz 2)

Obwohl der Tatbestand des § 858 kein Verschulden voraussetzt, kommt eine Er- **24** satzpflicht des T gemäß § 823 Abs. 2 Satz 2 nur in Betracht, wenn ihn ein Ver- schulden trifft, also Vorsatz oder Fahrlässigkeit. Wie bei § 823 Abs. 1 festgestellt, handelte T fahrlässig und somit schuldhaft.

d) Schaden und Ersatz

Die verbotene Eigenmacht hat dazu geführt, dass dem A ein Schaden i. H. v. **25** 150 EUR entstanden ist, den T ihm nach § 249 Abs. 1 zu ersetzen hat.

e) Ergebnis

A kann von T gemäß § 823 Abs. 2 i. V. m. § 858 Schadensersatz i. H. v. 150 EUR **26** verlangen.

II. Ansprüche des A gegen F

1. Vertragliche Ansprüche

Ansprüche des G gegen N aus einem zwischen beiden Parteien bestehenden Vertrag **27** scheiden mangels Vertragsschlusses aus.

2. Anspruch aus GoA (§§ 683 Satz 1, 670)

28 A könnte gegen F einen Aufwendungsersatzanspruch i. H. v. 600 EUR nach §§ 683 Satz 1, 670 aus berechtigter Geschäftsführung ohne Auftrag (GoA; §§ 677 ff.) haben.

a) Geschäftsbesorgung

29 Das Ausweichmanöver müsste eine Geschäftsbesorgung des A i. S. v. § 677 darstellen. Als Geschäftsbesorgung kommt grundsätzlich jede tatsächliche oder rechtsgeschäftliche Tätigkeit in Betracht,[12] also das Ausweichen mit dem Ziel, den F nicht zu überrollen und zu verletzen.

b) Fremdes Geschäft

30 Durch das Ausweichmanöver wollte A verhindern, dass F verletzt würde. Die Sorge um das eigene Wohl oblag jedoch grundsätzlich dem F. Durch das Ausweichmanöver wollte A einen Zusammenprall und damit eine Verletzung des F vermeiden. Insofern hat er im Interessenkreis des F gehandelt.

31 Allerdings lag das Ausweichmanöver möglicherweise auch im eigenen Interessenkreis des A. Dies wäre dann der Fall, wenn ihm im Falle des Zusammenpralls mit F eine Haftung drohte; dies würde nach h. M. die Annahme einer GoA ausschließen.[13] Als Fahrradfahrer hätte A sich wegen einer Verletzung des F nur nach § 823 Abs. 1 schadensersatzpflichtig machen können. Da er ordnungsgemäß und mit angemessener Geschwindigkeit fuhr, hat er i. S. v. § 276 Abs. 2 die im Verkehr erforderliche Sorgfalt beachtet, sodass eine Haftung wegen fehlenden Verschuldens ausgeschlossen gewesen wäre. Somit ist davon auszugehen, dass sein Eigeninteresse, sich selbst vor Schäden zu bewahren, gegenüber dem Interesse, das Leben des F zu retten, in den Hintergrund trat. Mit dem Herumreißen des Lenkers hat A daher zumindest auch ein Geschäft des F vorgenommen (a. A. vertretbar).

Ergänzender Hinweis: Im „klassischen" Fall der Selbstaufopferung im Straßenverkehr erfolgt das Ausweichmanöver durch einen Pkw-Fahrer, der als Kfz-Halter den Aufwendungsersatz wegen der Beschädigung des Fahrzeugs verlangt. Bis Mitte 2002 war die Halterhaftung aus § 7 Abs. 1 StVG gemäß Abs. 2 a. F. dieser Vorschrift ausgeschlossen, wenn der (vermiedene) Unfall ein „unabwendbares Ereignis" darstellte, was man bei völlig unverhofften Reaktionen anderer Verkehrsteilnehmer annehmen konnte.[14] Nach der **heutigen Fassung** des § 7 Abs. 2 StVG schließt dagegen nur noch höhere Gewalt die Halterhaftung aus, und höhere Gewalt kann man in den Selbstaufopferungsfällen aus folgenden Gründen kaum annehmen: Höhere Gewalt erfordert ein außergewöhnliches betriebsfremdes, von außen durch elementare Naturkräfte oder durch Handlungen dritter Personen herbeigeführtes und nach menschlicher Einsicht und Erfahrung unvorhersehbares Ereignis, das mit wirtschaftlich erträglichen Mitteln auch durch nach den Umständen äußerste, vernünftigerweise zu erwartende Sorgfalt nicht verhütet werden kann und das auch nicht im Hinblick auf seine Häufigkeit in Kauf genommen zu werden braucht.[15] Als Anwendungsbereiche bleiben aufgrund der Strenge dieser Anforderungen nur noch außergewöhnliche Naturereignisse, vorsätzliche Eingriffe schwerer Art in den Straßenverkehr und

---

[12] Palandt/*Sprau* § 677 Rn. 2 und § 662 Rn. 6a.

[13] BGHZ 38, 270, 273 m. w. N.; Bamberger/Roth/*Gehrlein* § 683 Rn. 4; *Friedrich* NZV 2004, 227, 228 f. m. w. N.

[14] *Burmann/Heß/Hühnermann/Jahnke/Janker* § 7 StVG Rn. 20 m. w. N. zur alten Rechtslage.

[15] BGHZ 7, 338; *Hentschel/König/Dauer*, Straßenverkehrsrecht, 43. Aufl. 2015, § 7 StVG Rn. 32 ff. m. w. N.

Tierunfälle.[16] Bei normalem Fehlverhalten anderer Verkehrsteilnehmer kann man also kaum höhere Gewalt annehmen und müsste dementsprechend einen Anspruch aus § 7 Abs. 2 StVG zuerkennen,[17] wenn es zum Unfall kommt. Da die Selbstaufopferung durch ein Ausweichmanöver daher heute – im Gegensatz zu früher – der Vermeidung dieser Haftung dient, ist umstritten, ob die Grundsätze, die der BGH einst zum Aufwendungsersatz bei Selbstaufopferung aufgestellt hat, einfach weiter anzuwenden[18] oder im Rahmen von § 683 zu modifizieren[19] sind.

c) Fremdgeschäftsführungswille

Weiter muss A mit Fremdgeschäftsführungswillen gehandelt haben. Der Fremdge- **32** schäftsführungswille wird nach allgemeiner Ansicht vermutet, wenn die Tätigkeit ein objektiv fremdes Geschäft zum Gegenstand hatte.[20] Da das Ausweichmanöver des A objektiv in den Interessenkreis des F fiel und A nicht offensichtlich in erster Linie nur der eigenen Haftung entgehen wollte, ist der Fremdgeschäftsführungswille des A zu vermuten.

d) Ohne Auftrag oder sonstige Berechtigung

A war von F weder beauftragt noch in anderer Weise zu dem Ausweichmanöver **33** ermächtigt worden. Die Verpflichtung nach § 1 StVO zu gegenseitiger Rücksichtnahme und Vermeidung von Gefährdungen anderer Verkehrsteilnehmer ist zu allgemein gehalten, um eine konkrete Berechtigung auszulösen.

e) Voraussetzungen der berechtigten GoA (§ 683 Satz 1)

Ansprüche aus berechtigter GoA setzen nach § 683 Satz 1 voraus, dass die Über- **34** nahme der Geschäftsführung dem Interesse und Willen des Geschäftsherrn entspricht.

aa) Interesse des F

Eine Geschäftsführung liegt im Interesse des Geschäftsherrn, wenn sie im Zeit- **35** punkt der Übernahme für ihn objektiv nützlich ist. Da das Ausweichmanöver des A eine Verletzung des F verhinderte, ist dies zu bejahen.

bb) Wille des F

Fraglich ist, ob die Geschäftsführung des A dem wirklichen oder mutmaßlichen **36** Willen des F entsprach, da A im Nachhinein immerhin 600 EUR Aufwendungsersatz verlangt.

Maßgeblich ist zunächst der wirkliche Wille des N, so wie er zum Zeitpunkt der **37** Geschäftsübernahme oder ihrer Anzeige (§ 681 Satz 1) zum Ausdruck gebracht wurde. Da F im Augenblick des Ausweichmanövers keinen klar erkennbaren Willen

---

[16] *Burmann/Heß/Hühnermann/Jahnke/Janker* § 7 StVG Rn. 19; BeckOGK/*Walter* § 7 StVG Rn. 142 ff.

[17] Ähnlich Bamberger/Roth/*Gehrlein* § 683 Rn. 4; BeckOGK/*Walter* § 7 StVG Rn. 143.2, 144; *Burmann/Heß/Hühnermann/Jahnke/Janker* § 7 StVG Rn. 19. Vgl. BGHZ 38, 270, 273 ff. zu § 7 Abs. 2 StVG a. F., für den ein „unabwendbares Ereignis" genügte.

[18] So die h.M., siehe nur *OLG Oldenburg* ZGS 2005, 33, 35 f. (zu einem minderjährigen Geschäftsherrn); Bamberger/Roth/*Gehrlein* § 683 Rn. 4; Palandt/*Sprau* § 677 Rn. 6 a. E.; *Friedrich* NZV 2004, 227, 229.

[19] So *Huber,* Das neue Schadensersatzrecht, 2003, § 3 Rn. 85.

[20] *BGH* NJW 1963, 1825, 1826; Palandt/*Sprau* § 677 Rn. 4.

geäußert hat, ist auf seinen mutmaßlichen Willen abzustellen. Da das Ausweichmanöver im Interesse des F lag, entsprach es auch seinem mutmaßlichen Willen.

f) Rechtsfolge: Aufwendungsersatzanspruch nach Auftragsrecht

38 Damit liegt eine sog. berechtigte GoA vor, sodass A von F gemäß § 683 Satz 1 „wie ein Beauftragter" Ersatz seiner Aufwendungen nach § 670 verlangen kann. Aufwendungen sind bewusste und freiwillige Vermögensopfer im Rahmen der Geschäftsführung.[21] Ersatzfähig sind aber gemäß § 670 nur solche Aufwendungen, die der Geschäftsführer den Umständen nach für erforderlich halten durfte.

39 Die 600 EUR Wertersatz für das zerstörte Fahrrad, die F ersetzen soll, sind dem A jedoch nicht im eigentlichen Sinne „freiwillig" entstanden. Vielmehr handelt es sich dabei um einen Schaden und damit nicht um Aufwendungen (im klassischen Sinne). Eine unmittelbare Anwendung des § 670 scheidet daher aus.

40 Fraglich ist aber, ob der Geschäftsführer bei der Geschäftsbesorgung entstandene Schäden in entsprechender Anwendung des § 670 ersetzt verlangen kann. Dies ist heute für Schäden, in denen sich ein spezifisches Risiko der Geschäftsbesorgung verwirklicht hat (sog. risikotypische Begleitschäden), allgemein anerkannt.[22] Spezifische Gefahren der Geschäftsführung sind solche, die mit der Art der Tätigkeit oder den Umständen ihrer Ausführung erkennbar und mit einer gewissen Wahrscheinlichkeit verbunden sind.[23] Ein adäquater Kausalzusammenhang zwischen Geschäftsführung und Schaden soll hingegen nicht ausreichen, sodass Schäden, in denen sich nur das allgemeine Lebensrisiko realisiert, nicht ersatzfähig sind.[24] Umstritten ist lediglich, ob – so die h. M. – die freiwillige Übernahme eines Schadensrisikos einem freiwilligen Vermögensopfer i. S. d. Aufwendungsbegriffs gleichzusetzen ist[25] oder wegen Zweifeln an der dogmatischen Haltbarkeit dieser Gleichsetzung eine „Risikohaftung bei Tätigkeit in fremdem Interesse" anzunehmen ist.[26] Welcher Begründung zu folgen ist, kann dahinstehen, da beide Ansichten dem Gedanken Rechnung tragen, dass es unbillig wäre, den fremdnützig handelnden Geschäftsführer dauerhaft mit Schäden zu belasten, die Folge der typischen Gefahr einer Geschäftsbesorgung sind, die einem anderen zugute kommt.

41 Vorliegend war das Ausweichmanöver wegen des notwendig heftigen Richtungswechsels spezifisch mit dem Risiko verbunden, die Kontrolle über das Fahrrad zu verlieren und es dabei zu beschädigen. Diese mit dem Ausweichmanöver verbundene gesteigerte Gefahr hat sich durch den Sturz des Fahrrads auf die Straße verwirklicht. Damit könnte A grundsätzlich Ersatz der ihm entstandenen Reparaturkosten verlangen; da das Fahrrad aber nicht repariert werden kann, ist ihm der Wert des Fahrrades zu ersetzen.

---

[21] Staudinger/*Bergmann* (2006) § 683 Rn. 46; Palandt/*Sprau* § 683 Rn. 8 und § 670 Rn. 3.

[22] BGHZ 38, 270, 277; *BGH* NJW 1993, 2234, 2235; Palandt/*Sprau* § 683 Rn. 9 i. V. m. § 670 Rn. 11.

[23] *Wandt* § 5 Rn. 38.

[24] *Wandt* § 5 Rn. 38.

[25] MünchKommBGB/*Seiler* § 683 Rn. 18 m. w. N.; Palandt/*Sprau* § 670 Rn. 11.

[26] Etwa m. w. N. Erman/*Dornis* § 683 Rn. 14 und Erman/*Berger* § 670 Rn. 19; *Larenz* II/1 § 57 I b (S. 449 f.).

g) Anspruchsminderung

Zu prüfen bleibt, ob A sich die sog. Betriebsgefahr seines Fahrrads anrechnen lassen **42** muss. Der BGH hat dies für den Fall angenommen, dass ein Ausweichmanöver mit einem Kfz die Kollision mit einem (minderjährigen) Radfahrer verhindern soll, dem ein Verschulden nicht nachweisbar war. Deshalb soll es auch keinen Widerspruch in sich darstellen, die Haftung des Halters einerseits nach § 7 Abs. 2 StVG zu verneinen und ihn dennoch an der Betriebsgefahr seines Fahrzeugs festzuhalten.[27]

Selbst wenn man dies akzeptieren wollte, ist der vorliegende Fall damit aber nicht **43** vergleichbar, da A als Radfahrer keiner Gefährdungshaftung unterliegt. Allenfalls könnte man eine Kürzung nach dem Rechtsgedanken des § 254 Abs. 1 erwägen, doch ist ein Verschulden des A gegen sich selbst[28] nicht ersichtlich.

h) Ergebnis

A kann von F nach §§ 683 Satz 1, 670 Aufwendungsersatz i. H. v. 600 EUR verlan- **44** gen.

3. Anspruch aus § 823 Abs. 1

Damit A von F Schadenersatz nach § 823 Abs. 1 verlangen könnte, müsste dieser **45** durch sein Verhalten das Eigentum des A verletzt haben. Zwar ist das Eigentum des A am Fahrrad verletzt, doch mag man bereits zweifeln, ob die Zerstörung des Fahrrads dem F zurechenbar ist. Zwar hat er dadurch, dass er selbst auch Fahrrad gefahren ist, eine Ursache für das weitere Geschehen gesetzt. Der Kausalverlauf ist aber durch das unvorhersehbare Auftauchen des Hundes und das Ausweichmanöver des A erheblich beeinflusst worden. Letztlich kann die Frage der Zurechenbarkeit aber dahinstehen, da den F angesichts der Unvorhersehbarkeit des Geschehens kein Verschulden trifft. Damit scheidet ein Anspruch des A aus § 823 Abs. 1 aus.

Hinweis: Im ordnungsgemäßen Prüfungsablauf wird also erst an dieser Stelle deutlich, warum man sich bemüht, dem sich Aufopfernden in diesen Fällen einen Anspruch aus GoA zu verschaffen.

---

[27] BGHZ 38, 270, 277 ff.
[28] Vgl. Palandt/*Grüneberg* § 254 Rn. 8 m. w. N.

Teil 4. Schwerpunkt Bereicherungsrecht

Die Kapitelüberschrift soll bereits zum Ausdruck bringen, dass viele der nachfolgenden Fälle sich nicht ausschließlich mit dem Bereicherungsrecht beschäftigen. In einigen gelingt die Beschränkung, in anderen müsste man sie letztlich künstlich durch eine Beschränkung der Fragestellung herbeiführen. Denn wenn ein „etwas" i.S.v. § 812 an einen Empfänger gelangt ist, kann dies nicht nur auf einer „Leistung" beruhen, sondern z.B. auch auf einem deliktischen Verhalten des Empfängers oder eines Dritten. Außerdem kann es sein, dass der Empfänger „nur" den Besitz erlangt und der Herausgabegläubiger auch Eigentümer ist, sodass die §§ 985 ff. gegebenenfalls neben den §§ 812 ff. anzuwenden sind. Schließlich stellt sich auch immer wieder die Frage, ob im Falle unwirksamer Verträge nicht die Vorschriften über die GoA (§§ 677 ff.) anzuwenden sind, was die Rspr. häufig annimmt.

Dieses Geflecht von Konkurrenzen des Bereicherungsrechts mit anderen Normkomplexen gehört zum Stoff der gesetzlichen Schuldverhältnisse, auch wenn die Dinge dadurch für Studienanfänger sehr kompliziert werden. Dies lässt sich aber kaum vermeiden.

Fall 15. Autokauf mit Folgen

Sachverhalt

Der 17-jährige Viktor Veilscher (V) hat vor kurzem seine Führerscheinprüfung bestanden und zu diesem Anlass von seinem Onkel einen neuen Kleinwagen geschenkt bekommen. Die Eltern (E) des V haben ihren Sohn bei der Entgegennahme des Fahrzeugs ermahnt, mit dem wertvollen Geschenk sorgsam umzugehen und es in Ehren zu halten.

Weil V dieser Wagen nicht gefällt, verkauft er ihn ohne Zustimmung seiner Eltern an Konrad Knauserig (K) zum Preis von 10 000 EUR, die dieser sofort in bar bezahlt. Von der fehlenden Zustimmung der Eltern weiß K nichts; er geht davon aus, dass V schon 18 Jahre alt ist. Das Auto will er erst in den nächsten Tagen abholen, um sich in der Zwischenzeit nach einer günstigen Versicherung umzusehen.

Die E entdecken noch am selben Tag zufällig die 10 000 EUR, die V in einem Briefumschlag aufbewahrt hat. Sie rufen sofort bei K an und erklären ihm, dass sie mit dem Verkauf des Wagens nicht einverstanden sind.

Kann K von V Rückzahlung der 10 000 EUR verlangen?

Abwandlung: K erhält das Auto gleich nach Abschluss des Kaufvertrages und soll den Kaufpreis erst später bezahlen. Noch am selben Tag wird der ordnungsgemäß geparkte und bereits versicherte Wagen durch einen Hagelschauer beschädigt (Reparaturkosten: 5 000 EUR). Die Versicherung wird K deswegen 5 000 EUR zahlen. Die E sind mit dem Verkauf des Wagens wie im Ausgangsfall nicht einverstanden und teilen dies wenig später dem K mit.

Welche Ansprüche hat V gegen K?

Gliederung

Ausgangsfall

I. Anspruch des K gegen V aus § 985

Fraglich ist, ob K von V Rückzahlung der 10 000 EUR gemäß § 985 verlangen **1** kann. Dazu müsste V Besitzer und K noch Eigentümer der Geldscheine sein.

1. Besitz des V

Durch die Übergabe der Geldscheine hat V die tatsächliche Sachherrschaft, also **2** Besitz (§ 854), an ihnen erlangt.

2. Eigentum des K

3 Zu prüfen ist, ob K noch Eigentümer der Geldscheine ist. Ursprünglich war dies der Fall.

a) Übereignung an V

4 Er könnte sein Eigentum durch eine Übereignung an V gemäß § 929 Satz 1 verloren haben. K und V haben sich über den Eigentumsübergang geeinigt, und K hat das Geld dem V übergeben. Damit wäre V Eigentümer des Geldes geworden.

b) Unwirksamkeit gemäß § 108 Abs. 1

5 Die Übereignung der Geldscheine könnte nach § 108 Abs. 1 schwebend unwirksam sein. Dazu müsste V beschränkt geschäftsfähig sein und den dinglichen Vertrag ohne die erforderliche Einwilligung seiner gesetzlichen Vertreter geschlossen haben.

aa) Beschränkte Geschäftsfähigkeit des V

6 Als 17-Jähriger ist V gemäß § 2 minderjährig und gemäß § 106 in seiner Geschäftsfähigkeit beschränkt.

Hinweis: Die Berechnung des Lebensalters erfolgt nach §§ 187 Abs. 2 Satz 2, 188 Abs. 2 Alt. 2. Eine exakte Prüfung dieser Vorschriften wird in Klausuren in der Regel nicht erwartet. Eventuelle Erläuterungen zu diesem Punkt sollten sehr kurz ausfallen.

bb) Keine erforderliche Einwilligung der gesetzlichen Vertreter

7 Zu prüfen ist, ob V gemäß § 107 für seine auf die Übereignung gerichtete Willenserklärung einer Einwilligung seines gesetzlichen Vertreters, d.h. seiner Eltern (§§ 1626 Abs. 1, 1629 Abs. 1), bedurfte. Dies wäre nach § 107 nicht der Fall, wenn V durch seine Willenserklärung lediglich einen rechtlichen Vorteil erlangt hätte. Die Willenserklärung darf für V also keinerlei rechtlichen Nachteil begründen; dazu reicht es bereits aus, wenn das Rechtsgeschäft für den Minderjährigen Pflichten begründet oder wenn er Rechte verliert.

8 V hat sich mit K über den Eigentumsübergang an den Geldscheinen geeinigt, d.h. einen sachenrechtlichen Vertrag geschlossen (§ 929 Satz 1), der zum Übergang des Eigentums von K auf V führen sollte. Weitergehende Rechtswirkungen hat dieser Vertrag nicht. Daher erlangt V durch seine Willenserklärung ausschließlich einen rechtlichen Vorteil, und der Verfügungsvertrag ist bereits ohne Zustimmung der gesetzlichen Vertreter wirksam (§ 107).

Hinweis: In aller Regel sind bei der Bestimmung des rechtlichen Vorteils Verpflichtungs- und Verfügungsgeschäft getrennt zu betrachten (Trennungs- und Abstraktionsprinzip). Lediglich in Ausnahmefällen, wie etwa einer Schenkung durch den gesetzlichen Vertreter, sind schuld- und sachenrechtliches Geschäft einer Gesamtbetrachtung zu unterziehen[1] (am Anfang und in der Mitte des Studiums kommen diese Fälle aber in der Regel nicht vor!). Solange keine Ausnahme vorliegt, sind die Geschäfte streng getrennt zu untersuchen.

c) Zwischenergebnis

9 Da die Übereignung der Geldscheine an V nach § 107 wirksam ist, ist dieser gemäß § 929 Satz 1 Eigentümer der Geldscheine. K ist also nicht mehr Eigentümer.

---

[1] Vgl. Palandt/*Ellenberger* § 107 Rn. 6 m. w. N.

3. Ergebnis

K hat daher keinen Anspruch nach § 985 gegen V. **10**

II. Anspruch des K gegen V aus § 812 Abs. 1 Satz 1 Alt. 1

K könnte gegen V einen Anspruch auf Rückzahlung des Kaufpreises i. H. v. **11**
10 000 EUR gemäß § 812 Abs. 1 Satz 1 Alt. 1 haben. Dies ist der Fall, wenn V
durch Leistung des K ohne rechtlichen Grund etwas erlangt hat.

Hinweise: (1.) Es ist sehr wichtig, insbesondere § 812 korrekt zu zitieren. Die Vorschrift enthält insgesamt vier Anspruchsgrundlagen: § 812 Abs. 1 Satz 1 betrifft zwei Fälle, in denen der rechtliche Grund von Anfang an fehlt, nämlich einmal die Nichtleistungskondiktion (Alt. 2) und die Leistungskondiktion (sog. *condictio indebiti*). Dagegen regelt § 812 Abs. 1 Satz 2 die Fälle, in denen der rechtliche Grund später wegfällt (Alt. 1; sog. *condictio ob causam finitam*) oder in denen der mit einer Leistung nach dem Inhalt des Rechtsgeschäfts bezweckte Erfolg nicht eintritt (Alt. 2; sog. *condictio causa data causa non secuta* oder *condictio ob rem*). Alle diese Anspruchsgrundlagen sind Fälle der *Leistungskondiktion*. Es geht darum, erfolgte gezielte Vermögensverschiebungen, die auf einer Leistung beruhen, wieder rückgängig zu machen, weil es (zum jeweils maßgeblichen Zeitpunkt) an einem rechtlichen Grund für die Leistung fehlt.[2] Weitere Fälle der Leistungskondiktion sind § 813 Abs. 1 Satz 1 (Erfüllung trotz dauernder Einrede; siehe dazu Fall 17) und § 817 Satz 1 (die Annahme der Leistung verstößt gegen ein gesetzliches Verbot oder die guten Sitten, sog. *condictio ob turpem vel iniustam causam;* siehe Fall 20).

(2.) Der vorliegende Fall soll helfen, einen Überblick über den Grundaufbau eines Anspruchs aus Leistungskondiktion zu bekommen. Der hier vorgeschlagene Aufbau („erlangtes Etwas – durch Leistung – ohne rechtlichen Grund") ist üblich und sollte daher in der Klausur verwendet werden. In Kommentaren beginnt die Darstellung teils mit dem Leistungsbegriff.

1. Etwas erlangt

V müsste etwas erlangt haben (§ 812 Abs. 1 Satz 1). Erlangtes Etwas ist jeder dem **12**
Bereicherungsschuldner zugeflossene Vorteil im weitesten Sinne, der tatsächlich in
sein Vermögen übergegangen ist (sich dort also manifestiert hat) und zu einer Verbesserung seiner Vermögenslage geführt hat.[3]

Hinweis: Dadurch unterscheidet sich ein Bereicherungsanspruch grundlegend von einem Schadensersatzanspruch: Im Bereicherungsrecht geht es um das Abschöpfen eines Vorteils beim Schuldner, beim Schadensersatz dagegen um den Ausgleich einer Vermögenseinbuße beim Gläubiger.[4]

K hat dem V nach Abschluss des Kaufvertrages 10 000 EUR in bar bezahlt, d. h. er **13**
hat ihm die Geldscheine übereignet (§ 929 Satz 1) und ihm daran Besitz (§ 854)
verschafft. Wegen § 107 bedurfte es dazu nicht der Zustimmung der E (vgl.
Rn. 8 f.). Das erlangte Etwas besteht daher im vorliegenden Fall aus Eigentum und
Besitz an den Geldscheinen.

Hinweise: (1.) Das „erlangte Etwas" ist der Bereicherungsgegenstand. Man muss stets darauf achten, diesen Bereicherungsgegenstand juristisch korrekt zu qualifizieren. Häufig hat jemand, wie hier V, Besitz und Eigentum an einer Sache erlangt. Es wäre daher zu ungenau, wenn man nur schreiben würde, dass V „das Geld von K erlangt" habe. Weitere häufig anzutreffende Bereicherungsgegenstände sind z. B. andere dingliche Rechte wie Nießbrauch, Grundschuld oder Pfandrecht, Immaterialgüterrechte wie Patent oder Gebrauchsmuster, schuldrechtliche Positionen wie Forderungen oder Schuldanerkenntnisse (vgl. § 812 Abs. 2; die Vorschrift umfasst positive Anerkenntnisse wie §§ 780 f. und negative

---

[2] Vgl. *Wandt* § 9 Rn. 16.
[3] Jauernig/*Stadler* § 812 Rn. 8; *Kropholler* § 812 Rn. 4; Palandt/*Sprau* § 812 Rn. 8.
[4] BGHZ 68, 90, 94.

Anerkenntnisse gemäß § 397 Abs. 2), aber auch Rechtsscheinstatbestände wie etwa eine unrichtige Grundbucheintragung.[5]

(2.) Um den Fall im Folgenden nicht unnötig dadurch schwierig zu machen, dass V die Geldscheine mit anderen Scheinen im Geldbeutel vermengt oder das Geld auf sein Konto eingezahlt hat, enthält der Fall die Angabe, dass V die erhaltenen Scheine getrennt von seinem übrigen Geld aufbewahrt.

2. Durch Leistung

14 V müsste Eigentum und Besitz am Geld durch Leistung des K erlangt haben. „Leistung" ist nach h. M. jede bewusste und zweckgerichtete Mehrung fremden Vermögens.[6]

Hinweis: Der Leistungsbegriff ist umstritten. Teile der Lit. wollen ihn abweichend bestimmen bzw. in Mehrpersonenverhältnissen mit wertenden Gesichtspunkten unterlegen.[7] Wichtig ist vor allem die Zweckgerichtetheit der Leistung, denn eine Leistung, die zwar bewusst, aber nicht zweckgerichtet erfolgen soll, ist kaum vorstellbar. „Bewusstsein" einer Leistung erfordert Leistungswillen und Leistungsbewusstsein;[8] ein Leistungswille ist aber wiederum nur denkbar, wenn mit der Leistung ein bestimmter Zweck verfolgt wird. Welcher Zweck mit einer Leistung genau verfolgt wird oder welche von eventuell mehreren offenen Forderungen erfüllt werden soll, lässt sich durch Auslegung der Tilgungsbestimmung (vgl. § 366 Abs. 1) ermitteln;[9] meistens wird eine derartige Bestimmung konkludent getroffen (vgl. §§ 133, 157), oft werden die Parteien davon eine übereinstimmende Vorstellung haben. Hilfsweise muss eine objektive Betrachtungsweise aus der Sicht des Zuwendungsempfängers (Empfängerhorizont) erfolgen; es ist also zu untersuchen, wie eine vernünftige Person die Zuwendung nach Treu und Glauben mit Rücksicht auf die Verkehrssitte verstehen musste und durfte.[10] Mit einer Leistung können unterschiedliche Zwecke verfolgt werden. Zumeist wird es um die Erfüllung einer Verbindlichkeit gehen; es liegt also in diesen Fällen eine Leistung *solvendi causa* vor (wie hier). Ist eine (Hand-)Schenkung Leistungszweck, spricht man von einer Leistung *donandi causa*. – In reinen Zwei-Personen-Verhältnissen – wie hier – spielt die Kontroverse allerdings keine Rolle und sollte deshalb besser gar nicht erst problematisiert werden.

15 K hat Geldscheine im Wert von 10 000 EUR an V übereignet, um seine Kaufpreisschuld gegenüber V (§ 433 Abs. 2) zu erfüllen (§ 362 Abs. 1). Zweck der Leistung ist daher die Tilgung der Kaufpreisschuld (sog. Leistung *solvendi causa*). Dadurch hat K das Vermögen des V bewusst und zweckgerichtet gemehrt.

Hinweis: Die Diskussion, ob zur Erfüllung ein Erfüllungsvertrag erforderlich ist[11] (und dieser möglicherweise schwebend unwirksam ist), muss an dieser Stelle nicht geführt werden. Es kommt nur darauf an, ob **zur** Erfüllung geleistet worden ist, nicht dagegen, **ob** tatsächlich Erfüllung eingetreten ist. Dies wäre bei einem Anspruch aus § 812 Abs. 1 Satz 1 Alt. 1 auch nicht möglich, weil es an einem rechtlichen Grund und damit an einer erfüllbaren Forderung fehlt.

3. Ohne rechtlichen Grund

16 Die Leistung des K an V müsste ohne rechtlichen Grund erfolgt sein (§ 812 Abs. 1 Satz 1 Alt. 1). Der rechtliche Grund fehlt, wenn dem Leistungsempfänger die Zuwendung nach der ihr zugrunde liegenden Rechtsbeziehung nicht oder nicht endgültig zusteht.[12]

---

[5] Näher zu diesen Einzelfällen Palandt/*Sprau* § 812 Rn. 9.
[6] St. Rspr., siehe etwa *BGH* NJW 2004, 1169 m. w. N.; Palandt/*Sprau* § 812 Rn. 14 m. w. N.
[7] Vgl. etwa Staudinger/*Lorenz* (2007) § 812 Rn. 1 ff. m. w. N.
[8] *Wandt* § 10 Rn. 9.
[9] Näher Palandt/*Sprau* § 812 Rn. 14.
[10] *BGH* NJW 2005, 60 – Dirnenlohn.
[11] Vgl. MünchKommBGB/*Fezer* § 362 Rn. 6 f.; Palandt/*Grüneberg* § 362 Rn. 1.
[12] Vgl. Palandt/*Sprau* § 812 Rn. 6 und 21.

Hinweis: Dieser rechtliche Grund ist meist ein schuldrechtliches Verpflichtungsgeschäft, z.B. ein Kaufvertrag. Aber auch gesetzliche Schuldverhältnisse können „rechtliche Gründe" i.S.d. § 812 Abs. 1 Satz 1 Alt. 1 darstellen, wie z.B. die Verpflichtung aus § 823 Abs. 1 zur Schadensersatzleistung. Besteht dagegen tatsächlich kein Schadensersatzanspruch gegen den Leistenden, etwa weil es am erforderlichen Verschulden fehlt, oder erfolgt die Leistung an den falschen Empfänger, so ist sie nach § 812 Abs. 1 Satz 1 Alt. 1 kondizierbar. – Auch der Begriff des „rechtlichen Grundes" in § 812 ist umstritten, ohne dass es allzu viel Sinn machen würde, in der Fallbearbeitung darauf einzugehen. Die Kontroverse hängt eng mit dem Leistungsbegriff zusammen. Während die h.M. lediglich auf das Schuld- bzw. sonstige Rechtsverhältnis abstellt, welches Anlass der Zuwendung ist (sog. objektive Rechtsgrundtheorie),[13] sieht die Mindermeinung den vom Leistenden verfolgten Leistungszweck als Rechtsgrund an, also z.B. nicht den Kaufvertrag, sondern die Tilgung der aus diesem resultierenden Verpflichtung also der Kaufpreisschuld.[14] Dies ermöglicht einen höheren Grad an Abstraktion und vereinheitlicht die Betrachtung der Leistungskondiktion wegen Nichtschuld und der sog. Zweckverfehlungskondiktion (§ 812 Abs. 1 Satz 2 Alt. 2), weil letztlich alle Kondiktionen als Fälle der Zweckverfehlung interpretiert werden können. Doch ist dies mit dem differenzierenden Wortlaut des § 812 Abs. 1 nur schwer in Einklang zu bringen.[15] Für die „normale" Nichtleistungskondiktion ergibt sich im Ergebnis kein Unterschied: Nach h.M. fehlt der Rechtsgrund, wenn der Vertrag unwirksam ist, nach der Gegenauffassung, weil der mit der Leistung bezweckte Tilgungserfolg ausbleibt. Letzteres beruht aber in der Regel auf dem Umstand, dass wegen der Unwirksamkeit des Vertrages gar keine Verpflichtung besteht. Insofern kommt es für beide Meinungen auf die Unwirksamkeit des Vertrages an. Da sich keine Unterschiede ergeben, kann man im Regelfall auf eine Erwähnung dieser Kontroverse verzichten.[16]

Als rechtlicher Grund für die Zahlung kommt hier der von K und V abgeschlossene Kaufvertrag über den Pkw in Betracht. **17**

a) Zustandekommen des Kaufvertrages

K und V haben einen Kaufvertrag über das Auto geschlossen (vgl. § 433). **18**

b) Unwirksamkeit gemäß § 108 Abs. 1

Der Kaufvertrag könnte jedoch gemäß § 108 Abs. 1 schwebend unwirksam sein. Dies wäre der Fall, wenn der beschränkt geschäftsfähige V den Kaufvertrag ohne die erforderliche Einwilligung (§ 183) seiner Eltern (§§ 1626 Abs. 1, 1629 Abs. 1) geschlossen hätte. **19**

aa) Wirksamkeit gemäß § 107

Erforderlich ist die Einwilligung, wenn V durch seine Willenserklärung nicht lediglich einen rechtlichen Vorteil erlangt (§ 107). Durch den Kaufvertrag verpflichtet sich der Verkäufer (V) gemäß § 433 Abs. 1 Satz 1, dem Käufer (K) die Sache zu übergeben und ihm das Eigentum an der Sache zu verschaffen. Schon wegen dieser Pflicht erlangt ein minderjähriger Verkäufer durch eine auf den Abschluss eines Kaufvertrages gerichtete Willenserklärung nicht lediglich rechtliche Vorteile. Unerheblich ist, dass V aus dem Kaufvertrag selbst Ansprüche erwirbt, denn § 107 sieht eine Saldierung der rechtlichen Vor- und Nachteile grundsätzlich nicht vor.[17] **20**

Der Kaufvertrag ist daher gemäß § 108 Abs. 1 schwebend unwirksam. **21**

---

[13] *Larenz/Canaris* § 67 III 1a; MünchKommBGB/*Schwab* § 812 Rn. 336ff. m.w.N.; *Wandt* § 10 Rn. 23.

[14] Erman/*Buck-Heeb* § 812 Rn. 44ff. m.w.N.

[15] MünchKommBGB/*Schwab* § 812 Rn. 336f.

[16] So i.E. auch *Looschelders* SBT Rn. 1031.

[17] Vgl. *Köhler* § 10 Rn. 12; *Fritzsche* AT Fall 29 Rn. 6 sowie oben Rn. 8.

bb) Keine Genehmigung des Kaufvertrages

22 Fraglich ist, ob der Kaufvertrag durch eine Verweigerung der Genehmigung endgültig unwirksam geworden ist. Die Eltern E des V haben als dessen gesetzlicher Vertreter (§§ 1626 Abs. 1, 1629 Abs. 1) die Genehmigung (nachträgliche Zustimmung, §§ 182 Abs. 1, 184 Abs. 1) verweigert. Die Verweigerung der Genehmigung konnte gemäß § 182 Abs. 1 auch gegenüber K erklärt werden. Dadurch wurde der schwebend unwirksame Kaufvertrag endgültig unwirksam (§ 108 Abs. 1).

c) Zwischenergebnis

23 Der Kaufvertrag zwischen K und V ist wegen der verweigerten Genehmigung der E gemäß § 108 Abs. 1 endgültig unwirksam. Deswegen fehlt es an einem rechtlichen Grund für die Kaufpreiszahlung als Leistung des K.

4. Inhalt und Umfang des Bereicherungsanspruchs

24 Damit kann K von V nach § 812 Abs. 1 Satz 1 Herausgabe des Erlangten verlangen. Wie dies zu geschehen hat, hängt vom erlangten Gegenstand ab.[18] V hat Besitz und Eigentum an den Geldscheinen erlangt und bislang nicht wieder verloren. Daher hat V die Geldscheine so, wie er sie erhalten hat, an K gemäß § 929 Satz 1 zurück zu übereignen (und zu übergeben).

5. Ergebnis

25 K kann von V Zahlung von 10 000 EUR gemäß § 812 Abs. 1 Satz 1 Alt. 1 verlangen.

Abwandlung

I. Anspruch des V gegen K auf Herausgabe des Autos gemäß § 985

26 Fraglich ist, ob V von K Herausgabe des Autos gemäß § 985 verlangen kann. Dazu müsste V noch Eigentümer und K nichtberechtigter Besitzer sein.

1. Eigentum des V

27 Zu prüfen ist, ob V noch Eigentümer des Autos ist. Ursprünglich war dies der Fall.

a) Übereignung an K

28 Möglicherweise hat V sein Eigentum dadurch verloren, dass er den Wagen gemäß § 929 an K übereignet hat. K und V haben sich insoweit geeinigt und V hat das Auto an K übergeben, sodass K demnach Eigentümer geworden wäre.

b) Unwirksamkeit gemäß § 108 Abs. 1

29 Fraglich ist, ob die Übereignung des Autos durch den beschränkt geschäftsfähigen V wegen § 108 Abs. 1 schwebend unwirksam ist. Dazu müsste V den dinglichen Vertrag ohne die nach § 107 erforderliche Einwilligung seiner gesetzlichen Vertreter geschlossen haben.

---

[18] Vgl. näher Palandt/*Sprau* § 818 Rn. 5 f.

aa) Wirksamkeit gemäß § 107

Zu prüfen ist, ob eine Einwilligung der gesetzlichen Vertreter des V gemäß § 107 **30** erforderlich war. Dies wäre der Fall, wenn V durch seine Willenserklärung auch rechtliche Nachteile erfahren hat. V hat sich mit K über den Eigentumsübergang am Auto geeinigt, d. h. einen sachenrechtlichen Vertrag geschlossen (§ 929 Satz 1), der zum Übergang des Eigentums von V an K führen sollte. Der Eigentumsverlust ist ein rechtlicher Nachteil für V, sodass der Verfügungsvertrag gemäß § 107 der Einwilligung der E (§§ 1626 Abs. 1, 1629 Abs. 1) bedurfte.

bb) Wirksamkeit gemäß § 110

Möglicherweise gilt die Verfügung gemäß § 110 von Anfang an als wirksam. Diese **31** Vorschrift ist auf alle rechtlich nachteiligen Verpflichtungsverträge anwendbar[19] und erlaubt den gesetzlichen Vertretern, zu Erziehungszwecken dem Minderjährigen einen gewissen wirtschaftlichen Bewegungsfreiraum zu schaffen, ohne dass dabei dessen Vermögen gefährdet wird.[20] Dabei hängt die Wirksamkeit des Verpflichtungsgeschäfts nach § 110 davon ab, dass der beschränkt Geschäftsfähige seine vertragsmäßige Leistung „bewirkt", also erfüllt (vgl. § 362 Abs. 1). Das rechtlich nachteilige Verfügungsgeschäft wird dann über § 110 ebenfalls wirksam.[21]

Damit dies der Fall ist, müsste es sich bei dem Auto um ein „Mittel" handeln, das V **32** von den E oder mit deren Zustimmung von einem Dritten zur freien Verfügung überlassen worden ist. Als „Mittel" kommen neben Geld alle Vermögensgegenstände in Betracht,[22] also grundsätzlich auch Autos. Mit einer freien Verfügung des V über das von seinem Onkel zum Führerschein – also zur Nutzung – erhaltene Fahrzeug waren die E angesichts ihrer Äußerung bei der Schenkung, V möge das Geschenk in Ehren halten, nicht einverstanden. Somit ist die Übereignung auch nach § 110 nicht wirksam.

cc) Verweigerte Genehmigung

Die E haben die Genehmigung nach § 182 Abs. 1 gegenüber K verweigert, was zur **33** endgültigen Unwirksamkeit des Verfügungsvertrages geführt hat (vgl. Rn. 30).

c) Zwischenergebnis

Da sich die Verfügung des V über sein Auto (§ 929 Satz 1) als endgültig unwirksam **34** erwiesen hat, ist V weiterhin Eigentümer.

2. Besitz des K

K müsste Besitzer des Autos sein. Der Wagen wurde ihm von V übergeben (§ 854 **35** Abs. 1). Dies ist ein Realakt, für den die §§ 104 ff. nicht gelten, der aber nach h. M. doch einen „natürlichen" Willen erfordert,[23] den der 17-jährige V zu bilden vermag. K ist daher Besitzer.

---

[19] BeckOK BGB/*Wendtland* § 110 Rn. 3.
[20] MünchKommBGB/*J. Schmitt* § 110 Rn. 1.
[21] Bamberger/Roth/*Wendtland* § 110 Rn. 12; HK/*Dörner* § 110 Rn. 4; *Köhler* AT § 10 Rn. 26.
[22] Bamberger/Roth/*Wendtland* § 110 Rn. 8; Palandt/*Ellenberger* § 110 Rn. 3.
[23] Bamberger/Roth/*Fritzsche* § 854 Rn. 27.

3. Kein Recht zum Besitz

36 Der Anspruch aus § 985 besteht nicht, wenn K gegenüber dem Eigentümer V ein Recht zum Besitz hat (§ 986 Abs. 1 Satz 1).

37 Ein solches könnte sich für K aus dem mit V geschlossenen Kaufvertrag ergeben. Da dieser jedoch wegen der verweigerten Genehmigung der E endgültig unwirksam (§ 108 Abs. 1) ist (vgl. Rn. 28 ff.), kann er dem K kein Recht zum Besitz vermitteln.

4. Ergebnis

38 V kann daher von K die Herausgabe des Autos gemäß § 985 verlangen.

II. Anspruch gemäß §§ 989, 990

39 Möglicherweise kann V von K wegen der Beschädigung des Autos Schadensersatz gemäß §§ 989, 990 verlangen. Dazu müsste K hinsichtlich seines fehlenden Rechts zum Besitz bösgläubig gewesen sein, d.h. er müsste gewusst haben, dass er V gegenüber nicht zum Besitz des Autos berechtigt ist.

40 K ging bei Abschluss des Vertrages davon aus, einen volljährigen Vertragspartner zu haben und rechnete deswegen mit der Wirksamkeit des Kaufvertrages. Die Wahrheit erfuhr er erst später, als die E die Genehmigung des Kaufvertrages verweigerten.

41 Der Anspruch besteht daher nicht.

> **Hinweis:** Unabhängig von der fehlenden Bösgläubigkeit ist ein Verschulden des K bei ordnungsgemäßem Parken des Autos nicht ersichtlich (vgl. § 989). – § 823 Abs. 1 wird bei gutgläubigen Besitzern von § 993 Abs. 1 a.E. ausgeschlossen; das lernt man zwar an sich erst im Sachenrecht, doch ist dieser Anspruchsausschluss von so elementarer Bedeutung, dass man sich ihn im Grundsatz bereits im Umfeld der §§ 812 ff., 823 ff. einprägen sollte.

III. Anspruch gemäß § 812 Abs. 1 Satz 1 Alt. 1

42 V könnte gegen K einen Anspruch auf Herausgabe des Autos und Zahlung von 5000 EUR gemäß § 812 Abs. 1 Satz 1 Alt. 1 haben.

1. Vorrang des Eigentümer-Besitzer-Verhältnisses

43 Zu klären ist, ob im vorliegenden Fall die Regelungen des Eigentümer-Besitzer-Verhältnisses (§§ 987 ff.) wegen ihres abschließenden Charakters (vgl. § 993 Abs. 1 a.E.) eine Leistungskondiktion ausschließen.

44 Nach § 993 Abs. 1 a.E. sind Ansprüche auf Herausgabe von Nutzungen und Schadensersatzansprüche gegen den gutgläubigen Besitzer vollständig ausgeschlossen. Betroffen sind daher auch Bereicherungsansprüche. Nutzungen sind gemäß § 100 die Früchte einer Sache (§ 99) sowie Gebrauchsvorteile. Allerdings stellt weder die Sachsubstanz selbst (das Auto) noch ein erlangtes Surrogat eine Nutzung in diesem Sinne dar.[24] Die Sperrwirkung des § 993 Abs. 1 a.E. erfasst den fraglichen Bereicherungsanspruch also nicht.

---

[24] Vgl. MünchKommBGB/*Baldus* § 993 Rn. 12.

2. Etwas erlangt

K müsste etwas erlangt haben (§ 812 Abs. 1 Satz 1). Der ihm zugeflossene Vermö- **45** gensvorteil liegt im Besitz (§ 854) am Auto. Dieser wurde ihm von V am Tag des Abschlusses des Kaufvertrages verschafft.

Hinweis: Eigentum konnte ihm V wegen §§ 107, 108 Abs. 1 nicht verschaffen.

3. Durch Leistung

K müsste den Besitz am Auto durch Leistung des V, d.h. durch bewusste und **46** zweckgerichtete Vermögensmehrung, erlangt haben.

V wollte seine Verpflichtung aus dem Kaufvertrag (§ 433 Abs. 1 Satz 1) erfüllen **47** (§ 362 Abs. 1). Dadurch hat V das Vermögen des K bewusst und zweckgerichtet gemehrt. Es liegt also auch hier eine Leistung *solvendi causa* vor.

4. Ohne rechtlichen Grund

Wegen der endgültigen Unwirksamkeit des Kaufvertrages fehlt es an einem rechtli- **48** chen Grund für die Einräumung des Besitzes am Auto (vgl. Rn. 42).

5. Inhalt und Umfang des Bereicherungsanspruchs

Fraglich ist, welchen Umfang der Bereicherungsanspruch des V hat. **49**

a) Besitz am Auto

Gemäß § 812 Abs. 1 Satz 1 ist in erster Linie das erlangte Etwas selbst herauszuge- **50** ben. K muss daher das Auto, so wie es ist, an V übergeben und diesem dadurch Besitz verschaffen (§ 854 Abs. 1).

Hinweis: Insoweit decken sich die Ansprüche aus § 985 und § 812 Abs. 1 Satz 1 Alt. 1. Vorteile bietet der Bereicherungsanspruch gegenüber den §§ 985 und 987ff. hinsichtlich der Versicherungssumme: Diese wird von § 985 und den §§ 987ff. nicht erfasst, und nach h.M. findet § 285 Abs. 1 auf den Anspruch aus § 985 nur sehr eingeschränkt Anwendung und in der hier vorliegenden Konstellation jedenfalls nicht.[25]

b) Versicherungssumme

Zu prüfen ist, ob K auch wegen der von seiner Versicherung anlässlich des Hagel- **51** schadens zugesagten 5000 EUR etwas an V herausgeben muss.

Inhalt und Umfang des Bereicherungsanspruchs werden nicht nur durch § 812 **52** Abs. 1 Satz 1, sondern auch durch § 818 bestimmt. Gemäß § 818 Abs. 1 muss der Bereicherungsschuldner neben dem erlangten Etwas auch gezogene Nutzungen (vgl. § 100) sowie dasjenige herausgeben, was er auf Grund eines erlangten Rechts oder als Ersatz für die Zerstörung, Beschädigung oder Entziehung des erlangten Gegenstandes erwirbt. Die Formulierung „Ersatz für die Zerstörung, Beschädigung oder Entziehung des erlangten Gegenstandes" beschreibt sog. stellvertretende Vorteile (Surrogate). Erfasst sind davon beispielsweise Enteignungsentschädigungen

---

[25] Siehe Bamberger/Roth/*Fritzsche* § 985 Rn. 28 m.w.N.

und Schadensersatzleistungen, aber auch auf Vertrag beruhende Versicherungsleistungen.[26]

Hinweise: (1.) Rechtsgeschäftliche Surrogate, also vor allem Erlöse bei der Veräußerung des erlangten Etwas, sind nach zutreffender h.L. über § 818 Abs. 1 nicht herauszugeben, weil die Veräußerung des Erlangten vom Wortlaut des § 818 Abs. 1 nicht erfasst wird. Außerdem enthält § 818 Abs. 2 für diese Fälle eine Sondervorschrift.[27] Bei verschärfter Haftung können rechtsgeschäftliche Surrogate allerdings über §§ 818 Abs. 4, 285 herausverlangt werden.[28]
(2.) Nutzungen i.S.d. § 100 könnte V im konkreten Fall wegen der Sperrwirkung des § 993 Abs. 1 a.E. nicht kondizieren.

53 Hier hat K wegen der Beschädigung des Autos einen Anspruch gegen seine Versicherung i.H.v. 5 000 EUR erlangt. Dieser Anspruch ist ein „Ersatz für die Beschädigung des erlangten Gegenstandes" i.S.d. § 818 Abs. 1 und wird daher vom Bereicherungsanspruch des V erfasst. K muss den Anspruch an V abtreten.

6. Ergebnis

54 K muss gemäß §§ 812 Abs. 1 Satz 1 Alt. 1, 818 Abs. 1 das Auto an V herausgeben (§ 854 Abs. 1) und den Anspruch gegen seine Versicherung an V abtreten (§§ 398 ff.).

---

[26] Palandt/*Sprau* § 818 Rn. 9 ff., 16; *Wandt* § 12 Rn. 7.

[27] Bamberger/Roth/*Wendehorst* § 818 Rn. 9; MünchKommBGB/*Schwab* § 818 Rn. 42; Palandt/*Sprau* § 818 Rn. 15.

[28] *BGH* NJW 1980, 178 f. (zu § 281 BGB a. F.); vgl. Palandt/*Sprau* § 818 Rn. 51 ff.

Fall 16. Reise nach New York

Nach BGHZ 55, 128 (ausführlicher in BGH NJW 1971, 609).

Sachverhalt

Mario Mahler (M) fliegt eine Woche vor seinem 18. Geburtstag nach Erwerb eines gültigen Flugtickets von Nürnberg nach Hamburg. Dort gelingt es ihm, mit Transitpassagieren in ein Flugzeug der Fluggesellschaft Flughanse (F) nach New York zu steigen und an dem (nicht ausgebuchten) Weiterflug dorthin teilzunehmen. Die Freude über seinen kostenlosen Amerikaurlaub währt für M aber nicht lange. Da er kein Visum für die USA vorweisen kann, verweigert ihm die US-Einwanderungsbehörde die Einreise und droht ihm Sanktionen für den Fall an, dass er nicht unverzüglich nach Deutschland zurückreist.

Deshalb wird M noch am selben Tag von F – gegen seinen ausdrücklichen Protest, da er das Verhalten der US-Einwanderungsbehörde für einen Skandal hält – nach Nürnberg zurück befördert. Ein Flugticket wurde ihm für diesen Rückflug nicht ausgestellt. Als die F von M die Zahlung der Beförderungsleistungen verlangt, lehnen dessen Eltern in seinem Namen die Zahlung ab. Unter Hinweis auf die Minderjährigkeit ihres Sohnes verweigern sie der F gegenüber die Genehmigung aller Verträge, die M mit F geschlossenen hat.

Kann F von M Zahlung des tariflichen Flugpreises für die Strecken Hamburg/New York (Hinflug) und New York/Nürnberg (Rückflug) verlangen?

Gliederung

Lösung

I. Ansprüche der F gegen M wegen des Hinflugs

1. Vertragliche Ansprüche (§ 631 Abs. 1)

1 F könnte gegen M einen Anspruch auf Zahlung des Flugpreises gemäß § 631 Abs. 1 haben.

2 Dazu müsste zwischen den Parteien ein wirksamer Beförderungsvertrag zustande gekommen sein. Verträge über Beförderungsleistungen sind auf die Herbeiführung eines Erfolges gerichtet und somit gemäß § 631 Abs. 2 als Werkverträge anzusehen; ein Reisevertrag erfordert hingegen gemäß § 651a Abs. 1 Satz 1 eine Gesamtheit von Reiseleistungen, also mehr als eine Einzelleitung wie im vorliegenden Fall.[1]

3 Fraglich ist, wie zwischen M und F ein Vertrag zustande gekommen sein könnte. Vertragsverhandlungen haben jedenfalls nicht stattgefunden, und M hat auch nicht von einem Reisebüro oder dergleichen einen Flugschein gekauft.

4 In Betracht kommt daher allenfalls ein Vertragsschluss durch sog. sozialtypisches Verhalten. Danach soll im rechtsgeschäftlichen Massenverkehr (öffentlicher Personenverkehr, Energie- und Wasserversorgung) ein Vertrag durch die Inanspruchnahme der Leistung zustande kommen. Nach vorzugswürdiger Auffassung ist die Zurverfügungstellung der jeweiligen Leistung als Vertragsangebot, die Inanspruchnahme der Leistung als Annahmehandlung anzusehen, die über § 151 Satz 1 zum Vertragsschluss führt.[2] Doch ist die Situation bei einer Flugreise auch heute noch eine andere, da ein Zustieg ohne Ticketkontrolle ausscheidet. Damit ist ein Flug-

---

[1] *Looschelders* SBT Rn. 716 ff.; MünchKommBGB/*Tonner* § 651a Rn. 12.

[2] Vgl. näher *Fritzsche* AT Fall 14.

zeug nicht als Angebot an jedermann anzusehen, einen Beförderungsvertrag abzuschließen. Ein Vertragsschluss ist nicht erfolgt.

Hinweis: Wenn man dies anders sehen will, wäre zu prüfen, ob der von M geschlossene Vertrag gemäß §§ 108 Abs. 1, 182 Abs. 1 endgültig unwirksam ist: Als 17-Jähriger ist M gemäß § 2 minderjährig und nach § 106 in seiner Geschäftsfähigkeit beschränkt. Da ihn der Vertrag zur Zahlung des Flugpreises nach § 631 Abs. 1 verpflichten würde, ist er nicht lediglich rechtlich vorteilhaft i. S. d. § 107. Somit bedurfte M nach § 107 zum Abschluss dieses Vertrages der Einwilligung seines gesetzlichen Vertreters. Als solcher haben seine Eltern (§§ 1626 Abs. 1, 1629 Abs. 1) nicht in den Vertragsschluss i. S. d. §§ 107, 183 eingewilligt. Da M den Reisepreis für die Strecke von Hamburg nach New York bislang nicht i. S. v. § 110 bewirkt hat, hing die Wirksamkeit des Beförderungsvertrages gemäß § 108 Abs. 1 von der Genehmigung (§ 184) der Eltern ab. Die Eltern haben die Genehmigung gemäß § 182 Abs. 1 gegenüber der F verweigert, also wäre der Vertrag endgültig unwirksam. – Um dem Prüfer gegebenenfalls zu zeigen, dass man diesen Aspekt gesehen hat, kann man ihn als Hilfsbegründung kurz im Urteilsstil anführen, etwa wie folgt:

Im Übrigen wäre der Vertrag, den M als nach §§ 2, 106 in seiner Geschäftsfähigkeit beschränkter Minderjähriger geschlossen hat, gemäß §§ 108 Abs. 1, 182 Abs. 1 endgültig unwirksam. Denn seine Eltern haben als gesetzliche Vertreter (§ 1629 Abs. 1) die nach § 107 erforderliche Genehmigung des den M zur Zahlung verpflichtenden und somit rechtlich nachteiligen Vertrages gegenüber F verweigert. **5**

F kann nicht nach § 631 Abs. 1 Zahlung des Flugpreises von M verlangen. **6**

2. §§ 683 Satz 1, 670 (berechtigte GoA)

F könnte gegen M einen Aufwendungsersatzanspruch für die Beförderung aus berechtigter Geschäftsführung ohne Auftrag haben. **7**

a) Objektiv fremdes Geschäft für F

F müsste mit dem Transport des M ein für sie fremdes Geschäft geführt haben. Dies erscheint hier zweifelhaft, weil die Beförderung der Passagiere in den eigenen Rechtskreis der F fällt. Allerdings erscheint die Annahme eines „auch-fremden" Geschäfts vertretbar, wenn man darauf abstellt, dass M nach New York wollte; insbesondere die Rspr. tendiert häufig dazu, bei unwirksamen Verträgen eine GoA anzunehmen.[3] **8**

b) Fremdgeschäftsführungswille

Bei objektiv fremden Geschäften wird der Fremdgeschäftsführungswille vermutet. Diese Vermutung gilt nach h. M. auch bei objektiv fremden Geschäften, die **auch** eigene Geschäfte des Geschäftsführers sind.[4] Bei eigenen und neutralen Geschäften führt dagegen allein der positiv festzustellende, nach außen erkennbare Fremdgeschäftsführungswille zur Anwendbarkeit der §§ 677 ff.[5] Im Ergebnis wird man hier – soweit man sie überhaupt für anwendbar hält – die Vermutung des Fremdgeschäftsführungswillens als widerlegt ansehen müssen: F wollte ihre vermeintliche **9**

---

[3] Näher *Wandt* § 3 Rn. 5 ff. m. w. N.
[4] BGHZ 63, 167, 170; 110, 313, 314 f.; Palandt/*Sprau* § 677 Rn. 6; zweifelnd *Wandt* § 4 Rn. 33.
[5] BGHZ 181, 188 = NJW 2009, 2590 Rn. 18 m. w. N.

Verpflichtung erfüllen, und ein darüber hinausgehender Wille, auch im Interessenkreis des M tätig zu werden, ist nicht ersichtlich (a.A. vertretbar).[6]

Hinweis: Sieht man dies anders, so fehlt es an einem Auftrag oder einer sonstigen Berechtigung. Damit ein Aufwendungsersatzanspruch besteht, muss die Beförderung nach § 683 Satz 1 weiter dem Interesse und dem tatsächlichen oder mutmaßlichen Willen des Geschäftsherrn M entsprechen. Da dieser aber minderjährig ist, kommt es auf den Willen seines gesetzlichen Vertreters an (siehe Rn. 33 zum Rückflug), dem der Flug des M nach New York mutmaßlich nicht entspricht.

c) Ergebnis

10 Damit besteht kein Anspruch der F nach §§ 683 Satz 1, 670 für den Hinflug.

3. Anspruch der F gegen M aus § 823 Abs. 2 BGB i.V.m. § 265a StGB

11 F könnte gegen M einen Anspruch auf Zahlung des Reisepreises als Schadensersatz wegen Leistungserschleichung gemäß § 823 Abs. 2 BGB i.V.m. § 265a StGB haben.

a) Verstoß gegen ein Schutzgesetz

12 M müsste ein Schutzgesetz i.S.v. § 823 Abs. 2 verletzt, also gegen eine beliebige Rechtsnorm (Art. 2 EGBGB) verstoßen haben, die auch dem Schutz der Individualinteressen der F dient.

13 In Betracht kommt ein Verstoß gegen § 265a StGB. M hat die Beförderung durch ein Flugzeug, also ein Verkehrsmittel, erlangt. Er hat dies erreicht, indem er sich unter die umsteigenden Passagiere gemischt hat, um unbemerkt ins Flugzeug zu gelangen, und die Beförderung somit erschlichen. Dabei hatte er die Absicht, das Entgelt für den Flug nicht zu entrichten; er handelte also mit dem nach § 15 StGB erforderlichen Vorsatz. Somit hat M den Tatbestand des § 265a StGB erfüllt.

b) Schaden der F

14 Ferner müsste F aus der Leistungserschleichung einen Schaden erlitten haben, also eine Vermögenseinbuße. Da der Flug nicht ausgebucht war, die F also mit anderen Worten keine Fluggäste zurückweisen musste, weil M einen Platz in dem Flugzeug besetzt hatte, und M ohne die Leistungserschleichung nicht mit der F geflogen wäre, fehlt es jedoch an seinem solchen Schaden.

c) Ergebnis

15 Damit scheidet ein Schadensersatzanspruch der F gegen M nach § 823 Abs. 2 BGB i.V.m. § 265a StGB aus. Andere deliktische Anspruchsgrundlagen, die M verwirklicht haben könnte, sind nicht ersichtlich.

Hinweis: Für § 823 Abs. 1 müsste M das Eigentum der F verletzt haben, was durch die Beförderungserschleichung nicht geschehen ist. Das Vermögen ist kein „sonstiges Recht" i.S.d. § 823 Abs. 1. Bei § 826 bräuchte man einen Schädigungsvorsatz, der ebenso wenig ersichtlich ist wie ein Schaden der F.

---

[6] Vgl. BGHZ 181, 188 = NJW 2009, 2590 Rn. 20 zur Vornahme von Schönheitsreparaturen durch den Mieter bei Unwirksamkeit der entsprechenden Klausel im Mietvertrag. – Andere BGH-Entscheidungen scheinen das Gegenteil zu belegen, etwa *BGH* NJW 1993, 3196 zu Ansprüchen bei einem nichtigen Bauvertrag.

4. Anspruch der F gegen M aus §§ 812 Abs. 1 Satz 1 Alt. 1, 818 Abs. 2 und 4, 819 Abs. 1 auf Wertersatz für die Beförderung auf dem Hinflug

Zu prüfen bleibt, ob F gegen M wenigstens einen Anspruch aus Bereicherungs- **16** recht, insbesondere Leistungskondiktion (§ 812 Abs. 1 Satz 1 Alt. 1) hat.

a) Etwas erlangt

Dazu müsste M etwas erlangt haben. In Betracht kommt hier bei natürlicher Be- **17** trachtung die Beförderungsleistung, die von der überwiegenden Lehre[7] aufgrund einer „gegenstandsbezogenen Betrachtung" als das Erlangte angesehen wird. Zwar sind Beförderungs- und andere Dienstleistungen nicht i.S.v. § 812 zur Herausgabe geeignet, doch sind die Auswirkungen dieses Umstands bei den Rechtsfolgen zu klären, wie bereits § 818 Abs. 2 Alt. 1 zeigt.[8]

Demgegenüber hat der BGH (insbesondere im Flugreisefall) die Ansicht vertreten, **18** der Empfänger einer in Natur nicht herausgabefähigen Leistung sei grundsätzlich nur dann bereichert, wenn er sich durch die Inanspruchnahme dieser Leistung eigene Ausgaben erspart habe. Dies leitet der BGH aus dem obersten Prinzip des Bereicherungsrechts ab, dass die Herausgabepflicht des Bereicherten keinesfalls zu einer Minderung seines Vermögens über den Betrag der wirklichen Bereicherung hinaus führen dürfe.

Ausgaben erspart hätte sich M im vorliegenden Fall aber nur dann, wenn er die Rei- **19** se nach New York in jedem Fall angetreten hätte. Dann hätte M den Betrag für den Hinflug mit Hilfe der Beförderung durch die F gespart. Da M die Flugreise ohne die Leistungserschleichung nicht durchgeführt hätte, weil er sich diesen Luxus gar nicht hätte leisten können, hat M nach der Rspr. an sich nichts erlangt. Um dieses Ergebnis zu vermeiden, verweist der BGH auf § 819 Abs. 1. Danach kann sich der Bereicherungsschuldner, der den Mangel des rechtlichen Grundes beim Empfang der Leistung kennt, nicht auf einen späteren Wegfall der Bereicherung berufen. Da M wusste, dass er nicht berechtigt war, sich ohne gültiges Flugticket von der F nach New York befördern zu lassen, soll er sich nach der Wertung des § 819 Abs. 1 auch nicht darauf berufen können, er sei von Anfang an nicht bereichert gewesen.[9]

Die Lösung des BGH erscheint unnötig kompliziert.[10] Mit der h.L. ist bei der Fra- **20** ge, ob M etwas erlangt hat, eine natürliche Betrachtungsweise anzustellen und ein Vermögensvorteil im engeren Sinne nicht zu verlangen. Die Frage, ob der Bereicherungsschuldner (noch) bereichert und deshalb nach §§ 812, 818 (noch) zur Herausgabe verpflichtet ist, stellt sich erst auf der Rechtsfolgenseite, also wenn dem Grunde nach die Voraussetzungen für einen Herausgabeanspruch nach § 812 gegeben sind. Auch die Rspr. selbst stellt in anderen Konstellationen bei der Frage, ob etwas erlangt wurde, nicht auf ersparte Aufwendungen, sondern die Nutzung von Gegenständen oder Dienstleistungen ab.[11] Im Ergebnis hat M daher die Beförderungsleistung der F erlangt.

---

[7] *Looschelders* SBT Rn. 1018 ff. m.w.N.; MünchKommBGB/*Schwab* § 812 Rn. 1 ff.; vgl. *Wandt* § 10 Rn. 6.

[8] Staudinger/*Lorenz* (2007) § 812 Rn. 72 m.w.N.

[9] Vgl. BGHZ 55, 128, 132 ff.

[10] I.E. ebenso *Fikentscher/Heinemann*, Schuldrecht, 10. Aufl. 2006, Rn. 1440; *Looschelders* SBT Rn. 1020.

[11] Etwa *BGH* GRUR 2001, 1156 – Der grüne Punkt – zur unberechtigten Nutzung desselben.

b) Durch Leistung der F

21 M müsste die Beförderung durch Leistung der F erlangt haben. Nach h.m. ist Leistung jede bewusste und zweckgerichtete Vermehrung fremden Vermögens.

> **Hinweis:** An sich müsste man am üblichen Leistungsbegriff **auch** kritisieren, dass eine Mehrung fremden **Vermögens** verlangt wird: Wie oben ausgeführt, setzt die Erlangung eines „Etwas" nach zutreffender h.L. keinen Vermögensvorteil voraus, sodass man dies auch für die Leistung nicht verlangen kann.[12] An sich müsste man von einer zweckgerichteten Zuwendung eines Vorteils sprechen. Da das so kaum diskutiert wird, sollte man in Klausuren und Hausarbeiten trotz der offensichtlichen Mängel die übliche Definition – zumindest im Ausgangspunkt – heranziehen.

22 Am Vorliegen einer Leistung in diesem Sinne könnte man hier zweifeln, da der F bzw. ihren Repräsentanten wegen der Leistungserschleichung nicht bewusst war, den M überhaupt zu befördern; insofern liegt der Gedanke nahe, es handele sich hier eher um einen Fall des Eingriffs, weil M sich die Leistung faktisch selbst verschafft hat. Doch ist das Vorliegen einer Leistung aus der Sicht des Leistungsempfängers (§§ 133, 157) zu beurteilen. Da M wusste, dass F mit der Beförderung einen vermeintlich bestehenden Vertrag erfüllen wollte („genereller Leistungswille"), liegt aus seiner Sicht eine Leistung der F vor.

> **Hinweis:** Die gegenteilige Auffassung[13] ist ebenso vertretbar. Bei der Eingriffskondiktion stellt sich das Problem, dass nach h.M. ein Eingriff in den „Zuweisungsgehalt" eines fremden Rechts erforderlich ist. M muss also in ein fremdes Recht mit Ausschließlichkeitscharakter eingegriffen haben; daher bietet es sich wohl an, auf das Eigentum (oder zumindest den berechtigten Besitz) der F am Flugzeug abzustellen. Denn die Beförderungsverträge, die die F mit ihren Kunden schließt, sind nur relativer Natur und haben deshalb nicht den erforderlichen Zuweisungsgehalt.[14]

c) Ohne rechtlichen Grund

23 Wie bereits unter Rn. 1 geprüft, fehlt es an einem wirksamen Vertrag über die Beförderung und damit an einem rechtlichen Grund für die Leistung der F.

d) Anspruchsinhalt und -umfang

24 Damit ist M der F nach § 812 Abs. 1 Satz 1 Alt. 1 zur Herausgabe des Erlangten verpflichtet. Erlangt hat M die Beförderungsleistung.

aa) Wertersatz, § 818 Abs. 2

25 Da sich die Beförderungsleistung zur Herausgabe nicht eignet, schuldet M gemäß § 818 Abs. 2 Alt. 1 Wertersatz. Er muss also den objektiven Wert der Beförderungsleistung ersetzen, mithin den üblichen Flugpreis zahlen.[15]

> **Hinweis:** Insofern kommt entweder der von F verlangte und auf M anzuwendende Tarif[16] oder der Durchschnittspreis vergleichbarer Fluggesellschaften in Betracht. Sollten demnach minderjährigen Passagieren Sonderkonditionen eingeräumt werden, so wäre dies auch im Rahmen des § 818 Abs. 2 für die Bemessung des Wertersatzes zu berücksichtigen.[17]

---

[12] Inkonsequent daher MünchKommBGB/*Schwab* § 812 Rn. 42.

[13] Vgl. *Wandt* § 11 Rn. 22; Staudinger/*Lorenz* (2007) § 812 Rn. 3 m.w.N.

[14] Palandt/*Sprau* § 812 Rn. 40; siehe auch *BGH* NJW 1993, 1919 m.w.N.

[15] BGHZ 55, 128, 137.

[16] So etwa *BGH* NJW 1992, 1383 zur unberechtigten Stromentnahme, als es noch Gebietsmonopole auf den Energiemärkten gab.

[17] Vgl. *Dörner*, BGB Schuldrecht 2, 5. Aufl. 2002, Fall 3 (S. 28f.).

bb) Entreicherung (§ 818 Abs. 3)

Fraglich ist aber, wie bereits beim Erlangten angedeutet, ob M sich gemäß § 818 **26**
Abs. 3 darauf berufen kann, nicht (mehr) bereichert zu sein. Der Entreicherungseinwand des § 818 Abs. 3 trägt der Funktion des Bereicherungsrechts Rechnung,
ungerechtfertigte Vorteile abzuschöpfen. An dieser Stelle ist nun zu prüfen, ob die
Beförderungsleistung der F das Vermögen des M (noch) bereichert. Eine Bereicherung liegt vor, solange das erlangte Etwas bzw. wegen § 818 Abs. 1 und 2 seine
Nutzungen oder Surrogate noch in irgendeiner Weise im Vermögen des Empfängers
vorhanden sind. Denn das Bereicherungsrecht soll nur ungerechtfertigte Bereiche-
rungen abschöpfen. Deshalb entspricht es den grundlegenden Gerechtigkeitsprinzi-
pien des Bereicherungsrechts, einen Anspruch auszuschließen, wenn die Bereicherung entfallen ist, wie dies § 818 Abs. 3 anordnet.

Die Bereicherung entfällt ersatzlos, wenn der erlangte Gegenstand etc. zerstört oder **27**
entwendet wird. Das Gleiche gilt, wenn der Bereicherungsschuldner mit dem Erlangten Aufwendungen vornimmt, die er sich andernfalls nicht hätte leisten können
(sog. Luxusaufwendungen), bzw. wenn er Dienstleistungen oder Gebrauchsvorteile
in Anspruch nimmt, für die ihm die Mittel gefehlt hätten. Letzteres liegt hier bei M
vor: Da er das Geld für den Flug nach New York nicht hatte, hätte er ihn sich ohne
die Beförderung durch F nicht leisten können. Somit stellt der Flug eine Luxusaus-
gabe dar, und M ist als entreichert anzusehen.

cc) Keine Berufung auf § 818 Abs. 3 wegen verschärfter Haftung nach § 819 Abs. 1?

Zu prüfen bleibt, ob sich M auf die Entreicherung berufen kann. Ausgeschlossen **28**
wäre dies, wenn er nach §§ 819 Abs. 1, 818 Abs. 4 verschärft haften würde. Denn
der Kondiktionsausschluss nach § 818 Abs. 3 erscheint dann nicht gerechtfertigt,
wenn der Schuldner bereits auf Herausgabe verklagt war (§ 818 Abs. 4) oder den
Mangel des rechtlichen Grundes kannte (§ 819 Abs. 1).

Hinweis: Zwar sprechen die §§ 818 Abs. 4, 819 Abs. 1 nicht von einem Ausschluss des Entreiche-
rungseinwandes, sondern verweisen auf eine Haftung „nach den allgemeinen Vorschriften" (für die
Haftung bei Rechtshängigkeit), also die §§ 275 ff., insbesondere §§ 291, 292. Daraus folgt aber, dass
der Bereicherungsschuldner selbst dann haften soll, wenn er an sich entreichert wäre. Somit kann er
sich nicht auf § 818 Abs. 3 berufen.[18]

M war zwar nicht verklagt, doch war ihm bereits bei der Erlangung der Beförde- **29**
rungsleistung bewusst, dass er diese ohne rechtlichen Grund erlangte. Damit haftet
er grundsätzlich nach § 819 Abs. 1 „nach den allgemeinen Vorschriften". Allerdings
stellt sich im Hinblick auf § 819 Abs. 1 die Frage, ob und wie die Minderjährigkeit
des M zu berücksichtigen ist. Denn der von den §§ 104 ff. bezweckte Minderjährigenschutz muss auch bei der Rückabwicklung berücksichtigt werden.

Eine Möglichkeit kann darin bestehen, bei einer ungerechtfertigten Bereicherung **30**
stets § 828 analog anzuwenden.[19] Es käme also auf die Kenntnis des Minderjährigen an, der nach § 828 Abs. 3 der verschärften Haftung unterläge, wenn er über
sieben und unter 18 Jahre alt ist und über die notwendige Einsichtsfähigkeit verfügt, also erkennen kann, dass er nicht berechtigt ist. Dies müsste man bei einem

---

[18] *Looschelders* SBT Rn. 1123; MünchKommBGB/*Schwab* § 818 Rn. 288.
[19] Vgl. Nachweise bei Erman/*Buck-Heeb* § 819 Rn. 6.

normal entwickelten 17-Jährigen wie M bejahen. Die Konsequenz daraus wäre, dass der Minderjährige unter Umständen schlechter stünde als bei einem wirksamen Vertrag, weil er durch die verschärfte Bereicherungshaftung bei der Rückabwicklung des (wegen der Minderjährigkeit) gescheiterten Vertrages erheblich belastet würde. Dies widerspricht dem Schutzzweck der §§ 104 ff.; außerdem geht es in § 828 um die Verantwortlichkeit für Schäden, nicht um die Kenntnis.[20]

31 Vor diesem Hintergrund bietet es sich an, nicht auf die Kenntnis des Minderjährigen M, sondern seines gesetzlichen Vertreters abzustellen (arg. § 166 Abs. 1). Dabei ist umstritten, ob dies auch im Falle einer Eingriffskondiktion zu gelten hat[21] oder ob dort wegen ihrer Nähe zum Delikt doch auf § 828 Abs. 3 zurückzugreifen ist.[22] Der BGH hat im Flugreisefall damit argumentiert, dass M hier jedenfalls eine **vorsätzliche** unerlaubte Handlung begangen hat, und allein auf seine Einsichtsfähigkeit abgestellt; das steht in einem gewissen Widerspruch zur sonstigen Rspr., die bei der Leistungskondiktion eher den §§ 104 ff. Vorrang einräumen und deshalb § 166 Abs. 1 analog anwenden will. Dennoch erscheint es sachgerecht, dann ausnahmsweise auf den Minderjährigen selbst und § 828 Abs. 3 abzustellen, wenn eine vorsätzliche unerlaubte Handlung vorliegt, weil der vorsätzlich Handelnde nicht schutzwürdig ist[23] (a. A. vertretbar).

Hinweis: Insofern fällt die Begründung sicherlich leichter, wenn man von vornherein einen Eingriff annimmt. Bei konsequenter Anwendung der h. M. müsste man die verschärfte Haftung des M wohl doch verneinen, was dem sog. Gerechtigkeitsgefühl widerspricht.

e) Ergebnis

32 M ist aus §§ 812 Abs. 1 Satz 1 Alt. 1, 818 Abs. 2, 819 Abs. 1 der F zur Bezahlung der üblichen Vergütung für den Hinflug verpflichtet.

II. Ansprüche der F wegen des Rückflugs

1. Vertragliche Ansprüche (§ 631 Abs. 1)

33 Ein Anspruch der F gegen M auf Zahlung des Flugpreises gemäß § 631 Abs. 1 scheitert bereits daran, dass es am notwendigen Austausch von Willenserklärungen (Antrag und Annahme) fehlt. Die F hat den M in erster Linie wegen der Einreiseverweigerung durch die USA zurückbefördert, ein Flugticket wurde ihm für diesen Flug gerade nicht ausgestellt. Ein Vergütungsanspruch nach § 631 Abs. 1 scheidet aus.

Hinweis: Nimmt man dennoch einen Vertragsschluss an, so ist dieser Vertrag endgültig unwirksam geworden, denn die Eltern des M haben die Genehmigung (§ 184 Abs. 1) des nach § 108 Abs. 1 zunächst schwebend unwirksamen Vertrages gegenüber F i. S. v. § 182 Abs. 1 verweigert.

2. §§ 683 Satz 1, 670 (berechtigte GoA)

34 F könnte gegen M einen Aufwendungsersatzanspruch für die Beförderung aus berechtigter Geschäftsführung ohne Auftrag haben.

---

[20] *Medicus/Petersen* Rn. 176; Palandt/*Sprau* § 819 Rn. 4.
[21] So Prütting/Wegen/Weinreich/*Prütting* § 819 Rn. 6; Bamberger/Roth/*Wendehorst* § 819 Rn. 8.
[22] Diff. MünchKommBGB/*Schwab* § 819 Rn. 8; Staudinger/*Knothe* (2012) Vor §§ 104–115 Rn. 79 f.
[23] Vgl. MünchKommBGB/*Schwab* § 819 Rn. 8; Staudinger/*Knothe* (2012) Vor §§ 104–115 Rn. 80; a. A. Staudinger/*Lorenz* (2007) § 819 Rn. 10.

a) Objektiv fremdes Geschäft für F

An sich war es Sache des M, für seine Rückkehr nach Deutschland zu sorgen. Eine **35** irgendwie geartete „Verantwortlichkeit" der F für den M ist nicht ersichtlich. Zwar hat F mit der Rückbeförderung des M möglicherweise auch eigene Belange wahrgenommen, weil sie aufgrund rechtlicher Bestimmungen gezwungen gewesen sein dürfte, den M wieder mitzunehmen. Damit liegt für die F aber jedenfalls **auch** ein Fremdgeschäft vor, auf das die §§ 677 ff. ebenfalls anwendbar sind.

b) Fremdgeschäftsführungswille

Bei objektiv fremden Geschäften wird der Fremdgeschäftsführungswille vermutet. **36** Diese Vermutung gilt nach h. M. auch bei objektiv fremden Geschäften, die **auch** eigene Geschäfte des Geschäftsführers sind.[24]

c) Ohne Auftrag oder sonstige Berechtigung

Fraglich ist, ob F ohne Auftrag oder sonstige Berechtigung gehandelt hat. Wie be- **37** reits unter Rn. 1 ff. angesprochen, fehlt es hinsichtlich des Rückflugs an einem Beförderungsvertrag zwischen M und F. Insoweit hat F auch ohne Auftrag oder sonstige Berechtigung gehandelt.

Hinweis: Geht man von einem Vertragsschluss aus, war der Vertrag aus oben genannten Gründen (siehe Rn. 5 f.) endgültig unwirksam. Dann muss man allerdings kurz auf die Anwendbarkeit der GoA bei der Rückabwicklung unwirksamer Verträge eingehen (siehe dazu vor allem Fall 20).

d) Berechtigte GoA?

Erforderlich ist für den Aufwendungsersatzanspruch nach § 683 Satz 1 außerdem, **38** dass die Geschäftsführung dem Interesse und dem wirklichen oder mutmaßlichen Willen des M entsprach.

aa) Im Interesse des M

Im Interesse des Geschäftsherrn liegt, was für ihn objektiv nützlich ist. Da M nicht **39** in die USA einreisen durfte, ein dauerhaftes Verbleiben auf dem Flughafen problematisch wäre und ihm Sanktionen seitens der US-Einwanderungsbehörde drohten, war der Rücktransport für ihn die einzige Möglichkeit und insofern nützlich.[25]

bb) Dem tatsächlichen oder mutmaßlichen Willen entsprechend

Letztlich ausschlaggebend ist der Wille des Geschäftsherrn, und zwar grundsätzlich **40** sein tatsächlicher Wille, selbst wenn er unvernünftig ist.[26] Nur wenn der Wille des Geschäftsherrn nicht zu ermitteln ist, tritt an die Stelle des wirklichen der mutmaßliche Wille des Geschäftsherrn, der sich wiederum nach dessen objektivem Interesse bestimmt.[27] M hat gegen den Rücktransport protestiert, war damit also nicht einverstanden. Insofern widerspricht die Geschäftsführung seinem tatsächlichen Willen; jedoch könnte sein Wille hier gemäß § 679 angesichts des (allerdings ausländischen) öffentlichen Interesses an seiner Rückführung unbeachtlich sein.

---

[24] BGHZ 63, 167, 170; 110, 313, 314 f.; Palandt/*Sprau* § 677 Rn. 6; zweifelnd *Wandt* § 4 Rn. 33.

[25] Ebenso *BGH* NJW 1971, 609, 612.

[26] *Medicus/Petersen* Rn. 422; *Wandt* § 5 Rn. 17; Palandt/*Sprau* § 683 Rn. 5; zweifelnd *Brox/Walker* BS § 36 Rn. 26; a. A. *Larenz* II/1 § 57 I a.

[27] BGHZ 47, 370, 374; *Medicus/Petersen* Rn. 423; *Wandt* § 5 Rn. 14.

41 Allerdings stellt sich im vorliegenden Fall, da M minderjährig ist, vorrangig die Frage, ob es überhaupt auf seinen Willen oder vielmehr den seiner Eltern als gesetzliche Vertreter ankommt. Insofern ist nach dem Rechtsgedanken der §§ 104 ff. der Wille seiner Eltern maßgebend.[28] Da deren wirklicher Wille nicht zu ermitteln ist, kommt es auf ihren anhand des objektiven Interesses zu bestimmenden mutmaßlichen Willen an: Dem mutmaßlichen Willen der Eltern entspricht das, was im wohlverstandenen Interesse ihres minderjährigen Sohnes liegt (vgl. §§ 1626 Abs. 1, 1631 Abs. 1),[29] und dies ist die sofortige Rückführung des M nach Deutschland.

cc) Zwischenergebnis

42 Damit liegt eine berechtigte GoA vor.

e) Rechtsfolge (§ 683 Satz 1 i. V. m. § 670)

43 Somit kann F nach § 683 Satz 1 „wie ein Beauftragter" Ersatz ihrer Aufwendungen verlangen, also gemäß § 670 Ersatz der notwendigen Aufwendungen. Aufwendungen sind freiwillige Vermögensopfer.

44 Fraglich ist, ob die Beförderung als „Aufwendung" in diesem Sinne anzusehen und ersatzfähig ist. Denn wegen der Unentgeltlichkeit des Auftrags ist im unmittelbaren Anwendungsbereich des § 670 anerkannt, dass ein Ersatz für aufgewendete Arbeitskraft nicht verlangt werden kann. Es erscheint allerdings zweifelhaft, ob man die Beförderung als Einsatz der Arbeitskraft der Fluggesellschaft, also einer juristischen Person, ansehen kann. Dies kann jedoch im Ergebnis dahinstehen, weil im Rahmen des § 683 Satz 1 anerkannt ist, dass ein Ersatzanspruch für Arbeits- und Dienstleistungen als Gegenstand der GoA möglich ist. Denn ähnlich dem Fall des § 1835 Abs. 3 fehlt es bei der GoA im Gegensatz zum Auftrag an einer Abrede über die Unentgeltlichkeit.[30]

45 Somit kann F von M Ersatz ihrer Aufwendungen verlangen, d. h. *in concreto* wiederum die übliche Vergütung, also den von F verlangten Flugpreis.[31]

f) Ergebnis

46 F kann nach §§ 683 Satz 1, 670 Ersatz ihrer Aufwendungen verlangen. Diese werden vom BGH ebenfalls mit der üblichen Vergütung beziffert.

Hinweis: Auch gegen die Eltern besteht ein Anspruch auf Erstattung der Rückflugkosten nach §§ 683 Satz 1, 670. Denn die Eltern waren aufgrund der Personensorge (§ 1626 Abs. 1) verpflichtet, für die Rückführung ihres Sohnes zu sorgen, und mussten ihm über die Unterhaltspflicht (§ 1601) auch die erforderlichen Mittel zur Verfügung stellen.[32]

3. Anspruch aus § 812 Abs. 1 Satz 1 Alt. 1

47 In Betracht käme an sich auch ein Anspruch der F gegen M aus § 812 Abs. 1 Satz 1 Alt. 1.

---

[28] Jauernig/*Mansel* § 682 Rn. 3; Palandt/*Sprau* § 682 Rn. 3; Staudinger/*Bergmann* (2006) Vor § 677 Rn. 52 und § 683 Rn. 16. Siehe auch *BGH* NJW 1972, 475 f. zum betrunkenen Geschäftsherrn.

[29] Vgl. *Wandt* § 5 Rn. 92.

[30] BGHZ 143, 9, 16 m. w. N. = NJW 2000, 422.

[31] *BGH* NJW 1971, 609, 613 (insofern in BGHZ 55, 128 nicht abgedruckt).

[32] Vgl. Staudinger/*Bergmann* (2006) Vor § 677 Rn. 308.

Erlangt hat M wiederum eine Beförderungsleistung. **48**

Dies geschah deshalb, weil F ihn wissentlich mit dem Zweck befördert hat, den An- **49** ordnungen der US-Behörde Rechnung zu tragen.

Fraglich ist, ob es an einem rechtlichen Grund für die Leistung fehlt. Ein Beförde- **50** rungsvertrag hinsichtlich des Rückfluges wurde nicht geschlossen, hilfsweise wäre der Vertrag wegen der beschränkten Geschäftsfähigkeit des M (§§ 2, 106) und der verweigerten Genehmigung der Eltern des M (§§ 182 Abs. 1, 184 Abs. 1) gemäß § 108 Abs. 1 endgültig unwirksam (siehe Rn. 42).

Hinweis: Rechtlicher Grund i. S. d. § 812 Abs. 1 Satz 1 Alt. 1 muss nicht immer ein Vertrag sein, auch gesetzliche Schuldverhältnisse wie die hier angesprochene berechtigte GoA kommen in Frage.

F hat den M aber in berechtigter Geschäftsführung ohne Auftrag transportiert. Die- **51** se stellt einen Rechtsgrund für Leistungen (und Eingriffe) dar.[33]

Da ein rechtlicher Grund vorliegt, scheidet ein Anspruch aus Leistungskondiktion **52** aus; auch andere Bereicherungsansprüche kommen somit nicht in Betracht.

---

[33] *BGH* NJW 1993, 3196; Palandt/*Sprau* Vor § 677 Rn. 10.

Fall 17. Münchner G'schichten

Nach RGZ 60, 294ff. und BGH NJW 2006, 845.

Sachverhalt

Familienvater Klaus (K) kann sein Glück kaum fassen: Er hat von seiner Großtante Rosamunde ein Grundstück im noblen Grünwald und eine beachtliche Summe Bargeldes geerbt. Um der vornehmen Nachbarschaft in nichts nachzustehen, beauftragt er den Architekten Norman Förster (F) mit der Planung eines modernen Einfamilienhauses im Bauhausstil. Während der Vertragsverhandlungen bemerkt F schnell, dass K ihn für den bekannten Architekten Norman Foster hält, der unter anderem das Lenbachhaus in München saniert hat. Da F kurz vor der Insolvenz steht und den Auftrag dringend braucht, klärt er den K nicht über seine wahre Identität auf.

Innerhalb der nächsten zwei Jahre wird das Haus ganz nach den Wünschen des K von F geplant, der auch die Bauleitung übernimmt. Als das „Kunstwerk" fertig ist, sind K und seine Familie begeistert, weil es genau ihren Vorstellungen entspricht. Wie mit F vereinbart, überweist K umgehend das Honorar i. H. v. 100 000 EUR auf dessen Konto.

Kurze Zeit nach dem Einzug erfährt K jedoch von seinem Nachbarn, bei dem Norman Foster nach eigenen Angaben ein und ausgeht, dass es sich bei F keinesfalls um den berühmten britischen Architekten handelt. K ist empört, schließlich wollte er sich in der Nachbarschaft mit dem Namen des Errichters seines Heims profilieren, was nun gründlich misslungen ist. Aus Zeitmangel unternimmt der vielbeschäftigte K erst einmal nichts. Erst anderthalb Jahre später schickt er dem F eine E-Mail, in der er ihn zur sofortigen Rückzahlung des Honorars auffordert, weil er unter diesen Umständen niemals Geschäfte mit ihm gemacht hätte. Er fühle sich betrogen. F meint, K komme damit reichlich spät.

Kann K von F Rückzahlung der entrichteten 100 000 EUR verlangen?

Bearbeitervermerk: Vertragliche Anspruchsgrundlagen sind nicht zu prüfen.

Gliederung

Lösung

Hinweise: (1.) Der Bearbeitervermerk schließt die Prüfung vertraglicher Ansprüche aus, sodass man nicht mit eventuellen Gewährleistungsansprüchen beginnen muss. Ganz kommt man dennoch nicht um die Frage der Gewährleistungshaftung herum, da sie bei der Anfechtung im Hinblick auf eine etwaige Spezialität anzusprechen ist.
(2.) Auch wenn der Fall hier im „Schwerpunkt Bereicherungsrecht" angesiedelt ist, kommt man erst recht spät dorthin. Denn vor den Bereicherungsansprüchen sind (vgl. die obige Gliederung) alle anderen denkbaren Ansprüche zu prüfen. Dies sollte man sich bereits frühzeitig im Studium einprägen und dann auch stets beachten.

I. Anspruch des K gegen F gemäß §§ 280 Abs. 1, 311 Abs. 2, 241 Abs. 2

Möglicherweise kann K das Honorar i.H.v. 100 000 EUR von F gemäß §§ 280 **1** Abs. 1, 311 Abs. 2, 241 Abs. 2 im Rahmen des Schadensersatzes zurückverlangen.

Hinweis: Vorvertragliche Pflichtverletzungen führen zu Schadensersatzansprüchen, die wegen der abweichenden Tatbestandsvoraussetzungen nicht durch die §§ 119–123 ausgeschlossen sind.[1] Sie können in der Rechtsfolge gemäß § 249 Abs. 1 auf Auflösung eines bestehenden Vertrages gerichtet sein. Zwar kann dies – gerade im vorliegenden Fall – dazu führen, dass im Ergebnis die Anfechtungsfrist ausgehebelt wird, weil diese für den Schadensersatzanspruch nicht gilt. Der historische Gesetzgeber hat den Konflikt jedoch gesehen und gebilligt;[2] auch insofern gilt, dass es sich um ein anderes Rechtsinstitut handelt, und insbesondere im Falle der hier vorliegenden Arglist ist der Gegner auch nicht schutzwürdig. Im konkreten Fall könnte durch Naturalrestitution also noch die Rückzahlung des Kaufpreises erreicht werden.

1. Schuldverhältnis

2 Hierfür bedarf es zunächst eines wirksamen Schuldverhältnisses i.S.v. § 311 Abs. 2 zwischen den Parteien. Hier traten F und K in Verhandlungen über die Errichtung eines Einfamilienhauses auf dem Grundstück des K ein (vgl. § 311 Abs. 2 Nr. 1), bevor sich beide einig wurden (vgl. §§ 631 ff.). Damit liegt ein vorvertragliches Schuldverhältnis vor. Ob der später geschlossene Werkvertrag rückwirkend durch Anfechtung des K beseitigt wurde spielt hier keine Rolle.

2. Pflichtverletzung

3 Des Weiteren müsste F eine Pflicht aus § 241 Abs. 2 verletzt haben (vgl. § 311 Abs. 2). Eine solche Pflichtverletzung könnte darin zu sehen sein, dass F den K nicht über seine wahre Identität in Kenntnis setzte, obwohl er erkannte, dass K dem Irrtum unterlag, es handele sich bei F um den bekannten Norman Foster. Da es sich beim Verhalten des F um ein bloßes Unterlassen handelt, setzt eine Pflichtverletzung voraus, dass eine Rechtspflicht des F zur Aufklärung des K bestand. Den Werkunternehmer trifft jedoch keine allgemeine Offenbarungspflicht hinsichtlich jedweden Umstands des Vertragsschlusses. Vielmehr liegen etwaige Fehlannahmen in der Risikosphäre des Bestellers.

4 Die Rspr. sieht eine Aufklärungspflicht einer Vertragspartei jedoch immer dann begründet, wenn die betreffenden Umstände für den Vertragsschluss der anderen Partei erkennbar von wesentlicher Bedeutung sind und ihre Mitteilung nach Treu und Glauben erwartet werden kann.[3] Dabei gilt es, die widerstreitenden Interessen umfassend gegeneinander abzuwägen.[4]

5 Im vorliegenden Fall unterliegt K dem Irrtum, bei F handele es sich um den Stararchitekten Norman Foster. Diese Fehlannahme erhält F aufrecht, indem er den K nicht auf den von ihm erkannten Irrtum hinweist, um den Auftrag zu bekommen und sein Unternehmen vor der Insolvenz zu bewahren. Zwar befindet sich F in einer finanziellen Notlage, die seine Existenz bedroht, was ihm zu Gute gehalten werden muss. Doch sind sich die Namen „Norman Förster" und „Norman Foster" in Klang und Schriftbild derart ähnlich, dass eine Verwechselung der beiden Architekten aus Sicht des Durchschnittsauftraggebers als nicht unwahrscheinlich er-

---

[1] Vgl. *BGH* NJW 2006, 845 Rn. 22.

[2] Näher Staudinger/*Singer* (2012) § 123 Rn. 101 m.w.N., § 124 Rn. 10 m.w.N. mit dem Vorschlag, hier § 124 analog anzuwenden.

[3] RGZ 62, 149, 150f; *BGH* NJW 2002, 1042, 1043; 2003, 1811, 1812. Zur Konkretisierung der Formel der Rspr. ausführlich Staudinger/*Olzen* (2015) § 241 Rn. 437 ff.

[4] Siehe hierzu Staudinger/*Olzen* (2015) § 241 Rn. 444 ff. m.w.N. (insbesondere Rn. 454).

scheint. Auch das Honorar i. H. v. 100 000 EUR legt eine gewisse Popularität des F durchaus nahe. F war mithin zur Preisgabe seiner wahren Identität gegenüber K verpflichtet. Im tatbestandsmäßigen Betrug durch F liegt damit zugleich eine Verletzung seiner vorvertraglichen Aufklärungspflichten i. S. v. § 311 Abs. 2 i. V. m. § 241 Abs. 2.[5]

3. Vertretenmüssen

Ein Vertretenmüssen des F wird gemäß § 280 Abs. 1 Satz 2 vermutet. Der Entlastungsbeweis (vgl. § 292 ZPO) wird dem F hier auch nicht gelingen, denn er handelte vorsätzlich (vgl. § 276 Abs. 1 Satz 1 Alt. 1). **6**

4. Ersatzfähiger Schaden

K müsste auch einen Schaden durch das Verhalten des F erlitten haben. Darunter ist jede vermögenswerte Einbuße von Rechten, Rechtsgütern und Interessen zu verstehen. Hätte F den K im Vorfeld des Vertragsschlusses über seine wahre Identität aufgeklärt, dann hätte K den Vertrag vermutlich nicht, jedenfalls nicht zum Preis von 100 000 EUR, abgeschlossen. Nach der Differenzhypothese beträgt der Schaden des K mithin 100 000 EUR. Diesen hat F dem K gemäß § 249 Abs. 1 zu ersetzen. K kann somit Schadensersatz verlangen; F muss ihn also gemäß § 249 Abs. 1 so stellen, wie er ohne das schädigende Ereignis – die vorvertragliche Verletzung der Aufklärungspflicht – stehen würde. Ohne den Betrug hätte K den Vertrag nicht geschlossen und somit auch das Honorar nicht gezahlt. **7**

5. Einrede der Verjährung

F könnte die Zahlung nach § 214 Abs. 1 verweigern, wenn der Schadensersatzanspruch verjährt wäre. Der Anspruch aus c. i. c. unterliegt der Regelverjährung nach den §§ 195, 199, welche hier noch nicht eingetreten ist. Gegen eine analoge Anwendung des § 124 auf den Anspruch spricht, dass der Gesetzgeber zumindest bei der Schuldrechtsreform Kenntnis von dem Problem hatte und eine Regelung nicht vorgenommen hat, sodass es an der erforderlichen Regelunglücke fehlt (a. A. vertretbar). **8**

6. Konkurrenzen

Möglicherweise tritt der Anspruch auf Schadensersatz aus c. i. c. aber subsidiär hinter etwaigen Gewährleistungsansprüchen zurück. Da F das Einfamilienhaus jedoch ganz nach der Vorstellung des K geplant hat und auch die Errichtung einwandfrei verlief, fehlt es hier bereits an der Mangelhaftigkeit des Werks, sodass das Gewährleistungsrecht von vornherein nicht greift. Damit stellt sich auch die Frage nach der Konkurrenz zum Anspruch aus §§ 280 Abs. 1, 311 Abs. 2, 241 Abs. 2 vorliegend nicht. **9**

7. Ergebnis

K kann das entrichtete Honorar i. H. v. 100 000 EUR im Wege des Schadensersatzes gemäß §§ 280 Abs. 1, 311 Abs. 2, 241 Abs. 2 von F verlangen. **10**

---

[5] Vgl. *BGH* NJW 1979, 1983 f. (zum alten Schuldrecht).

II. Anspruch des K gegen F gemäß § 823 Abs. 2 BGB i. V. m. § 263 StGB

11 Fraglich ist, ob K von F Zahlung von 100 000 EUR auch gemäß § 823 Abs. 2 BGB i. V. m. § 263 StGB (Betrug) verlangen kann.

1. Verletzung eines Schutzgesetzes

12 F müsste gegen ein Gesetz verstoßen haben, das auch den Schutz des K bezweckt. Als Schutzgesetz kommt § 263 StGB (Betrug) in Frage. Gesetz ist jede Rechtsnorm (Art. 2 EGBGB). Da § 263 StGB auch dazu dient, den Einzelnen vor Vermögensschäden zu bewahren, ist die Vorschrift Schutzgesetz i. S. d. § 823 Abs. 2 BGB.

13 F müsste das Schutzgesetz verletzt haben. Er hat den K getäuscht, indem er es unterließ, ihn über seine wahre Identität aufzuklären (siehe Rn. 5), dadurch einen Irrtum bei K erregt und diesen zu einer Vermögensverfügung veranlasst (Zahlung). Der Schaden des K liegt darin, dass er ein Honorar gezahlt hat, das er bei Kenntnis seiner Fehlannahme nicht entrichtet hätte.

14 F hat daher den objektiven Tatbestand des § 263 StGB erfüllt.

2. Rechtswidrigkeit und Verschulden

15 Die Rechtswidrigkeit wird durch die Schutzgesetzverletzung indiziert.

16 F müsste ein Verschulden treffen, wobei der subjektive Tatbestand des Schutzgesetzes auch für § 823 Abs. 2 BGB maßgeblich ist.[6] Da die Erfüllung der vorgenannten Tatbestandsmerkmale von F beabsichtigt war, hat er vorsätzlich gehandelt (§ 15 StGB). Damit liegt das notwendige Verschulden vor.

3. Ergebnis

17 K kann von F Zahlung von 100 000 EUR gemäß § 823 Abs. 2 BGB i. V. m. § 263 StGB verlangen.

III. Anspruch des K gegen F gemäß § 826

18 Im vorsätzlichen Betrug durch F liegt zugleich eine vorsätzliche sittenwidrige Schädigung i. S. d. § 826. Insofern kann der Zahlungsanspruch des K i. H. v. 100 000 EUR auch darauf gestützt werden.

IV. Anspruch des K gegen F gemäß § 812 Abs. 1 Satz 1 Alt. 1

19 Zu prüfen ist ferner, ob K von F Zahlung von 100 000 EUR gemäß § 812 Abs. 1 Satz 1 Alt. 1 verlangen kann.

1. Durch Leistung etwas erlangt

20 F müsste von K etwas durch Leistung erlangt haben. K hat das Honorar an F überwiesen; diesem wurden 100 000 EUR auf dem Konto gutgeschrieben (Buchgeld). Das erlangte Etwas ist daher eine Forderung des Zahlungsempfängers F gegen seine Bank auf Auszahlung des Guthabens.

---

[6] *BGH* NJW 1966, 2014, 2016; MünchKommBGB/*Wagner* § 823 Rn. 433 f.

Hinweise: (1.) Weitergehende Ausführungen sind im Pflichtfachbereich kaum zu erwarten. Jedenfalls wäre es zu ungenau, das erlangte Etwas nur als „Geld" oder „Kaufpreis" zu bezeichnen. Denn bei einer Überweisung erfolgt eine Gutschrift auf dem Konto des Empfängers; diese begründet hier für V einen Auszahlungsanspruch gegen seine Bank aus einem abstrakten Schuldversprechen[7] (§§ 780, 781, 782) sowie nach bisheriger Auffassung auch aus §§ 700 Abs. 1 Satz 1, 488 Abs. 1 Satz 2.[8]

(2.) Streng von diesen Ansprüchen *aus der Gutschrift* zu unterscheiden ist der Anspruch des V gegen seine Bank aus dem *Zahlungsdiensterahmenvertrag* (in der Regel ein Girovertrag) *auf Gutschrift* eingehender Zahlungen auf seinem Konto (§§ 675f Abs. 2, 675t Abs. 1 Satz 1).[9] Schreibt die Bank dem V die eingehende Zahlung gut, so erfüllt sie ihre Hauptleistungspflicht aus dem mit V bei der „Kontoeröffnung" geschlossenen Zahlungsdiensterahmenvertrag, aus dem ein Anspruch *auf Gutschrift* eingehender Zahlungen Dritter folgt.

(3.) Mit Problemen der Überweisung im Dreipersonenverhältnis beschäftigt sich Fall 21.

K müsste an F geleistet haben. Eine Leistung ist eine bewusste und zweckgerichtete **21** Mehrung fremden Vermögens.[10] K wollte den Zahlungsanspruch des F aus dem Werkvertrag (§ 631 Abs. 1) erfüllen und deshalb F durch die Überweisung eine Forderung gegen dessen Bank verschaffen. Darin liegt eine bewusste und zweckgerichtete Mehrung fremden Vermögens (Leistung *solvendi causa*).

Hinweise: (1.) Im bargeldlosen Zahlungsverkehr sind mehrere Rechtsverhältnisse zu unterscheiden:[11] Zwischen dem Überweisenden („Zahler" als Zahlungsdienstnutzer, vgl. § 675f Abs. 1) und seiner Bank („Zahlungsdienstleister") besteht das sog. Deckungsverhältnis, zwischen Zahler und Zahlungsempfänger das sog. Valutaverhältnis. Nur letzteres ist für den Bereicherungsausgleich bei einer rechtsgrundlosen Zahlung von Bedeutung. Das Kreditinstitut des Zahlungsempfängers ist im bargeldlosen Zahlungsverkehr nur Leistungsmittler, d. h. Zahlstelle („Zahlungsdienstleister"). Bereicherungsrechtlich spielt es daher keine Rolle, es besteht mithin kein Leistungsverhältnis zum Überweisenden (K).[12] Aus demselben Grund ist die Bank des F aus Sicht des K nicht Dritter i. S. d. § 362 Abs. 2.[13]

(2.) Umgekehrt leistet die Bank des K nicht selbst an F. Zwischen K und seiner Bank besteht zum einen ein Zahlungsdiensterahmenvertrag in der Form des Girovertrages (§ 675f Abs. 2). Zum anderen hat K hinsichtlich der Überweisung mit der Bank entweder einen „Einzelzahlungsvertrag" (§ 675f Abs. 1) geschlossen oder realistischerweise der Bank innerhalb eines ohnehin bestehenden Girovertrages als Zahlungsdiensterahmenvertrag i. S. v. § 675f Abs. 2 einen Zahlungsauftrag (§ 675f Abs. 3 Satz 2) erteilt. Führt nun die Bank des K dessen Überweisungsauftrag aus, so erfüllt sie diesem gegenüber ihre Pflichten aus Giro- bzw. Einzelzahlungsvertrag (insofern ist auch dies zwischen K und dessen Bank eine „Leistung"!). Gleichzeitig leistet K an F.[14]

2. Ohne Rechtsgrund

a) Allgemeines

Die Leistung des K an F müsste ohne rechtlichen Grund erfolgt sein (§ 812 Abs. 1 **22** Satz 1 Alt. 1). Ein rechtlicher Grund fehlt, wenn die Zuwendung dem Leistungsempfänger nach der ihr zugrunde liegenden Rechtsbeziehung nicht oder nicht endgültig zusteht.[15]

---

[7] Palandt/*Sprau* § 781 Rn. 10.

[8] Mittlerweile geht man davon aus, dass Zahlungsdiensterahmenvertrag und Verwahrung ein einheitliches Vertragsverhältnis sind. Vgl. Palandt/*Sprau* § 675f Rn. 27.

[9] MünchKommBGB/*Casper* § 675f Rn. 7; Palandt/*Sprau* § 675t Rn. 4.

[10] Palandt/*Sprau* § 812 Rn. 14 m. w. N.

[11] Vgl. Palandt/*Sprau* § 675f Rn. 31.

[12] Vgl. *BGH* NJW 2007, 914, 915.

[13] Vgl. Palandt/*Grüneberg* § 362 Rn. 10.

[14] BGHZ 147, 269, 273 = NJW 2001, 2880, 2881.

[15] Vgl. Palandt/*Sprau* § 812 Rn. 6 und 21.

b) Werkvertrag als rechtlicher Grund

23 Möglicherweise stellt der von K und F abgeschlossene Werkvertrag einen rechtlichen Grund dar. Dann wäre ein Bereicherungsanspruch des K ausgeschlossen.

24 K und F haben einen zunächst wirksamen Werkvertrag (§ 631) über die Planung eines Einfamilienhauses geschlossen.

aa) Nichtigkeit des Vertrages gemäß § 142 Abs. 1

25 Der Werkvertrag könnte jedoch infolge der Anfechtung durch K gemäß § 142 Abs. 1 als von Anfang an nichtig anzusehen sein. Dazu müsste K einen Anfechtungsgrund gehabt und die Anfechtung innerhalb der Anfechtungsfrist erklärt haben.

(1) Anfechtungserklärung

26 K hat eine Anfechtungserklärung gegenüber F abgegeben (§ 143 Abs. 1). Sein Wille war auf rückwirkende Beseitigung des Vertrages gerichtet (§§ 133, 157).

27 Als Vertragspartner ist F der richtige Anfechtungsgegner (§ 143 Abs. 2 Satz 1).

(2) Anfechtungsgrund

28 Es müsste ein Anfechtungsgrund vorliegen. In Frage kommt nur eine arglistige Täuschung durch F gemäß § 123 Abs. 1 Alt. 1.

29 F müsste den K getäuscht haben. Eine Täuschung liegt in einem Verhalten, das darauf abzielt, in einem anderen unrichtige Vorstellungen über Tatsachen hervorzurufen, zu bestärken oder zu unterhalten.[16] F hat dem K gegenüber seine tatsächliche Identität verschwiegen. Eine Täuschung kann nur dann durch Verschweigen von Tatsachen erfolgen, wenn eine entsprechende Aufklärungspflicht des Täuschenden bestand. Hier hat F den K getäuscht (siehe Rn. 5).

30 K ging aufgrund des Schweigens des F davon aus, dieser sei der berühmte Norman Foster, und gab daraufhin seine Willenserklärung ab. Die für § 123 Abs. 1 Alt. 1 erforderliche doppelte Kausalität liegt jedenfalls vor.

31 Die Täuschung müsste arglistig erfolgt sein. Arglist erfordert vorsätzliches Handeln. Der Täuschende muss daher die Unwahrheit seiner Antwort bzw. die Bedeutung der verschwiegenen Tatsache kennen oder wenigstens für möglich halten.[17] F hat seine Identität wissentlich verschwiegen und somit arglistig gehandelt.

32 Die Voraussetzungen des § 123 Abs. 1 Alt. 1 sind somit gegeben.

(3) Ausschluss der Anfechtung durch § 634

33 Fraglich ist, ob die Anfechtung nach § 123 Abs. 1 durch die §§ 634 ff. ausgeschlossen wird, wie es für die Anfechtung nach § 119 Abs. 2 anerkannt ist. In Betracht kommt dies nur, wenn die Planung des Einfamilienhauses durch F mangelhaft i. S. d. § 633 Abs. 2 war. Dies ist wie oben dargelegt jedoch nicht der Fall, denn das Haus wurde entsprechend der Vorstellung des K geplant und errichtet. Die Anfechtung ist damit von vornherein nicht geeignet, das „Recht zur zweiten Andienung" des F zu vereiteln. Im Übrigen wäre die Fristsetzung gegenüber dem arglistig han-

---

16 Palandt/*Ellenberger* § 123 Rn. 2; *Köhler* § 7 Rn. 39.
17 Palandt/*Ellenberger* § 123 Rn. 11; *Köhler* § 7 Rn. 43.

delnden Werkunternehmer ohnehin nach § 323 Abs. 2 Nr. 3 entbehrlich. Auch die §§ 634a Abs. 3 Satz 1, 639 belegen, dass der arglistig handelnde Verkäufer nicht schutzwürdig ist. Daher würde das Anfechtungsrecht nach § 123 Abs. 1 auch im Fall des Bestehens etwaiger Mängelrechte i. S. v. § 634 nicht verdrängt.[18]

(4) Anfechtungsfrist

Fraglich ist, ob die Anfechtungsfrist des § 124 Abs. 1 gewahrt ist. Die Frist beginnt **34** bei arglistigen Täuschungen gemäß § 124 Abs. 2 Satz 1 Alt. 1 mit dem Zeitpunkt, in welchem der Anfechtungsberechtigte (K) die Täuschung entdeckt. Die Frist dauert gemäß § 124 Abs. 1 ein Jahr (Berechnung gemäß §§ 187 Abs. 1, 188 Abs. 2 Hs. 1). Nachdem seit der Entdeckung der Täuschung mehr als ein Jahr vergangen ist, kann eine Anfechtung nicht mehr erfolgen.

Hinweis: Fristen sind stets so genau wie möglich zu berechnen. Da im vorliegenden Sachverhalt Datumsangaben fehlen, kann keine genauere Berechnung erfolgen. Für die Lösung des Falles spielt dies jedoch keine Rolle.

bb) Zwischenergebnis

Der Kaufvertrag zwischen K und F ist wirksam; die Wirkungen des § 142 Abs. 1 **35** treten wegen der verfristeten Anfechtung nicht ein. Der Kaufvertrag bleibt „rechtlicher Grund" i. S. d. § 812 Abs. 1 Satz 1 Alt. 1.

3. Ergebnis

Ein Anspruch des K gegen F aus § 812 Abs. 1 Satz 1 Alt. 1 besteht nicht. **36**

V. Anspruch des K gegen F gemäß § 813 Abs. 1 Satz 1

Eventuell kann K von F Zahlung von 100 000 EUR gemäß § 813 Abs. 1 Satz 1 **37** verlangen.

1. Durch Leistung etwas erlangt

F müsste durch eine Leistung des K etwas erlangt haben. F hat eine Forderung gegen seine Bank erlangt. K leistete bewusst und zweckgerichtet zur Erfüllung der Forderung des F aus dem Werkvertrag *(solvendi causa)*. **38**

2. Dauerhafte Einrede

a) Allgemeines

Dem Zahlungsanspruch des F aus § 433 Abs. 2 müsste eine Einrede entgegenstehen, durch welche die Geltendmachung des Anspruchs dauernd ausgeschlossen ist. **39**

Hier könnte die Arglisteinrede (§ 853) dem Anspruch des F entgegenstehen. § 853 **40** ist eine dauerhafte Einrede.[19] Wenn jemand durch eine von ihm begangene unerlaubte Handlung eine Forderung gegen den Verletzten erlangt hat, so kann dieser nach dem Wortlaut des § 853 die Erfüllung auch dann verweigern, wenn der Anspruch auf Aufhebung der Forderung verjährt ist.

---

[18] Bamberger/Roth/*Faust* § 437 Rn. 184 m. w. N.; Palandt/*Weidenkaff* § 437 Rn. 54.

[19] Vgl. Palandt/*Sprau* § 813 Rn. 3.

Hinweis: Weitere dauerhafte Einreden i. S. d. § 813 Abs. 1 Satz 1 sind beispielsweise die §§ 821, 1166, 1973, 1975, 1990 ff., 2083, 2345.[20] Nicht unter § 813 Abs. 1 Satz 1 fallen hingegen insbesondere die Einreden aus §§ 273, 320, denn sie sind nur vorübergehender Natur. – Außerdem erfasst § 813 Abs. 1 Satz 1 nur rechtshemmende **Einreden.** Denn rechtshindernde und rechtsvernichtende **Einwendungen** wie etwa die Geschäftsunfähigkeit (§ 104) oder Anfechtung (unabhängig von ihrer Einordnung als Fehlen oder Wegfall des Rechtsgrundes) fallen unter die in § 812 Abs. 1 geregelten Tatbestände.

41 Zu prüfen ist, ob die Tatbestandsmerkmale des § 853 vorliegend erfüllt sind.

b) Durch unerlaubte Handlung erlangte Forderung

42 F müsste gegen K eine Forderung dadurch erlangt haben, dass er eine unerlaubte Handlung begangen hat. Durch den täuschungsbedingten Abschluss des Kaufvertrages hat F eine Werklohnforderung gegen K erworben (§ 631 Abs. 1).

43 Fraglich ist, ob K seinerseits wegen eines Betrugs durch F die Aufhebung des Kaufvertrages (§ 823 Abs. 2 BGB i. V. m. § 263 StGB; § 826) verlangen kann.

aa) Verletzung eines Schutzgesetzes

44 Wie bereits oben (siehe Rn. 12) geprüft, ist § 263 StGB ein Schutzgesetz i. S. d. § 823 Abs. 2 BGB. Das Schutzgesetz wurde durch F auch rechtswidrig und schuldhaft verletzt.

bb) Zwischenergebnis

45 K könnte daher im Wege der Naturalrestitution (§ 249) von F die Aufhebung des Vertrages verlangen. Dieser Anspruch des K ergibt sich aus § 823 Abs. 2 BGB i. V. m. § 263 StGB und wegen des Schädigungsvorsatzes des F auch aus § 826.

c) „Verjährung" der Forderung

46 Nimmt man den Wortlaut des § 853 ernst, so sind dessen Voraussetzungen nicht erfüllt. Der Anspruch auf Aufhebung der Forderung (gemeint sind die Ansprüche des K aus § 823 Abs. 2 BGB i. V. m. § 263 StGB und § 826) ist derzeit noch nicht verjährt; die dreijährige regelmäßige Verjährungsfrist (§§ 199 Abs. 1, 195) ist anderthalb Jahre nach Entdeckung des Mangels noch nicht abgelaufen.

47 Allerdings hat K die Anfechtungsfrist des § 124 Abs. 1 versäumt. Fraglich ist, ob § 853 auch darauf anzuwenden ist. Dies ist umstritten:

aa) Meinungsstand

48 Eine Ansicht wendet § 853 in den Fällen der versäumten Anfechtungsfrist nicht entsprechend an. Sowohl § 853 als auch § 124 Abs. 1 seien ernst zu nehmen;[21] der Anfechtungsberechtigte habe sein Recht mit Fristablauf endgültig verloren und müsse die Schadensersatzansprüche geltend machen. Hingegen dehnt die Gegenauffassung § 853 auch auf den Fall der versäumten Anfechtungsfrist aus.[22]

---

[20] Ausführlich dazu MünchKommBGB/*Schwab* § 813 Rn. 7.
[21] *BGH* NJW 1969, 604; MünchKommBGB/*Armbrüster* § 124 Rn. 9; Staudinger/*Vieweg* (2015) § 853 Rn. 4.
[22] RGZ 79, 194, 197; *BGH* NJW 1979, 1983, 1984 m. w. N.; Bamberger/Roth/*Spindler* § 853 Rn. 5; Palandt/*Sprau* § 853 Rn. 1; *Wandt* § 10 Rn. 46.

bb) Stellungnahme

Der Gegenauffassung ist – zumindest im vorliegenden Fall – zu folgen. Die Beson- **49** derheit des Falles besteht nämlich darin, dass sich K zur Begründung der Arglisteinrede nicht nur auf ein versäumtes Anfechtungsrecht stützt. Eine Forderung aus unerlaubter Handlung besteht hier ebenfalls, und § 853 spricht davon, dass **sogar** bei Verjährung dieser Forderung ein Leistungsverweigerungsrecht besteht. Dies bedeutet, dass es erst recht vorher besteht („auch dann").[23]

Folglich sind die Tatbestandsmerkmale des § 853 erfüllt. **50**

3. Inhalt und Umfang des Bereicherungsanspruchs

Zu klären ist der Umfang des Bereicherungsanspruchs des K. F muss „das zum **51** Zwecke der Erfüllung einer Verbindlichkeit Geleistete" zurückerstatten (§ 813 Abs. 1 Satz 1), d. h. er muss dem K 100 000 EUR zurücküberweisen.

4. Ergebnis

K kann von F Zahlung von 100 000 EUR gemäß § 813 Abs. 1 Satz 1 verlangen. **52**

---

[23] RGZ 79, 194, 197; vgl. *BGH* NJW 1969, 604, 605.

Fall 18. Saldo nach Computerabsturz?

Sachverhalt

Die Veterinärmedizinstudentin Valentina (V) hat von ihren Eltern ein handliches neues Notebook geschenkt bekommen. Deshalb verkauft sie ihrem Kommilitonen Kasimir (K) ihr gebrauchtes Netbook für 150 EUR; dieser zahlt in bar und nimmt das Gerät mit. Auf dem Markt hat das Netbook einen Restwert von 130 EUR.

Als K das Netbook zu Hause ausprobiert, stellt er fest, dass es sich entgegen seiner Erwartung nicht um das Modell 1201n mit leistungsfähigerem Prozessor und 2 GB-Arbeitsspeicher, sondern um das ähnliche Modell 1201HA desselben Herstellers mit normalem Netbook-Prozessor und 1 GB-Arbeitsspeicher handelt.

K ruft sofort bei V an und erklärt ihr, er hätte das Netbook nur gekauft, weil er es für ein anderes Modell gehalten habe. V meint, K solle bei ihr vorbeikommen, damit man die Angelegenheit in Ruhe bei einem Glas Sojamilch klären könne. Sie werde sich in der Zwischenzeit bei ihrem Cousin Charles, der Jura studiere, erkundigen, wie wohl die rechtliche Situation sei.

K macht sich sogleich auf den Weg zu V, um ihr das Netbook zurückzubringen. Dabei muss er einen Fluss überqueren. Auf der Treppe, die auf die Brücke über den Fluss führt, rutscht K ohne Verschulden auf einer feuchten Stelle aus und verliert dabei seine Tasche mit dem Netbook. Das Gerät rutscht aus der Tasche, hüpft ein paar Stufen hinab und fällt dann durch das Treppengeländer. Es verschwindet in der infolge Hochwassers reißenden Strömung des Flusses.

K sucht dennoch V auf, die aber nun nicht mehr bereit ist, sich auf irgendwelche Verhandlungen einzulassen. K erklärt darauf hin, er fechte den Kauf wegen seines Irrtums an und wolle sein Geld zurück. V weist das Ansinnen zurück und will die noch vorhandenen 150 EUR nicht an K herausgeben. Es könne doch nicht sein, dass sie das Risiko der Geschehnisse zu tragen habe, für die sie überhaupt nichts könne.

Kann K dennoch von V Rückzahlung der 150 EUR verlangen?

Abwandlung: Wie wäre der Fall unter den folgenden Umständen zu beurteilen?

K ist erst 17 Jahre alt und hat das Netbook von seinem Taschengeld gekauft. Seine Eltern (E) sind mit der Anfechtung einverstanden.

Gliederung

Lösung

Hinweis: In diesem Fall bereitet weniger der Bereicherungsanspruch Probleme als vielmehr die Frage, wie unwirksame gegenseitige Verträge nach den §§ 812 ff. rückabzuwickeln sind. Die gesetzliche Regelung sieht keine Besonderheiten vor, sodass man mit ihrer Hilfe durchaus zu einem vertretbaren Ergebnis gelangt. Man muss allerdings wissen, dass seit Jahrzehnten diskutiert wird, ob man es bei dem Ergebnis belässt, dass sich aus den §§ 812 ff., 818 an sich ergibt, oder ob man es mit Hilfe der sog. Saldotheorie (oder auf andere Weise) korrigiert. Bereits beim Leistungsbegriff und der sog. Subsidiarität der Nichtleistungskondiktion hatte sich gezeigt, dass man die Parteien eines unwirksamen Vertrages bei der Rückabwicklung an ihrer privatautonomen Entscheidung für einen bestimmten Partner im Leistungsaustausch festzuhalten versucht. Dieser Grundgedanke spielt erneut eine Rolle, wenn es darum geht, dass eine Partei die von ihr empfangene Leistung nicht mehr herauszugeben vermag und womöglich sogar nach § 818 Abs. 3 entreichert wäre.

Ausgangsfall: Anspruch des K gegen V auf Herausgabe von 150 EUR gemäß § 812 Abs. 1 Satz 1 Alt. 1

1 K könnte gegen V einen Anspruch auf Herausgabe der gezahlten 150 EUR gemäß § 812 Abs. 1 Satz 1 Alt. 1 haben.

I. Etwas erlangt

2 V müsste etwas erlangt haben. K hat ihr den Kaufpreis von 150 EUR gezahlt, ihr also Banknoten mit entsprechendem Wert übergeben und nach § 929 Satz 1 übereignet. Damit hat V Eigentum und Besitz an den 150 EUR Bargeld erlangt.

II. Durch Leistung des K

3 Dies müsste durch Leistung des K geschehen sein, d.h. durch eine bewusste und zweckgerichtete Vermögensmehrung. Da K seine Verpflichtung aus dem Kaufvertrag erfüllen wollte, liegt eine Leistung *solvendi causa* vor.

III. Ohne rechtlichen Grund

4 Zu prüfen ist, ob K ohne rechtlichen Grund geleistet hat. Dies wäre der Fall, wenn der von den Parteien zunächst geschlossene Kaufvertrag infolge einer Anfechtung des K gemäß § 142 Abs. 1 als von Anfang an nichtig anzusehen wäre.

1. Anfechtungserklärung

5 K hat gegenüber seiner Vertragspartnerin V, die gemäß § 143 Abs. 2 Anfechtungsgegnerin ist, eine ausdrückliche Anfechtungserklärung i.S.v. § 143 Abs. 1 abgegeben. Insbesondere hat er dabei zu erkennen gegeben, aus welchen Umständen er sein Anfechtungsrecht ableitet.

2. Anfechtungsgrund: § 119 Abs. 2

6 Zu prüfen ist, ob K zur Anfechtung berechtigt war. Als Anfechtungsgrund kommt ein Irrtum über verkehrswesentliche Eigenschaften des Netbooks i.S.v. § 119 Abs. 2 in Betracht.

7 Eigenschaften i.S.v. § 119 Abs. 2 sind gegenwärtige, prägende Merkmale tatsächlicher oder rechtlicher Art, die in der Sache selbst begründet sind und eine gewisse Beständigkeit aufweisen.[1] Dies kann man sowohl für die Art des in dem Netbook

---

[1] Vgl. *Köhler* § 7 Rn. 19; Palandt/*Ellenberger* § 119 Rn. 24.

verbauten Prozessors als auch für die Größe des Arbeitsspeichers bejahen. Über beide Eigenschaften unterlag K einer Fehlvorstellung, also einem Irrtum.

Fraglich ist, ob die Eigenschaften auch verkehrswesentlich i.S.v. § 119 Abs. 2 waren, **8** also ob sie im Rechtsverkehr bei Netbooks üblicherweise als entscheidungserheblich angesehen werden.[2] Dies mag man zumindest beim Prozessor eines Netbooks zunächst bezweifeln, doch gibt es insofern Unterschiede in der Leistungsfähigkeit und im Energieverbrauch, der für den Akkubetrieb wichtig ist. Der verbaute Arbeitsspeicher beeinflusst u.a. die Arbeitsgeschwindigkeit sowie die Verwendbarkeit von Computerprogrammen.

Somit hat K über verkehrswesentliche Eigenschaften geirrt und ist, da er das Netbook ohne den Irrtum bei verständiger Würdigung der Umstände (§ 119 Abs. 1 a. E.) nicht gekauft hätte, nach § 119 Abs. 2 zur Anfechtung berechtigt. **9**

3. Anfechtungsausschluss wegen Vorrangs der §§ 437 ff.?

Nach ganz h.M.[3] ist die Anfechtung nach § 119 Abs. 2 ausgeschlossen, wenn das **10** Fehlen der Eigenschaft zugleich einen Sach- oder Rechtsmangel i.S.v. §§ 434, 435 darstellt, weil die Anfechtung dann das System der Gewährleistungsrechte nach den §§ 437 ff. einschließlich der Verjährungsregelung des § 438 aushöhlen könnte. Daher ist zu klären, ob die Modellabweichung einen Sachmangel i.S.v. § 434 Abs. 1 darstellt. Dafür ist nach § 434 Abs. 1 Satz 1 in erster Linie die Parteivereinbarung über die Beschaffenheit der Kaufsache relevant; allerdings haben die Parteien keine solche Vereinbarung getroffen und auch keinen bestimmten Gebrauch des Netbooks i.S.v. § 434 Abs. 1 Satz 2 Nr. 1 vorausgesetzt. Da das Netbook funktionierte und eine ganz typische Hardwarekonfiguration hatte, eignet es sich i.S.v. § 434 Abs. 1 Satz 2 Nr. 2 für den gewöhnlichen Gebrauch und weist die Eigenschaften auf, die man von einem Netbook erwarten kann. Ein Mangel liegt somit nicht vor, sodass der Vorrang der §§ 437 ff. nicht eingreift und die Anfechtung möglich bleibt.

4. Anfechtungsfrist (§ 121 Abs. 1 Satz 1)

K hat die Anfechtung sofort erklärt, nachdem er seinen Irrtum entdeckt hatte, also **11** i.S.v. § 121 Abs. 1 Satz 1 unverzüglich.

5. Zwischenergebnis

K hat den Kaufvertrag mit V nach § 119 Abs. 2 wirksam angefochten. Damit hat V **12** die Leistung des K ohne rechtlichen Grund erlangt.

IV. Inhalt und Umfang des Bereicherungsanspruchs

K kann also von V gemäß § 812 Abs. 1 Satz 1 Alt. 1 Herausgabe des Erlangten ver- **13** langen, also des Besitzes und Eigentums an den unverändert vorhandenen 150 EUR Bargeld.

Zu prüfen ist, ob K sich den Verlust des Netbooks entgegenhalten lassen muss. **14**

---

[2] Vgl. *Köhler* § 7 Rn. 21 (str.).

[3] Überblick zum Meinungsstand bei Bamberger/Roth/*Faust* § 437 Rn. 177 ff.

1. Gegenanspruch der V gegen K gemäß §§ 812 Abs. 1 Satz 1 Alt. 1, 818 Abs. 2

15 Aus dem Gesagten ergibt sich, dass V an sich gegen K ebenfalls einen Anspruch aus Leistungskondiktion gehabt hätte. Sie konnte von K Herausgabe von Besitz und Eigentum am Netbook verlangen. Da das Netbook von der Strömung fortgespült wurde, ist seine Herausgabe nicht mehr möglich. Daher schuldet K der V gemäß § 818 Abs. 2 Wertersatz. Abzustellen ist auf den objektiven Marktwert, also laut Sachverhalt 130 EUR.

2. Entreicherung des K (§ 818 Abs. 3)

16 Zu prüfen ist, ob die Verpflichtung des K zur Herausgabe bzw. zum Wertersatz nach § 818 Abs. 3 ausgeschlossen ist, weil er als Empfänger nicht mehr bereichert ist. Dies wäre dann der Fall, wenn im Vermögen des K nichts mehr vom ursprünglich Erlangten, auch kein Surrogat oder sonst eine Mehrung, vorhanden ist. Da das Netbook verschwunden ist, ist dies zu bejahen. Damit ist K i.S.v. § 818 Abs. 3 entreichert.

Hinweis: Im Ergebnis nicht anders entscheiden sollte man, wenn der Sturz des K von einem unerkannt entkommenen Radfahrer, Passanten oder Jogger verursacht worden wäre. Zwar hätte K dann als Ersatz i.S.v. § 818 Abs. 1 für das Netbook einen Ersatzanspruch nach § 823 Abs. 1 gegen den Verursacher erworben, den er (durch Abtretung nach § 398) an V herauszugeben hätte. Damit bestünde die Bereicherung des K an sich fort.[4] Anders verhält es sich jedoch, wenn die Forderung gegen den Dritten praktisch wertlos, insbesondere wirtschaftlich nicht werthaltig ist.[5] So verhält es sich auch mit einer Ersatzforderung gegen einen Dritten, dessen Identität nicht feststellbar ist.

3. Einbeziehung des Gegenanspruchs der V?

17 Fraglich ist, ob der Bereicherungsanspruch der V trotz der Entreicherung des K zu berücksichtigen ist. Dies ist für die bereicherungsrechtliche Rückabwicklung gegenseitiger Verträge seit langem umstritten.[6]

a) Strenge Zweikondiktionentheorie

18 Die (strenge) Zweikondiktionentheorie belässt es bei der Existenz der nebeneinander stehenden Bereicherungsansprüche. Zwar hat jede Partei die Möglichkeit, ihrer Inanspruchnahme den eigenen Gegenanspruch nach § 273 Abs. 1 entgegenzuhalten. Denn es handelt sich um wechselseitige Ansprüche, die auf demselben rechtlichen Verhältnis, dem gescheiterten Vertrag, beruhen. Beide Ansprüche sind auch gleichzeitig nach § 271 Abs. 1 sofort fällig. Das Zurückbehaltungsrecht nach § 273 Abs. 1 muss allerdings vom jeweiligen Schuldner geltend gemacht werden; bei gleichartigen Ansprüchen, insbesondere Geldleistungen, ist eine Aufrechnung nach §§ 387 ff. erforderlich.

19 Im vorliegenden Fall hat V sinngemäß zunächst ihr Zurückbehaltungsrecht geltend gemacht. Dennoch verbliebe es nach dieser Ansicht dabei, dass der Gegenanspruch

---

[4] Palandt/*Sprau* § 818 Rn. 40 a. E.
[5] *BGH* NJW 1978, 2149, 2150; *OLG Frankfurt* NJW-RR 1995, 1348 f.
[6] Überblick zum Meinungsstand bei *Brox/Walker* BS § 43 Rn. 11 ff.; *Larenz/Canaris* § 73 III; *Medicus/Lorenz* II Rn. 1184 ff.; *Medicus/Petersen* Rn. 224 ff.; *Wandt* § 12 Rn. 29 ff.

der V nach § 818 Abs. 3 ausgeschlossen ist und somit auch das Zurückbehaltungsrecht entfällt. V müsste also an K die 150 EUR zurückzahlen und aufgrund der
Wertung des § 818 Abs. 3 das Risiko der Entreicherung des K tragen.

b) Eingeschränkte Zweikondiktionentheorie

Die eingeschränkte Zweikondiktionentheorie erkennt an, dass das Ergebnis der ein- **20**
fachen Zweikondiktionenlehre bei der Rückabwicklung gegenseitiger Verträge unbillig erscheint. Deshalb plädiert diese in der jüngeren Lehre häufig anzutreffende
Ansicht für eine normative Einschränkung des § 818 Abs. 3 nach dem Rechtsgedanken des § 346 Abs. 3 Satz 1 Nr. 3.

Demnach wäre zu prüfen, ob das Risiko des Untergangs, das § 818 Abs. 3 grund- **21**
sätzlich dem Bereicherungsgläubiger (V) zuweist, aufgrund der Umstände ausnahmsweise dem Bereicherungsschuldner (K) zuzuweisen ist. Eine gesetzliche Regelung einer ähnlichen Situation findet sich bei der Rückabwicklung von Verträgen
nach einem Rücktritt in § 346 Abs. 3 Satz 1 Nr. 3; danach trifft das Risiko den
Gläubiger nur dann, wenn dem Schuldner kein Verstoß gegen die eigenübliche
Sorgfalt zur Last fällt. Für die Übertragung dieser Wertung ins Bereicherungsrecht
spricht, dass es mehr oder weniger vom Zufall abhängt, ob die Rückabwicklung
eines gescheiterten Vertrages nach den §§ 346 ff. oder über das Bereicherungsrecht
erfolgt.

Ob man die Wertung des Rücktrittsrechts im Rahmen des § 818 Abs. 3 übernch- **22**
men will, kann allerdings für den vorliegenden Fall dahinstehen: Der Verlust des
Netbooks ist von K nicht verschuldet. Somit bleibt es auch nach der eingeschränk-
ten Zweikondiktionenlehre beim Wegfall der Bereicherung des K.

c) Saldotheorie

Die immer noch herrschende sog. Saldotheorie berücksichtigt hingegen bei der **23**
Rückabwicklung unwirksamer gegenseitiger Verträge stets den wirtschaftlichen Zusammenhang der von den Parteien erbrachten Leistungen. Daher sind die wechselseitigen Bereicherungsansprüche untrennbar miteinander verbunden; es soll sich
sogar nur um einen „einheitlichen" Bereicherungsanspruch handeln.

Dies führt zum einen dazu, dass bei ungleichartigen Leistungen (Kaufsache, Kauf- **24**
preis) der jeweilige Bereicherungsgläubiger von sich aus die Rückgewähr der von
ihm empfangenen Gegenleistung Zug um Zug anbieten muss, wenn er seinen Bereicherungsanspruch geltend macht.[7] Im Ergebnis entspricht dies den Wertungen
der §§ 273 f., 320, 322; dem hat K im vorliegenden Fall Rechnung getragen, indem
er Kaufpreisrückzahlung gegen Rückübereignung des Netbooks angeboten hat.

Zum anderen führt die These von einem einheitlichen Bereicherungsanspruch bei **25**
gleichartigen Leistungen dazu, dass die wechselseitigen Bereicherungsansprüche
kraft Gesetzes miteinander verrechnet werden (daher Saldotheorie). Dies hat erhebliche Auswirkungen auch dann, wenn eine Partei selbst ganz oder teilweise zur Herausgabe des Empfangenen außer Stande ist. Denn nach der Saldotheorie erfolgt ein
Vermögensvergleich zwischen den Situationen mit und ohne Leistungsaustausch,

---

[7] BGHZ 146, 298, 307 = NJW 2001, 1127 = bei *Emmerich*, JuS 2001, 706.

weshalb anstelle der tatsächlichen Leistungen gegebenenfalls nach § 818 Abs. 2 deren Wert angesetzt wird. Anschließend werden die beiden Werte saldiert, sodass dieses Mal in der Tat nur zugunsten einer Partei **ein** Bereicherungsanspruch übrig bleibt. Die Möglichkeit einer Entreicherung nach § 818 Abs. 3 ist damit von vornherein ausgeschlossen.

26 Im Ergebnis bedeutet dies für den vorliegenden Fall: K kann zwar an sich die Herausgabe der übergebenen und übereigneten 150 EUR verlangen. Davon abzuziehen ist aber im Rahmen der **kraft Gesetzes eintretenden** Saldierung der Wert des von ihm empfangenen Netbooks, mithin 130 EUR. Im Ergebnis kann K also nach der Saldotheorie von V nur noch 20 EUR verlangen.

Hinweis: Abzugsfähig sind nach der Rspr. auch Aufwendungen, die der Leistungsempfänger zum Erwerb oder zum Erhalt des Leistungsgegenstandes gemacht hat. Solche Aufwendungen sind hier aber nicht ersichtlich.

d) Stellungnahme

27 Bei der Rückabwicklung gegenseitiger Verträge sollte der Parteiwille trotz der Unwirksamkeit des Vertrages aus Gründen der Billigkeit berücksichtigt werden. Da die strenge Zweikondiktionentheorie dies völlig außer Acht lässt, ist sie abzulehnen.

28 Fraglich erscheint, ob man mit der Rspr. von einem einheitlichen Bereicherungsanspruch ausgehen sollte, der im Ergebnis bei gleichartigen Leistungen nur in der Person desjenigen besteht, zu dessen Gunsten sich ein positiver Saldo ergibt. Mit der gesetzlichen Regelung in den §§ 812 ff. lässt sich dies kaum begründen. Außerdem wird so ausgeblendet, ob die Entreicherung auf Zufall beruht oder auf ein Verschulden bzw. Verschulden der Partei gegen sich selbst zurückzuführen ist. Dies erscheint im Hinblick auf die Rechtslage beim Rücktritt vom Vertrag nach § 346 Abs. 2 und 3 bedenklich; auch in anderen Rechtsordnungen wird der Umstand berücksichtigt. Dies spricht gegen die Saldotheorie, die zudem in bestimmten Fällen so offensichtlich unbillige Ergebnisse produziert, dass sie eingeschränkt werden muss.

29 Da die eingeschränkte Zweikondiktionentheorie somit zu den am ehesten angemessenen und außerdem klaren Ergebnissen führt, ist ihr zu folgen. Da den K beim Untergang des Notebooks kein Verschulden gegen sich selbst traf, ist der Wegfall seiner eigenen Bereicherung somit zu berücksichtigen (a. A. vertretbar).

Hinweis: Falls man der Saldotheorie folgen will, müsste man in etwa ausführen: Gegen die eingeschränkte Zweikondiktionentheorie spricht, dass der Gesetzgeber sie bei der Schuldrechtsmodernisierung 2001 nicht aufgegriffen hat und sie im Widerspruch zum Wortlaut der vorhandenen gesetzlichen Regelung in § 818 Abs. 3 und 4 sowie § 819 Abs. 1 steht, der man entnehmen kann, dass ein Verschulden des Bereicherungsschuldners nur bei verschärfter Haftung eine Rolle spielen soll. Sie ignoriert zudem den Willen der Parteien, der auf Durchführung des Leistungsaustauschs gerichtet war, indem sie die von den Parteien vereinbarte Risikozuweisung aufgrund der Nichtigkeit des Vertrages aufhebt, was die Saldotheorie gerade vermeidet. Deshalb ist der Saldotheorie zu folgen.

4. Ergebnis

30 Da den K beim Untergang des Notebooks kein Verschulden gegen sich selbst traf, ist der Wegfall seiner eigenen Bereicherung zu berücksichtigen. Es bleibt dabei, dass er den gezahlten Kaufpreis in vollem Umfang zurückverlangen kann.

V. Zurückbehaltungsrecht der V (§ 273 Abs. 1)

Da die V nicht einsieht, das Risiko der Geschehnisse tragen zu sollen, ist noch zu **31** prüfen, ob ihr aus einem anderen Rechtsgrund ein Gegenanspruch gegen K wegen des Verlusts des Netbooks zustehen könnte.

1. Schadensersatzanspruch gemäß §§ 990 Abs. 1, 989

Ein Schadensersatzanspruch der V gegen K gemäß §§ 990 Abs. 1, 989 erfordert **32** zunächst eine Vindikationslage zwischen den Parteien, also einen Herausgabeanspruch der V gegen K nach § 985.

V hat das Netbook jedoch gleich nach Abschluss des Kaufvertrages nach § 929 **33** Satz 1 an K übereignet. Zu prüfen bleibt, ob die Übereignung gemäß § 142 Abs. 1 als von Anfang an unwirksam anzusehen ist, weil K sie wirksam angefochten hat. Dazu müsste ein Anfechtungsgrund hinsichtlich der Übereignung vorgelegen haben. Der oben behandelte Irrtum des K i.S.v. § 119 Abs. 2 betrifft aber allein den Abschluss des Kaufvertrages, nicht die Übereignung, für die auch sonst kein Anfechtungsgrund ersichtlich ist. Da kein Fall der sog. Fehleridentität vorliegt, ist also nur der Kaufvertrag nichtig, die Übereignung bleibt davon unberührt. Damit blieb K Eigentümer, sodass eine Vindikationslage ausscheidet.

2. Schadensersatzanspruch gemäß § 823 Abs. 1

Ein Schadensersatzanspruch der V gegen K nach § 823 Abs. 1 würde voraussetzen, **34** dass K das Eigentum der V verletzt hat. Aus dem eben genannten Grund ist dies nicht der Fall. V erleidet nur einen Vermögensschaden, wenn sie den Kaufpreis zurückzahlen muss, ohne ein intaktes Netbook oder zumindest Wertersatz von K zu erhalten. Das Vermögen als solches ist aber von § 823 Abs. 1 nicht geschützt.

3. Schadensersatzanspruch gemäß § 280 Abs. 1

Denkbar wäre noch ein Schadensersatzanspruch der V nach § 280 Abs. 1, für den **35** zunächst ein Schuldverhältnis mit K bestehen müsste.

Ein solches liegt mit dem gesetzlichen Schuldverhältnis nach § 812 Abs. 1 Satz 1 **36** Alt. 1 vor, das mit der Anfechtungserklärung des K entstanden ist. Jedoch enthält § 818 Abs. 2 für dieses Schuldverhältnis eine Sonderregelung, die § 280 Abs. 1 – vorbehaltlich der §§ 818 Abs. 4, 819 Abs. 1 – verdrängt. Damit dieser Vorrang nicht ausgehöhlt wird, verbietet es sich auch, auf den unwirksamen Vertrag als Schuldverhältnis i.S.v. § 311 Abs. 2 Nr. 3 zurückzugreifen (a.A. vertretbar). Selbst wenn man dies anders sehen und im Verlust des Netbooks eine objektive Verletzung einer Obhutspflicht i.S.v. § 241 Abs. 2 sehen wollte, würde K der Beweis i.S.v. § 280 Abs. 1 Satz 2 gelingen, dass er die Pflichtverletzung nicht zu vertreten hat.

So oder so scheidet auch ein Ersatzanspruch gemäß § 280 Abs. 1 aus. **37**

4. Schadensersatzanspruch gemäß § 122 Abs. 1

Zuletzt bleibt die Möglichkeit des Schadensersatzes gemäß § 122 Abs. 1, für den **38** eine Anfechtung gemäß § 119 oder § 120 erfolgt sein muss. Der Anfechtungserklärende hat dem Anfechtungsgegner den Schaden, den dieser dadurch erleidet, dass er auf die Erklärung vertraut hat, zu ersetzen (negatives Interesse). Hier hat K den Vertrag gemäß § 119 Abs. 2 wirksam angefochten. Der Anspruch aus § 122 Abs. 1 erfordert auch kein Verschulden. K muss den zufälligen Untergang daher verantworten ohne Möglichkeit der Entlastung.

39 Dieser Anspruch konkurriert mit § 812, gestattet aber nicht, dass sich K auf den Wegfall der Bereicherung beruft.[8] Das Risiko des zufälligen Untergangs muss K tragen. Es wird der objektive Wert des Notebooks herangezogen, also 130 EUR.

40 Damit besteht ein Anspruch gemäß § 122 Abs. 1 über 130 EUR, den V gemäß § 273 Abs. 1 dem K entgegenhalten kann.

VI. Ergebnis

41 K kann von V gemäß § 812 Abs. 1 Satz 1 Alt. 1 Herausgabe von Besitz und Eigentum an den gezahlten 150 EUR verlangen. V kann K gemäß § 273 Abs. 1 einen Schadensersatzanspruch gemäß § 122 Abs. 1 über 130 EUR entgegenhalten.

Hinweis: Nach der Saldotheorie kann K von V nur noch Herausgabe von 20 EUR verlangen.

Abwandlung

42 K könnte gegen V wiederum einen Anspruch auf Herausgabe der gezahlten 150 EUR gemäß § 812 Abs. 1 Satz 1 Alt. 1 haben.

I. Etwas erlangt

43 Wie im Ausgangsfall hat V Eigentum und Besitz an den Banknoten im Gesamtwert von 150 EUR erlangt. Zwar könnte die Übereignung durch den minderjährigen K (§§ 2, 106) ohne Einwilligung der Eltern des K nach § 108 Abs. 1 schwebend unwirksam sein, weil der Verlust des Eigentums an dem Geld für K rechtlich nachteilig (§ 107) ist. Doch hat K das Netbook von seinem Taschengeld bezahlt, also die vertragsgemäße Leistung mit Mitteln bewirkt, die ihm sein gesetzlicher Vertreter (§ 1629 Abs. 1) i.S.v. § 110 zur freien Verfügung überlassen hatte. Es lag also eine Einwilligung i.S.d. §§ 107, 183 in die Übereignung des Geldes vor.

II. Durch Leistung des K

44 Da K seine Verpflichtung aus dem Kaufvertrag erfüllen wollte, liegt eine Leistung *solvendi causa* vor.

III. Ohne rechtlichen Grund

45 Zu prüfen ist, ob K ohne rechtlichen Grund geleistet hat. Aus den oben (siehe Rn. 43) genannten Gründen, ist auch der von V und K geschlossene Kaufvertrag nach § 110 wirksam. Wie im Ausgangsfall ist er jedoch infolge einer Anfechtung des K gemäß § 142 Abs. 1 als von Anfang an nichtig anzusehen; die für die Anfechtungserklärung des K nach § 107 erforderliche Einwilligung (§ 183) der Eltern liegt vor.

---

[8] Erman/*Arnold* § 122 Rn. 6; MünchKommBGB/*Armbrüster* § 122 Rn. 18 m.w.N.; Bamberger/Roth/*Wendtland* § 122 Rn. 7.

IV. Inhalt und Umfang des Bereicherungsanspruchs

K kann also von V gemäß § 812 Abs. 1 Satz 1 Alt. 1 Herausgabe des Erlangten ver- **46** langen, also des Besitzes und Eigentums an den 150 EUR Bargeld.

Wiederum ist zu prüfen, ob K sich den Verlust des Netbooks entgegenhalten lassen **47** muss.

1. Gegenanspruch der V gegen K gemäß §§ 812 Abs. 1 Satz 1 Alt. 1, 818 Abs. 2

Wie im Ausgangsfall schuldet K der V gemäß § 818 Abs. 2 Wertersatz für das an **48** sich herauszugebende, aber verschwundene Netbook.

2. Entreicherung des K (§ 818 Abs. 3)

Zu prüfen ist, ob die Verpflichtung des K zur Herausgabe bzw. zum Wertersatz **49** nach § 818 Abs. 3 ausgeschlossen ist, weil er als Empfänger nicht mehr bereichert ist. Dies wäre dann der Fall, wenn im Vermögen des K nichts mehr vom ursprünglich Erlangten, auch kein Surrogat oder sonst eine Mehrung, vorhanden ist. Da das Netbook nicht aufgefunden werden kann, ist dies zu bejahen. Damit ist K i. S. v. § 818 Abs. 3 entreichert.

3. Einbeziehung des Gegenanspruchs der V?

Fraglich ist erneut, ob der Bereicherungsanspruch der V trotz der Entreicherung des **50** K zu berücksichtigen ist. Dies ist für die bereicherungsrechtliche Rückabwicklung gegenseitiger Verträge seit langem umstritten; insofern sei auf die Ausführungen zum Ausgangsfall verwiesen.

a) Strenge Zweikondiktionentheorie

Nach der strengen Zweikondiktionentheorie sind die wechselseitigen Bereiche- **51** rungsansprüche selbständig, können aber über das Zurückbehaltungsrecht nach § 273 Abs. 1 oder die Aufrechnung zueinander in Beziehung gesetzt werden. Das scheidet hier aber aus, weil der Gegenanspruch der V nach § 818 Abs. 3 ausgeschlossen ist. V müsste also an K die 150 EUR zurückzahlen und – wie im Ausgangsfall – aufgrund der Wertung des § 818 Abs. 3 das Risiko der Entreicherung des K tragen.

b) Eingeschränkte Zweikondiktionentheorie

Auch für die eingeschränkte Zweikondiktionentheorie ergibt sich aus der Minder- **52** jährigkeit des K keine Abweichung von der Lösung des Ausgangsfalls.

c) Saldotheorie

Nach der Saldotheorie besteht ein einheitlicher Bereicherungsanspruch des K gegen **53** die V, bei dem vom Bereicherungsanspruch des K i. H. v. 150 EUR der Wert des von ihm an sich herauszugebenden Netbooks abzuziehen ist (siehe Rn. 25 ff.). Damit bleibt das wirtschaftliche Ergebnis des privatautonom vereinbarten Leistungsaustauschs auch für die Rückabwicklung des nichtigen Vertrages erhalten.

54 Dieses Ergebnis wird allerdings eingeschränkt, wenn es aus übergeordneten allgemeinen Gesichtspunkten unbillig erscheint.[9] Anerkannt ist dies etwa bei Herausgabeansprüchen eines arglistig getäuschten Vertragspartners[10] oder beim Erwerb aufgrund wucherischer und wucherähnlicher Geschäfte.[11]

55 Im vorliegenden Fall stellt sich die Frage, ob die Saldotheorie deshalb nicht anzuwenden ist, weil K minderjährig ist und die Anwendung der Saldotheorie im Ergebnis dazu führen würde, dass er an dem unwirksamen Vertrag festgehalten wird. Aus diesem Grunde ist es anerkannt, dass die Saldotheorie nicht zulasten eines Geschäftsunfähigen bzw. beschränkt Geschäftsfähigen anzuwenden ist, wenn der Vertrag nach den §§ 105 ff. unwirksam ist.[12] Dieser soll vielmehr seinen ungeschmälerten Bereicherungsanspruch behalten; der Gegner kann daher nur das Zurückbehaltungsrecht nach § 273 Abs. 1 geltend machen oder aufrechnen, wie es V vorliegend getan hat.

56 Zu bedenken ist aber, dass der Vertrag zwischen V und K im vorliegenden Fall nicht nach § 108 Abs. 1 infolge verweigerter Genehmigung durch die Eltern des K unwirksam ist. Unter dem Gesichtspunkt der Geschäftsfähigkeit ist der Vertrag vielmehr nach § 110 wirksam. Die Unwirksamkeit folgt hier aus § 142 Abs. 1, weil K den Vertrag mit Einwilligung seiner Eltern nach § 119 Abs. 2 angefochten hat.

57 Damit erscheint das Ergebnis, das die Saldotheorie liefert, jedenfalls vom Standpunkt ihrer Vertreter aus aber völlig angemessen. Immerhin liegt die Ursache für die Unwirksamkeit in der Sphäre des K, nämlich in seinem Irrtum. Eine Einschränkung der Saldotheorie ist somit nicht geboten.

d) Stellungnahme

58 Insofern sei auf die Ausführungen unter Rn. 27 ff. verwiesen.

V. Zurückbehaltungsrecht der V (§ 273 Abs. 1)

59 Insofern ergibt sich kein Unterschied zum Ausgangsfall.

VI. Ergebnis

60 Im Ergebnis ergibt sich somit kein Unterschied zum Ausgangsfall, weil das Fehlen des rechtlichen Grundes nicht auf die beschränkte Geschäftsfähigkeit des K zurückzuführen ist: Nach den Zweikondiktionentheorien erhält K gemäß § 812 Abs. 1 Satz 1 Alt. 1 die gezahlten 150 EUR zurück, nach der Saldotheorie hingegen nur 20 EUR. V kann seinen Gegenanspruch einredeweise entgegenhalten (§ 273 Abs. 1).

---

[9] BGHZ 146, 298, 307 f.
[10] BGHZ 53, 144, 147; *BGH* NJW 1990, 2880, 2882; BGHZ 178, 66 = NJW 2009, 1266 Rn. 48.
[11] BGHZ 146, 298, 308 f.
[12] BGHZ 126, 105, 108; *BGH* NJW 2000, 3562.

Fall 19. Anders als erwartet

Nach BGH NJW 2004, 512.

Sachverhalt

Beate (B) ist seit Jahren in Köln im Steuerberatungsbüro von Klaus (K) angestellt und von diesem aufgrund ihrer hervorragenden Leistungen zur Bürovorsteherin befördert worden. Am 1.2.2004 unterzeichnen die beiden eine Vereinbarung, die mit „Gesellschaft des bürgerlichen Rechts" überschrieben ist. Darin vereinbaren sie, zukünftig in Bonn gemeinsam ein Steuerberatungsbüro zu betreiben, dem B ihre volle Arbeitskraft zur Verfügung stellt und das K durch seine persönliche Beratung und Mitarbeit fachlich unterstützt. Außerdem heißt es in dem Vertrag, dieser solle „automatisch mit der Zulassung der B als Steuerbevollmächtigte oder Steuerberaterin wirksam werden", sofern B sechs Monate vor der Zulassung noch in einem Anstellungsverhältnis zu K gestanden habe. Mündlich wurde noch abgesprochen, dass K die Kosten der Ausbildung trägt und B im notwendigen Umfang von der Arbeit freistellt. Weitere Abreden bestehen nicht.

Anschließend nimmt B die Ausbildung zur Steuerberaterin auf und besteht nach fünf Jahren den schriftlichen Teil der Steuerberaterprüfung. Danach kündigt sie den Anstellungsvertrag mit K zum Jahresende 2009 wegen einer Erkrankung. Im Februar 2010 besteht B auch den mündlichen Teil der Steuerberaterprüfung. Obwohl K sie dazu auffordert, beantragt B ihre Bestellung als Steuerberaterin zunächst unter Hinweis auf die Fortdauer ihrer gesundheitlichen Probleme nicht. Daraufhin erklärt K im April die fristlose Kündigung des Gesellschaftsvertrages.

Im August 2010 beantragt B dann doch ihre Bestellung zur Steuerberaterin, die noch im selben Monat erfolgt, und eröffnet sodann in Bonn ein eigenes Steuerberatungsbüro.

K verlangt von B Ersatz der Ausbildungskosten. Er meint, B habe das Wirksamwerden des Gesellschaftsvertrages treuwidrig vereitelt, indem sie trotz Bestehens der Steuerberaterprüfung zunächst keinen Antrag auf Bestellung zur Steuerberaterin gestellt und damit die sechsmonatige Frist aus der Vereinbarung vom 1.2.2004 habe verstreichen lassen; deshalb müsse sie sich so behandeln lassen, als sei der Gesellschaftsvertrag wirksam geworden. Jedenfalls aber schulde sie Ersatz der von ihm im Zusammenhang mit der Steuerberaterausbildung erbrachten Aufwendungen. B erwidert, sie habe nur von ihrem allgemeinen Recht Gebrauch gemacht, sich vom Vertrag zu lösen. Das könne man ihr nicht vorwerfen, zumal K selbst mit der fristlosen Kündigung des Gesellschaftsvertrages das Zustandekommen der gemeinsamen Steuerkanzlei in Bonn verhindert habe.

Muss B dem K die Ausbildungskosten ersetzen?

Gliederung

Lösung

Hinweis: Je nach Sachverhaltskonstellation, und so auch hier, ist es im Vorfeld von Bereicherungsansprüchen unvermeidbar, zunächst nach einem vorrangigen (insbesondere vertraglichen) Anspruch zu untersuchen, aus dem sich ein Rechtsgrund ergeben könnte.

I. Anspruch des K gegen B aus einer Rückzahlungsvereinbarung im Arbeitsvertrag

1 K könnte gegen B einen Anspruch auf Rückzahlung der Ausbildungskosten aus einer vertraglichen Vereinbarung im Arbeitsvertrag haben.

Dazu müssten die Parteien, wie es bei Weiterbildungsmaßnahmen von Arbeitneh- 2
mern in der Praxis häufig geschieht, im Arbeitsvertrag oder einer zusätzlichen Vereinbarung eine Rückzahlungsklausel hinsichtlich der Ausbildungskosten bei Beendigung des Arbeitsverhältnisses vor einem bestimmten Zeitpunkt vereinbart haben.
Dies ist hier jedenfalls nicht ausdrücklich geschehen.

Sofern man eine konkludente Rückzahlungsvereinbarung für möglich hält, spricht 3
dafür der nicht zu übersehende Zusammenhang zwischen dem Arbeitsvertrag, der
Verpflichtung des K zur Finanzierung der Ausbildungskosten und der für die Ausbildung notwendigen Freistellung der B von ihrer Arbeitspflicht (§ 611) sowie dem
Gesellschaftsvertrag, den die Parteien unter einer aufschiebenden Bedingung i.S.v.
§ 158 Abs. 1 geschlossen haben. Doch ist der für eine konkludente Rückzahlungsvereinbarung notwendige übereinstimmende Wille der Parteien – gerade vor dem
Hintergrund der tatsächlich getroffenen Vereinbarungen – nicht feststellbar, insbesondere im Hinblick auf die Voraussetzungen und Modalitäten einer Rückzahlungsverpflichtung der B und eventuelle Ausnahmen.[1]

Zu prüfen ist, ob sich eine Rückzahlungsvereinbarung über eine ergänzende Ausle- 4
gung der sicherlich unvollständigen Parteivereinbarungen konstruieren lässt. Man
muss daher fragen, was vernünftige Parteien an der Stelle von K und B vereinbart
hätten, wenn sie die Unvollständigkeit ihrer Abreden erkannt hätten. Insofern liegt
eine Rückzahlungsklausel für die Ausbildungskosten nahe. Kaum zu klären ist aber,
was sie im Detail vereinbart hätten; insbesondere hinsichtlich der Voraussetzungen
und Modalitäten einer Rückzahlungsverpflichtung und eventueller Ausnahmen.

Damit scheidet ein vertraglicher Rückzahlungsanspruch aus. 5

II. Ersatzanspruch gemäß § 280 Abs. 1 wegen Pflichtverletzung im Arbeitsvertrag

K könnte gegen B einen Anspruch auf Schadensersatz wegen Pflichtverletzung nach 6
§ 280 Abs. 1 in Höhe der Ausbildungskosten haben.

1. Schuldverhältnis

Mit dem Arbeitsvertrag bestand ein Schuldverhältnis zwischen den Parteien. 7

2. Pflichtverletzung

B müsste eine Pflicht aus dem Arbeitsverhältnis verletzt haben. Eine Pflichtverlet- 8
zung ist für die Dauer des Arbeitsverhältnisses nicht ersichtlich; insbesondere hat B
die Steuerberaterausbildung absolviert, falls man darin überhaupt eine arbeitsvertragliche Pflicht sehen will, was eher zweifelhaft erscheint.

Eine Pflichtverletzung könnte in der Beendigung des Arbeitsverhältnisses vor dem 9
vollständigen Bestehen der Ausbildung bzw. dem Wirksamwerden des Gesellschaftsvertrages liegen, den die Parteien zusätzlich geschlossen hatten. Trotz des
nicht zu leugnenden Zusammenhangs zwischen dem Arbeitsvertrag, dem aufschiebend bedingten Gesellschaftsvertrag und der von Klaus finanzierten Steuerberater-

---

[1] Näher *Preis*, in: Erfurter Kommentar zum Arbeitsrecht, 16. Aufl. 2016, § 611 Rn. 436.

ausbildung der B blieb diese berechtigt, den Arbeitsvertrag jederzeit nach den §§ 622 ff. zu kündigen. Denn eine Einschränkung des Kündigungsrechts durch eine der Abreden der Parteien ist nicht ersichtlich. Auch insofern scheidet eine Pflichtverletzung aus.

10 Ebenso wenig ist eine arbeitsvertragliche Pflicht der B ersichtlich, angesichts der Vereinbarungen im Gesellschaftsvertrag die Zulassung als Steuerberaterin sobald als möglich zu beantragen. Zudem hat B die Zulassungsvoraussetzungen erst mit dem Bestehen der mündlichen Prüfung erlangt, als das Arbeitsverhältnis bereits beendet war und keine Pflichten der B mehr begründen konnte.

3. Ergebnis

11 Da B im Zusammenhang mit ihrer Steuerberaterausbildung keine Verpflichtungen aus dem Arbeitsvertrag verletzt hat, kann K von ihr nicht nach § 280 Abs. 1 Schadensersatz in Höhe der Ausbildungskosten fordern.

III. Ersatzanspruch gemäß § 280 Abs. 1 wegen Pflichtverletzung im Gesellschaftsvertrag

12 K könnte gegen B einen Anspruch auf Schadensersatz in Höhe der Ausbildungskosten wegen Verletzung gesellschaftsvertraglicher Verpflichtungen nach § 280 Abs. 1 haben.

1. Schuldverhältnis

13 Dazu müsste ein wirksamer Gesellschaftsvertrag vorliegen. Die Parteien haben einen Gesellschaftsvertrag i. S. v. § 705 (schriftlich) abgeschlossen, der „automatisch mit der Zulassung der B als Steuerbevollmächtigte oder Steuerberaterin wirksam werden" sollte, sofern B sechs Monate vor der Zulassung noch bei K angestellt war. Somit ist die Wirksamkeit des Vertrages von einer doppelten Bedingung abhängig, nämlich der künftigen Zulassung der B als Steuerberaterin, die spätestens sechs Monate nach einer eventuellen Beendigung des Arbeitsverhältnisses erfolgen musste. Insofern handelt es sich, da die Vertragswirksamkeit vom Eintritt eines künftigen ungewissen Ereignisses abhing, um eine aufschiebende Bedingung i. S. v. § 158 Abs. 1. Da B erst mehr als sechs Monate nach Beendigung des Arbeitsvertrages als Steuerberaterin zugelassen wurde, ist diese Bedingung nicht eingetreten bzw. sogar endgültig ausgefallen. Der Vertrag ist somit nicht wirksam.

14 Zu prüfen ist, ob die Bedingung gleichwohl nach § 162 Abs. 1 als eingetreten gilt, weil B den Bedingungseintritt wider Treu und Glauben verhindert hat und dieser ihr zum Nachteil gereicht hätte. Der Bedingungseintritt hätte ihr insofern zum Nachteil gereicht, als das gesellschaftsvertragliche Wettbewerbsverbot dann verhindert hätte, dass sie allein ein Steuerberaterbüro hätte betreiben können. Unklar ist jedoch, ob B den Bedingungseintritt tatsächlich treuwidrig verhindert hat, mag der Gesamtablauf des Geschehens auch einen entsprechenden Verdacht nahelegen. Denn B hat das Arbeitsverhältnis mit K aus Krankheitsgründen beendet, und dem Sachverhalt ist nicht zu entnehmen, dass sie die Krankheit nur vorgetäuscht hat. War sie tatsächlich über einen längeren Zeitraum hinweg arbeitsunfähig krank und das Ende möglicherweise nicht absehbar, so war sie nach Treu und Glauben auch

nicht gehalten, den Bedingungseintritt herbeizuführen, der bei fortdauernder Krankheit auch dem K keinen Nutzen gebracht hätte.

Insofern kommt als Schuldverhältnis der wirksam gewordene Gesellschaftsvertrag **15** nicht in Betracht. Deshalb kann die Wirksamkeit der von K ausgesprochenen fristlosen Kündigung dahinstehen.

Jedoch bildet der von den Parteien aufschiebend bedingt geschlossene Gesell- **16** schaftsvertrag, der bis zum endgültigen Bedingungsausfall am 1.7.2010 schwebend unwirksam war, ein Schuldverhältnis i. S. v. § 311 Abs. 2 Nrn. 1 oder 3.[2]

2. Pflichtverletzung im vorvertraglichen Schuldverhältnis

B müsste dadurch, dass sie innerhalb der sechs Monate nach Beendigung des Ar- **17** beitsvertrages ihre Zulassung als Steuerberaterin nicht herbeigeführt hat, gegen eine Pflicht i. S. v. § 241 Abs. 2 verstoßen haben. Wie bereits zu § 162 Abs. 1 ausgeführt, ist eine solche Pflichtverletzung hier aber nicht feststellbar.

3. Ergebnis

Damit scheidet eine Ersatzpflicht für die Ausbildungskosten nach § 280 Abs. 1 **18** auch im Hinblick auf den Gesellschaftsvertrag aus.

IV. Aufwendungsersatzanspruch gemäß §§ 683 Satz 1, 670

K könnte gegen B einen Aufwendungsersatzanspruch in Höhe der Ausbildungskos- **19** ten nach §§ 683 Satz 1, 677, 670 aus berechtigter Geschäftsführung ohne Auftrag haben.

1. Geschäftsführung

Als Geschäftsbesorgung kommt jede Tätigkeit in Betracht, also sowohl rechtsge- **20** schäftliches als auch rein tatsächliches Handeln.[3] Daher ist auch die Zahlung fremder Schulden – sofern K tatsächlich die Kosten der Ausbildung direkt bezahlt und nicht nur der B die entsprechenden Geldmittel zur Verfügung gestellt hat – als Geschäftsführung i. S. v. § 677 zu betrachten.[4]

2. Fremdes Geschäft

Die (nach § 267 zur Tilgung führende) Zahlung auf eine fremde Schuld ist ein **21** fremdes Geschäft.[5] Geht man davon aus, dass K die Kosten des Kurses unmittelbar an den Veranstalter des von B besuchten Steuerberaterlehrgangs gezahlt hat, hat er somit ein objektiv fremdes Geschäft geführt.

Etwas anderes könnte gelten, wenn K sich gegenüber B zur Übernahme der Kosten **22** verpflichtet hätte, weil er dann auch eine eigene Verbindlichkeit gegenüber der B getilgt hätte. Doch reicht ein sog. „auch-fremdes" Geschäft für die Anwendung der §§ 677 ff. aus.[6]

---

[2] Vgl. *BGH* NJW 2005, 3208, 3209 m. w. N.; Palandt/*Grüneberg* § 311 Rn. 24.
[3] BGHZ 38, 270, 275 = NJW 1963, 390, 391; Palandt/*Sprau* § 677 Rn. 2, § 662 Rn. 6; *Wandt* § 4 Rn. 1.
[4] Vgl. *BGH* NJW-RR 2003, 1192, 1195 m. w. N.
[5] Vgl. *BGH* NJW-RR 2003, 1192, 1195 f.
[6] *Lorenz* NJW 1996, 883, 885; *Wandt* § 4 Rn. 13.

3. Fremdgeschäftsführungswille

23 Die Rspr. vermutet sowohl bei objektiv fremden als auch bei „auch-fremden" Geschäften den nach § 677 notwendigen Fremdgeschäftsführungswillen.[7] Für einen Fremdgeschäftsführungswillen des K spricht hier, dass in erster Linie die B selbst von der Bezahlung der Kurse profitierte, mag ihr Kursbesuch im Hinblick auf die künftige GbR auch dem K zugutegekommen sein. Jedenfalls lässt sich die Vermutung des auf die objektiven Umstände gestützten Fremdgeschäftsführungswillens nicht widerlegen.

4. Ohne Auftrag oder sonstige Berechtigung

24 Schließlich müsste K ohne Auftrag der B oder sonstige Berechtigung gezahlt haben. Hier war er aufgrund seiner Absprache mit B zur Zahlung nicht nur berechtigt, sondern sogar verpflichtet. Da es auf den Zeitpunkt der Übernahme der Geschäftsführung ankommt, vermag die spätere Entwicklung daran nichts zu ändern.

5. Ergebnis

25 Damit besteht kein Anspruch des K gegen B auf Aufwendungsersatz nach § 683 Satz 1 i. V. m. § 670.

V. Wertersatzanspruch gemäß §§ 812 Abs. 1 Satz 1 Alt. 1, 818 Abs. 2

26 Möglicherweise kann K aber im Wege der Leistungskondiktion von B Wertersatz für die geleisteten Zahlungen aus §§ 812 Abs. 1 Satz 1 Alt. 1, 818 Abs. 2 beanspruchen.

1. Etwas erlangt

27 Zunächst müsste B etwas erlangt haben. Die Zahlungen des K haben gemäß §§ 362 Abs. 1, 267 Abs. 1 dazu geführt, dass ihre Verbindlichkeiten gegenüber dem Veranstalter der Steuerberaterkurse aus den Unterrichtsverträgen getilgt wurden. Erlangt hat B somit eine Befreiung von ihren Verbindlichkeiten gegenüber dem Kursveranstalter.

2. Durch Leistung des K

28 Dies müsste durch eine Leistung des K geschehen sein. Unter einer Leistung ist jede bewusste und zweckgerichtete Mehrung fremden Vermögens zu verstehen,[8] die K der B hier verschafft hat, indem er ihre Schulden getilgt hat. Dabei hat K im Verhältnis zu B auch eine Zweckbestimmung (Tilgungsbestimmung) getroffen, da er in Erfüllung der von den beiden getroffenen mündlichen Abrede gezahlt hat.

3. Ohne rechtlichen Grund

29 K müsste die Leistungen ohne rechtlichen Grund erbracht haben. Anlass seiner Zahlungen war die mündliche Abrede mit B, die u. a. vorsah, dass K die Kosten der Steuerberaterausbildung der B tragen würde. Insofern hat K im Verhältnis zu B mit Rechtsgrund geleistet.

---

[7] Etwa *BGH* NJW 2009, 2590 Rn. 18 m. w. N.
[8] *BGH* NJW 1964, 399; Palandt/*Sprau* § 812 Rn. 14.

Hinweis: Insofern unterscheidet sich der Fall vom Sachverhalt der zugrundeliegenden *BGH*-Entscheidung,[9] in welcher die von der Rspr. sonst oft herangezogene GoA nicht angesprochen ist.[10]

4. Ergebnis

Da K die Leistung mit Rechtsgrund erbracht hat, kann er nicht gemäß §§ 812 **30** Abs. 1 Satz 1 Alt. 1, 818 Abs. 2 Ersatz der gezahlten Ausbildungskosten verlangen.

VI. Wertersatzanspruch gemäß §§ 812 Abs. 1 Satz 2 Alt. 2, 818 Abs. 2

Möglicherweise besteht eine Verpflichtung der B gegenüber K zum Ersatz der Aus- **31** bildungskosten unter dem Gesichtspunkt der Zweckverfehlungskondiktion, § 812 Abs. 1 Satz 2 Alt. 2 (*condictio causa data causa non secuta* oder *condictio ob rem*). Dazu müsste B etwas durch Leistung des K erlangt haben, und der mit der Leistung bezweckte Erfolg dürfte nicht eingetreten sein.

1. Etwas erlangt

B hat die Befreiung von ihren Verbindlichkeiten gegenüber dem Kursveranstalter **32** erlangt (siehe Rn. 27).

2. Leistung

Dies geschah durch eine Leistung des K an die B (siehe Rn. 28).   **33**

3. Bezweckter Erfolg

Ferner müsste nach § 812 Abs. 1 Satz 2 Alt. 2 mit der Leistung nach dem Inhalt **34** des Rechtsgeschäfts ein (weiterer) Erfolg bezweckt gewesen sein.

a) Erfolg

Aus der Gegenüberstellung verschiedener Arten der Leistungskondiktion in § 812 **35** Abs. 1 ergibt sich, dass der „bezweckte Erfolg" nicht in der Tilgung einer Verbindlichkeit aus Rechtsgeschäft liegen kann. Zudem ist der bezweckte Erfolg von der Bedingung eines Rechtsgeschäfts (§ 158) abzugrenzen.[11] Eine Zweckverfehlungskondiktion kommt daher in zwei Fallkonstellationen in Betracht.

Unproblematisch ist die Anwendung des § 812 Abs. 1 Satz 2 Alt. 2, wenn bewusst **36** eine Leistung trotz fehlender Verbindlichkeit erbracht wird, um den anderen Teil zu einer rechtlich nicht erzwingbaren Gegenleistung zu veranlassen.[12] Im vorliegenden Fall hat K aber seine Verpflichtung aus der mündlichen Abrede mit B erfüllt, also nicht bewusst rechtsgrundlos geleistet (siehe Rn. 29). Damit handelt es sich nicht um eine „Leistung ohne Verpflichtung".[13] Im Ergebnis wollte K die B darüber hin-

---

[9] Vgl. *BGH* NJW 2004, 512, 513.

[10] Insofern krit. *Schwarz* Anm. LMK 2004, 151, 152.

[11] *BGH* NJW 2004, 512, 513.

[12] *Wandt* § 10 Rn. 58.

[13] So *Wandt* § 10 Rn. 58 für den Fall, dass die Kostenübernahme nicht vertraglich vereinbart wurde; ähnlich *BGH* NJW 2004, 512, 513: Kostentragungspflicht weder aus dem Arbeits- noch aus dem Gesellschaftsvertrag.

aus dazu veranlassen, die Steuerberaterausbildung erfolgreich abzuschließen und anschließend die Zulassung als Steuerberaterin zu beantragen. Dies war nicht ausdrücklich als Pflicht der B vereinbart, auch wenn es den Parteien ursprünglich darum ging, in Zukunft gemeinsam eine Steuerberatungskanzlei in Bonn zu betreiben; dies hatten sie bereits in dem Gesellschaftsvertrag vereinbart. Die Zulassung der B war nicht Bedingung für die Tragung der Ausbildungskosten, wohl aber für den davon zu trennenden Gesellschaftsvertrag.[14]

37 Ob die Zweckverfehlungskondiktion auch in einem solchen Fall anwendbar ist, in dem ein über die Vertragserfüllung hinausgehender Zweck (sog. angestaffelter Zweck) verfolgt wird, wird kontrovers beurteilt. Herrschende Lehre und Rspr. bejahen die Anwendbarkeit, weil bzw. wenn eine Lösung der eingetretenen Zweckstörung mit den Mitteln des Vertragsrechts mangels vertraglicher Vereinbarung über den Zusatzzweck in der Regel ausscheidet.[15] Wie festgestellt, führt die Auslegung bzw. ergänzende Auslegung des Vertrages hier zu keinem klaren Ergebnis. Zwar könnte man noch versuchen, die Zweckstörung über § 313 zu lösen. Doch setzt die Geschäftsgrundlagenstörung i.S.v. § 313 nach h.M. voraus, dass zwar ein Erfolg bezweckt, aber – anders als bei § 812 Abs. 1 Satz 2 Alt. 2 – gerade nicht vereinbart ist. Somit schließen sich § 812 Abs. 1 Satz 2 Alt. 2 und § 313 tatbestandlich aus.[16]

38 Da man mit Mitteln des Vertragsrechts zu keiner Lösung der vorliegenden Konstellation gelangt, erscheint es angemessen, § 812 Abs. 1 Satz 2 Alt. 2 anzuwenden. K hat mit der Vereinbarung über die Ausbildung der B und die Kostenübernahme einen über die Kostenübernahme hinausgehenden Erfolg bezweckt, nämlich das Wirksamwerden ihres Gesellschaftsvertrages infolge der Zulassung der B als Steuerberaterin.[17]

b) Zweckvereinbarung

39 Der genannte Erfolg müsste gemäß § 812 Abs. 1 Satz 2 Alt. 2 auch Inhalt des Rechtsgeschäfts geworden sein. Dies setzt voraus, dass sich die Parteien zwar nicht rechtsgeschäftlich, wohl aber i.S. einer tatsächlichen Willensübereinstimmung über den verfolgten Zweck geeinigt haben.[18] Die Zweckvereinbarung kann auch stillschweigend getroffen werden.[19] Dafür reicht es aus, wenn der Empfänger die Erwartung des Leistenden kennt und durch die Annahme der Leistung zum Ausdruck bringt, dass er die Zweckbestimmung billigt.[20] Die Zweckvereinbarung ist vom einseitigen Motiv, von der vertraglichen Verpflichtung und von der Geschäftsgrundlage abzugrenzen.[21]

40 Da die Motive des K, also die weitergehende Zweckbestimmung seiner Leistung, der B bekannt waren und sie die Leistung des K dennoch angenommen hat, hat sie die Zweckbestimmung des K gebilligt. Dadurch hat sie sich die Erwartungen des K

---

[14] Missverständlich insofern *BGH* NJW 2004, 512, 513.
[15] *Wandt* § 10 Rn. 60.
[16] *Wandt* § 10 Rn. 60, aber str.
[17] *BGH* NJW 2004, 512, 513.
[18] *BGH* NJW 2004, 512, 513; *Wandt* § 10 Rn. 62.
[19] *BGH* NJW 2004, 512, 513; *Brox/Walker* BS § 40 Rn. 33; *Wandt* § 10 Rn. 62.
[20] *Brox/Walker* BS § 40 Rn. 33.
[21] *Wandt* § 10 Rn. 64.

zu eigen gemacht; ihre Zulassung als Steuerberaterin ist daher nicht nur ein einseitiges Motiv des K geblieben. Schließlich ist der von K bezweckte Erfolg auch nicht Gegenstand einer vertraglichen Verpflichtung, denn die mündliche Abrede beschränkt sich auf die Kostentragungspflicht des K und begründet keinen erzwingbaren Anspruch des K auf Herbeiführung des Erfolgs, also auf Zulassung der B als Steuerberaterin.[22] Aufgrund der tatsächlichen Willensübereinstimmung ist der bezweckte Erfolg auch keine bloße Geschäftsgrundlage i. S. d. § 313. Geschäftsgrundlage ist nur das, was von den Parteien vorausgesetzt aber nicht vereinbart wurde.[23]

Somit war nach dem Inhalt des Rechtsgeschäfts ein bestimmter Erfolg bezweckt, **41** nämlich das Wirksamwerden des Gesellschaftsvertrages infolge rechtzeitiger Zulassung der B als Steuerberaterin.

4. Nichteintritt des bezweckten Erfolgs

Der von den Parteien angestrebte Erfolg, nämlich das Wirksamwerden des GbR- **42** Gesellschaftsvertrages und der gemeinsame Betrieb einer Steuerberaterkanzlei in Bonn, ist nicht eingetreten.

5. Rechtsfolge: Herausgabe bzw. Wertersatz

Damit ist B dem K zur Herausgabe des Erlangten nach § 812 Abs. 1 Satz 2 Alt. 2 **43** verpflichtet. Da die Tilgung ihrer Verbindlichkeiten gegenüber dem Kursveranstalter nicht herausgabefähig ist, schuldet sie gemäß § 818 Abs. 2 Wertersatz, also mit anderen Worten Zahlung der Beträge, die K für sie aufgewendet und an den Kursveranstalter abgeführt hat.

6. Anspruchsausschluss (§ 815)

Die Rückforderung wegen Nichteintritts des mit einer Leistung bezweckten Erfolgs **44** ist nach § 815 ausgeschlossen, wenn der Eintritt des Erfolgs von Anfang an unmöglich war und der Leistende dies gewusst hat oder wenn der Leistende den Eintritt des Erfolgs wider Treu und Glauben verhindert hat. In Betracht käme im vorliegenden Fall allenfalls die zweite Alternative: Man könnte fragen, ob K selbst den Eintritt des bezweckten Erfolgs, also den gemeinsamen Betrieb einer Steuerberaterkanzlei, dadurch vereitelt hat, dass er den Gesellschaftsvertrag im April wegen des Verhaltens der B fristlos gekündigt hat, wie B geltend macht. Allerdings ist sehr fraglich, ob K den Erfolgseintritt wider Treu und Glauben verhindert hat. Denn er hat nur auf die mutmaßliche Unwilligkeit der B reagiert, die Voraussetzungen für den Erfolgseintritt herbeizuführen; außerdem erscheint es zumindest fraglich, ob für die fristlose Kündigung der notwendige wichtige Grund im Verhalten der B vorlag. War die Kündigung aber unwirksam, so hat K den Erfolgseintritt auch nicht verhindert. Insgesamt liegen die Voraussetzungen des § 815 somit nicht vor.

7. Ergebnis

K kann von B gemäß §§ 812 Abs. 1 Satz 2 Alt. 2, 818 Abs. 2 Erstattung der Kosten **45** ihrer Steuerberaterausbildung verlangen.

---

[22] Vgl. *Wandt* § 10 Rn. 66.
[23] *Wandt* § 10 Rn. 67.

Fall 20. Die schwarze Garage

Nach BGH NJW 2014, 1805 = JA 2014, 623 (Stadler).

Sachverhalt

Manfred Mau (M) ist ein arbeitsloser Maurer. Er hat keinen Gewerbebetrieb angemeldet und ist nicht in die Handwerksrolle eingetragen. Dennoch führt er zur Aufbesserung seiner Haushaltskasse oft Maurerarbeiten durch.

Ludwig Listig (L) beauftragt M, für 5 000 EUR „schwarz" eine Garage auf seinem Grundstück zu mauern. Die Baustoffe für die Garage hat L selbst besorgt. Den Parteien ist bewusst, dass es nicht korrekt ist, Leistungen „schwarz" zu vereinbaren, also ohne Abführung von Steuern und Sozialversicherungsbeiträgen.

Im Laufe der Arbeiten zahlt L an M einen Abschlag i.H.v. 2 500 EUR. Nach Fertigstellung der Garage geraten die beiden wegen angeblicher Baumängel in Streit. L verweigert jegliche Zahlung: Wer „schwarz" arbeite, habe gar keinen Vergütungsanspruch. M meint, es sei trotz Schwarzarbeit unbillig, wenn L die von ihm erbrachte Leistung ohne Gegenleistung behalten dürfe. L erwidert, dafür könne er von M auch keine Mängelbeseitigung verlangen.

Kann M von L Zahlung von 2 500 EUR verlangen?

Schwarzarbeitsbekämpfungsgesetz (SchwarzArbG) – Auszug

§ 1 Zweck des Gesetzes

(1) [...]

(2) „Schwarzarbeit leistet, wer Dienst- oder Werkleistungen erbringt oder ausführen lässt und dabei

1. als Arbeitgeber, Unternehmer oder versicherungspflichtiger Selbstständiger seine sich auf Grund der Dienst- oder Werkleistungen ergebenden sozialversicherungsrechtlichen Melde-, Beitrags- oder Aufzeichnungspflichten nicht erfüllt,

2. als Steuerpflichtiger seine sich auf Grund der Dienst- oder Werkleistungen ergebenden steuerlichen Pflichten nicht erfüllt,

3.–5. [...]

(3) [...]

§ 8 Bußgeldvorschriften

(1) Ordnungswidrig handelt, wer

1. a)–d) [...]

   e) ein zulassungspflichtiges Handwerk als stehendes Gewerbe selbständig betreibt, ohne in die Handwerksrolle eingetragen zu sein (§ 1 der Handwerksordnung)
   und Dienst- oder Werkleistungen in erheblichem Umfang erbringt oder

2. Dienst- oder Werkleistungen in erheblichem Umfang ausführen lässt, indem er eine oder mehrere Personen beauftragt, die diese Leistungen unter vorsätzlichem Verstoß gegen eine in Nummer 1 genannte Vorschrift erbringen.

(2)–(5) [...]

Handwerksordnung (HandwO) – Auszug

§ 1 [Handwerksbetrieb; Eintragung in die Handwerksrolle]

(1) [...]

(2) Ein Gewerbebetrieb ist ein Betrieb eines zulassungspflichtigen Handwerks, wenn er handwerksmäßig betrieben wird und ein Gewerbe vollständig umfaßt, das in der Anlage A aufgeführt ist […]

Anlage A zu dem Gesetz zur Ordnung des Handwerks (Handwerksordnung) – Verzeichnis der Gewerbe, die als zulassungspflichtige Handwerke betrieben werden können (§ 1 Abs. 2)
Nr.
1 Maurer und Betonbauer
2–41 […]

Gliederung

Lösung

Hinweis: Auch hier steht wieder der vertragliche Anspruch an der Spitze, den man in aller Regel zuerst zu prüfen hat. Denn ein wirksamer Vertrag würde bereits Bereicherungsansprüche ausschließen und vor allem den Parteiinteressen grundsätzlich am besten Rechnung tragen.

I. Anspruch des M gegen L gemäß § 631 Abs. 1 Hs. 2

1 Zu prüfen ist, ob M von L gemäß § 631 Abs. 1 Hs. 2 Zahlung von 2500 EUR verlangen kann.

1. Zustandekommen des Vertrags

2 M und L haben einen Vertrag über die Errichtung einer Garage durch M geschlossen; da M einen Erfolg schuldet, handelt es sich um einen Werkvertrag (§ 631).

Hinweis: Ein Werklieferungsvertrag (§ 651) liegt nicht vor, weil die gemauerte Garage gemäß §§ 946, 94 Abs. 1 Satz 1, 93 wesentlicher Bestandteil des Grundstücks wird und deshalb keine bewegliche Sache herzustellen oder zu erzeugen ist.

2. Nichtigkeit gemäß § 134

3 Der Werkvertrag könnte gemäß § 134 BGB i.V.m. § 8 Abs. 1 Nr. 1 Buchst. e, Nr. 2 SchwarzArbG nichtig sein. Dazu müssten M und L gegen das Schwarzarbeitsgesetz verstoßen haben und dieses ein Verbotsgesetz i.S.d. § 134 BGB sein.

a) Verstoß des M

4 Fraglich ist, ob M gegen § 8 Abs. 1 Nr. 1 Buchst. e SchwarzArbG verstoßen hat. Dazu müsste er selbständig ein zulassungspflichtiges Handwerk als stehendes Gewerbe betreiben, ohne in die Handwerksrolle eingetragen zu sein, sowie Dienst- und Werkleistungen in erheblichem Umfang erbracht haben.

Hinweis: Bei § 134 oder § 823 Abs. 2 ergibt sich immer das Problem, dass man Verbots- bzw. Schutzgesetze prüfen muss. Hier muss man die in der Aufgabe abgedruckten Normen prüfen und den Sachverhalt subsumieren. Besondere Kenntnisse werden dabei kaum erwartet.

5 M tritt als selbständiger Unternehmer auf und ist für eigene Rechnung tätig, ohne in eine fremde Arbeitsorganisation eingegliedert zu sein oder arbeitsvertraglichen Weisungen zu unterliegen.[1] Da seine Tätigkeit planmäßig, mit Gewinnerzielungsabsicht und dauerhaft erfolgt, übt er sie als Gewerbe aus. Als stehendes Gewerbe gelten alle Arten und Formen des Gewerbebetriebs, die weder dem Reisegewerbe noch dem Messe-, Ausstellungs- und Marktwesen zuzuordnen sind.[2] Eine Maurertätigkeit ist daher stehendes Gewerbe.

Hinweis: Die Ausführungen zum (stehenden) Gewerbe werden so natürlich nicht erwartet.

6 Außerdem müsste M ein zulassungspflichtiges Handwerk betreiben. Die Tätigkeit des Maurers ist in Anlage A zur Handwerksordnung als zulassungspflichtig aufgeführt und wird von M handwerksmäßig betrieben (§ 1 Abs. 2 HandwO). In die Handwerksrolle ist M nicht eingetragen. Er ist einen Auftrag mit einem Volumen

---

[1] Vgl. näher Palandt/*Weidenkaff* Vor § 611 Rn. 10.
[2] BGHZ 111, 308, 309 = NJW 1990, 2542 = bei *K. Schmidt* JuS 1991, 73 – Schwarzarbeiter.

von 5 000 EUR eingegangen und hat somit Werkleistungen in erheblichem Umfang erbracht. M hat daher gegen § 8 Abs. 1 Nr. 1 SchwarzArbG verstoßen.

b) Verstoß des L

Möglicherweise hat auch L gegen das Schwarzarbeitsgesetz verstoßen. Er hat Werk-   **7** leistungen in erheblichem Umfang ausführen lassen, indem er jemanden beauftragt hat, diese Leistungen unter vorsätzlichem Verstoß gegen § 8 Abs. 1 Nr. 1 Buchst. e SchwarzArbG zu erbringen (§ 8 Abs. 1 Nr. 2 SchwarzArbG). Letzteres trifft auf M zu. Daher hat auch L gegen das SchwarzArbG verstoßen.

c) SchwarzArbG als Verbotsgesetz i.S.v. § 134

Fraglich ist, ob das SchwarzArbG als Verbotsgesetz i.S.v. § 134 anzusehen ist. Ein   **8** ausdrückliches Verbot enthält das Gesetz nicht. Deshalb wäre fraglich, ob bereits ein einseitiger Verstoß des M gegen das Schwarzarbeitsgesetz zu einer Nichtigkeit des Werkvertrages gemäß § 134 führen könnte.[3] Dies kann hier allerdings dahinstehen, weil ein Gesetz jedenfalls dann als Verbotsgesetz i.S.v. § 134 anzusehen ist, wenn es ein Verhalten für beide Beteiligten mit Strafe bedroht bzw. als Ordnungswidrigkeit bezeichnet. Da § 8 SchwarzArbG sowohl die „Schwarzarbeit" selbst als auch ihre Entgegennahme als Ordnungswidrigkeit behandelt, ist zumindest bei einem beiderseitigen Verstoß gegen das SchwarzArbG dem Werkvertrag die Wirksamkeit zu versagen. Das SchwarzArbG will durch die Androhung von Geldbußen gegenüber beiden Beteiligten die Schwarzarbeit schlechthin verbieten und den Leistungsaustausch verhindern, was ein gewichtiges Indiz dafür ist, dass die Rechtsordnung einem das Verbot der Schwarzarbeit missachtenden Vertrag die Wirksamkeit versagen will.[4] Nur durch diese Nichtigkeit lässt sich der Zweck des SchwarzArbG verwirklichen. Daher ist das SchwarzArbG Verbotsgesetz i.S.d. § 134.

3. Ergebnis

Der Werkvertrag ist gemäß § 134 BGB i.V.m. § 8 Abs. 1 Nr. 1 Buchst. e, Nr. 2   **9** SchwarzArbG nichtig. M hat zumindest aus diesem Rechtsgrund keinen Anspruch.

II. Anspruch des M gegen L gemäß §§ 683 Satz 1, 677, 670

Fraglich ist, ob M gemäß §§ 683 Satz 1, 677, 670 Zahlung von 2500 EUR von L   **10** verlangen kann.

1. Fremdes Geschäft

M müsste zunächst i.S.v. § 677 ein fremdes Geschäft besorgt haben.   **11**

Der Geschäftsbegriff ist wie in § 662 weit zu verstehen und umfasst jede Tätig-   **12** keit, also nicht nur Rechtshandlungen, sondern auch tatsächliche Dienstleistungen und sonstige Handlungen.[5] Maurertätigkeiten sind demnach „Geschäft" i.S.d. § 677.

---

[3] Offen gelassen von BGHZ 111, 308, 311.
[4] BGHZ 111, 308, 311 (noch zum SchwarzArbG a. F.).
[5] MünchKommBGB/*Seiler* § 677 Rn. 2 m.w.N.

13 Das Geschäft müsste für M fremd sein. Er hat auf dem Grundstück des L eine Garage gemauert, dies gehört ausschließlich zum Rechts- und Interessenkreis des Eigentümers L (§ 903). Das Geschäft war daher für M fremd (sog. **objektiv fremdes Geschäft**).

2. Fremdgeschäftsführungswille

14 Weitere Voraussetzung ist, dass M Fremdgeschäftsführungswillen hatte (vgl. § 687 Abs. 1). Dieser wird bei objektiv fremden Geschäften widerlegbar vermutet. Hier deutet der äußere Geschehensablauf (Mauern einer Garage durch M auf dem Grundstück des L) nach der Lebenserfahrung auf ein typisches Handeln für einen anderen hin.[6]

15 Fraglich ist aber, ob diese Regel auch dann gilt, wenn jemand eine nur vermeintliche Verpflichtung aus einem nichtigen Vertrag erfüllen will. Die Rspr.[7] will auch in diesen Fällen den Fremdgeschäftsführungswillen vermuten. Teile des Schrifttums halten dagegen einen Fremdgeschäftsführungswillen für ausgeschlossen, denn wer aufgrund eines nichtigen Vertrages tätig werde, wolle stets ein eigenes Geschäft führen.[8]

16 Für die letztgenannte Auffassung gibt das Gesetz in § 677 allerdings keine Anhaltspunkte. Deshalb ist mit der Rspr. davon auszugehen, dass ein Fremdgeschäftsführungswille auch dann vorliegen kann und zu vermuten ist, wenn sich der Geschäftsführer für verpflichtet hält.[9] Anhaltspunkte, die den Fremdgeschäftsführungswillen des M ausschließen könnten, sind hier nicht ersichtlich.

Hinweis: Die Gegenansicht ist wohl einleuchtender, für sie endet die Prüfung des § 683 Satz 1 an dieser Stelle. Hier wird der Rspr. nur gefolgt, um noch weitere Probleme ansprechen zu können.

3. Interesse und Wille des L

17 Die Übernahme des Geschäfts durch M müsste dem Interesse und dem wirklichen oder mutmaßlichen Willen des L (§ 683 Satz 1) entsprochen haben. L wollte, dass M die Garage für ihn mauert. Insofern entspricht dies sowohl dem wirklichen Willen als auch dem Interesse des L.[10]

4. Ohne Auftrag oder sonstige Berechtigung

18 Fraglich ist, ob M ohne Auftrag oder sonstige Berechtigung gehandelt hat. Es liegt zwar ein Werkvertrag zwischen ihm und L vor, doch ist dieser gemäß § 134 nichtig. Die Behandlung derartiger Fälle ist umstritten.

19 Die Rspr.[11] vertritt die Ansicht, bei unwirksamem Auftrag werde ebenfalls „ohne Auftrag" i.S.d. § 677 gehandelt, und begründet dies mit dem Wortlaut der Vor-

---

[6] *Wandt* § 4 Rn. 30.

[7] BGHZ 101, 393, 399; 140, 102, 109 m.w.N.; *BGH* NJW 2008, 3069 Rn. 27 m.w.N.; vgl. Palandt/*Sprau* § 677 Rn. 11.

[8] Erman/*Dornis* § 677 Rn. 9 (und eventuell 43); vgl. *Wandt* § 4 Rn. 31.

[9] Vgl. *BGH* NJW 1993, 3196; MünchKommBGB/*Seiler* § 677 Rn. 47.

[10] Vgl. Palandt/*Sprau* § 683 Rn. 4: Entspricht die Geschäftsführung dem wirklichen Willen des Geschäftsherrn, so ist dessen Interesse daran zu unterstellen; Soergel/*Beuthien* § 683 Rn. 4.

[11] BGHZ 37, 258, 262 = NJW 1962, 2010; *BGH* NJW 2008, 3069 Rn. 27 m.w.N.

schrift, der eine Einschränkung nicht trage. Die h.L. befürchtet, bei einer Anwendung der §§ 677ff. in derartigen Fällen werde deren Anwendungsbereich zu weit ausgedehnt, und wesentliche Vorschriften für die Rückabwicklung rechtsgrundloser Leistungen, insbesondere §§ 814, 817 Satz 2, 818, blieben unberücksichtigt.[12]

Hinweis: Folgt man hier der h.L. mit dem genannten Argument, ist der Anspruch zu versagen.

5. Erforderlichkeit der Aufwendungen

Folgt man der Ansicht der Rspr., so müsste M seine Aufwendungen für erforderlich **20** i.S.d. § 670 halten dürfen. Aufwendungen, die gegen ein Verbotsgesetz verstoßen und damit von der Rechtsordnung missbilligt werden, sind allerdings niemals erforderlich und somit auch nicht ersatzfähig.[13]

Hinweis: Letztlich ist der Aufwendungsersatzanspruch also nach allen Ansichten zu versagen.

6. Ergebnis

M hat keinen Anspruch aus §§ 683 Satz 1, 677, 670. **21**

III. Anspruch aus § 823 Abs. 2 BGB i.V.m. § 263 StGB oder § 826 BGB

Möglicherweise kann M von L Zahlung von 2500 EUR gemäß § 823 Abs. 2 BGB **22** i.V.m. § 263 StGB (Betrug) oder gemäß § 826 BGB verlangen.

Da gemäß Art. 2 EGBGB jede Rechtsnorm ein Gesetz ist und § 263 StGB auch **23** dazu dient, den Einzelnen vor Vermögensschäden zu bewahren, ist der Straftatbestand des Betrugs ein Schutzgesetz i.S.v. § 823 Abs. 2 BGB.

Der Betrug setzt zunächst eine Täuschungshandlung voraus. Diese könnte hier al- **24** lenfalls darin liegen, dass L den M über eine von Anfang an fehlende Zahlungsbereitschaft getäuscht hat; da die Zahlungsverweigerung hier aber erst auf dem Streit über die Qualität der Leistungen des M beruht, liegt kein Eingehungsbetrug vor.

Das Schutzgesetz wurde durch L also nicht verletzt; M hat keinen Anspruch. **25**

Mangels Schädigungsvorsatzes des L sind auch die Voraussetzungen des § 826 nicht **26** erfüllt.

IV. Anspruch aus §§ 817 Satz 1, 818 Abs. 2

Fraglich ist, ob M gegen L einen Anspruch auf Zahlung von 2500 EUR gemäß **27** §§ 817 Satz 1, 818 Abs. 2 hat.

Dazu müssten zunächst die allgemeinen Voraussetzungen einer Leistungskondik- **28** tion gegeben sein, zusätzlich müsste L als Empfänger einer Leistung durch deren Annahme gegen ein gesetzliches Verbot verstoßen haben.

Hinweis: Da § 817 Satz 1 einen speziellen Fall der Leistungskondiktion regelt,[14] sollte man ihn grundsätzlich vor § 812 Abs. 1 Satz 1 Alt. 1 prüfen. Die praktische Bedeutung des § 817 Satz 1 ist wegen der Überschneidungen mit § 812 Abs. 1 Satz 1 Alt. 1 einerseits und dem (dazu unten) Anspruchsausschluss

---

[12] MünchKommBGB/*Seiler* § 677 Rn. 48; Soergel/*Beuthien* § 677 Rn. 22.
[13] BGHZ 37, 258, 263f.; 118, 142, 150 = NJW 1992, 2021; Palandt/*Sprau* § 670 Rn. 4.
[14] *BGH* NJW-RR 1998, 1284f.

nach § 817 Satz 2 andererseits gering.[15] Da die Rspr. die Aufbaufragen nicht beachten muss (Urteile, nicht Gutachten!), geht sie manchmal gar nicht auf § 817 Satz 1 ein, sondern nur auf § 817 Satz 2.

1. Allgemeine Voraussetzungen der Leistungskondiktion

29 L müsste **etwas erlangt** haben. Da M für L mit dessen Baustoffen eine Garage gemauert hat, hat L nur die Arbeitsleistung des M i.S.d. § 817 Satz 1 „erlangt".

> **Hinweis:** Eigentum und Besitz an den Baustoffen (etwa wegen §§ 946, 94 Abs. 1 Satz 1, 93) hat L im vorliegenden Fall nicht von M erlangt, denn er hatte die Baustoffe selbst besorgt.

30 L müsste den Arbeitseinsatz des M **durch Leistung,** d.h. durch bewusste und zweckgerichtete Vermögensmehrung, erlangt haben. M wollte seine (vermeintliche) Verpflichtung aus dem Werkvertrag erfüllen und hat daher *solvendi causa* an L geleistet, also das Vermögen des L bewusst und zweckgerichtet gemehrt.

31 Die Leistung des M an L müsste **ohne rechtlichen Grund** erfolgt sein. Da der Werkvertrag als schuldrechtliches Kausalgeschäft gemäß § 134 BGB i.V.m. § 8 Abs. 1 Nr. 1 Buchst. e, Nr. 2 SchwarzArbG nichtig ist (siehe Rn. 8), ist dies der Fall.

2. Gesetzes- oder Sittenverstoß durch Annahme der Leistung

32 Zu prüfen ist, ob L gerade durch die Annahme der Leistung des M gegen ein gesetzliches Verbot verstoßen hat. L hat die Leistungen des M entgegengenommen und dadurch gegen § 8 Abs. 1 Nr. 2 SchwarzArbG verstoßen (siehe Rn. 7); diese Vorschrift verbietet gerade die Beauftragung von Schwarzarbeitern und Annahme von Schwarzarbeit.

3. Subjektive Voraussetzung?

33 Nach h.M. müsste L positive Kenntnis vom Gesetzesverstoß bzw. das Bewusstsein gehabt haben, sittenwidrig zu handeln, während eine im Vordingen befindliche Ansicht auf dieses Erfordernis in Einklang mit den Anforderungen der §§ 134, 138 verzichten will.[16] Da L wollte, dass M „schwarz" und damit unter Verstoß gegen steuer- und sozialversicherungsrechtliche Vorschriften für ihn tätig werden würde, hatte er positive Kenntnis vom Gesetzesverstoß; Kenntnis von der Nichtigkeit des Werkvertrages musste L dagegen nicht haben.[17] Somit kommt es auf die Kontroverse um das Erfordernis der Kenntnis hier nicht an.

4. Ausschluss des Bereicherungsanspruchs gemäß § 817 Satz 2

34 Möglicherweise ist der Bereicherungsanspruch aber gemäß § 817 Satz 2 ausgeschlossen. § 817 Satz 2 betrifft Fälle des Verstoßes gegen gesetzliche Verbote.

> **Hinweis:** Als rechtshindernde Einwendung ist § 817 Satz 2 grundsätzlich von Amts wegen zu beachten.[18]

---

[15] Vgl. *Looschelders* SBT Rn. 1048 f.; Bamberger/Roth/*Wendehorst* § 817 Rn. 10.

[16] Für die h.M. *BGH* NJW 1980, 452; Palandt/*Sprau* § 817 Rn. 8; a.A. MünchKommBGB/*Schwab* § 817 Rn. 67 m.w.N.

[17] Vgl. *BGH* NJW 1993, 2108; Palandt/*Sprau* § 817 Rn. 8.

[18] Palandt/*Sprau* § 817 Rn. 19.

a) Tatbestand des § 817 Satz 2

Nach § 817 Satz 2 ist die Rückforderung ausgeschlossen, wenn dem Leistenden M **35** ebenfalls ein Gesetzes- oder Sittenverstoß zur Last fällt. Wie bereits festgestellt, hat M ebenfalls gegen das SchwarzArbG verstoßen (siehe Rn. 6). Ihm war ebenfalls bewusst, dass er gegen steuer- und sozialversicherungsrechtliche Vorschriften verstoßen würde. Daher sind die Voraussetzungen des § 817 Satz 2 erfüllt; der Anspruch aus § 817 Satz 1 ist grundsätzlich ausgeschlossen.

Hinweis: Ob § 817 Satz 2 auch bei nur einseitigen Gesetzesverstößen Anwendung findet, ist str..[19]

b) Einschränkung des § 817 Satz 2

Fraglich ist, ob dieses Ergebnis im Hinblick auf den Zweck des § 817 Satz 2 und **36** den Grundsatz von Treu und Glauben (§ 242) korrekturbedürftig ist. Denn schließt man den Anspruch des M aus, erhält L die Arbeitsleistung des M, ohne dafür bezahlen zu müssen. L könnte also einen Vorteil aus dem Gesetzesverstoß ziehen, obwohl er gleichfalls gegen das Schwarzarbeitsgesetz verstoßen hat.

aa) Ansicht des Schrifttums

Eine Auffassung in der Lit. nimmt die Kondiktionssperre des § 817 Satz 2 ernst **37** und versagt einen Bereicherungsanspruch des M. Angesichts weit verbreiteter Schwarzarbeit sei eine Korrektur des § 817 Satz 2 nicht einzusehen; das Argument, dass der Schwarzarbeiter der wirtschaftlich schwächere Teil sei und seine Vorleistung dem Auftraggeber einen unentgeltlichen Vorteil bringe, reiche zur Ausschaltung des § 817 Satz 2 nicht aus, zumal bei Gesetzesverstößen vorausgesetzt werde, dass im Bewusstsein der Verbotswidrigkeit gehandelt wurde.[20] Hätte der Schwarzarbeiter Aussicht auf einen Lohn, würde er sich leichter entschließen, gesetzwidrig zu handeln.[21]

bb) Ansicht der Rechtsprechung

Die Rspr. stellt auf den Zweck des jeweiligen Verbotsgesetzes ab. Das Gesetz zur **38** Bekämpfung der Schwarzarbeit dient der Wahrung öffentlicher, vor allem arbeitsmarktpolitischer Belange (vgl. § 1 Abs. 2 SchwarzArbG). Schwarzarbeit führt zu einer erhöhten Arbeitslosigkeit in vielen Berufszweigen, verursacht Steuerausfälle und schädigt die Sozialversicherungsträger.[22] Dennoch war der BGH einige Jahre lang der Auffassung, mit dem Ausschluss vertraglicher Ansprüche der vor allem ordnungspolitischen Zielsetzung des Gesetzes weitgehend Genüge getan zu haben; zur Durchsetzung der Ziele des Gesetzes sei es nicht erforderlich, dass der Besteller die Leistung auf Kosten des vorleistenden Schwarzarbeiters unentgeltlich behalten dürfe.[23] Vor kurzem hat der BGH aber festgestellt, dass die einschüchternde Wirkung der möglichen Strafverfolgung und Nachzahlung von Steuern nicht in wünschenswertem Maße eingetreten sei und Schwarzarbeit floriere.[24] Deshalb sei § 817 Satz 2 nicht einzuschränken, wenn das Schwarzarbeitsbekämpfungsgesetz bewusst

---

[19] Näher zu diesem Problem *Kropholler* § 817 Rn. 4; *Wandt* § 10 Rn. 35.
[20] Staudinger/*Lorenz* (2007) § 817 Rn. 10.
[21] *Tiedke* NJW 1983, 713, 715.
[22] BT-Drs. 9/192 S. 5.
[23] BGHZ 111, 308, 313.
[24] *BGH* NJW 2014, 1805.

verletzt werde. Auch die Erwägung. dass der Schwarzarbeiter der wirtschaftlich Schwächere sei, werde obsolet, wenn nach Fertigstellung Mängel aufträten, da der Besteller diese mangels Ansprüchen nicht geltend machen könne und der Besteller zum schwächeren Teil werde. Mit dieser neuen Rspr. folgt der BGH letztlich der Literaturmeinung.

cc) Stellungnahme

39 Zuzustimmen ist der neuen Ansicht der Rspr. Es gibt keinen Grund, den M zu entlohnen, wenn er bewusst gegen das Schwarzarbeitsbekämpfungsgesetz verstößt. Hinzu kommt bereits, dass eine Besserstellung des Bestellers von Schwarzarbeit zur Durchsetzung der Ziele des SchwarzArbG nicht unabweislich geboten ist – der Ausschluss vertraglicher Ansprüche verbunden mit der Gefahr einer Strafverfolgung und der Nachzahlung von Steuern und Sozialabgaben bei Bekanntwerden der Schwarzarbeit entfaltet jedoch nach neuester Rspr. und der Erfahrung der letzten Jahre nicht mehr die vom Gesetzgeber gewünschte generalpräventive Wirkung.[25] Im vorliegenden Fall verstößt der Schwarzarbeiter M auch bewusst gegen das SchwarzArbG. Die negativen Folgen, die ihn dabei treffen könnten, schränkten den Willen „schwarz" zu arbeiten, in keinem Fall ein.

Hinweise: (1.) Die Gegenauffassung kann mit den genannten Argumenten auch (noch) vertreten werden.
(2.) Die alte Rspr. des BGH zum Schwarzarbeiter war, wie das Gericht selbst betonte, keineswegs ungesehen auf ähnliche Fälle übertragbar, weil sie nicht die Regel, sondern die Ausnahme darstellte.[26] Grundsätzlich ist also, zumal nach der Rechtsprechungsänderung, die Kondiktionssperre des § 817 Satz 2 ernst zu nehmen, so etwa beim (ebenfalls nach § 134 BGB i. V. m. § 23 Abs. 1b StVO nichtigen) Kauf von Radarwarngeräten.[27]

40 § 817 Satz 2 ist daher im vorliegenden Fall anzuwenden.

Hinweis: Folgt man der früheren Rspr., ist § 817 Satz 2 im Fall ausnahmsweise nicht anzuwenden, sodass anschließend noch Inhalt und Umfang des Bereicherungsanspruchs zu untersuchen sind: Die Naturalherausgabe, die § 817 Satz 1 anordnet, ist bei Arbeitsleistungen nicht möglich, sodass gemäß § 818 Abs. 2 auf Ersatz des Wertes gerichtet, der dem L rechtsgrundlos zugeflossen ist. Die Frage der Bemessung dieses Wertersatzes stellt sich ferner, wenn nur ein einseitiger Verstoß gegen das SchwarzArbG vorliegt und man dennoch die Vertragsnichtigkeit bejaht. Der BGH ist davon ausgegangen, dass der Schwarzarbeiter als Bereicherungsausgleich keinesfalls mehr erlangen darf, als er mit seinem Auftraggeber – wenn auch nichtig – als Entgelt vereinbart hatte.[28] Dies gebiete der Zweck des Schwarzarbeitsgesetzes. Doch sollen von diesem Betrag wegen der mit der Schwarzarbeit verbundenen Risiken in aller Regel erhebliche Abschläge zu machen sein, denn vertragliche Gewährleistungsansprüche bestehen wegen der Nichtigkeit des Vertrages von vornherein nicht, sodass gegebenenfalls Mängel im Rahmen der Saldierung in die Ausgleichsrechnung einzubeziehen sind. Konkret bilden daher die noch „offenen" 2 500 EUR, die L an M hätte bezahlen sollen, die Obergrenze des Bereicherungsanspruchs; davon sind wegen des Fehlens von Gewährleistungsansprüchen z. B. 1500 EUR abzuziehen. L und M sind zwar wegen angeblicher Mängel in Streit geraten. Erwiesen sind diese allerdings nicht, sodass insofern kein weiterer Abzug zu erfolgen hat.

---

[25] BGHZ 111, 308, 313; *BGH* NJW 2014, 1805.

[26] *BGH* NJW 1992, 2021, 2023; i. E. ebenso *BAG* NZA 2005, 1409, 1410 f. (Rückabwicklung eines nichtigen Arbeitsvertrages wegen ärztlicher Tätigkeit ohne Approbation). – Die Kondiktionssperre bleibt auch ausgeschlossen bei sog. Schenkkreisen, *BGH* NJW 2009, 1942 m. w. N.

[27] *BGH* NJW 2005, 1490.

[28] BGHZ 111, 308, 314.

5. Ergebnis

M kann von L wegen § 817 Satz 2 keine Zahlung verlangen.   **41**

V. Anspruch aus §§ 812 Abs. 1 Satz 1 Alt. 1, 818 Abs. 2

Fraglich ist, ob M gegen L einen Anspruch auf Zahlung von 2 500 EUR gemäß   **42**
§§ 812 Abs. 1 Satz 1 Alt. 1, 818 Abs. 2 hat.

1. Allgemeine Voraussetzungen

Wie bereits bei § 817 Satz 1 geprüft (siehe Rn. 31 ff.), hat L Arbeitsleistungen   **43**
rechtsgrundlos durch Leistung von M erlangt.

2. Ausschluss des Bereicherungsanspruchs gemäß § 814

Der somit bestehende Anspruch aus § 812 Abs. 1 Satz 1 Alt. 1 wäre gemäß § 814   **44**
Alt. 1 ausgeschlossen, wenn M positiv gewusst hätte, dass er zur Leistung nicht verpflichtet war. M hat zum Zwecke der Erfüllung *(solvendi causa)* geleistet. An das
erforderliche positive Wissen sind strenge Anforderungen zu stellen. M hätte die
genaue Rechtslage kennen und daraus, jedenfalls in der Laiensphäre, die zutreffende
juristische Folgerung ziehen müssen.[29] Wer „schwarz" arbeitet, geht (als Laie!) nicht
automatisch von der Nichtigkeit des Werkvertrages aus. Die Voraussetzungen des
§ 814 Alt. 1 sind daher nicht erfüllt.

Hinweis: § 814 ist auf § 817 Satz 1 nicht anwendbar und wurde aus diesem Grund dort auch nicht
angesprochen. Dies lässt sich mit der systematischen Stellung des § 817 nach § 814 begründen. § 814
erfasst zudem den Anwendungsbereich des § 817 Satz 1 nicht.[30]

3. Ausschluss des Bereicherungsanspruchs gemäß § 817 Satz 2

Zu prüfen ist, ob der Bereicherungsanspruch gemäß § 817 Satz 2 ausgeschlossen   **45**
ist.

a) Anwendbarkeit des § 817 Satz 2 auf § 812 Abs. 1 Satz 1 Alt. 1

Fraglich ist zunächst, ob § 817 Satz 2 überhaupt auf Ansprüche gemäß § 812   **46**
Abs. 1 Satz 1 Alt. 1 anwendbar ist. Sein Wortlaut und seine systematische Stellung
sprechen an sich dagegen, ferner abweichende Lehren in Rechtsgeschichte und anderen Rechtsordnungen.[31] Dies hätte aber zur Folge, dass § 817 Satz 2 kaum praktische Bedeutung besäße, was dem Willen des Gesetzgebers widerspräche, der bei
Gesetzesverstößen eine Kondiktionssperre vorsehen wollte. Wäre § 817 Satz 2 bei
beiderseitigem Gesetzesverstoß nur auf den Anspruch nach Satz 1 anwendbar,
könnte dieses Ziel kaum erreicht werden.[32] Deshalb ist mit der ganz h. M. davon
auszugehen, dass § 817 Satz 2 nicht nur Ansprüche aus § 817 Satz 1 ausschließt,

---

[29] Palandt/*Sprau* § 814 Rn. 3 f. m. w. N.

[30] *BGH* NJW-RR 2001, 1044, 1046.

[31] Näher *Wazlawik* ZGS 2007, 336, 339 ff. m. w. N.

[32] BGHZ 50, 90, 91; Bamberger/Roth/*Wendehorst* § 817 Rn. 11; MünchKommBGB/*Schwab* § 817
Rn. 10; Staudinger/*Lorenz* (2007) § 817 Rn. 10.

sondern auch aus § 812 Abs. 1 Satz 1 Alt. 1.[33] Somit wäre der Bereicherungsanspruch des M grundsätzlich gemäß § 817 Satz 2 ausgeschlossen, da sowohl M als auch L gegen das Schwarzarbeitsgesetz verstoßen hat.

b) Einschränkung des § 817 Satz 2

47 Wie dargelegt (siehe Rn. 37, 38), ist § 817 Satz 2 bei Schwarzarbeit nicht mehr einzuschränken.

4. Inhalt und Umfang des Bereicherungsanspruchs

48 L muss an M gemäß § 818 Abs. 2 keinen Wertersatz leisten (siehe Rn. 41).

5. Ergebnis

49 M kann daher von L auch nach § 812 Abs. 1 Satz 1 Alt. 1 keine Zahlung verlangen.

---

[33] Siehe MünchKommBGB/*Schwab* § 817 Rn. 10 ff. m. w. N.; a. A. *Wazlawik* ZGS 2007, 336, 340, 344.

Fall 21. Probleme im Zahlungsverkehr

Nach BGHZ 176, 234 und BGHZ 205, 377 = NJW 2015, 3093.

Sachverhalt

K schuldet dem E aus einem Kaufvertrag 100 EUR. Deshalb erteilt K seiner Bank B einen Überweisungsauftrag. Die Bank belastet das Konto des K mit diesem Betrag und schreibt ihn auf dem Girokonto des E gut, der sein Konto ebenfalls bei der B hat. Ein Rechnungsabschluss für dieses Konto hat seitdem noch nicht stattgefunden.

K stellt nun fest, dass der Kaufvertrag von Anfang an nichtig war.

Abwandlung 1: Durch ein Versehen eines Bankangestellten werden dem E – bei entsprechender Belastung des Kontos des K – 1 000 EUR anstelle der geschuldeten 100 EUR überwiesen.

Abwandlung 2: K hat die B beauftragt, die Überweisung erst nach zehn Tagen auszuführen ("Terminüberweisung"). Nach neun Tagen widerruft er seinen Überweisungsauftrag. Infolge eines Versehens eines Mitarbeiters der B erfolgt die Überweisung aber dennoch. E will das Geld behalten, weil K es ihm tatsächlich schuldet und er von dem Widerruf nichts wusste.

Wer kann jeweils von E die Rückzahlung verlangen?

Die AGB der Banken und Sparkassen sind nicht zu berücksichtigen.

Skizzen

Grundfall: Überweisungsauftrag und nichtiger Kaufvertrag

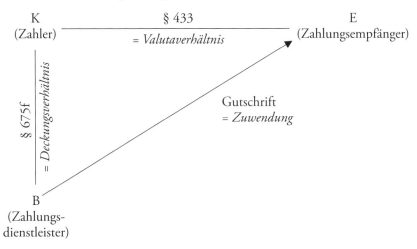

Abwandlung 1: Zu-viel-Überweisung

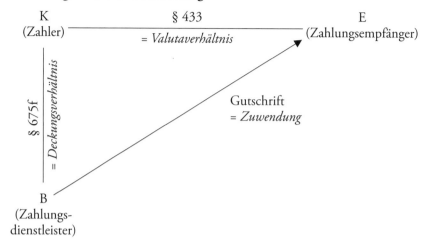

Abwandlung 2: Widerruf der Anweisung (des Zahlungsauftrags)

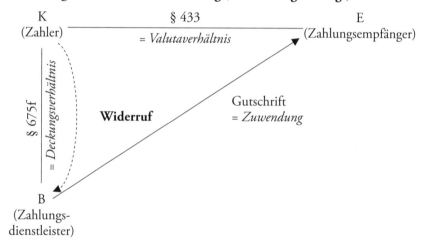

Gliederung

Lösung

Hinweis: Die Grundproblematik der Überweisung ist bereits aus Fall 17 bekannt. Hier geht es nun um verschiedene Komplikationen in den Rechtsbeziehungen der verschiedenen Beteiligten zueinander. Man sollte sich bemühen, sich die im Folgenden dargestellten Grundsätze einzuprägen, weil man dann eine gute Argumentationsbasis hat, die man auf weitere Fallvarianten übertragen kann, die hier nicht dargestellt werden können und über deren Lösung Lit. und Rspr. meist uneinig sind. Zu betonen ist, dass der BGH unter dem Eindruck des Zahlungsdiensterechts der §§ 675c ff. im Jahr 2015 seine (umstrittene) Rspr. (teilweise) geändert hat, was neue Kontroversen ausgelöst hat.[1] – Bereits die hier behandelten Aspekte sind äußerst anspruchsvoll und daher zumindest für Studienanfänger eher noch nicht prüfungsrelevant; mittlere Semester sollten sie sich aber für Fortgeschrittenenübungen aneignen.

Grundfall: Überweisungsauftrag und nichtiger Kaufvertrag

I. Anspruch des K gegen E gemäß § 812 Abs. 1 Satz 1 Alt. 1

1 K könnte gegen E einen Anspruch auf Rückzahlung der 100 EUR aus § 812 Abs. 1 Satz 1 Alt. 1 haben. Dazu müsste E durch Leistung des K etwas ohne Rechtsgrund erlangt haben.

1. Etwas erlangt

2 Fraglich ist, ob und was E erlangt haben könnte. Durch die Überweisung des K weist das Konto des E nun einen Mehrbetrag von 100 EUR auf.

3 Das erlangte Etwas kann bei einem Überweisungsvorgang je nach dem Betrachtungszeitpunkt unterschiedlich zu beurteilen sein. Aus dem Überweisungsauftrag des Zahlers erlangt der Zahlungsempfänger zunächst einen Anspruch auf unverzügliche Gutschrift gemäß § 675t Abs. 1 gegen seine Bank (den Zahlungsdienstleister). Nach Erteilung der Gutschrift auf seinem Konto, d.h. Erfüllung des Anspruchs aus § 675t Abs. 1 durch die Bank, steht dem Empfänger ein Auszahlungsanspruch gegen die Bank aufgrund seines Girovertrages gemäß § 675f Abs. 1 und 2 zu. Mit dem periodischen Rechnungsabschluss (vgl. § 354 HGB), der gewöhnlich einmal im Monat stattfindet, erteilt die Bank dem Empfänger als ihrem Kunden zudem ein abstraktes Schuldanerkenntnis i.S.d. §§ 780, 781, 782.

Hinweis: Das abstrakte Schuldanerkenntnis der Bank gemäß §§ 780, 781, 782 begründet ein obligatorisches Recht, das als Vermögenswert i.S.d. Bereicherungsrechts anzusehen ist,[2] wie § 812 Abs. 2 klarstellt.

4 Im vorliegenden Fall erlangte E aus dem Überweisungsauftrag des K also zunächst einen Anspruch auf unverzügliche Gutschrift gegen die Bank gemäß § 675t I. Nachdem die Bank diesen Anspruch bereits durch Erteilung der Gutschrift auf dem Konto des E erfüllt hat, steht diesem ein Auszahlungsanspruch gegen die Bank aufgrund seines Girovertrages gemäß § 675f Abs. 1 und 2 zu. Dies ist es, was E im Augenblick erlangt und unter Umständen nach § 812 herauszugeben hat.

---

[1] Vgl. BGHZ 205, 377 = NJW 2015, 3093 Rn. 22 ff. m. krit. Anm. *Kiehnle*; krit. ferner Anm. *Foerster* BKR 2015, 473, 475 ff.; teilweise zust. *Lorenz* LMK 2015, 373997.

[2] Vgl. zu Gutschriften Palandt/*Sprau* § 812 Rn. 9; *Wandt* § 10 Rn. 5.

Hinweis: Vor Inkrafttreten der §§ 675c ff. n. F. unterschied man den Girovertrag, aus dem der Anspruch **auf** Gutschrift abzuleiten war, von dem Anspruch **aus** der Gutschrift, der sich entweder aus dem erwähnten abstrakten Schuldanerkenntnis oder aus unregelmäßiger Verwahrung gemäß §§ 700 Abs. 1 Satz 1, 488 Abs. 1 Satz 2 ergeben sollte. Aufgrund der einheitlichen Regelung des Zahlungsvertrages erscheint es nun sinnvoller, statt Girovertrag und unregelmäßiger Verwahrung von einem einheitlichen Schuldverhältnis „Zahlungsvertrag" zu sprechen, aus dem sich sowohl die Ansprüche **auf** (vgl. § 675t) als auch **aus** der Gutschrift ergeben.[3] Streng zu trennen sind diese Ansprüche aber weiterhin.

2. Durch Leistung des K

E müsste den Auszahlungsanspruch gemäß § 675f Abs. 1 und 2 durch Leistung des **5** K erlangt haben. Eine Leistung liegt vor, wenn K bewusst und zweckgerichtet das Vermögen des E vermehrt hat. K wollte durch die Überweisung seine vermeintliche Schuld aus dem Kaufvertrag erfüllen. Damit handelte er auch zweckgerichtet (Leistung *solvendi causa*). Somit hat K an E geleistet.

3. Ohne Rechtsgrund

Der Kaufvertrag zwischen K und E war von Anfang an nichtig. Damit fehlte der **6** Zahlung ein Rechtsgrund.

4. Inhalt und Umfang des Bereicherungsanspruchs

Zu klären ist der Umfang des Bereicherungsanspruchs des K. E muss das durch die **7** Leistung des K Erlangte zurückerstatten (§ 812 Abs. 1 Satz 1 Alt. 1). Da der Auszahlungsanspruch gegen die B nicht in natura herausgegeben werden kann,[4] muss E gemäß § 818 Abs. 2 Wertersatz leisten. Im Ergebnis muss er dem K 100 EUR zurück überweisen.[5]

Hinweis: Ob man hier auf § 818 Abs. 2 eingeht, ist Ansichtssache. Durch die Rücküberweisung wird dem K wieder ein Auszahlungsanspruch gegen seine Bank in der Höhe verschafft, wie er vor der rechtsgrundlosen Überweisung bestand. Man kann aber auch anders argumentieren: Die Auszahlungsansprüche des K vor der Überweisung und nach der Erstattung sind nicht identisch. E kann auch durch die Rücküberweisung den Zustand vor der Überweisung nicht mehr exakt wiederherstellen, deshalb ist die Rücküberweisung (oder eine Barzahlung) als Wertersatz i. S. d. § 818 Abs. 2 anzusehen.

5. Ergebnis

Somit hat K gegen E Anspruch auf Rücküberweisung der 100 EUR aus §§ 812 **8** Abs. 1 Satz 1 Alt. 1, 818 Abs. 2.

II. Anspruch der B gegen E gemäß § 812 Abs. 1 Satz 1 Alt. 1

Auch B könnte gegen E einen Anspruch auf Rückzahlung der 100 EUR gemäß **9** § 812 Abs. 1 Satz 1 Alt. 1 haben.

1. Etwas erlangt

Wie bereits festgestellt, hat E einen Auszahlungsanspruch gemäß § 675f Abs. 1 und **10** 2 gegen B erlangt.

---

[3] Palandt/*Sprau* § 675f Rn. 27.
[4] Vgl. *Grigoleit/Auer* Rn. 578.
[5] Palandt/*Sprau* § 818 Rn. 6.

2. Durch Leistung der B

11 Fraglich ist, ob auch B an E geleistet hat. Dazu müsste sie das Vermögen des E bewusst und zweckgerichtet gemehrt haben. B hat dem E 100 EUR auf seinem Konto gutgeschrieben. Dadurch hat B die Verpflichtung gegenüber K entweder aus einem mit ihm geschlossenen Einzelzahlungsvertrag gemäß § 675f Abs. 1 oder aus dem mit K geschlossenen Zahlungsdiensterahmenvertrag (§ 675f Abs. 2, Abs. 3 Satz 2) erfüllt (§ 362 Abs. 1). Insoweit hat B dem K und nicht dem E gegenüber eine Leistung *solvendi causa* erbracht, was einen Bereicherungsanspruch der B gegen E gemäß § 812 Abs. 1 Satz 1 Alt. 1 ausschließen würde.

12 Möglicherweise hat aber B trotzdem auch an E geleistet. Nachdem E ebenfalls bei B ein Konto unterhält, hat E aus dem Zahlungsdiensterahmenvertrag (§ 675f Abs. 2) den Anspruch auf Gutschrift gemäß § 675t Abs. 1 gegen B. Auch diesen hat B durch die Gutschrift erfüllt (§ 362 Abs. 1) und insofern auch an E *solvendi causa* geleistet. Aus der maßgeblichen Sicht des Zuwendungsempfängers E[6] ist die Leistung der B ihm gegenüber allerdings eher technischer und untergeordneter Natur; B handelt als bloße Zahlstelle[7] und übermittelt die Tilgungsbestimmung (vgl. § 366) des K an E. Die Leistung der Valuta zur Erfüllung der Pflicht aus dem Kaufvertrag hat sich damit für E erkennbar nur im Verhältnis K – E abgespielt; B ist nur Hilfsperson und *insoweit* bereicherungsrechtlich irrelevant. Damit fehlt es hinsichtlich des fraglichen Bereicherungsanspruchs an einer Leistung der B.

Hinweis: Man kann diesen Fall zur Verdeutlichung vereinfachen. Wäre B keine Bank, sondern eine natürliche Person, und würde das Geschäft bar abgewickelt werden, so würde K dem B den Geldschein geben und dieser würde ihn dem E mit dem Hinweis aushändigen, dass K die Kaufpreisschuld begleichen will. B würde dann als Erklärungsbote des K eine Tilgungsbestimmung (vgl. § 366) an E übermitteln. Für E wäre damit klar, dass das Geld nicht von B, sondern von K stammt. Nichts anderes macht die Bank B gegenüber E, wenn der Betrag auf dem Konto des E gutgeschrieben wird und auf den Kontoauszügen der K als Zahler angegeben wird. – In der Realität werden zudem K und E ihre Konten bei unterschiedlichen Banken haben. Auch dadurch darf sich für die bereicherungsrechtliche Rückabwicklung jedenfalls bei einer von K veranlassten Zahlung nichts ändern.

3. Ergebnis

13 Mangels Leistung hat B gegen E keinen Anspruch auf Rückzahlung der 100 EUR gemäß § 812 Abs. 1 Satz 1 Alt. 1.

III. Anspruch der B gegen E gemäß § 812 Abs. 1 Satz 1 Alt. 2

14 Zu prüfen bleibt, ob B von E nach § 812 Abs. 1 Satz 1 Alt. 2 Rückzahlung der 100 EUR verlangen kann.

1. Etwas erlangt

15 Wie bereits oben (siehe Rn. 4) geprüft, hat E gegen B einen Auszahlungsanspruch gemäß § 675f Abs. 1 und 2 erlangt.

---

[6] Palandt/*Sprau* § 812 Rn. 14.
[7] Palandt/*Grüneberg* § 362 Rn. 10.

2. Erlangung in sonstiger Weise auf Kosten der B

E müsste diesen Anspruch in sonstiger Weise, d.h. nicht durch Leistung, erlangt **16** haben. Eine Leistung seitens der B, also eine bewusste und zweckgerichtete Mehrung fremden Vermögens, liegt hinsichtlich der Valuta nicht vor (siehe Rn. 11).

Vorliegend bestehen allerdings Leistungsbeziehungen sowohl zwischen K und B als **17** auch zwischen K und E. Es liegt daher ein Mehrpersonenverhältnis vor. Grundsätzlich hat eine Rückabwicklung nur in diesen Leistungsbeziehungen stattzufinden, sog. Subsidiarität der Nichtleistungskondiktion.[8] Nachdem sich die Leistung der B an E auf die Kontoführung beschränkt und die Valuta von K an E geleistet worden ist, gibt es keinen Bereicherungsgegenstand mehr, den E ohne Leistung auf Kosten des B erlangt haben könnte. Eine Nichtleistungskondiktion der B gegen E muss daher ausscheiden.

3. Ergebnis

Demnach hat B gegen E keinen Anspruch gemäß § 812 Abs. 1 Satz 1 Alt. 2.   **18**

Abwandlung 1: Zu-viel-Überweisung

I. Anspruch des K gegen E gemäß § 812 Abs. 1 Satz 1 Alt. 1 auf Rückzahlung von 900 EUR

K könnte gegen E einen Anspruch auf Rückzahlung der zu viel bezahlten 900 EUR **19** aus § 812 Abs. 1 Satz 1 Alt. 1 haben. Dazu müsste E durch Leistung des K etwas ohne Rechtsgrund erlangt haben.

1. Etwas erlangt

Wiederum hat E einen Auszahlungsanspruch gegen die B (§ 675f Abs. 1 und 2) **20** erlangt, und zwar i.H.v. 1000 EUR.

2. Durch Leistung des K

Fraglich ist, ob dies durch eine Leistung des K geschehen ist. Der K hat B zwar ei- **21** nen Überweisungsauftrag erteilt, aber nur i.H.v. 100 EUR. Insofern wollte er eine bestehende Schuld gegenüber E erfüllen, es liegt daher jedenfalls i.H.v. 100 EUR eine Leistung *solvendi causa* vor.

Zu klären ist, ob auch hinsichtlich der restlichen 900 EUR geleistet worden ist. **22** Diese Überzahlung hat K selbst nicht veranlasst. Aus seiner Sicht fehlt es daher an einer bewussten und auch zweckgerichteten Vermögensmehrung, was zunächst gegen eine Leistung spricht. Da die Überweisung von seinem Konto erfolgt, ist er allerdings dem E als Überweisender („Zahler") benannt worden, sodass sich die Dinge aus der Sicht des E ganz anders darstellen.

Fraglich ist daher, aus wessen Sicht die Frage zu beurteilen ist, ob jemand an einen **23** anderen geleistet hat. Nach h.M. entscheidet die Sicht des Zahlungsempfängers

---

[8] Näher *Wandt* § 9 Rn. 18ff., § 13 Rn. 6ff.

(§§ 133, 157 analog), denn der Bezug der Leistung zum Kausalverhältnis wird durch die Tilgungsbestimmung hergestellt, und diese ist als empfangsbedürftige Willenserklärung nach dem Empfängerhorizont auszulegen.[9] Dies spricht dafür, von einer Leistung des K auszugehen.

24 Möglicherweise muss dieses Ergebnis aus Zurechnungsgesichtspunkten[10] korrigiert werden. Einerseits liegt zwar ein wirksamer Überweisungsauftrag vor. Lediglich die Bank hat bei der Ausführung einen Fehler gemacht. Diese steht dem Überweisenden auch näher als dem Zahlungsempfänger.[11] Insoweit könnte der Fehler dem K zugerechnet und damit eine Leistung des K angenommen werden.

Hinweis: Wie bereits erwähnt, haben K und E ihre Konten zufällig bei derselben Bank. Die nähere Stellung der B zu K erscheint deutlicher, wenn das Konto des E bei einer anderen Bank geführt werden würde. Es kann für die bereicherungsrechtliche Betrachtung aber keinen Unterschied machen, welche Bank das Konto des Zahlungsempfängers führt.

25 Jedoch spricht im vorliegenden Fall mehr für das gegenteilige Ergebnis. Denn ob eine Leistung vorliegt, ist analog §§ 133, 157 aus dem Empfängerhorizont zu beurteilen. Es kommt darauf an, ob eine vernünftige Person in der Situation des Leistungsempfängers nach Treu und Glauben mit Rücksicht auf die Verkehrssitte von einer Leistung ausgehen darf.[12] Da E wusste, dass der vereinbarte Kaufpreis 100 EUR betrug, konnte er auch nur mit einer Zahlung des K in dieser Höhe rechnen.[13] Ihm musste klar sein, dass der zehnfache Betrag nur durch ein Versehen des K oder der Bank B, nicht aber aufgrund einer Leistung des K i. S. einer vollständig bewussten Zuwendung auf seinem Konto gutgeschrieben worden sein konnte. Ferner könnte man erwägen, dass K die durchgeführte Zahlung so nicht veranlasst hat (vgl. § 675j) und daher eine Leistung ausscheidet.[14] Somit konnte E die Zahlung i. H. v. 900 EUR nach Treu und Glauben (§ 242) nicht als Leistung des K verstehen (§§ 133, 157 analog)[15] – a. A. vertretbar.

3. Ergebnis

26 K kann von E nach § 812 Abs. 1 Satz 1 Alt. 1 Rückzahlung der 100 EUR verlangen.

II. Anspruch der B gegen E auf Rückzahlung der überzahlten 900 EUR aus § 812 Abs. 1 Satz 1 Alt. 2

27 B könnte gegen E einen Anspruch auf Rückzahlung der 900 EUR aus § 812 Abs. 1 Satz 1 Alt. 2 haben. Voraussetzung hierfür ist, dass E auf Kosten der B etwas ohne Rechtsgrund erlangt hat.

---

[9] Vgl. Bamberger/Roth/*Wendehorst* § 812 Rn. 49 m. w. N.; *Wandt* § 10 Rn. 13.

[10] Vgl. näher Bamberger/Roth/*Wendehorst* § 812 Rn. 44 f.

[11] BGHZ 176, 234 = NJW 2008, 2331 Rn. 17, 19 = JuS 2008, 1029 m. Anm. *K. Schmidt.*

[12] *BGH* NJW 2005, 60, 61 – Dirnenlohn; Palandt/*Sprau* § 812 Rn. 14.

[13] Die Kenntnis ist nach Ansicht der Rspr. aber irrelevant, BGHZ 205, 377 = NJW 2015, 3093 Rn. 18 m. w. N.

[14] Vgl. – letztlich offen – BGHZ 205, 377 = NJW 2015, 3093 Rn. 18 m. w. N.

[15] Vgl. *BGH* NJW 1987, 185, 186.

1. Etwas erlangt

E hat einen Auszahlungsanspruch i. H. v. 1000 EUR gegen die B (§ 675f Abs. 1 **28** und 2) erlangt.

2. In sonstiger Weise auf Kosten der B

E müsste diesen Auszahlungsanspruch in sonstiger Weise auf Kosten der B erlangt **29** haben. Die Bank wollte mit der Überweisung ihre Verpflichtung aus dem Zahlungsdiensterahmenvertrag (Girovertrag) mit K erfüllen und demnach eine Leistung an K erbringen. Die Gutschrift auf dem Konto des E war für sie demgegenüber eine reine Zuwendung, die trotz der Erfüllung des Anspruchs aus § 675t Abs. 1 gegenüber E keine eigene bereicherungsrechtliche Leistungsbeziehung zu begründen vermag (siehe Rn. 12). In Betracht kommt daher vorliegend nur ein Anspruch der B gegen E aus einer Nichtleistungskondiktion.

a) Grundsatz der Subsidiarität der Nichtleistungskondiktion

Fraglich ist, ob die Nichtleistungskondiktion im vorliegenden Fall wegen des Grund- **30** satzes der Subsidiarität ausgeschlossen ist. Eine Nichtleistungskondiktion ist in Dreiecksverhältnissen nur dann zulässig, wenn keine anderweitigen Leistungsbeziehungen zwischen den Beteiligten bestehen. Dies beruht auf der Erwägung, dass die Beteiligten sich ihren jeweiligen Geschäftspartner im Rahmen ihrer Privatautonomie selbst ausgesucht haben und sie sich an dieser Auswahl auch bei der Rückabwicklung festhalten lassen müssen.[16] Außerdem dient der Vorrang der Leistungskondiktion dazu, Einwendungen auf bestehende Leistungsverhältnisse zu konzentrieren, Insolvenzrisiken gerecht zu verteilen und Prozessrollen und Prozessstoff sinnvoll zu ordnen.[17]

Hinweis: Als „Deckungsverhältnis" bezeichnet man das Rechtsverhältnis zwischen dem Zahler und seinem Zahlungsdienstleister, als „Valutaverhältnis" das zwischen dem Zahler und dem Zahlungsempfänger. Diese Rechtsverhältnisse sind in Überweisungsfällen stets zu unterscheiden.[18]

b) Ausnahmen vom Subsidiaritätsgrundsatz

Zu prüfen ist, ob es dabei verbleibt oder ob der Subsidiaritätsgrundsatz hier nicht **31** anzuwenden ist. Denn er gilt nicht uneingeschränkt, sondern wird in einigen Konstellationen unter Zurechnungsgesichtspunkten nicht angewendet. Insbesondere wenn eine wirksame Anweisung zur Überweisung völlig fehlt und der Vorgang dem Überweisenden (K) auch nicht zuzurechnen ist, kann sich die Bank nach st. Rspr. ausnahmsweise mittels Nichtleistungskondiktion an den Zahlungsempfänger halten.[19]

Da E vom Mangel der bewussten Leistung durch K (siehe Rn. 29) wusste, ist die **32** Nichtleistungskondiktion i. H. v. 900 EUR mangels einer Leistung an E nicht subsidiär.[20]

---

[16] BGHZ 176, 234 Rn. 9 = NJW 2008, 2331 = bei *K. Schmidt* JuS 2008, 1029.

[17] *Grigoleit/Auer* Rn. 562.

[18] Ausführlich *Grigoleit/Auer* Rn. 407 ff., 432 f.

[19] BGHZ 176, 234 Rn. 10 m. w. N.

[20] Irrelevanz der Kenntnis nach der Rspr., vgl. BGHZ 205, 377 = NJW 2015, 3093 Rn. 18 m. w. N.

Hinweis: Der BGH prüft die Leistungsproblematik (unter Rn. 29 ff.) im Rahmen der Prüfung der Ausnahme des Subsidiaritätsgrundsatzes nach § 242 wegen zehnfacher Überzahlung.[21] Dies ist aber darauf zurückzuführen, dass er im konkreten Fall nur der Prüfung der Nichtleistungskondiktion gegenüberstand. Im Gutachten muss der Streit aber bereits bei der Leistungsproblematik ausführlich erörtert werden.

33 Daher ist hier in dieser Höhe eine Nichtleistungskondiktion der B gegen E möglich (a. A. vertretbar).

3. Ohne rechtlichen Grund

34 Für die Überweisung der 900 EUR bestand zwischen B und E kein Rechtsgrund.

4. Inhalt und Umfang des Bereicherungsanspruchs

35 Fraglich ist, welchen Inhalt der Bereicherungsanspruch der B hat. E muss das erlangte Etwas herausgeben (§ 812 Abs. 1 Satz 1 Alt. 2). Da der Auszahlungsanspruch nicht *in natura* herausgegeben werden kann, muss E insoweit gemäß § 818 Abs. 2 Wertersatz leisten (siehe Rn. 7). Im Ergebnis sind auch hier 900 EUR an B zu überweisen.

Hinweis: Auch hier muss man nicht zwingend auf § 818 Abs. 2 eingehen.

5. Ergebnis

36 Folglich kann die Bank B gemäß § 812 Abs. 1 Satz 1 Alt. 2 Zahlung von 900 EUR von E verlangen.

Abwandlung 2: Widerruf der Anweisung (des Zahlungsauftrags)

I. Anspruch des K gegen E auf Zahlung von 100 EUR gemäß § 812 Abs. 1 Satz 1 Alt. 1

37 Zu prüfen ist zunächst, ob K von E Zahlung von 100 EUR gemäß § 812 Abs. 1 Satz 1 Alt. 1 verlangen kann. Dazu müsste E etwas ohne Rechtsgrund durch Leistung des K erlangt haben.

1. Etwas erlangt

38 E hat wiederum durch die Gutschrift der 100 EUR auf seinem Konto einen Auszahlungsanspruch aus dem Zahlungsdiensterahmenvertrag (§ 675f Abs. 1 und 2) in entsprechender Höhe erlangt.

2. Durch Leistung des K

39 E müsste diesen Anspruch durch Leistung des K, d. h. durch bewusste und zweckgerichtete Mehrung fremden Vermögens, erlangt haben. K wollte zunächst seine Verpflichtung zur Zahlung des Kaufpreises gemäß § 433 Abs. 2 gegenüber E erfüllen.

40 Fraglich ist, ob der (zulässige) Widerruf der Terminüberweisung (§§ 675p Abs. 3, 675n Abs. 2) durch K gegenüber B nach neun Tagen daran etwas ändert. Dieser

---

[21] *BGH* NJW 1987, 185, 187 (Fn. 18); BGHZ 176, 234 Rn. 10.

Widerruf führte aus Sicht des K zum Wegfall des Leistungswillens. B hat die Überweisung am zehnten Tag versehentlich dennoch durchgeführt. Ob eine Leistung vorliegt, ist nach dem oben Gesagten (siehe Rn. 25) nach dem objektiven Empfängerhorizont (entsprechend §§ 133, 157) zu bestimmen. E durfte nach Zugang der Tilgungsbestimmung von einer Leistung ausgehen. Demnach wurde *solvendi causa* geleistet.

Hinweis: Die §§ 675p Abs. 3, 675n Abs. 2 gestatten bei sog. Terminüberweisungen abweichend von § 130 Abs. 1 Satz 2 den Widerruf der auf den Zahlungsauftrag gerichteten Willenserklärung des Zahlers bis zum Ende des Geschäftstags vor dem vereinbarten Zahlungstag. Die (abgegebene) Tilgungsbestimmung des K, welche die B als Erklärungsbotin überbringt,[22] ist dem E allerdings zugegangen, indem der K auf dem Kontoauszug als Zahler genannt wird. Empfänger dieser empfangsbedürftigen Willenserklärung war nicht B, sondern E (als Gläubiger), weshalb der Widerruf des K gegenüber B den Zugang und damit das Wirksamwerden der Tilgungsbestimmung nicht beeinflussen konnte (§ 130 Abs. 1 Satz 2).

Fraglich ist, ob diese Betrachtungsweise mit der heutigen gesetzlichen Regelung der **41** Zahlungsdienste in §§ 675cff. in Einklang steht. Nach § 675j Abs. 1 ist ein Zahlungsvorgang gegenüber dem Zahler (hier K) nur wirksam, wenn dieser ihm zugestimmt und ihn nicht nach § 675j Abs. 2 zulässig widerrufen hat. Letzteres ist hier geschehen; der Widerruf war nach § 675p Abs. 1 noch zulässig. Dieser Widerruf führte zum Wegfall der Autorisierung; dies beruhte zudem darauf, dass der Leistungswillen des K entfallen war. Die von B am zehnten Tag versehentlich dennoch durchgeführte Zahlung war somit nicht autorisiert, weshalb sie ihm nicht als Leistung zugerechnet werden kann.

3. Ohne rechtlichen Grund

Die Leistung müsste ohne rechtlichen Grund erfolgt sein. Als rechtlicher Grund **42** kommt hier der zwischen K und E geschlossene Kaufvertrag (§ 433) in Frage. Anhaltspunkte für dessen Unwirksamkeit liegen nicht vor.

Fraglich ist, ob die aus Sicht des K zu frühe Überweisung bzw. deren Durchführung **43** trotz Widerrufs hieran etwas ändert. Mangels anderweitiger Abreden war die Forderung des E sofort fällig und K konnte die Leistung sofort bewirken (§ 271 Abs. 1). Der rechtliche Grund für die Leistung bestand m.a.W. von Anfang an.

Hinweis: Auf § 813 Abs. 2 kommt es nicht an. Die Vorschrift setzt den Gedanken des § 272 fort und schließt die Rückforderung einer Leistung auf eine Forderung aus, die zwar noch nicht fällig war, aber im Übrigen einredefrei bestand.[23] Die Forderung des E war aber sowohl fällig als auch einredefrei.

4. Ergebnis

K kann von E keine Zahlung von 100 EUR gemäß § 812 Abs. 1 Satz 1 Alt. 1 ver- **44** langen.

Hinweis: Einen Anspruch aus § 813 Abs. 1 Satz 1 muss man hier nicht ansprechen. Die Forderung des E war fällig und vor allem einredefrei, insbesondere ist keine dauerhafte Einrede des K ersichtlich.[24]

---

[22] Vgl. *Larenz/Canaris* § 70 IV 3a; *Wandt* § 10 Rn. 12.
[23] Bamberger/Roth/*Wendehorst* § 813 Rn. 12; MünchKommBGB/*Schwab* § 813 Rn. 16.
[24] Zu § 813 vgl. Fall 20.

II. Anspruch der B gegen E auf Zahlung von 100 EUR nach § 812 Abs. 1 Satz 1 Alt. 1

45 Fraglich ist, ob B von E die Zahlung von 100 EUR gemäß § 812 Abs. 1 Satz 1 Alt. 1 verlangen kann. Dazu müsste E durch Leistung der B etwas ohne Rechtsgrund erlangt haben.

1. Etwas erlangt

46 E müsste etwas erlangt haben. Durch die Gutschrift der 100 EUR auf seinem Konto hat er einen Anspruch auf Auszahlung des gutgeschriebenen Betrags erlangt (§ 675f Abs. 1 und 2).

2. Durch Leistung der B

47 Zu prüfen ist weiter, ob E diesen Anspruch durch eine Leistung der B erlangt hat. Dazu müsste B das Vermögen des E bewusst und zweckgerichtet gemehrt haben. B ist vom Fortbestand des Überweisungsauftrages des K ausgegangen und hat deshalb nur gegenüber ihm einen Leistungszweck verfolgt. Legt man den Verständnishorizont des E zugrunde, so ändert sich nichts an diesem Ergebnis. Zwar leistet B hier insoweit, als sie den Anspruch des E auf Gutschrift aus § 675t Abs. 1 erfüllt. Hinsichtlich der Valuta musste ein vernünftiger Zahlungsempfänger nach Treu und Glauben von einer Leistung des (Kauf-)Vertragspartners K ausgehen. E wusste von den Vorgängen im Verhältnis zwischen B und K nichts und ging von der Erfüllung des Anspruchs aus § 433 Abs. 2 aus.[25] Eine Leistung der B an E ist damit zu verneinen.

3. Ergebnis

48 B kann von E nicht Zahlung von 100 EUR gemäß § 812 Abs. 1 Satz 1 Alt. 1 verlangen.

III. Anspruch der B gegen E aus § 812 Abs. 1 Satz 1 Alt. 2

49 Zu prüfen ist weiter, ob B gegen E einen Anspruch auf Zahlung von 100 EUR aus Nichtleistungskondiktion gemäß § 812 Abs. 1 Satz 1 Alt. 2 hat. Dazu müssten die allgemeinen Voraussetzungen einer Nichtleistungskondiktion gegeben sein. Außerdem besteht ein derartiger Anspruch nur dann, wenn nicht eine bereicherungsrechtliche Abwicklung in bestehenden Leistungsverhältnissen vorrangig ist.

1. Tatbestand des § 812 Abs. 1 Satz 1 Alt. 2

50 E müsste in sonstiger Weise auf Kosten der B etwas ohne rechtlichen Grund erlangt haben. Durch die Gutschrift der 100 EUR auf seinem Konto hat E einen Anspruch auf Auszahlung des gutgeschriebenen Betrags erlangt (§ 675f Abs. 1 und 2). Nachdem E die Valuta erkennbar von K erhalten hatte, ist insoweit keine Leistung der B erkennbar. Zudem fehlt es an einem Rechtsgrund im Verhältnis zwischen B und E.

---

[25] Vgl. BGHZ 176, 234 Rn. 12, 17. Zutr. auch *Larenz/Canaris* § 70 IV 2e: B „vermittelt" nur die Leistung des K an E.

a) Grundsatz der Subsidiarität der Nichtleistungskondiktion

Fraglich ist, ob eine Nichtleistungskondiktion hier möglich ist, nachdem sowohl **51** zwischen K und E als auch zwischen K und B Leistungsbeziehungen bestehen. In diesem Falle muss grundsätzlich in den jeweiligen Leistungsverhältnissen („über das Dreieck") rückabgewickelt werden, denn die Beteiligten haben sich im Rahmen ihrer Privatautonomie ihre Geschäftspartner selbst ausgesucht und sind auch bei der Rückabwicklung an diese Auswahl gebunden.[26]

b) Ausnahmen vom Subsidiaritätsgrundsatz

Fraglich ist, ob man in besonders gelagerten Fällen vom vorgenannten Subsidiari- **52** tätsgrundsatz Ausnahmen machen muss. Nach st. Rspr. ist es ungerechtfertigt, den Bankkunden (hier K) dann in die Abwicklung einzubeziehen, wenn die Anweisung ganz fehlt oder von Anfang an unwirksam ist. In diesem Fall hat der Anweisende (der Zahler) die Zahlung weder veranlasst noch einen Anschein dafür gesetzt.[27] Dem entspricht auch die heutige Regelung zur Zustimmung gemäß § 675j Abs. 1 Satz 1. Im vorliegenden Fall liegt aber eine Anweisung in Form eines Zahlungsauftrags (§ 675f Abs. 3 Satz 2) vor. Diese war zunächst auch wirksam; K hatte in den Zahlungsvorgang eingewilligt (§§ 675j Abs. 1 Sätze 1 und 2, 183).

c) Widerruf wirksamer Zahlungsaufträge

Zu prüfen ist, ob man den Fall des widerrufenen Zahlungsauftrags bzw. Zustim- **53** mung ebenso behandeln und damit einen Direktanspruch der B gegen E annehmen kann. Dies setzt voraus, dass der Widerruf der zunächst wirksamen Zustimmung rechtzeitig erfolgt ist und der Fehler der B dem K nicht zuzurechnen ist.

aa) Widerruflichkeit der Zustimmung

Fraglich ist, ob die Zustimmung des K wirksam widerrufen worden ist. Ursprüng- **54** lich hatte K dem Zahlungsvorgang gegenüber B zugestimmt (§ 675j Abs. 1 Satz 1). Nach neun Tagen hatte K Zahlungsauftrag und Zustimmung widerrufen (§§ 133, 157). Gemäß § 675j Abs. 2 Satz 1 kann die Zustimmung so lange widerrufen werden, wie der Zahlungsauftrag widerruflich ist. Dies bestimmt sich nach § 675 p. Dessen Abs. 1 bestimmt die grundsätzliche Unwiderruflichkeit von Zahlungsaufträgen nach Zugang beim Zahlungsdienstleister des Zahlers und folgt damit der Regel des § 130 Abs. 1 Satz 2. Abs. 2 lässt dagegen bei sog. Terminüberweisungen (§ 675n Abs. 2) den Widerruf noch bis zum Ende des Geschäftstags vor dem vereinbarten Zahlungstermin zu, mithin (aus Sicht des K) am neunten Tag nach Erteilung des Zahlungsauftrags. Insoweit war der Widerruf des K rechtzeitig und der Zahlungsauftrag war widerrufen und zugleich nicht mehr autorisiert (§ 675j Abs. 1 Satz 1, Abs. 2 Satz 1). B hat daher im Ergebnis ohne wirksamen Zahlungsauftrag gehandelt.

bb) Wirkungen des Widerrufs

Fraglich ist also, ob der rechtzeitig widerrufene Zahlungsauftrag dem von vornher- **55** ein fehlenden Zahlungsauftrag gleichzustellen ist. M. a. W. ist zu prüfen, ob der wi-

---

[26] BGHZ 176, 234 Rn. 9; *Medicus/Lorenz* II Rn. 1220; *Wandt* § 13 Rn. 55. Vgl. schon oben Rn. 34.
[27] BGHZ 176, 234 Rn. 9 f. m. w. N. Ausführlich zu dieser Fallkonstellation *Grigoleit/Auer* Rn. 563.

derrufene Zahlungsauftrag dem Zahler K zuzurechnen ist und deshalb ein Direkt-anspruch der B gegen E ausscheiden muss.

56 Nach einer Ansicht ist eine derartige Gleichstellung generell anzunehmen, weil es für eine Zurechnung des Fehlers der Bank an den Zahler an einer Rechtsgrundlage fehle.[28]

57 Nach h.M. hat K mit dem zunächst erteilten Zahlungsauftrag und der Zustim-mung einen zurechenbaren Rechtsschein analog §§ 170 ff. geschaffen,[29] welcher für eine Zurechnung des Verhaltens der B an K sorgt und einen Bereicherungsanspruch ausschließen würde. Der Rechtsschein des Zahlungsauftrags besteht ab Vornahme der Gutschrift; seine Zurechenbarkeit ergibt sich aus der Erteilung eines zunächst wirksamen Überweisungsauftrags, auch wenn dieser widerrufen wird. Dafür spricht, dass der Empfänger E nur die Gutschrift auf seinem Kontoauszug sieht und von Vorgängen im Verhältnis zwischen dem Zahler und seiner Bank (B – K), insbe-sondere von einem Widerruf, keinerlei Kenntnis hat.

58 Das Versehen der B (Nichtbeachtung des Widerrufs) hebt diesen Rechtsschein nicht auf, weil gerade K dieses Risiko mit geschaffen hat. Das Versehen der Bank betrifft ausschließlich das Verhältnis zwischen K und B und berührt das durch den Rechts-schein geprägte Verhältnis K – E nicht. Anders ausgedrückt steht K als Anweisender (Zahler) dem Fehler der von ihm eingeschalteten Bank „näher" als der Zahlungsemp-fänger E. Letzterer hat insbesondere keinen Einblick in die Verhältnisse zwischen dem Zahler und dessen Zahlungsdienstleister. Allein der K (und nicht der E) hat durch den Zahlungsauftrag die Ursache für die fehlerhafte Zahlung gesetzt.[30]

59 Fraglich ist weiter, ob die für den Rechtsscheinstatbestand erforderliche Gut-gläubigkeit des E gegeben ist. Denn wenn der Empfänger der Leistung vom Wider-ruf weiß und daher bösgläubig ist, stellt sich die Überweisung aus seiner (maßgebli-chen) Sicht nicht mehr als eine Leistung des Bankkunden K dar. Sie kann dem K dann nicht mehr als seine Leistung an den Überweisungsempfänger zugerechnet werden (siehe Rn. 31 f.).

60 E hatte eine entsprechende Forderung gegen K und vom Widerruf der Anweisung keine Kenntnis erlangt. Selbst wenn man § 173 auf den Widerruf der Weisung ana-log anwendet, sodass fahrlässige Unkenntnis bereits schaden würde, ist Gutgläubig-keit zu bejahen.

d) Zwischenergebnis

61 Wegen des von K erzeugten Rechtsscheins und der Gutgläubigkeit des E muss sich K den Fehler seiner Bank zurechnen lassen. Es bleibt daher beim Grundsatz der Subsidiarität der Nichtleistungskondiktion.

2. Ergebnis

62 Ein (Durchgriffs-)Anspruch der B gegen E aus Nichtleistungskondiktion (§ 812 Abs. 1 Satz 1 Alt. 2) scheitert am Vorrang der bereicherungsrechtlichen Rückab-wicklung über das Dreieck (K – E, K – B).

---

[28] Vgl. Nachweise in BGHZ 176, 234 Rn. 14.
[29] Ausführlich zum Ganzen *Larenz/Canaris* § 70 IV 3e m.w.N.
[30] BGHZ 176, 234 Rn. 17, 24.

Fall 22. Werbung von Otto-Optik

Nach BGH NJW 1992, 2084 ff.

Sachverhalt

Sieglinde Strahler (S) ist eine bekannte, stets freundlich lächelnde Fernsehmoderatorin. Ein Pressefotograf (P) fotografierte Strahler mit deren Einverständnis anlässlich einer Wohltätigkeitsveranstaltung für einen Zeitungsbericht über die Veranstaltung. Auf diesem Foto trug sie zufällig eine Brille aus der neuen Kollektion eines bekannten Brillenherstellers.

Der Fotograf erkannte, dass es sich bei der Brille um ein neues, teures Modell handelte und verkaufte einen Abzug des Fotos dem Optikermeister Otto (O), damit dieser es für seine Werbung verwenden kann. Auf Nachfrage von O erklärte er ihm wahrheitswidrig, S sei mit der Verwendung des Fotos zu Werbezwecken einverstanden.

Kurz darauf erschien in einer örtlichen Tageszeitung eine Anzeige O's, die zu ca. einem Drittel aus der Aufnahme mit S bestand. Daneben war folgender Text zu lesen: „Sieglinde Strahler weiß, welche Brillen die besten sind. […] Kommen Sie noch heute zu Otto-Optik und sehen Sie sich das neue Modell an. […]"

S ist der Meinung, O müsse ihr für die Verwendung des Fotos 1 000 EUR bezahlen. Diese Summe verlangt sie üblicherweise für die Verwendung ihres Portraits in lokalen Werbeanzeigen. O entgegnet, er habe diese Summe schon an den Fotografen bezahlt, die Angelegenheit sei für ihn daher erledigt.

Kann S von O Zahlung von 1 000 EUR verlangen? Hat sie wegen der Anzeige weitere Ansprüche gegen O?

Kunsturhebergesetz (KUG) – Auszug

§ 22 [Recht am eigenen Bilde]

Bildnisse dürfen nur mit Einwilligung des Abgebildeten verbreitet oder öffentlich zur Schau gestellt werden. […]

§ 23 [Ausnahmen zu § 22]

(1) Ohne die nach § 22 erforderliche Einwilligung dürfen verbreitet und zur Schau gestellt werden:
1. Bildnisse aus dem Bereiche der Zeitgeschichte;
2.–4. […]
(2) Die Befugnis erstreckt sich jedoch nicht auf eine Verbreitung und Schaustellung, durch die ein berechtigtes Interesse des Abgebildeten […] verletzt wird.

Gliederung

Lösung

I. Anspruch der S gegen O gemäß § 687 Abs. 2 i. V. m. §§ 681 Satz 2, 667

1 Fraglich ist, ob S von O Zahlung von 1000 EUR gemäß § 687 Abs. 2 i. V. m. §§ 681 Satz 2, 667 verlangen kann. Dazu müsste O durch die Verwendung des

Fotos ein fremdes Geschäft als sein eigenes behandelt haben, obwohl er gewusst hat, dass er dazu nicht berechtigt war.

1. Behandlung eines fremden Geschäfts als eigenes

a) Fremdes Geschäft

Zunächst müsste O ein fremdes Geschäft geführt haben, nämlich eines der S. Dies **2** könnte er durch die Verwendung ihres Bildnisses zu Werbezwecken getan haben.

Das Recht am eigenen Bild ist eine besondere Ausprägung des allgemeinen Persön- **3** lichkeitsrechts[1] und in den §§ 22 ff. des Kunsturhebergesetzes von 1907 geregelt. Nach § 22 Satz 1 KUG dürfen Bildnisse nur mit Einwilligung des Abgebildeten verbreitet und öffentlich zur Schau gestellt werden. Die Vorschrift weist somit dem Abgebildeten die Befugnis zur Vornahme der genannten Handlungen ausschließlich zu.[2] Der Begriff des „Bildnisses" ist weit zu verstehen; er umfasst jedenfalls Fotografien.[3] Durch den Abdruck des Fotos in der Werbeanzeige hat O das Bildnis der S mit der Zeitung verbreitet sowie öffentlich zur Schau gestellt. Dies ist wegen § 22 Satz 1 KUG grundsätzlich eine Tätigkeit im Interesse der S und damit ein für O fremdes Geschäft.

b) Angemaßte Eigengeschäftsführung

Des Weiteren dürfte keine berechtigte Eigengeschäftsführung vorliegen. O veröf- **4** fentlichte und verbreitete das Bildnis nicht für die S, sondern zur Förderung seines eigenen Unternehmens. Er hat deshalb das fremde Geschäft als eigenes geführt.

Berechtigt wäre die Eigengeschäftsführung, wenn O aufgrund einer Einwilligung **5** der S oder gemäß § 23 Abs. 1 Nr. 1 KUG zur Vornahme der Veröffentlichung und Verbreitung des Bildnisses berechtigt gewesen wäre.

aa) Einwilligung

Fraglich ist, ob S in die konkrete Verwendung ihres Bildnisses eingewilligt hatte **6** (§ 22 Satz 1 KUG). Sie war zwar damit einverstanden, dass sie von P für einen Zeitungsbericht über die Veranstaltung fotografiert wurde und dieses Bild im Zusammenhang mit dem Bericht veröffentlicht wurde. Das umfasst allerdings nicht automatisch die Verwendung des Fotos für Werbezwecke Dritter.[4] Eine derartige Einwilligung wird im Zweifel nur in dem Umfang erteilt, wie dies zur Erfüllung des Aufnahmezwecks (hier Zeitungsbericht) erforderlich ist.[5] Eine ausreichende Einwilligung der S (§ 22 Satz 1 KUG) liegt daher nicht vor.

bb) Ausnahme gemäß § 23 Abs. 1 Nr. 1 KUG

Zu prüfen ist, ob O das Foto aufgrund der Ausnahmevorschrift des § 23 Abs. 1 **7** Nr. 1 KUG verwenden durfte. Dazu müsste es sich um ein Bildnis aus dem Bereich

---

[1] BGHZ 171, 275 Tz. 5 m.w.N. = NJW 2007, 1977.
[2] Vgl. Wandtke/Bullinger/*Fricke*, Praxiskommentar zum Urheberrecht, 4. Aufl. 2014, § 22 KUG Rn. 3 f.
[3] Vgl. Wandtke/Bullinger/*Fricke*, Praxiskommentar zum Urheberrecht, 4. Aufl. 2014, § 22 KUG Rn. 5.
[4] *BGH* NJW 1992, 2084.
[5] Wandtke/Bullinger/*Fricke*, Praxiskommentar zum Urheberrecht, 4. Aufl. 2014, § 22 KUG Rn. 16.

der Zeitgeschichte handeln. Ob S als „Person der Zeitgeschichte" einzuordnen ist oder nicht, was bei einer Fernsehmoderatorin allerdings naheliegt,[6] kann hier letztlich dahinstehen. Denn § 23 Abs. 1 Nr. 1 KUG erfasst nicht die Verwendung eines Bildnisses zu Werbezwecken und damit zur Befriedigung eigener Geschäftsinteressen. Ausschließlicher Zweck der Vorschrift ist es, dem schutzwürdigen Informationsinteresse der Allgemeinheit nachzukommen.[7] Damit rechtfertigt auch § 23 Abs. 1 Nr. 1 KUG die Verwendung des Fotos durch O nicht.

2. Kenntnis der Nichtberechtigung

8 Weiter müsste O gewusst haben, dass er zur Eigengeschäftsführung nicht berechtigt ist. O ist aufgrund der Angaben des Fotografen davon ausgegangen, zur Verwendung des Fotos zu Werbezwecken berechtigt zu sein. Insoweit fehlt es jedenfalls an der erforderlichen positiven Kenntnis der Nichtberechtigung.

3. Ergebnis

9 Somit scheidet ein Anspruch der S gegen O nach § 687 Abs. 2 i.V.m. §§ 681 Satz 2, 667 aus.

II. Anspruch der S gegen O gemäß §§ 677, 681 Satz 2, 667

10 Fraglich ist, ob S von O Zahlung von 1000 EUR gemäß §§ 677, 681 Satz 2, 667 verlangen kann.

1. Fremdes Geschäft

11 Das Verbreiten und Veröffentlichen des Bildnisses der S war ein für O fremdes Geschäft.

2. Fremdgeschäftsführungswille

12 O müsste zudem Fremdgeschäftsführungswillen gehabt haben. Fremdgeschäftsführungswille bedeutet, dass der Geschäftsführer (O) mit dem Willen handeln muss, im Interesse des Geschäftsherrn (S) tätig zu werden. Mit diesem Willen kann O aber nur dann handeln, wenn er sich der Fremdheit des Geschäfts überhaupt bewusst ist.[8]

13 O verwendet das Bildnis der S zu eigenbetrieblichen Werbezwecken und glaubt aufgrund der Angaben des P, dazu berechtigt zu sein. Anders ausgedrückt stützt O diese Berechtigung auf ein eigenes, von P erworbenes und gegenüber S wirkendes Nutzungsrecht, das allerdings nicht existiert.

14 O besorgt daher ein fremdes Geschäft in der Meinung, dass es sein eigenes sei. Gemäß § 687 Abs. 1 sind die §§ 677–686 in diesen Fällen nicht anwendbar.

3. Ergebnis

15 S hat keinen Anspruch gegen O gemäß §§ 677, 681 Satz 2, 667.

---

[6] Vgl. dazu etwa *Beuthien* ZUM 2005, 352 ff.; *Teichmann* NJW 2007, 2917 ff.
[7] *BGH* NJW 1992, 2084.
[8] Vgl. *Wandt* § 4 Rn. 24.

III. Anspruch der S gegen O gemäß § 823 Abs. 1

Möglicherweise kann S die 1 000 EUR gemäß § 823 Abs. 1 von O verlangen.　　**16**

1. Verletzung des Rechts am eigenen Bild

Dazu müsste O ein sonstiges, absolutes Recht der S verletzt haben. In Frage kommt **17** hier in erster Linie das Recht am eigenen Bild gemäß § 22 KUG als besonderes Persönlichkeitsrecht. Dieses Recht ist als „sonstiges Recht" i.S.d. § 823 Abs. 1 anerkannt.[9] Wie bereits erläutert, hat O durch die Verbreitung und Veröffentlichung des Fotos Handlungen vorgenommen, zu denen gemäß § 22 Satz 1 KUG ausschließlich die S berechtigt gewesen wäre. Ohne eine Einwilligung dürfen Fotos nur nach der Maßgabe von § 23 KUG verbreitet werden. Da weder eine Einwilligung noch – angesichts der Verwendung des Fotos für Werbezwecke – eine Ausnahme gemäß § 23 Abs. 1 Nr. 1 KUG vorliegt, gilt die Veröffentlichung des Fotos als rechtswidrig. Aus der Wertung des § 23 KUG folgt die Rechtswidrigkeit der Veröffentlichung zu Werbezwecken. O hat daher das Recht am eigenen Bild der S widerrechtlich verletzt.

Hinweis: Daneben kommt eine Verletzung des allgemeinen Persönlichkeitsrechts der S in Frage. Dafür müsste man aber die Rechtswidrigkeit im Gegensatz zu § 22 KUG positiv feststellen. Weil hinsichtlich der Rechtsfolgen aber kein Unterschied zum Recht am eigenen Bild besteht, wird hier nur auf letzteres eingegangen.

2. Verschulden

O müsste weiterhin schuldhaft gehandelt haben. Die Rspr.[10] verlangt bei der eigen- **18** nützigen Verwendung fremder Bildnisse eine besonders gründliche Prüfung der Befugnis: Dieser Prüfungspflicht genüge man nicht schon durch bloßes Erwerben eines Fotos von einem Berufsfotografen. Vielmehr müsse in vielen Fällen besonders nachgefragt werden. O hatte den P ausdrücklich auf eine Verwendung des Fotos zu Werbezwecken angesprochen. Zweifel an der Richtigkeit der Angaben des P musste O nicht haben. Ein Verschulden des O, insbesondere Fahrlässigkeit (§ 276 Abs. 2), ist daher nicht ersichtlich.

3. Ergebnis

S hat gegen O keinen Anspruch aus § 823 Abs. 1 auf Zahlung von 1 000 EUR. **19** Wegen des fehlenden Verschuldens scheidet auch ein (grundsätzlich in Betracht kommender) Anspruch aus § 823 Abs. 2 BGB i.V.m. § 22 KUG aus.

IV. Anspruch der S gegen O gemäß §§ 812 Abs. 1 Satz 1 Alt. 2, 818 Abs. 2

In Frage kommt aber ein Anspruch der S aus allgemeiner Eingriffskondiktion **20** (§ 812 Abs. 1 Satz 1 Alt. 2).

Hinweis: Die sog. **Nichtleistungskondiktionen** sorgen für den bereicherungsrechtlichen Ausgleich von Zuständen, die mit der rechtlichen Güterzuordnung nicht in Einklang stehen[11] und die nicht durch Leistung geschaffen worden sind. Das Gesetz regelt folgende Einzelfälle: § 812 Abs. 1 Satz 1

---

[9] Vgl. Palandt/*Sprau* § 823 Rn. 84 f.
[10] *BGH* NJW 1992, 2084.
[11] Vgl. *Kropholler* § 812 Rn. 34.

Alt. 2 (Grundfall), § 816 Abs. 1 Satz 1 (wirksame entgeltliche Verfügung eines Nichtberechtigten), § 816 Abs. 1 Satz 2 (wirksame unentgeltliche Verfügung eines Nichtberechtigten), § 816 Abs. 2 (dem Berechtigten gegenüber wirksame Leistung an einen Nichtberechtigten) und § 822 (unentgeltliche Weitergabe des Erlangten durch Empfänger an Dritte).

1. Etwas erlangt

21 Fraglich ist, was O im vorliegenden Fall erlangt hat. Erlangtes Etwas kann hier nur die Nutzung des Bildnisses der S zu Werbezwecken sein, also nach § 100 ein Gebrauchsvorteil eines Rechts. Da für die Werbenutzung von Fotos Prominenter üblicherweise zu zahlen ist, handelt es sich bei der Benutzung um einen Vermögensvorteil.

2. In sonstiger Weise auf Kosten der S

a) Abgrenzung zur Leistung des P

22 O müsste diese Nutzungen in sonstiger Weise, d.h. nicht durch Leistung, erlangt haben. Eine Leistung – also eine bewusste und zweckgerichtete Zuwendung – seitens der S liegt offensichtlich nicht vor. Fraglich ist aber, ob O diese Nutzungen durch eine Leistung des P erlangt hat. P wollte dem O ein (vermeintliches) Nutzungsrecht an dem Bildnis der S zu Werbezwecken verkaufen, was zunächst für eine Leistung spricht. Dieses Nutzungsrecht gab es jedoch nicht, daher konnte es P dem O auch nicht verschaffen. Mit den Worten des BGH[12] ausgedrückt bedeutet dies, dass nicht der Veräußerer des Fotos (P) dem O die Befugnis zur werbemäßigen Nutzung verschafft hat, sondern sich O durch den nicht durch Einwilligung gedeckten Eingriff in das Persönlichkeitsrecht der S die Kompetenz zur werbemäßigen Nutzung des Fotos vielmehr selbst angemaßt hat. O hat daher in „sonstiger Weise" in das Recht der S eingegriffen.

b) Eingriff auf Kosten der S

23 Voraussetzung für einen Anspruch aus Eingriffskondiktion ist ein Eingriff in den Zuweisungsgehalt einer Dritte ausschließenden Rechtsposition des Bereicherungsgläubigers (hier S).[13]

> **Hinweis:** Das bekannteste Ausschließlichkeitsrecht ist das Sacheigentum. Seinen Inhalt und Umfang (den „Zuweisungsgehalt") bestimmt § 903. Für das Recht am eigenen Bild hat § 22 KUG dieselbe Funktion, legt also Inhalt und Umfang des Rechts fest. Die „Zuweisungstheorie" hat zugleich die Funktion, Bereicherungsgläubiger und -schuldner zu bestimmen. Gläubiger ist der Inhaber des Rechts, in das eingegriffen wurde, Schuldner ist derjenige, der eingegriffen hat.

24 Diese ausschließliche Rechtsposition ist hier das Recht der S am eigenen Bild (§ 22 KUG). Es stellt ein vermögenswertes Ausschließlichkeitsrecht dar[14] und ist daher taugliches Eingriffsobjekt. Den Zuweisungsgehalt dieses Ausschließlichkeitsrechts bestimmt § 22 Satz 1 KUG als das Verbreiten und das öffentliche Zurschaustellen von Bildnissen. O hat das Foto der S für seine Werbeanzeige verwendet und damit in den Zuweisungsgehalt des Rechts am eigenen Bild eingegriffen.

---

[12] *BGH* NJW 1992, 2084, 2085.
[13] Palandt/*Sprau* § 812 Rn. 39.
[14] *BGH* NJW 1992, 2084, 2085.

S hätte für die Verwendung ein Entgelt von O verlangen können; ihr Bildnis hat **25** aufgrund ihrer Bekanntheit einen bestimmten Marktwert. Insbesondere durch diese wirtschaftliche Schlechterstellung der S wurde in den Zuweisungsgehalt des Rechts am eigenen Bild eingegriffen.[15]

Der Eingriff erfolgte daher auf Kosten der S. **26**

c) Unmittelbarkeit der Vermögensverschiebung

Die Vermögensverschiebung müsste unmittelbar zwischen S und O stattgefunden **27** haben. Aus den genannten Gründen hat O direkt in das Recht der S eingegriffen; insbesondere ist die „Mittelsperson" P mangels Leistung an O bereicherungsrechtlich irrelevant. Deshalb kann man auch nicht von einem „Durchgriff" der S auf O sprechen, weil nur diese beiden Personen von Bedeutung sind und daher kein Drei-, sondern nur ein Zweipersonenverhältnis gegeben ist. Eine unmittelbare Vermögensverschiebung liegt damit vor.

Hinweis: Die Rspr. stellt vor allem bei der Beteiligung mehrerer Personen unterstützend auf die „Unmittelbarkeit der Vermögensverschiebung" ab, um einen unmittelbaren Durchgriff in Bereicherungsketten auszuschließen.[16] Durch das Abstellen auf den Zuweisungsgehalt des Rechts am eigenen Bild hat sich diese Untersuchung allerdings weitestgehend erübrigt.

3. Ohne Rechtsgrund

O müsste die Nutzungen des Rechts der S ohne Rechtsgrund erlangt haben. Da O **28** kein entsprechendes Nutzungsrecht hat, weil P ihm keines einräumen konnte, ist diese Voraussetzung erfüllt.

4. Inhalt und Umfang des Bereicherungsanspruchs

a) Naturalherausgabe

Die Herausgabe des erlangten Etwas in natura (§ 812 Abs. 1 Satz 1) ist bei Nutzun- **29** gen von Immaterialgütern bzw. Persönlichkeitsrechten wie dem Recht am eigenen Bild nicht möglich.

Hinweis: § 818 Abs. 1 ist hier nicht einschlägig. Dieser meint Nutzungen (§ 100), die aus dem erlangten Etwas gezogen worden sind. Im vorliegenden Fall sind die herauszugebenden Nutzungen aber das erlangte Etwas selbst.

b) Wertersatz

Der Bereicherungsanspruch ist daher gemäß § 818 Abs. 2 auf Ersatz des Wertes **30** gerichtet, der dem O rechtsgrundlos zugeflossen ist. Der Wertersatz ist auf der Grundlage einer fiktiven Lizenzgebühr zu bemessen. Abzustellen ist hinsichtlich der Höhe auf das ersparte Honorar, das der Verletzer dem Betroffenen hätte entrichten müssen, wenn er dessen Einwilligung in die Nutzung eingeholt hätte. Dabei ist ein Honorar zugrunde zu legen, das vernünftige Vertragspartner in der Lage der Parteien für die werbemäßige Verwertung des Fotos ausgehandelt hätten.[17]

---

[15] Vgl. Palandt/*Sprau* § 812 Rn. 41.
[16] Vgl. näher *Wandt* § 11 Rn. 14 m. w. N.
[17] *BGH* NJW 1992, 2084, 2085.

31 S hätte für die Verwendung ihrer Fotos zu den konkreten Werbezwecken 1000 EUR verlangt. Ein Honorar in dieser Höhe hätten auch vernünftige Parteien in der Lage von O und S ausgehandelt.

c) Entreicherung des O

32 Fraglich ist, ob O durch die Zahlung von 1000 EUR an P gemäß § 818 Abs. 3 entreichert ist und dadurch der Wertersatzanspruch ausgeschlossen ist. Zwar sind Erwerbskosten weitestgehend als Abzugsposten im Rahmen des § 818 Abs. 3 anerkannt.[18] Leistungen an Dritte, insbesondere ein Erwerbspreis, können allerdings bei einer Nichtleistungskondiktion nicht anspruchsmindernd abgezogen werden. Insofern muss O sich mit P über das allgemeine Leistungsstörungsrecht auseinandersetzen und das Risiko einer Insolvenz des P tragen.[19] Wegen des Eingriffs ist kein Grund ersichtlich, weshalb S einen finanziellen Nachteil dadurch erhalten soll, dass O an P gezahlt hat. Das an P gezahlte Entgelt ist also nicht bereicherungsmindernd abzuziehen.

5. Ergebnis

33 S kann von O Zahlung von 1000 EUR gemäß §§ 812 Abs. 1 Satz 1 Alt. 2, 818 Abs. 2 verlangen.

Hinweis: Dieser Fall zeigt noch einmal sehr anschaulich den Unterschied zwischen dem Schadensersatz- und dem Bereicherungsrecht. Schadensersatzansprüche sind in der Regel verschuldensabhängig, Bereicherungsansprüche nicht. Auch wenn O von der Rechtmäßigkeit seines Handelns ausgegangen ist, muss er an S bezahlen und kann sich wegen der Zahlung an P nur an diesen halten.

V. Weitere Ansprüche der S gegen O wegen der Anzeige

1. Beseitigungsanspruch analog § 1004 Abs. 1 Satz 1 i.V.m. § 823 Abs. 1

34 S könnte gegen O einen Anspruch auf Beseitigung einer fortdauernden Beeinträchtigung ihres Persönlichkeitsrechts analog § 1004 Abs. 1 Satz 1 i.V.m. § 823 Abs. 1 haben.

a) Analoge Anwendung des § 1004

35 In § 1004 Abs. 1 sind verschuldensunabhängige Ansprüche auf Beseitigung einer fortdauernden Eigentumsbeeinträchtigung und auf Unterlassung künftiger Beeinträchtigungen geregelt; solche Ansprüche enthalten auch § 862 Abs. 1 für Besitzstörungen, § 12 für Verletzungen des Namensrechts sowie die Gesetze zum Schutz von Immaterialgütern (z.B. § 97 Abs. 1 UrhG). Für die Verletzung anderer absolut geschützter Rechtsgüter, insbesondere des Persönlichkeitsrechts, fehlt eine vergleichbare Regelung. Da aber generell ein Bedürfnis nach solchen verschuldensunabhängigen Abwehransprüchen besteht, ist mittlerweile gewohnheitsrechtlich anerkannt, dass § 1004 Abs. 1 auf andere absolut geschützte Rechtsgüter analog anwendbar ist, ebenso auf Schutzgesetzverletzungen i.S.v. § 823 Abs. 2.

---

[18] MünchKommBGB/*Schwab* § 818 Rn. 135 m.w.N.
[19] MünchKommBGB/*Schwab* § 818 Rn. 136; Palandt/*Sprau* § 818 Rn. 43.

b) Verletzung des Persönlichkeitsrechts

Wie oben (siehe Rn. 17f.) festgestellt, hat O das Recht der S am eigenen Bild und **36** damit zugleich ihr allgemeines Persönlichkeitsrecht durch die Werbeanzeige verletzt.

c) Fortdauernder Störungszustand

Der Beseitigungsanspruch setzt voraus, dass die Verletzungshandlung zu einem in **37** der Gegenwart fortdauernden Störungszustand geführt hat. Ob ein solcher hier vorliegt, erscheint zweifelhaft. Zwar ist die Anzeige mit dem Foto von S in der Zeitung erschienen und in den gedruckten Exemplaren noch präsent; da man Tageszeitungen aber in der Regel nur liest und kurz danach wegwirft, ist der von der unzulässigen Bildnisverwendung ausgehende Störungszustand von flüchtiger Natur und hat sich durch den Zeitablauf bereits wieder erledigt[20] (a.A. vertretbar).

d) Ergebnis

Einen Beseitigungsanspruch analog § 1004 Abs. 1 Satz 1 hat S gegen O nicht. **38**

Hinweis: Einen Beseitigungsanspruch analog § 1004 Abs. 1 Satz 1 i.V.m. §§ 823 Abs. 2 BGB, 22 KUG braucht man wegen des fehlenden Störungszustands nicht anzuprüfen.

2. Unterlassungsanspruch analog § 1004 Abs. 1 Satz 2

S könnte gegen O einen Anspruch auf Unterlassung weiterer Verwendungen ihres **39** Fotos zu Werbezwecken analog § 1004 Abs. 1 Satz 2 i.V.m. § 823 Abs. 1 haben.

a) Analogie

Die Existenz von Unterlassungsansprüchen analog § 1004 Abs. 1 Satz 2 zum **40** Schutz des Persönlichkeitsrechts ist gewohnheitsrechtlich anerkannt.

b) Verletzung des Persönlichkeitsrechts der S durch O

Wie oben (siehe Rn. 17f.) festgestellt, hat O das Recht der S am eigenen Bild und **41** damit zugleich ihr allgemeines Persönlichkeitsrecht durch die Werbeanzeige verletzt.

c) Besorgnis künftiger Beeinträchtigungen (Wiederholungsgefahr)

Der Unterlassungsanspruch erfordert analog § 1004 Abs. 1 Satz 2 außerdem, dass **42** künftige Beeinträchtigungen zu besorgen sind. Diese sog. Wiederholungsgefahr ist nach ständiger Rspr. aufgrund einer ersten Verletzungshandlung zu vermuten; die Vermutung entfällt nur in Ausnahmefällen bzw. durch Abgabe einer mit einem Vertragsstrafeversprechen (§§ 339 Abs. 1 Satz 2, 340) versehenen Erklärung, in der der Verletzer sich zur Unterlassung verpflichtet. Da es im vorliegenden Fall daran fehlt, verbleibt es bei der Vermutung der Wiederholungsgefahr.

d) Ergebnis

S kann von O analog § 1004 Abs. 1 Satz 2 i.V.m. § 823 Abs. 1 Unterlassung weiterer Verwendungen ihres Bildes zu Werbezwecken verlangen. **43**

---

[20] Vgl. MünchKommUWG/*Fritzsche* § 8 Rn. 159.

3. Unterlassungsanspruch analog § 1004 Abs. 1 Satz 2 BGB i. V. m. § 823 Abs. 2 BGB, § 22 KUG

44 S kann von O auch analog § 1004 Abs. 1 Satz 2 BGB i. V. m. § 823 Abs. 2 BGB, § 22 KUG Unterlassung weiterer Verwendungen ihres Bildes zu Werbezwecken verlangen. Wie in Rn. 17 f. festgestellt, hat O durch die Verwendung des Bildnisses der S zu Werbezwecken gegen § 22 KUG verstoßen, der Schutzgesetz i. S. v. § 823 Abs. 2 BGB ist. Auch bei Schutzgesetzverletzungen besteht ein Bedürfnis nach vorbeugendem Rechtsschutz gegen weitere Verletzungshandlungen; daher ist auch hier die analoge Anwendung des § 1004 Abs. 1 BGB anerkannt.[21]

---

[21] Vgl. *LG Koblenz* NJW 2007, 695, 695.

Fall 23. Eingebaute Rollläden

Nach BGHZ 36, 30 = NJW 1961, 2252 und BGHZ 40, 272 = NJW 1964, 399.

Sachverhalt

E „kauft" beim Bauunternehmer B ein Grundstück nebst schlüsselfertigem Haus zu einem Festpreis. Die Übereignung des Grundstücks von B an E findet bereits zu Beginn der Bauarbeiten statt; übergeben wird das Grundstück jedoch erst nach Fertigstellung und Abnahme des Hauses.

Im Zuge der Bauausführung kauft B die in das Haus einzubauenden Rollläden im Namen des E bei L. Dieser liefert das Material „wortlos" an die Baustelle, wo die Rollläden von den Mitarbeitern des B eingebaut werden. Ohne die Rollläden bezahlt zu haben, wird B insolvent.

L verlangt deshalb von E Bezahlung der Rollläden. Zu Recht, wenn E jegliches Einstehen für „Bestellungen" des B ablehnt?

Abwandlung: Hat L einen Zahlungsanspruch gegen E, wenn B dem L die Rollläden gestohlen und sie dann in das Haus des ahnungslosen E eingebaut hat?

Skizze

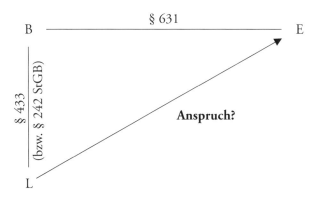

Gliederung

Lösung

Ausgangsfall

I. Anspruch aus § 433 Abs. 2

L könnte gegen E einen Anspruch auf Zahlung des Kaufpreises für die Rollläden **1** gemäß § 433 Abs. 2 haben.

1. Vertragsschluss

Dazu müsste zwischen den Parteien ein wirksamer Vertrag bestehen. E selbst hat **2** mit L keinen Kaufvertrag geschlossen; dies hat vielmehr B in seinem Namen getan.

Damit E aus diesem Vertrag zur Kaufpreiszahlung verpflichtet ist, müsste B ihn **3** nach § 164 Abs. 1 Satz 1 wirksam vertreten haben. Zwar hat B eine eigene Willenserklärung im Namen des E abgegeben. Die notwendige Vertretungsmacht könnte sich für ihn nur aus einer Vollmacht (§ 166 Abs. 2) ergeben. Eine Vollmachterteilung durch E nach § 167 Abs. 1 ist jedoch nicht erfolgt; zwar kann eine Vollmacht auch konkludent erteilt werden, doch ist ein Verhalten, das man in diesem Sinne auslegen könnte, von Seiten des E nicht ersichtlich. Wer von einem Bauunternehmer „ein Haus" schlüsselfertig zu einem Festpreis „kauft", möchte nur den Bauunternehmer als Vertragspartner haben und nicht Dritten gegenüber zu weiteren Zahlungen verpflichtet sein. Damit hat B ohne Vertretungsmacht gehandelt. Der Vertrag war somit gemäß § 177 Abs. 1 zunächst schwebend unwirksam. Indem E die Bezahlung der Rollläden ablehnte, hat er konkludent die Genehmigung des Vertragsschlusses durch B verweigert (§ 182 Abs. 1), was zur endgültigen Unwirksamkeit des Vertrages geführt hat.

2. Ergebnis

Ein Zahlungsanspruch des L gegen E aus § 433 Abs. 2 scheidet somit aus. **4**

II. Aufwendungsersatzanspruch gemäß §§ 677, 683 Satz 1, 670

Möglicherweise kann L von E Aufwendungsersatz für die eingebauten Rollläden aus **5** berechtigter GoA gemäß §§ 677, 683 Satz 1, 670 beanspruchen. Dies setzt voraus, dass L ein Geschäft des E mit Fremdgeschäftsführungswillen geführt hat und die Geschäftsführung dem Willen und Interesse des E entsprach.

1. Geschäftsführung

Als Geschäftsbesorgung kommt jede Tätigkeit in Betracht, also sowohl rechtsge- **6** schäftliches als auch rein tatsächliches Handeln.[1] Hier hat L die Rollläden auf die Baustelle des E geliefert und insofern ein Geschäft i. S. v. § 677 geführt.

2. Fremdes Geschäft

Bei der Lieferung der Rollläden müsste es sich zudem um ein fremdes Geschäft, **7** also ein Geschäft des E, gehandelt haben. Ein Geschäft ist objektiv fremd, wenn es

---

[1] BGHZ 38, 270, 275 = NJW 1963, 390, 391; Palandt/*Sprau* § 677 Rn. 2 und § 662 Rn. 6a; *Wandt* § 4 Rn. 1.

nach seinem Gegenstand und äußeren Erscheinungsbild dem Rechts- und Interessenkreis eines anderen zuzurechnen ist.[2] Die Lieferung der Rollläden stand im unmittelbaren Zusammenhang mit der Verwirklichung des Bauvorhabens des E und fällt damit in dessen Rechtskreis. Problematisch erscheint aber, dass L die Rollläden in Erfüllung des vermeintlichen Kaufvertrages mit E geliefert hat und damit zugleich im eigenen Interesse tätig wurde. Grundsätzlich ist das sog. **auch fremde** Geschäft, bei dem der Geschäftsführer zugleich im eigenen und fremden Interesse tätig wird, tatbestandsmäßig i. S. d. § 677.[3]

8 Umstritten ist aber, ob die §§ 677 ff. auch dann Anwendung finden, wenn der Geschäftsführung – wie hier – ein nichtiges Vertragsverhältnis zugrunde liegt. Die Rspr. wendet häufig auch in diesem Fall die §§ 677 ff. an und verweist zur Begründung auf den Wortlaut und Zweck dieser Vorschriften.[4] Die irrige Annahme einer eigenen Verbindlichkeit stehe der Führung eines fremden Geschäfts nicht entgegen. Nach der h. L. sind Ansprüche aus GoA bei einer Geschäftsführung aufgrund eines nichtigen Vertrages hingegen ausgeschlossen.[5] Zur Begründung wird angeführt, dass das Bereicherungsrecht Spezialvorschriften für die Rückabwicklung bereithalte, welche die §§ 677 ff. verdrängen.

9 Der zuletzt genannten Auffassung gebührt der Vorzug. Für sie spricht insbesondere, dass die Wertungen des Bereicherungsrechts, namentlich die §§ 814, 817, 818 Abs. 3 sowie das bereicherungsrechtliche Durchgriffsverbot im Dreipersonenverhältnis, nicht umgangen werden dürfen.[6] Folglich sind die §§ 677 ff. auf die Geschäftsbesorgung des L nicht anwendbar (a. A. vertretbar).

3. Fremdgeschäftsführungswille

10 Selbst wenn man ein fremdes Geschäft bejahen wollte, so scheitert ein Aufwendungsersatzanspruch des L gegen E aus berechtigter GoA jedenfalls am fehlenden Fremdgeschäftsführungswillen: L wollte primär seine eigene Verbindlichkeit aus dem vermeintlich mit E zustande gekommenen Vertrag erfüllen, also ein eigenes Geschäft führen. Folglich standen die eigennützigen Motive des L derart im Vordergrund, dass ein Fremdgeschäftsführungswille abzulehnen ist.[7]

4. Ergebnis

11 Damit besteht kein Anspruch des L gegen E auf Aufwendungsersatz nach §§ 677, 683 Satz 1 i. V. m. § 670.

III. Schadensersatzanspruch gemäß §§ 989, 990 Abs. 1

12 Ein Schadensersatzanspruch des L gegen E aus §§ 989, 990 Abs. 1 würde voraussetzen, dass im Zeitpunkt des Einbaus der Rollläden, der zum Eigentumsverlust des L

---

[2] Palandt/*Sprau* § 677 Rn. 4; *Wandt* § 4 Rn. 7.

[3] *Lorenz* NJW 1996, 883, 885; *Wandt* § 4 Rn. 13.

[4] *BGH* NJW 1951, 269; 1962, 2010, 2011; 1990, 2542; 2000, 72, 73.

[5] Bamberger/Roth/*Gehrlein* § 677 Rn. 18; Jauernig/*Mansel* § 677 Rn. 6; *Lorenz* NJW 1996, 883, 885; *Wieling/Finkenauer*, Fälle zum besonderen Schuldrecht, 7. Aufl. 2012, S. 100 Fn. 5; diff. nach Kenntnis des Geschäftsführers Palandt/*Sprau* § 677 Rn. 11.

[6] *Lorenz* NJW 1996, 883, 885; Bamberger/Roth/*Gehrlein* § 677 Rn. 18; *Wieling/Finkenauer*, Fälle zum besonderen Schuldrecht, 7. Aufl. 2012, S. 100 Fn. 5.

[7] Vgl. *Lorenz* NJW 1996, 883, 885; *Wandt* § 13 Rn. 13.

geführt hat, eine Vindikationslage zwischen L und E bestand. Dazu müsste L im fraglichen Zeitpunkt Eigentümer der Rollläden und E Besitzer ohne Besitzrecht gewesen sein. Ursprünglich war L Eigentümer der Rollläden. Er könnte sein Eigentum nach § 929 Satz 1 durch die Lieferung der Rollläden auf das Grundstück des E verloren haben. Dazu müsste er die Rollläden dem E übergeben, diesem also den Besitz verschafft, und sich außerdem mit ihm über den Eigentumsübergang geeinigt haben. Für die rechtsgeschäftliche Übereignung gemäß § 929 Satz 1 fehlt es jedenfalls an einer Übergabe. Denn im Zeitpunkt der Lieferung war E mangels Übergabe noch nicht Besitzer des Grundstücks und konnte daher auch keine tatsächliche Sachherrschaft an den darauf befindlichen Rollläden i.S.d. § 854 Abs. 1 erlangen. L war somit noch Eigentümer der Rollläden, E aber nicht Besitzer. Damit fehlt es bereits an dem für einen Schadensersatzanspruch des L gegen E aus §§ 989, 990 Abs. 1 notwendigen Eigentümer-Besitzer-Verhältnis.

IV. Schadensersatzanspruch aus § 823 Abs. 1 oder § 831 Abs. 1

Schließlich kommt auch kein deliktischer Schadensersatzanspruch des L gegen E 13 aus § 823 Abs. 1 oder § 831 Abs. 1 in Betracht. Zwar werden diese Normen aus dem zu §§ 990, 989 genannten Grund nicht durch § 993 Abs. 1 Hs. 2 verdrängt.

Doch für einen Schadensersatzanspruch des L aus § 823 Abs. 1 fehlt bereits die er- 14 forderliche Rechtsgutverletzung durch ein Verhalten des E. Zwar ist L in seinem Eigentumsrecht verletzt, da er das Eigentum an den Rollläden infolge des Einbaus nach § 946 verloren hat. Dieser Eigentumserwerb des E durch Verbindung beruht aber nicht auf einer Handlung des E, sondern des L. Auch steht der gesetzliche Eigentumserwerb nach § 946 zwangsläufig im Einklang mit der Rechtsordnung.

Ein Schadensersatzanspruch des L gegen E aus § 831 Abs. 1 Satz 1 scheidet deshalb 15 aus, weil B mangels sozialer Abhängigkeit und Weisungsgebundenheit nicht Verrichtungsgehilfe des E war.

V. Wertersatzanspruch gemäß §§ 951 Abs. 1 Satz 1, 812 Abs. 1 Satz 1 Alt. 1, 818 Abs. 2

Möglicherweise kann L aber im Wege der Leistungskondiktion von E Wertersatz 16 für die Rollläden aus §§ 951 Abs. 1 Satz 1, 812 Abs. 1 Satz 1 Alt. 1, 818 Abs. 2 beanspruchen.

1. Rechtsverlust des L

Gemäß § 951 Abs. 1 Satz 1 kann L eine Entschädigung nach Bereicherungsrecht 17 verlangen, wenn er einen Rechtsverlust nach den §§ 946 ff. erlitten hat.

L könnte das Eigentum an den Rollläden gemäß § 946 an E verloren haben. Dies 18 setzt voraus, dass die Rollläden infolge des Einbaus ein wesentlicher Bestandteil des Grundstücks des E geworden sind. Gemäß § 94 Abs. 2 werden die zur Herstellung eingefügten Sachen wesentliche Bestandteile des Gebäudes. Eine Sache ist zur Herstellung eingefügt, wenn das Gebäude nach der Verkehrsanschauung ohne sie noch nicht fertig gestellt wäre.[8] Dies ist bei Einrichtungs- und Ausstattungsgegenständen

---

[8] *BGH* NJW 1964, 399; NJW 1984, 2277; Palandt/*Ellenberger* § 94 Rn. 6.

nur dann anzunehmen, wenn sie dem Gebäude ein bestimmtes Gepräge oder eine besondere Eigenart verleihen.[9] Es bedarf jedoch weder einer festen Verbindung mit dem Gebäude noch muss die Einfügung der Sache für die Fertigstellung des Gebäudes notwendig sein.[10] Entscheidend ist allein der Zweck des Einbaus. Hier diente der Einbau der Rollläden dazu, dem Haus die bereits im Vorfeld festgelegte besondere Eigenart zu verleihen. Daher wurden die Rollläden mit dem Einbau zum wesentlichen Bestandteil des Gebäudes, welches gemäß § 94 Abs. 1 wiederum wesentlicher Bestandteil des Grundstücks ist. Folglich erstreckt sich das Eigentum des E am Grundstück gemäß § 946 infolge des Einbaus auch auf die Rollläden, was mit einem Eigentumsverlust des L einhergeht.

2. Rechtsgrundverweisung

19   § 951 Abs. 1 Satz 1 stellt lediglich klar, dass die §§ 946 ff. keinen Rechtsgrund für den dort geregelten gesetzlichen Eigentumserwerb bilden und beinhaltet im Übrigen eine Rechtsgrundverweisung auf die §§ 812 ff.[11] Im Folgenden sind daher die Voraussetzungen des § 812 Abs. 1 Satz 1 Alt. 1 zu prüfen.

20   Zwar ist umstritten, ob § 951 Abs. 1 Satz 1 nur auf die Nichtleistungskondiktion oder auch auf die Leistungskondiktion verweist.[12] Darauf kommt es jedoch im Ergebnis nicht an, da § 812 Abs. 1 Satz 1 Alt. 1 nach der Gegenauffassung unmittelbar anwendbar wäre und § 951 Abs. 1 Satz 1 keine weitergehenden Haftungsvoraussetzungen normiert.[13]

3. Etwas erlangt

21   E hat etwas erlangt, nämlich Eigentum (siehe Rn. 18) und Besitz an den Rollläden.

4. Durch Leistung des L

22   Fraglich ist, ob die Lieferung der Rollläden durch L, die den gesetzlichen Eigentumserwerb des E und den späteren Übergang des Besitzes auf E ermöglicht hat, eine Leistung darstellt. Unter einer Leistung ist jede bewusste[14] und zweckgerichtete Mehrung fremden Vermögens zu verstehen.[15] L hat dem E bewusst einen Vermögensvorteil verschafft, indem er ihm die Rollläden geliefert hat. Dabei hat L auch eine Zweckbestimmung (Tilgungsbestimmung) getroffen, da er in Erfüllung einer vermeintlichen Verbindlichkeit aus Kaufvertrag geliefert hat. Problematisch erscheint aber, dass sich der anschließende Einbau der Rollläden aus Sicht des E als Leistung des B in Erfüllung des Werkvertrages über die Errichtung des Hauses darstellte, während L davon ausging, eine eigene Leistung an E auf der Grundlage eines Kaufvertrages zu erbringen. Fraglich ist somit, zwischen welchen Parteien hier eine

---

9   *BGH* NJW 1984, 2277; 1987, 3178; NJW-RR 1990, 586.
10 *BGH* NJW-RR 1990, 586, 587; Palandt/*Ellenberger* § 94 Rn. 6.
11 *BGH* NJW 1964, 399.
12 Palandt/*Bassenge* § 951 Rn. 2 f.
13 *Grigoleit/Auer* Rn. 127, 455.
14 Da ein Verhalten, das „zweckgerichtet" erfolgt, zwangsläufig „bewusst" erfolgen muss, sollte man nur von zweckgerichteten Zuwendung sprechen; zutr. MünchKommBGB/*Schwab* § 812 Rn. 41.
15 *BGH* NJW 1964, 399; Palandt/*Sprau* § 812 Rn. 14.

Leistungsbeziehung besteht. Die Frage, aus wessen Sicht sich das Vorliegen einer Leistung beurteilt, ist umstritten.

a) Wille des Zuwendenden

Eine Ansicht stellt auf die innere Willensrichtung des Zuwendenden ab.[16] Vertreter **23** dieser Auffassung sprechen sich dafür aus, auf die bereicherungsrechtlichen Rückabwicklungsansprüche die Wertung der §§ 366 Abs. 1, 367 Abs. 2, 267 zu übertragen. Danach kommt dem Leistenden ein einseitiges Bestimmungsrecht hinsichtlich der Tilgungswirkung zu.[17] Zudem sei der Leistungsempfänger durch § 818 Abs. 3 hinreichend vor den Folgen der Direktkondiktion geschützt. Unter Zugrundelegung dieser Auffassung liegt hier eine Leistung des L an E vor.

Hinweis: Folgt man dieser Auffassung, stellt sich die Frage, ob E seine Zahlungen an B dem L gemäß § 818 Abs. 3 entgegenhalten kann. Jedenfalls dann, wenn auch ein „objektiver Durchschnittsbetrachter" eine Leistung des B angenommen hätte, wäre dies zu bejahen.

b) Objektiver Empfängerhorizont

Nach h.M. beurteilt sich das Vorliegen einer Leistung hingegen aus der Sicht eines **24** objektiven Empfängers.[18] Es kommt also darauf an, wie eine vernünftige Person in der Lage des Empfängers die Zuwendung nach Treu und Glauben und mit Rücksicht auf die Verkehrssitte verstehen musste und durfte.[19] Dafür spricht, dass die Vorschriften über Rechtsgeschäfte auf die Zweckbestimmung entsprechend anwendbar sind.[20] Somit kommt auch der allgemeine Auslegungsgrundsatz gemäß §§ 133, 157 zur Anwendung, wonach auf den objektiven Empfängerhorizont abzustellen ist.[21] Vertreter dieser Ansicht berufen sich zudem auf die Wertung des § 179, wonach sich der Zuwendende an den vollmachtlosen Vertreter halten müsse.[22] Aus der Sicht eines objektiven Dritten in der Situation des E stellte sich die Lieferung der Rollläden als Leistung des Vertragspartner B dar, sodass nach dieser Auffassung von einer Leistung des B an E auszugehen ist.

c) Stellungnahme

Der h.M. ist zu folgen, da sie den schutzwürdigen Interessen des Zuwendungsemp- **25** fängers Rechnung trägt. Nur durch den Ausschluss der Direktkondiktion wird das Insolvenzrisiko angemessen verteilt. E hat sich lediglich den B als Vertragspartner ausgesucht und soll nur hinsichtlich der Werkleistung das Insolvenzrisiko tragen. Infolge der Insolvenz des B bliebe der E nach der Gegenauffassung aber Zahlungsansprüchen des L ausgesetzt und müsste möglicherweise doppelt zahlen. L ist hingegen nicht schutzwürdig: Er hat sich die Vollmacht des E nicht vorlegen lassen und auf Kredit geliefert. Zudem hätte er im Zeitpunkt der Lieferung den Leistungszweck offenlegen können. Nach dem maßgeblichen objektiven Empfängerho-

---

[16] Vgl. MünchKommBGB/*Schwab* § 812 Rn. 50 ff. m.w.N.; Staudinger/*Lorenz* (2007) § 812 Rn. 61.

[17] Vgl. *Grigoleit/Auer* Rn. 493.

[18] *BGH* NJW 1964, 399; *Brox/Walker* BS § 40 Rn. 21; Palandt/*Sprau* § 812 Rn. 14.

[19] *BGH* NJW 2005, 60 f.

[20] MünchKommBGB/*Schwab* § 812 Rn. 50 ff. m.w.N.

[21] MünchKommBGB/*Schwab* § 812 Rn. 50; *Wandt* § 10 Rn. 13.

[22] *Grigoleit/Auer* Rn. 494.

rizont fehlt es folglich im Verhältnis zwischen E und L an einer Zweckbestimmung und damit an einer Leistung.

5. Ergebnis

26 Mangels Leistung des L scheidet eine Leistungskondiktion des L gegen E gemäß §§ 951 Abs. 1 Satz 1, 812 Abs. 1 Satz 1 Alt. 1 aus.

> **Hinweis:** Hier kommt aber eine Anfechtung der Tilgungsbestimmung wegen Inhaltsirrtums gemäß § 119 Abs. 1 in Betracht. Der Irrtum besteht darin, dass L die Tilgungsbestimmung im eigenen Namen treffen wollte, nach der maßgeblichen objektiven Empfängerperspektive des E (§§ 133, 157) aber lediglich als Bote eine Tilgungsbestimmung des E übermittelt hat. Die Anfechtbarkeit der Tilgungsbestimmung ist indes umstritten.[23] Eine erfolgreiche Anfechtung würde zum Wegfall der Leistung führen, wodurch der Weg für eine Nichtleistungskondiktion geebnet wäre.[24]

VI. Wertersatzanspruch aus § 951 Abs. 1 Satz 1 i. V. m. §§ 812 Abs. 1 Satz 1 Alt. 2, 818 Abs. 2

27 Fraglich ist, ob L von E im Wege der Nichtleistungskondiktion gemäß § 951 Abs. 1 Satz 1 i. V. m. §§ 812 Abs. 1 Satz 1 Alt. 2, 818 Abs. 2 (sog. Verwendungskondiktion) Wertersatz für die Rollläden beanspruchen kann.

28 Wie oben erläutert, enthält § 951 Abs. 1 Satz 1 eine Rechtsgrundverweisung auf die §§ 812 ff., sodass dem L unter den Voraussetzungen des § 812 Abs. 1 Satz 1 Alt. 2 ein Wertersatzanspruch zusteht.

1. Etwas erlangt

29 E hat Eigentum und Besitz an den Rollläden, also etwas erlangt.

2. In sonstiger Weise

30 Dies müsste in sonstiger Weise geschehen sein, nämlich anders als durch Leistung. Nach dem Grundsatz des Vorrangs der Leistungskondiktion ist eine Bereicherung in sonstiger Weise ausgeschlossen, wenn der Empfänger den Gegenstand der Zuwendung durch Leistung eines Dritten erlangt hat (Subsidiarität der Nichtleistungskondiktion).[25] Im vorliegenden Fall beruht der gesetzliche Eigentumserwerb des E an den Rollläden nach dem maßgeblichen objektiven Empfängerhorizont auf einer Leistung des B. E ist daher nicht in sonstiger Weise bereichert, sondern durch Leistung des B. Die vorrangige Leistungsbeziehung zwischen E und B verbietet somit einen Rückgriff auf § 812 Abs. 1 Satz 1 Alt. 2.

> **Vertiefungshinweis:** Der Vorrang der Leistungskondiktion kann aufgrund einer sachenrechtlichen Parallelwertung durchbrochen werden, weil es sich bei den Bereicherungsansprüchen um eine Art Vindikationsersatz handelt.[26] Danach ist der Erwerb nur dann kondiktionsfest, wenn auch ein gutgläubiger Erwerb durch Rechtsgeschäft gemäß §§ 932 ff. (hypothetisch) möglich gewesen wäre. Im vorliegenden Fall führt diese Parallelwertung zu einer interessanten sachenrechtlichen Problematik. Ohne den gesetzlichen Eigentumserwerb des E wäre nämlich ein gutgläubiger Erwerb von einer Scheingeheißperson zu prüfen, da nach dem maßgeblichen objektiven Empfängerhorizont B als Nichtberechtigter die Rolllä-

---

[23] Vgl. zum Streitstand *Grigoleit/Auer* Rn. 495 m. w. N.
[24] *Wandt* § 13 Rn. 13 Fn. 11.
[25] BGH NJW 1964, 399, 400; 2005, 60 m. w. N.; Palandt/*Sprau* § 812 Rn. 7; *Wandt* § 13 Rn. 13.
[26] *Wandt* § 13 Rn. 8.

den unter Einschaltung des L als Geheißperson an E übereignet hat. L hat sich aber nur scheinbar dem Geheiß des B untergeordnet, da er tatsächlich eine eigene Verbindlichkeit gegenüber E erfüllen wollte. Nach vorzugswürdiger Auffassung findet § 932 Abs. 1 auf den gutgläubigen Erwerb von einer Schein-geheißperson[27] Anwendung, sodass es hier beim Vorrang der Leistungskondiktion bleibt.[28]

3. Ergebnis

Folglich kann L von E auch nach §§ 951 Abs. 1 Satz 1, 812 Abs. 1 Satz 1 Alt. 2, **31** 818 Abs. 2 keinen Wertersatz für die Rollläden verlangen. Er muss sich stattdessen an B halten.

Abwandlung

Hinweis: Die Abwandlung führt tief in das Verhältnis des Bereicherungsrechts zum Sachenrecht, insbesondere zum EBV, hinein und ist daher nur für mittlere Semester, nicht aber für Anfänger geeignet.

I. Ansprüche aus § 433 Abs. 2 oder §§ 677, 683 Satz 1, 670

Ein vertraglicher Zahlungsanspruch des L gegen E aus § 433 Abs. 2 scheidet hier **32** völlig aus, da nicht einmal Vertragsverhandlungen stattgefunden haben.

Ebenso wenig hat L eine Handlung vorgenommen, die man als Geschäftsführung **33** i.S.v. § 677 ansehen könnte. Damit scheidet auch ein Aufwendungsersatzanspruch des L gegen E aus berechtigter GoA gemäß §§ 677, 683 Satz 1, 670 aus.

II. Schadensersatzanspruch aus §§ 989, 990 Abs. 1

Ein Schadensersatzanspruch des L gegen E aus §§ 989, 990 Abs. 1 kommt nicht **34** Betracht, da zwischen L und E im Zeitpunkt des Einbaus der Rollläden keine Vindikationslage bestand (siehe Rn. 18).

III. Schadensersatzanspruch aus § 823 Abs. 1 oder § 831 Abs. 1

Insofern ergeben sich keine Unterschiede zum Ausgangsfall. Bei § 831 Abs. 1 Satz 1 **35** kommt noch hinzu, dass E den B nicht zum Diebstahl bestellt hat.

IV. Wertersatzanspruch aus §§ 951 Abs. 1 Satz 1, 812 Abs. 1 Satz 1 Alt. 1, 818 Abs. 2

Ein Anspruch des L gegen E auf Wertersatz für die eingebauten Rollläden aus **36** §§ 951 Abs. 1 Satz 1, 812 Abs. 1 Satz 1 Alt. 1, 818 Abs. 2 (Leistungskondiktion) scheidet von vornherein aus. Zwischen E und L bestand keine Leistungsbeziehung, da L dem E erkennbar nichts zugewendet hat. Vielmehr hat B dem L die Rollläden gestohlen und in das Haus des E eingebaut.

---

[27] Vgl. dazu etwa *Wolf/Wellenhofer* § 8 Rn. 7.
[28] Vgl. zum Ganzen *Grigoleit/Auer* Rn. 498 m.w.N.

V. Wertersatzanspruch aus §§ 951 Abs. 1 Satz 1, 812 Abs. 1 Satz 1 Alt. 2, 818 Abs. 2

37 Möglicherweise kann L von E im Wege der Nichtleistungskondiktion gemäß §§ 951 Abs. 1 Satz 1, 812 Abs. 1 Satz 1 Alt. 2, 818 Abs. 2 (sog. Verwendungskondiktion) Wertersatz für die Rollläden beanspruchen.

1. Rechtsverlust gemäß §§ 946 ff.

38 § 951 Abs. 1 Satz 1 ist einschlägig, wenn L einen Rechtsverlust gemäß §§ 946 ff. erlitten hat. L hat das Eigentum an den Rollläden gemäß § 946 an E verloren, da diese infolge des Einbaus gemäß § 94 Abs. 2 wesentlicher Bestandteil des Gebäudes geworden sind, welches gemäß § 94 Abs. 1 wiederum wesentlicher Bestandteil des Grundstücks des E ist. Für einen vorherigen Rechtsverlust des L infolge rechtsgeschäftlicher Übereignung der Rollläden durch B an E bestehen im Sachverhalt keine Anhaltspunkte. Im Übrigen käme hier aufgrund der fehlenden Berechtigung des B allenfalls ein gutgläubiger Erwerb des E gemäß §§ 932 ff. in Betracht, welcher aber gemäß § 935 Abs. 1 Satz 1 am Abhandenkommen der Rollläden bei L scheitert.

2. Rechtsgrundverweisung auf § 812 Abs. 1 Satz 1 Alt. 2

39 § 951 Abs. 1 Satz 1 enthält eine Rechtsgrundverweisung auf die §§ 812 ff. und erschöpft sich im Übrigen in der Klarstellung, dass der gesetzliche Eigentumserwerb gemäß §§ 946 ff. keinen Rechtsgrund für das Behaltendürfen darstellt.[29] Folglich besteht ein Wertersatzanspruch des L gegen E nur unter den Voraussetzungen des § 812 Abs. 1 Satz 1 Alt. 2.

3. Etwas erlangt

40 E hat etwas erlangt, nämlich den Besitz und gemäß §§ 946, 94 das Eigentum an den Rollläden.

4. In sonstiger Weise

41 Dies müsste in sonstiger Weise geschehen sein. Die Zuwendung darf also nicht auf die Leistung eines Dritten zurückzuführen sein.

a) Vorrang der Leistungskondiktion

42 Aus der Gesetzesformulierung und der Wertung der §§ 816 Abs. 1 Satz 2, 822 ergibt sich ein Vorrang der Leistungskondiktion vor der Nichtleistungskondiktion. Danach ist eine Nichtleistungskondiktion ausgeschlossen, wenn der Gegenstand durch die Leistung eines Dritten erlangt wurde (Subsidiarität der Nichtleistungskondiktion).[30] Hier könnte E Eigentum und Besitz an den Rollläden durch Leistung des B, also durch bewusste und zweckgerichtete Mehrung fremden Vermögens,[31] erlangt haben. B hat bewusst und zweckgerichtet das Vermögen des E

---

29 *BGH* NJW 1971, 612, 613; Palandt/*Bassenge* § 951 Rn. 2; *Wandt* § 13 Rn. 17.

30 *BGH* NJW 1964, 399, 400; 2005, 60 m. w. N.; Palandt/*Sprau* § 812 Rn. 7; *Wandt* § 13 Rn. 13.

31 *BGH* NJW 1964, 399; Palandt/*Sprau* § 812 Rn. 14.

gemehrt, indem er letzterem in Erfüllung der Verbindlichkeit aus dem Werkvertrag (§ 631 Abs. 1) den Besitz an den Rollläden verschafft hat.

Fraglich und umstritten ist, ob daneben auch der Eigentumserwerb des E auf einer **43** Leistung des B beruht. Eine Ansicht lehnt eine Leistung ab, wenn eine rechtsgeschäftliche Übereignung – wie hier – wegen § 935 Abs. 1 überhaupt nicht möglich gewesen wäre.[32] Der Eigentumserwerb erfolge in diesen Fällen kraft Gesetzes und nicht durch Leistung des Nichtberechtigten, der zur Verschaffung des Eigentums gar nicht in der Lage gewesen wäre.

Nach der Gegenansicht ändert die Unmöglichkeit der rechtsgeschäftlichen Über- **44** eignung nichts am Leistungscharakter einer Zuwendung.[33] Der Rechtserwerb beruhe auch in den Fällen der §§ 946 ff. auf dem Willen des Zuwendenden.[34]

Die besseren Argumente sprechen für die letztgenannte Auffassung, denn die **45** Merkmale der Leistung liegen auch dann vor, wenn der Zuwendende die Handlung vornimmt, die zum gesetzlichen Eigentumserwerb führt.

Folglich hat E sowohl den Besitz als auch das Eigentum an den Rollläden durch **46** Leistung des B erlangt. Eine Direktkondiktion des L gegen E scheitert daher an sich am Vorrang der Leistungskondiktion.

b) Korrektur aufgrund sachenrechtlicher Parallelwertung

Möglicherweise bedarf das gefundene Ergebnis aber einer Korrektur, um sachen- **47** rechtlichen Wertungen Rechnung zu tragen. Da die Eingriffskondiktion gemäß § 951 Abs. 1 Satz 1 i.V.m. § 812 Abs. 1 Satz 1 Alt. 2 letztlich als Vindikationsersatz fungiert, ist der Erwerb des Zuwendungsempfängers nur dann kondiktionsfest, wenn in der betreffenden Fallkonstellation auch ein rechtsgeschäftlicher Erwerb möglich gewesen wäre. Im vorliegenden Fall kommt nur ein gutgläubiger Erwerb des E vom Nichtberechtigten B gemäß § 932 Abs. 1 Satz 1 in Betracht. Dieser scheitert aber daran, dass die Rollläden dem L gestohlen wurden, also gemäß § 935 Abs. 1 Satz 1 abhanden gekommen sind. Im Falle einer rechtsgeschäftlichen Übereignung könnte L die Rollläden gemäß § 985 bei E vindizieren. Die infolge des gesetzlichen Eigentumserwerbs des E untergegangene Vindikation setzt sich im Wertersatzanspruch gemäß § 951 Abs. 1 Satz 1 i.V.m. § 812 Abs. 1 Satz 1 Alt. 2 fort. Daher ist die sachenrechtliche Wertung des § 935 Abs. 1 Satz 1 auch im Hinblick auf die Kondiktionsfestigkeit des gesetzlich erworbenen Eigentums zu berücksichtigen. Für eine sachenrechtliche Parallelwertung spricht auch, dass der Interessenkonflikt zwischen altem und neuem Eigentümer in den §§ 932 ff. abschließend geregelt ist.[35] Der gutgläubige Erwerber wird in seinem Vertrauen in das Eigentum des Nichtberechtigten nur dann geschützt, wenn die betreffende Sache dem wahren Eigentümer nicht gemäß § 935 Abs. 1 abhandengekommen ist. Diese gesetzliche Wertung ist auf die Verwendungskondiktion zu übertragen, zumal es oftmals nur vom Zufall abhängt, ob der Eigentumserwerb kraft Gesetzes erfolgt oder durch (konkludente) Übereignung.[36]

---

[32] *BGH* NJW 1971, 612, 613; *Wandt* § 13 Rn. 17.

[33] *Grigoleit/Auer* Rn. 461.

[34] Palandt/*Bassenge* § 951 Rn. 2.

[35] *BGH* NJW 1971, 612, 614.

[36] *Grigoleit/Auer* Rn. 462.

48 Die sachenrechtliche Parallelwertung führt folglich zu einer Durchbrechung des Subsidiaritätsgrundsatzes. Somit ist eine Direktkondiktion des L gegen E gemäß § 812 Abs. 1 Satz 1 Alt. 2 ausnahmsweise trotz bestehender Leistungsbeziehung zwischen E und B zulässig.

5. Auf Kosten des L

49 Eine Verwendungskondiktion des L gegen E setzt weiterhin voraus, dass E auf Kosten des L bereichert ist. Dies ist zu bejahen, wenn E durch Eingriff in den Zuweisungsgehalt eines absoluten Rechts des L etwas erlangt hat.[37] Durch den gesetzlichen Eigentumserwerb des E gemäß § 946 wurden das Eigentum und der berechtigte Besitz des L an den Rollläden beeinträchtigt, also Rechte mit Zuweisungsgehalt.

50 Problematisch erscheint insofern, dass der Eingriff nicht durch E selbst erfolgt ist, sondern durch B. Aufgrund der Abschöpfungsfunktion des Bereicherungsrechts ist aber der durch den Eingriff Begünstigte stets passivlegitimiert i.S.d. § 812 Abs. 1 Satz 1 Alt. 2, und zwar unabhängig davon, wer den Eingriff vorgenommen hat.[38] Dafür spricht auch der Wortlaut des § 951 Abs. 1 Satz 1.

6. Ohne Rechtsgrund

51 E müsste Eigentum und Besitz an den Rollläden ferner ohne Rechtsgrund erlangt haben. Der Werkvertrag zwischen E und B gemäß § 631 stellt aufgrund der Relativität der Schuldverhältnisse keinen Rechtsgrund für das Behaltendürfen der Rollläden im Verhältnis zu L dar.[39] Auch der gesetzliche Eigentumserwerb des E gemäß § 946 begründet keinen rechtlichen Grund i.S.d. § 812 Abs. 1 Satz 1 Alt. 2, wie § 951 Abs. 1 Satz 1 klarstellt.

7. Umfang des Bereicherungsanspruchs (§§ 818 ff.)

52 Der Anspruchsumfang richtet sich nach den §§ 818 ff.

a) Wertersatz (§ 818 Abs. 2)

53 Gemäß § 812 Abs. 1 Satz 1 Alt. 2 müsste E das Erlangte an sich in natura herausgeben, also die Rollläden an L zurückgeben und rückübereignen. Dies wird aber durch § 951 Abs. 1 Satz 2 gerade ausgeschlossen, um eine Zerschlagung wirtschaftlicher Werte zu verhindern.[40] Somit schuldet E gemäß § 818 Abs. 2 Wertersatz für die Rollläden.

b) Entreicherung (§ 818 Abs. 3)

54 Fraglich ist aber, ob der an B entrichtete Werklohn gemäß § 818 Abs. 3 bereicherungsmindernd zu berücksichtigen ist. Dies hätte zur Folge, dass die Wertersatzpflicht des E in Höhe des gezahlten Werklohns ausgeschlossen wäre.

---

[37] Palandt/*Sprau* § 812 Rn. 43; *Grigoleit/Auer* Rn. 463.
[38] *Grigoleit/Auer* Rn. 463.
[39] *BGH* NJW 1971, 612, 614; *Wandt* § 13 Rn. 17.
[40] Palandt/*Bassenge* § 951 Rn. 14.

Ein Wegfall der Bereicherung gemäß § 818 Abs. 3 setzt voraus, dass das ursprünglich Erlangte ersatzlos weggefallen ist oder zwar noch vorhanden ist, der Bereicherungsschuldner aber bereicherungsmindernde Vermögensnachteile erlitten hat.[41] Die Rollläden sind zwar noch im Vermögen des E vorhanden. Allerdings hat die Werklohnzahlung an B bei E zu einer Vermögensminderung geführt. Unter welchen Voraussetzungen derartige Folgenachteile berücksichtigungsfähig sind, ist umstritten. Nach einer Auffassung wirken sich sämtliche Vermögensnachteile bereicherungsmindernd aus, die mit dem Bereicherungsvorgang in einem adäquaten Kausalzusammenhang stehen.[42] Die vorzugswürdige Gegenauffassung berücksichtigt nur solche Vermögensnachteile, die im Vertrauen auf die Beständigkeit des Erwerbs entstanden sind.[43] Selbst nach der engeren Gegenauffassung führt der an einen Dritten entrichtete Erwerbspreis grundsätzlich zum Wegfall der Bereicherung, da dieser Preis gerade im Vertrauen auf das Behaltendürfen bezahlt wird. **55**

Allerdings ist im vorliegenden Fall die Besonderheit zu berücksichtigen, dass die Eingriffskondiktion gemäß § 951 Abs. 1 Satz 1 i.V.m. § 812 Abs. 1 Satz 1 Alt. 2 als Vindikationsersatz dient. Dem Herausgabeanspruch aus § 985 könnte der an einen Dritten gezahlte Erwerbspreis nicht entgegengehalten werden. Für den Rechtsfortwirkungsanspruch aus § 951 Abs. 1 Satz 1 i.V.m. § 812 Abs. 1 Satz 1 Alt. 2 muss dieser Einwand ebenfalls ausgeschlossen sein, um eine ungerechtfertigte Privilegierung des gesetzlichen Erwerbs gegenüber dem rechtsgeschäftlichen Erwerb zu verhindern.[44] Gegen eine bereicherungsmindernde Berücksichtigung des Erwerbspreises spricht hier auch die Wertung des § 816 Abs. 1 Satz 1.[45] Danach hat der nichtberechtigt Verfügende den erzielten Erlös vollständig, also ohne Abzug der für die Sache aufgewendeten Erwerbskosten, an den Berechtigten abzuführen. **56**

Folglich kann der an B entrichtete Werklohn nicht bereicherungsmindernd berücksichtigt werden. E muss sich insoweit an B halten. **57**

8. Ergebnis

L kann von E Wertersatz für die eingebauten Rollläden gemäß § 951 Abs. 1 Satz 1 i.V.m. §§ 812 Abs. 1 Satz 1 Alt. 2, 818 Abs. 2 verlangen. **58**

Hinweis: Zusätzlich könnte man noch an ein Wegnahmerecht des L bezüglich der Rollläden denken. Ein Wegnahmerecht aus § 951 Abs. 2 Satz 1 i.V.m. § 997 scheidet von vornherein aus, da L nie Besitz am Grundstück des E innehatte und es somit an einem EBV fehlt. Daher könnte L allenfalls nach § 951 Abs. 2 Satz 2 zur Wegnahme berechtigt sein. Es ist jedoch umstritten, ob § 951 Abs. 2 Satz 2 lediglich das Wegnahmerecht aus § 997 erweitert[46] oder ein selbständiges Wegnahmerecht begründet.[47] Nur im letztgenannten Fall wäre auch ein Nichtbesitzer, der sein Eigentum gemäß §§ 946, 947 verloren hat, zur Wegnahme berechtigt. Im Übrigen ist zweifelhaft, ob eine Wegnahme der Rollläden wirtschaftlich sinnvoll wäre, zumal L das Gebäude des E nach dem Ausbau der Rollläden gemäß § 997 Abs. 1 Satz 2 i.V.m. § 258 wieder in Stand setzen müsste. Deshalb ist nach zutreffender Auffassung das

---

[41] *Wandt* § 12 Rn. 15.
[42] BGHZ 118, 383 = NJW 1992, 2415, 2416.
[43] *Brox/Walker* BS § 43 Rn. 9; *Grigoleit/Auer* Rn. 466.
[44] BGH NJW 1971, 612, 615; *Grigoleit/Auer* Rn. 467.
[45] BGH NJW 1971, 612, 615; *Wandt* § 13 Rn. 17.
[46] BGH NJW 1964, 399, 400.
[47] So *Grigoleit/Auer* Rn. 472; Palandt/*Bassenge* § 951 Rn. 24 m.w.N.; Staudinger/*Gursky* (2014) § 951 Rn. 83 m.w.N.

Wegnahmerecht ausgeschlossen, wenn der Wert der Sache abzüglich der Instandsetzungskosten den Anspruch aus § 951 Abs. 1 Satz 1 nicht übersteigt.[48] Daneben kommt ein Ausschluss des Wegnahmerechts wegen Nutzlosigkeit gemäß § 997 Abs. 2 Alt. 2 in Betracht.[49]

---

[48] Palandt/*Bassenge* § 951 Rn. 24.
[49] Palandt/*Bassenge* § 997 Rn. 5.

Fall 24. Treuloser Kollege

Sachverhalt

Rechtsanwalt Gerhard (G) muss auf Geheiß seines Arbeitgebers, der Kanzlei Golding Glamour, für ein halbes Jahr im Büro in New York arbeiten. Damit während dieser Zeit seine Wohnung nicht völlig ohne Aufsicht bleibt, bittet er seinen Kollegen Sigmar (S), ab und zu nach dem Rechten zu sehen. Vor seiner Abreise übergibt G dem S den Wohnungsschlüssel, der neben dem Briefkastenschlüssel am Ring eines Schlüsseltäschchens hängt. Das Täschchen hat noch ein Reißverschlussfach; darin befindet sich hinter G's dickem Autoschlüssel ein schmaler wertvoller Ring. Den Ring will G weder mit nach New York nehmen noch in der Wohnung lassen, aber auch nicht dem S offiziell anvertrauen. Denn er hat gerade gerüchteweise gehört, S befinde sich seit längerem in finanziellen Schwierigkeiten. Deshalb verschweigt G dem S den Ring im Reißverschlussfach und behauptet, dort befänden sich nur ein paar Münzen für den Einkaufswagen.

S entdeckt den Ring nach einiger Zeit gleichwohl und beschließt, ihn gewinnbringend zu verkaufen. Es gelingt ihm, den Ring an Dagmar (D) zu verkaufen, die ihn für den Eigentümer hält und einen Liebhaberpreis von 15 000 EUR zahlt, obwohl der Ring tatsächlich nur 10 000 EUR wert ist. S übergibt und übereignet den Ring an D und zahlt von dem Kaufpreis einen Teil seiner Schulden ab.

Als G zurückkehrt und den ganzen Sachverhalt erfährt, wendet er sich an Rechtsanwalt Rathgeber mit der Bitte um Klärung der Frage, welche Ansprüche er gegen S und D hat. In erster Linie möchte er den Ring zurück.

Skizze

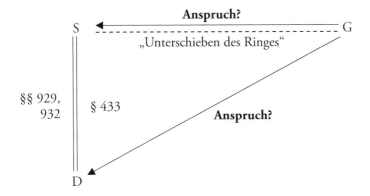

Gliederung

Lösung

Hinweise: (1.) Die Aufgabenstellung zielt auf die sog. Anwaltsperspektive: Mandant G möchte in erster Linie den Ring zurück, aber über alle seine Ansprüche Klarheit erlangen. Letztlich ist also nichts anderes erforderlich, als ein Anspruchsgutachten zu erstellen.

(2.) Inhaltlich soll der Fall zunächst verdeutlichen, welche Tatbestände man im Falle der Verfügung eines Nichtberechtigten (§ 932) prüfen kann. Dabei muss man auch die Übereignungstatbestände für bewegliche Sachen (§§ 929 ff., 932 ff.) beherrschen, und zwar auch, wenn die Vorlesung Sachenrecht noch nicht auf dem Lehrplan stand. Typischerweise bekommt man diese Vorschriften aber in einer Einführung ins Bürgerliche Recht oder, weil sich das kaum vermeiden lässt, in der Vorlesung zum BGB AT oder zumindest in einer Schuldrechtsvorlesung erklärt. Insofern gilt also, dass man sich diesen Stoff gleich einprägen sollte; er ist von elementarer Bedeutung. – Bei der Lösung des Falles treten außerdem die GoA – in ihrer Abart, der sog. angemaßten Eigengeschäftsführung – und das Deliktsrecht wieder auf den Plan.

I. Ansprüche des G gegen D auf Herausgabe des Ringes

Hinweis: Da G in erster Linie den Ring zurückhaben möchte, muss man zuerst prüfen, ob er von D die Herausgabe des Ringes verlangen kann.

1. Anspruch aus § 985

1 G könnte gegen D einen Anspruch auf Herausgabe des Ringes nach § 985 haben. Dies setzt voraus, dass G Eigentümer des Ringes ist und D Besitzerin. Zudem dürfte D auch kein Besitzrecht i. S. d. § 986 zustehen.

a) Eigentum des G

2 Zu prüfen ist zunächst, ob G noch Eigentümer des Ringes ist.

3 Ursprünglich war G Eigentümer. Da er unmittelbarer Besitzer des Ringes war, greift zu seinen Gunsten die Eigentumsvermutung des § 1006 Abs. 1 Satz 1 ein. Fraglich ist, ob er sein Eigentum verloren hat. Dies könnte durch eine Übereignung nach § 929 Satz 1 durch Einigung und Übergabe geschehen sein.

4 Die Übertragung des unmittelbaren Besitzes am Ring auf S hatte, da es an einer Einigung über den Eigentumsübergang zwischen G und S fehlt, auf die Eigentumsverhältnisse keinen Einfluss.

5 G könnte sein Eigentum aber infolge einer Übereignung des Rings nach § 929 Satz 1 durch S an D verloren haben. S hat sich mit D gemäß § 929 Satz 1 über den Eigentumsübergang geeinigt und ihr den Ring übergeben. Allerdings war S nicht, wie § 929 Satz 1 dies voraussetzt, Eigentümer des Rings (§ 929 Satz 1).

6 Damit kommt nur ein gutgläubiger Erwerb durch D vom Nichtberechtigten nach § 932 Abs. 1 Satz 1 in Betracht. D hat S bei der Übereignung nach § 929 für den Eigentümer des Rings gehalten. Da sie vom fehlenden Eigentum des S nicht wusste und ihre Unkenntnis mangels irgendwelcher Verdachtsmomente auch nicht grob fahrlässig war, war D gutgläubig i. S. d. § 932 Abs. 1 Satz 1, Abs. 2.

7 Schließlich dürfte der Ring dem Eigentümer G nicht i. S. v. § 935 Abs. 1 Satz 1 abhandengekommen sein. Abhandenkommen meint einen unfreiwilligen Verlust des unmittelbaren Besitzes.[1] G hat den Besitz freiwillig auf S übertragen. Da S als unmittelbarer Besitzer den Ring freiwillig an D weitergegeben hat, scheidet auch ein Abhandenkommen i. S. v. § 935 Abs. 1 Satz 2 aus.

Hinweis: Die Vorschrift würde zudem einen mittelbaren Besitz des Eigentümers G voraussetzen. Das dazu notwendige Besitzmittlungsverhältnis i. S. v. § 868 fehlt hier aber, weil G dem S den Ring heimlich untergeschoben hat.

8 Folglich hat G sein Eigentum gemäß §§ 929 Satz 1, 932 Abs. 1 Satz 1 an D verloren.

b) Ergebnis

9 Somit hat G keinen Herausgabeanspruch gegen D aus § 985.

2. Anspruch aus § 861 Abs. 1 bzw. § 869 i. V. m. § 861

10 Ein Herausgabeanspruch des G gegen D aus § 861 Abs. 1 würde voraussetzen, dass G im Zeitpunkt der Besitzerlangung durch D unmittelbarer Besitzer des Rings war. Dies war aber nicht der Fall.

---

[1] Soergel/*Henssler* § 935 Rn. 2.

Zwar könnte G auch als mittelbarer Besitzer gemäß §§ 869 Satz 1, 861 Abs. 1 den **11** Ring von D herausverlangen. Dazu müsste er aber mittelbarer Besitzer i.S.v. § 868 sein, was wegen des „Unterschiebens" des Rings ausscheidet. Außerdem müsste D den unmittelbaren Besitz durch verbotene Eigenmacht (§ 858 I) vom unmittelbaren Besitzer S erlangt haben. Dieser hat jedoch den Besitz freiwillig auf D übertragen. Auch mangels verbotener Eigenmacht besteht der Anspruch nicht.

3. Anspruch aus § 1007 Abs. 1 bzw. 2

Damit G als früherer Besitzer von D als gegenwärtiger Besitzerin nach § 1007 **12** Abs. 1 die Herausgabe des Ringes verlangen kann, müsste D bei Besitzerwerb hinsichtlich ihres fehlenden Besitzrechts bösgläubig gewesen sein.[2] Sie war jedoch bei Besitzerwerb gutgläubig und hat sogar gutgläubig gemäß §§ 929 Satz 1, 932 Abs. 1 Satz 1 das Eigentum erworben. Damit scheidet ein Anspruch des G nach § 1007 Abs. 1 aus.

Ein Herausgabeanspruch des G aus § 1007 Abs. 2 würde voraussetzen, dass der **13** Ring dem früheren Besitzer G abhandengekommen ist. Da G den unmittelbaren Besitz aber freiwillig aufgegeben hat (siehe Rn. 7), scheitert auch dieser Anspruch.

4. Anspruch aus § 812 Abs. 1 Satz 1 Alt. 1

G könnte den Ring gemäß § 812 Abs. 1 Satz 1 Alt. 1 von D kondizieren, wenn D **14** ihn durch Leistung des G erlangt hat und kein Rechtsgrund für ein Behaltendürfen besteht.

a) Etwas erlangt

D hat Eigentum und Besitz an dem Ring erlangt. **15**

b) Durch Leistung des G

Dieser Vermögenszuwachs bei D müsste auf eine Leistung des G zurückzuführen **16** sein, also auf eine bewusste und zweckgerichtete Mehrung ihres Vermögens durch G.[3] Hier hat aber nicht G, sondern S das Vermögen der D in Erfüllung des Kaufvertrages vermehrt. Damit fehlt es an einer Leistung des G.

c) Ergebnis

Ein Herausgabeanspruch des G gegen D folgt auch nicht aus § 812 Abs. 1 Satz 1 **17** Alt. 1.

5. Anspruch aus § 816 Abs. 1 Satz 1, § 816 Abs. 1 Satz 2, § 816 Abs. 2 oder § 822

Hinweis: Die §§ 816 und 822 sind speziell geregelte Fälle der Eingriffskondiktion und deshalb vor § 812 Abs. 1 Satz 1 Alt. 2 zu prüfen.[4] Eingehen muss man in der vorliegenden Sachverhaltskonstellation nur auf § 816 Abs. 1 Satz 1; die anderen Normen werden hier für Anfänger kurz angeprüft.

---

[2] Vgl. Palandt/*Bassenge* § 1007 Rn. 5.
[3] *BGH* NJW 1993, 3196.
[4] Palandt/*Sprau* § 816 Rn. 1; *Wandt* § 9 Rn. 17 und § 11 Rn. 24.

18 Ein Anspruch des G aus § 816 Abs. 1 Satz 1 setzt voraus, dass D als Nichtberechtigte wirksam verfügt hat. Zwar liegt mit der Übereignung des Ringes die Verfügung eines Nichtberechtigten vor, die nach §§ 929, 932 Abs. 1 Satz 1 dem Berechtigten G gegenüber wirksam ist. Verfügt hat aber S und nicht D; gegen sie besteht der Anspruch nicht.

19 Auch ein Anspruch des G gegen D aus § 816 Abs. 1 Satz 2 scheidet aus, da hierfür eine **unentgeltliche** Verfügung des S über den Ring nötig wäre.

20 § 816 Abs. 2 ist von vornherein nicht einschlägig, da D die Leistung des S nicht als Nichtberechtigte empfangen hat.

21 Nach § 822 könnte G den Ring von D im Wege der Direktkondiktion zurückverlangen. Dazu müsste S der D Eigentum und Besitz am Ring unentgeltlich und als Berechtigter zugewendet haben. Er tat dies aber in Erfüllung eines Kaufvertrages und als Nichtberechtigter. Auch § 822 hilft G nicht.

6. Anspruch aus § 812 Abs. 1 Satz 1 Alt. 2

22 Zu prüfen bleibt ein Anspruch des G gegen D auf Rückgabe und Rückübereignung des Ringes aus sog. Eingriffskondiktion (§ 812 Abs. 1 Satz 1 Alt. 2).

a) Etwas erlangt

23 D hat Eigentum und Besitz am Ring, also etwas erlangt.

b) In sonstiger Weise

24 Die Nichtleistungskondiktion ist nach h.M. nur anwendbar, wenn der Vermögenszuwachs nicht auf einer Leistung des Gläubigers oder eines Dritten beruht (Vorrang der Leistungsbeziehung).[5] Hier hat D Eigentum und Besitz am Ring aber durch eine Leistung des S erlangt, der seinen Kaufvertrag mit D erfüllen wollte (siehe Rn. 16). Diese Leistungsbeziehung hindert die Anwendung der Nichtleistungskondiktion auch im Verhältnis des G zu D. Andernfalls wären die Vorschriften in §§ 932 ff. über den gutgläubigen Eigentumserwerb obsolet.

c) Ergebnis

25 Somit kann G von D auch nicht nach § 812 Abs. 1 Satz 1 Alt. 2 die Rückgewähr des Ringes beanspruchen.

II. Ansprüche des G gegen D auf Schadensersatz

26 Zu prüfen ist, ob G von D wenigstens Schadensersatz wegen des Eigentumsverlustes am Ring verlangen kann.

1. Anspruch aus §§ 989, 990 Abs. 1 oder §§ 992, 823 Abs. 1

27 Ein Schadensersatzanspruch des G gegen D aus §§ 989, 990 Abs. 1 oder §§ 992, 823 Abs. 1 setzt eine sog. Vindikationslage voraus, also das Bestehen eines An-

---

[5] *Wandt* § 9 Rn. 18.

spruchs nach § 985. Wie oben (siehe Rn. 4 ff.) festgestellt, fehlt es daran. Damit greifen auch die §§ 990 Abs. 1, 989 und 992, 823 Abs. 1 als Anspruchsgrundlagen nicht ein.

2. Anspruch aus § 823 Abs. 1

Fraglich ist, ob ein Schadensersatzanspruch des G gegen D gemäß § 823 Abs. 1 **28** besteht. Dazu müsste D zunächst rechtswidrig und schuldhaft den haftungsbegründenden Tatbestand des § 823 Abs. 1 verwirklicht haben.

a) Rechts(guts)verletzung

Zunächst müsste eines der in § 823 Abs. 1 genannten Rechtsgüter oder sonstigen **29** Rechte des G verletzt sein. G könnte hier in seinem Eigentumsrecht beeinträchtigt sein, da ihm das Eigentum am Ring gemäß §§ 929 Satz 1, 932 Abs. 1 Satz 1 entzogen und neues Eigentum der D begründet wurde. Auch Eingriffe in die rechtliche Zuordnung einer Sache stellen eine tatbestandsmäßige Eigentumsverletzung dar.[6] G ist folglich in seinem Eigentum verletzt.

b) Verletzungshandlung

Als Verletzungshandlung der D kommt ihre Mitwirkung am gutgläubigen Eigen- **30** tumserwerb gemäß §§ 929, 932 Abs. 1 Satz 1 in Betracht.

c) Haftungsbegründende Kausalität

Da D ohne ihre Einigung mit S nicht gutgläubig das Eigentum an dem Ring er- **31** worben hätte, hat ihr Verhalten in adäquat kausaler und zurechenbarer Weise zum Eigentumsverlust bei G nach §§ 929, 932 beigetragen.

d) Rechtswidrigkeit

Die Rechtswidrigkeit wird nach der h.L. vom Erfolgsunrecht durch die Rechtsguts- **32** verletzung indiziert. Doch lässt das Gesetz den gutgläubigen Eigentumserwerb in den §§ 932, 892 ausdrücklich zu. Der gutgläubige **Erwerb** steht damit im Einklang mit der Rechtsordnung und stellt im Gegensatz zur unbefugten **Veräußerung** einer fremden Sache keine rechtswidrige Eigentumsverletzung dar.[7] Andernfalls würde die Wertung des § 932 Abs. 2 unterlaufen, weil der redliche Erwerber bereits bei einfacher Fahrlässigkeit nach § 823 Abs. 1 schadensersatzpflichtig wäre und das Eigentum im Wege der Naturalrestitution (§ 249 Abs. 1) zurückgewähren müsste.[8]

e) Ergebnis

Ein Schadensersatzanspruch des G gegen D ergibt sich auch nicht aus § 823 Abs. 1. **33**

III. Ansprüche des G gegen S auf Herausgabe des Erlöses

Zu prüfen ist, ob G zumindest von S den Veräußerungserlös i.H.v. 15 000 EUR **34** herausverlangen kann.

---

[6] *Wandt* § 16 Rn. 14.
[7] *Wandt* § 16 Rn. 15.
[8] *BGH* NJW 1967, 1660, 1661 f.; MünchKommBGB/*Wagner* § 823 Rn. 168; *Wandt* § 16 Rn. 15.

1. Anspruch aus § 285 Abs. 1

35 G könnte gegen S ein Anspruch auf Erlösherausgabe nach § 285 Abs. 1 zustehen.

a) Ausschluss einer Leistungspflicht des S nach § 275 Abs. 1–3

36 Dies setzt zunächst voraus, dass S gemäß § 275 Abs. 1–3 von einer Leistungspflicht befreit ist. Dies kommt für eine Verpflichtung des S zur Rückgabe des Rings aus § 695 in Betracht, welche voraussetzen würde, dass zwischen G und S ein (unentgeltlicher) Verwahrungsvertrag gemäß § 688 zustande gekommen ist. Zwar kann man die Absprachen von G und S dahingehend auslegen, dass ein Auftrag mit dem Inhalt vorliegt, S möge sich um die Wohnung des G kümmern. Einen Verwahrungsvertrag über den Ring i. S. v. § 688 wollte G aber ausweislich seiner Interessenlage gerade nicht mit S abschließen. Die „heimliche" Übergabe des Rings mit der wahrheitswidrigen Behauptung, es handele sich um Münzen für den Einkaufswagen, stellt sich aus Sicht eines objektiven Dritten an der Stelle des S (§§ 133, 157) auch nicht als konkludenter Antrag auf Abschluss eines Verwahrungsvertrages dar. Somit besteht kein Verwahrungsvertrag, der S gegenüber G zur Rückgabe des Rings gemäß § 695 verpflichtet, und damit auch keine Leistungspflicht des S, die nach § 275 ausgeschlossen sein könnte.

b) Ergebnis

37 G kann den Veräußerungserlös i. H. v. 15 000 EUR nicht nach § 285 Abs. 1 von S herausverlangen.

2. Anspruch aus § 667

38 Ein Anspruch des G gegen S auf Herausgabe des Veräußerungserlöses könnte sich aus § 667 ergeben. Doch müsste G den S dazu mit der Veräußerung des Rings beauftragt haben, was nicht der Fall ist.

3. Anspruch aus §§ 687 Abs. 2 Satz 1, 681 Satz 2, 667

39 Ein Anspruch des G gegen S auf Herausgabe des Veräußerungserlöses könnte sich ferner aus §§ 687 Abs. 2 Satz 1, 681 Satz 2, 667 ergeben.

Hinweis: Diese Vorschriften sollte man sich im Zusammenhang mit Verfügungen eines Nichtberechtigten einprägen.

a) Angemaßte Eigengeschäftsführung gemäß § 687 Abs. 2

40 S müsste ein fremdes Geschäft als eigenes geführt haben. Als Geschäftsführung kommt grundsätzlich jedes tatsächliche oder rechtsgeschäftliche Verhalten in Betracht. S hat den im Eigentum des G stehenden Ring an D verkauft und übereignet, also ein Geschäft geführt. Die Übereignung ist aber ein Geschäft, das dem Eigentümer vorbehalten ist. Somit hat S ein objektiv fremdes Geschäft geführt.

41 Ferner müsste S das fremde Geschäft als eigenes geführt haben, obwohl er wusste, dass er nicht dazu berechtigt ist. Da S wusste, dass der Ring im Eigentum des G stand und G ihn nicht zur Veräußerung des Ringes ermächtigt (§ 185 Abs. 1) hatte, ist dies zu bejahen.

b) Folge: Herausgabeanspruch des G nach Auftragsrecht

Folglich kann G von S gemäß §§ 687 Abs. 2 Satz 1, 681 Satz 2, 667 die Herausga- **42** be des durch die Geschäftsführung Erlangten beanspruchen, also den gesamten Veräußerungserlös i. H. v. 15 000 EUR.

c) Ergebnis

G hat gegen S einen Anspruch auf Herausgabe des Veräußerungserlöses i. H. v. **43** 15 000 EUR gemäß §§ 687 Abs. 2 Satz 1, 681 Satz 2, 667.

4. Anspruch aus § 816 Abs. 1 Satz 1

Möglicherweise kann G den S auch nach § 816 Abs. 1 Satz 1 auf Herausgabe des **44** Veräußerungserlöses in Anspruch nehmen. Dazu müsste S als Nichtberechtigter eine entgeltliche Verfügung über den Ring getroffen haben, die dem Berechtigten G gegenüber wirksam ist.

a) Verfügung eines Nichtberechtigten

S hat eine Verfügung getroffen, indem er das Eigentum am Ring gemäß §§ 929 **45** Satz 1, 932 auf D übertragen hat. Da S nicht Eigentümer des Ringes war und vom Eigentümer G auch nicht zur Übereignung ermächtigt war, hat er als Nichtberechtigter verfügt.

b) Entgeltlichkeit der Verfügung

Aus dem systematischen Zusammenhang mit § 816 Abs. 1 Satz 2 ergibt sich, dass **46** § 816 Abs. 1 Satz 1 eine entgeltliche Verfügung verlangt.[9] S hat als Gegenleistung für die Übereignung des Ringes einen Kaufpreis i. H. v. 15 000 EUR erhalten und damit eine entgeltliche Verfügung getroffen.

c) Wirksamkeit gegenüber dem Berechtigten

Die Verfügung des S ist dem Berechtigten G gegenüber wirksam, da D gemäß **47** §§ 929 Satz 1, 932 gutgläubig das Eigentum am Ring erworben hat (siehe Rn. 6).

d) Rechtsfolge: Herausgabe des Erlangten

Somit kann G von S die Herausgabe des durch die Verfügung Erlangten beanspru- **48** chen. Worin das Erlangte i. S. d. § 816 Abs. 1 Satz 1 genau besteht, wird in Rspr. und Lehre allerdings kontrovers diskutiert.[10]

aa) Wertherausgabetheorie

Nach einer Mindermeinung erlangt der nichtberechtigt Verfügende nur die Befrei- **49** ung von seiner Verbindlichkeit aus dem der Verfügung zugrundeliegenden Kausalgeschäft.[11] Da die Befreiung von der Verbindlichkeit nicht in natura herausgegeben

---

[9] *Wandt* § 11 Rn. 33.
[10] Vgl. zum Ganzen Staudinger/*Lorenz* (2007) § 816 Rn. 23 ff.; *Wandt* § 11 Rn. 37.
[11] Staudinger/*Lorenz* (2007) § 816 Rn. 25; *Medicus/Petersen* Rn. 723.

werden kann, ist nach dieser Ansicht gemäß § 818 Abs. 2 der objektive Wert des Gegenstandes zu ersetzen, auf dessen Verschaffung die Verbindlichkeit gerichtet war, nicht aber der tatsächlich erzielte Veräußerungserlös. Vertreter dieser Auffassung berufen sich zunächst auf den Wortlaut des § 816 Abs. 1 Satz 1. Durch die Verfügung erlangt sei nur die Befreiung von einer Verbindlichkeit und nicht der erzielte Gewinn. Letzterer beruhe vielmehr auf der Tüchtigkeit und dem Verhandlungsgeschick des nichtberechtigt Verfügenden und gebühre daher diesem.

50 Im vorliegenden Fall könnte G nach dieser Ansicht also nur den objektiven Verkehrswert des Ringes i. H. v. 10 000 EUR von S ersetzt verlangen, da S durch die Übereignung von seiner Verbindlichkeit aus dem Kaufvertrag mit D gemäß § 433 Abs. 1 frei geworden ist. Der von S erzielte Veräußerungserlös i. H. v. 15 000 EUR wäre hingegen nicht vom Herausgabeanspruch des G umfasst.

bb) Gewinnherausgabetheorie

51 Rspr. und h. L. betrachten hingegen auch den erzielten Veräußerungserlös als durch die Verfügung erlangt.[12] Danach ist der Anspruch aus § 816 Abs. 1 Satz 1 auch auf Gewinnherausgabe gerichtet. Auch diese Ansicht argumentiert mit dem Wortlaut des § 816 Abs. 1 Satz 1. Unter Zugrundelegung des natürlichen Sprachgebrauchs sei auch der Veräußerungserlös durch die Verfügung erlangt, da die Veräußerung wirtschaftlich einen einheitlichen Vorgang bilde. Zudem trage der Berechtigte wegen § 818 Abs. 3 das Risiko einer Veräußerung unter Wert, sodass ihm billigerweise auch ein erzielter Mehrerlös zustehe.

cc) Stellungnahme

52 Der zuletzt genannten Auffassung gebührt der Vorzug. Für sie spricht insbesondere, dass es sich bei § 816 Abs. 1 Satz 1 um einen Sonderfall der Eingriffskondiktion handelt. Letztere erstreckt sich aber üblicherweise auf alle Vermögensvorteile, die durch den Eingriff in den Zuweisungsgehalt eines fremden Rechts erlangt wurden. Die gewinnbringende Vermarktung einer Sache obliegt grundsätzlich ausschließlich dem Eigentümer. Durch die Veräußerung des Ringes hat S in den Zuweisungsgehalt des Eigentums des G eingegriffen und schuldet daher die Herausgabe des Veräußerungserlöses i. H. v. 15 000 EUR.

e) Wertersatz gemäß § 818 Abs. 2

53 Die Herausgabe der konkret erlangten Geldscheine ist hier aber unmöglich, da S von dem Geld einen Teil seiner Schulden abbezahlt hat. Daher hat S gemäß § 818 Abs. 2 Wertersatz in Höhe der entsprechenden Geldsumme (15 000 EUR) zu leisten.

Hinweis: Wegen des Charakters der Geldschuld als sog. Wertverschaffungsschuld wäre auch die Ansicht vertretbar, dass S ohnehin nur einen Geld**wert** von 15 000 EUR schuldet und nicht nur die konkret erlangten Geldmittel.

f) Wegfall der Bereicherung gemäß § 818 Abs. 3

54 Allerdings wäre die Wertersatzpflicht des S nach § 818 Abs. 3 ausgeschlossen, wenn S nicht mehr bereichert wäre. Die Frage, ob noch eine Bereicherung besteht, ist im

---

[12] BGHZ 29, 157; Palandt/*Sprau* § 816 Rn. 10.

Wege der Saldierung sämtlicher Vor- und Nachteile zu klären, die mit dem Bereicherungsvorgang in einem adäquat kausalen Zusammenhang stehen.[13] Vermögensnachteile sind dabei nur insoweit berücksichtigungsfähig, als sie dem Bereicherungsschuldner im Vertrauen auf die Beständigkeit des Rechtserwerbs entstanden sind. Eine Entreicherung i. S. d. § 818 Abs. 3 liegt somit vor, wenn das Erlangte ersatzlos weggefallen ist oder zwar noch vorhanden ist, der Bereicherte aber bereicherungsmindernde Vermögensnachteile erlitten hat.[14] Im vorliegenden Fall könnte S dadurch entreichert sein, dass er den erzielten Kaufpreis zur Schuldentilgung eingesetzt hat. Allerdings ist er im Gegenzug von seiner Verbindlichkeit aus Darlehensvertrag i. H. v. 15 000 EUR frei geworden.[15] Die Tilgung eigener Schulden führt daher grundsätzlich nicht zur Entreicherung, sofern der rechtsgrundlose Erwerb für die Begleichung der Schulden ursächlich war.[16] Ohne den Veräußerungserlös hätte S seine Schulden nicht tilgen können. Die Schuldentilgung steht daher im Zusammenhang mit dem Bereicherungsvorgang, sodass eine Entreicherung des S ausscheidet. S ist folglich noch i. H. v. 15 000 EUR bereichert.

Hinweis: Selbst wenn man eine Entreicherung des S annehmen würde, könnte er sich nicht auf § 818 Abs. 3 berufen, da er wegen seiner Bösgläubigkeit nach §§ 819 Abs. 1, 818 Abs. 4 verschärft haftet (dazu gleich).

g) Verschärfte Haftung gemäß § 819 Abs. 1

Über den Veräußerungserlös hinaus könnte G von S auch Zinsen verlangen, wenn **55** S gemäß § 819 Abs. 1 verschärft haften würde.

S kannte den Mangel des rechtlichen Grundes, als er die 15 000 EUR entgegen- **56** nahm. Er war somit bösgläubig i. S. d. § 819 Abs. 1.

Daher haftet S gemäß § 819 Abs. 1 wie bei Rechtshängigkeit des Herausgabean- **57** spruchs (also ab der Zustellung der Klageschrift an den Beklagten, §§ 261 Abs. 1, 253 Abs. 1 ZPO), d. h. gemäß § 818 Abs. 4 nach den allgemeinen Vorschriften.

Somit muss S die erlangten 15 000 EUR gemäß §§ 291, 288 Abs. 1 Satz 2 ab dem **58** Zeitpunkt des Empfangs mit fünf Prozentpunkten über dem Basiszinssatz (§ 247 Abs. 1 Satz 1) verzinsen, da er von Anfang an bösgläubig war.

h) Ergebnis

G kann von S gemäß §§ 816 Abs. 1 Satz 1, 818 Abs. 2, 819 Abs. 1, 818 Abs. 4, **59** 291, 288 Abs. 1 Satz 2 Zahlung von 15 000 EUR zuzüglich Zinsen i. H. v. fünf Prozentpunkten über dem Basiszinssatz ab Kaufpreiserlangung beanspruchen.

IV. Anspruch des G gegen S auf Schadensersatz

Schließlich kommen noch Schadensersatzansprüche des G gegen S wegen des Ei- **60** gentumsverlusts am Ring in Betracht.

---

13 Palandt/*Sprau* § 818 Rn. 28 ff.
14 *Wandt* § 12 Rn. 15.
15 Vgl. BGHZ 113, 383, 386 f.
16 Palandt/*Sprau* § 818 Rn. 40, 45.

1. Anspruch aus §§ 280 Abs. 1 und 3, 281 Abs. 1 Satz 1

61 Ein Anspruch des G gegen S auf Schadensersatz statt der Leistung aus §§ 280 Abs. 1 und 3, 281 Abs. 1 Satz 1 scheidet von vornherein aus. Wie festgestellt (siehe Rn. 36), haben G und S keinen Vertrag hinsichtlich des Ringes abgeschlossen. Ein Schuldverhältnis i. S. v. § 311 Abs. 2 Nr. 3 würde einen mit den Nrn. 1 und 2 vergleichbaren ähnlichen Kontakt voraussetzen, welcher beim „Unterschieben" des Rings durch G nicht vorliegt.

2. Anspruch aus §§ 687 Abs. 2 Satz 1, 678

62 Ein Schadensersatzanspruch des G gegen S könnte sich aber aus §§ 687 Abs. 2 Satz 1, 678 ergeben.

a) Angemaßte Eigengeschäftsführung

63 Die Veräußerung des Ringes durch S stellt, wie oben ausgeführt, eine angemaßte Eigengeschäftsführung i. S. d. § 687 Abs. 2 Satz 1 dar.

b) Folge: Schadensersatzanspruch nach § 678

64 Folglich hat S dem G nach § 678 den durch die Geschäftsführung entstandenen Schaden zu ersetzen.

aa) Übernahmeverschulden

65 Das für § 678 erforderliche Übernahmeverschulden des S ist hier gegeben, da S erkennen musste, dass die Geschäftsführung dem Willen des G widersprach. Ein darüber hinausgehendes Verschulden („Ausführungsverschulden") wird in § 678 nicht verlangt.

bb) Schaden, haftungsausfüllende Kausalität, Umfang der Ersatzpflicht

66 G hat **durch die Geschäftsführung** einen Schaden i. H. v. 10 000 EUR erlitten, da er das Eigentum an dem Ring mit einem entsprechenden Verkehrswert gemäß §§ 929 Satz 1, 932 an D verloren hat. Nach § 249 Abs. 1 hat der Schädiger grundsätzlich den Zustand wiederherzustellen, der ohne das schädigende Ereignis bestünde (Naturalrestitution). Im vorliegenden Fall müsste S also dem G das Eigentum an dem Ring wiederbeschaffen. Doch bestehen keine Anhaltspunkte dafür, dass S den Ring von D zurück erwerben oder eine gleichwertige Ersatzsache beschaffen kann. Auch § 249 Abs. 2 Satz 1 ist nicht einschlägig, da der Ring nicht beschädigt wurde. Da der Ring nicht wiederbeschafft werden kann, muss der Schaden von 10 000 EUR gemäß § 251 Abs. 1 Alt. 1 in Geld ersetzt werden.

c) Ergebnis

67 Daher hat S gemäß §§ 687 Abs. 2 Satz 1, 678, 251 Abs. 1 Alt. 1 Wertersatz für den Ring i. H. v. 10 000 EUR zu leisten (sog. Schadenskompensation).

3. Anspruch aus §§ 989, 990 Abs. 1 Satz 1

68 G könnte daneben nach §§ 989, 990 Abs. 1 Satz 1 von S Schadensersatz verlangen, wenn G zum Zeitpunkt des schädigenden Ereignisses (Veräußerung des Ringes) Eigentümer des Ringes war und S Besitzer ohne Besitzrecht.

a) Eigentum des G

G war im Zeitpunkt der Veräußerung noch Eigentümer des Ringes. Die Aufgabe **69** des unmittelbaren Besitzes durch G hat keinen Einfluss auf die Eigentumslage.

b) Besitz des S ohne Besitzrecht nach § 986

S war im maßgeblichen Zeitpunkt unmittelbarer Besitzer des Ringes, da er die tat- **70** sächliche Sachherrschaft über den in der Schlüsseltasche befindlichen Ring innehatte (vgl. § 854 Abs. 1).

Schließlich dürfte S gegenüber G auch nicht zum Besitz berechtigt gewesen sein **71** (§ 986 Abs. 1 Satz 1). Wie oben festgestellt (siehe Rn. 36), ist hinsichtlich des Ringes kein Verwahrungs- oder sonstiger Besitzüberlassungsvertrag zwischen G und S zustande gekommen. Auch ein anderweitiges obligatorisches oder dingliches Besitzrecht des S ist nicht ersichtlich. Folglich war S im Zeitpunkt der Veräußerung gegenüber G nicht zum Besitz berechtigt. Zwischen G und S bestand somit eine Vindikationslage.

Hinweis: Ein sachenrechtliches Problem würde sich ergeben, hätten G und S im vorliegenden Fall einen Verwahrungsvertrag (§ 688) über den Ring abgeschlossen. S hätte dann ein obligatorisches Besitzrecht i.S.d. § 986 Abs. 1 Satz 1. Dieses könnte erloschen sein, als sich S durch die Veräußerung vom berechtigten Fremdbesitzer zum unberechtigten Eigenbesitzer aufgeschwungen hat. Die Frage, ob eine Vindikationslage durch die Umwandlung berechtigten Fremdbesitzes in unberechtigten Eigenbesitz entsteht, ist seit jeher umstritten. Der BGH wendet die §§ 987 ff. im Falle der Verwahrung entsprechend an, da § 695 die Verschlechterung/Unmöglichkeit der Herausgabe nicht regelt.[17] Die h.L. hält die §§ 987 ff. zutreffend für nicht anwendbar, da die bloße Änderung der Willensrichtung des Besitzers nicht zum Wegfall des Besitzrechts führt. Der Eigentümer ist durch vertragliche Ansprüche bzw. die §§ 677 ff., 812 ff., 823 ff. hinreichend geschützt.[18]

c) Voraussetzungen der §§ 990 Abs. 1 Satz 1, 989

Der zunächst gutgläubige S hat nachträglich von seinem fehlenden Besitzrecht **72** Kenntnis erlangt, als er den Ring in der Schlüsseltasche entdeckt hat. Ab diesem Zeitpunkt war er bösgläubig i.S.d. § 990 Abs. 1 Satz 2 und haftet daher nach § 990 Abs. 1 Satz 1 i.V.m. § 989 auf Schadensersatz. Im vorliegenden Fall kann S den Ring nicht herausgegeben, weil er ihn in Kenntnis der Eigentumsverhältnisse nach §§ 929 Satz 1, 932 an die gutgläubige D übereignet hat. Da S vorsätzlich und somit schuldhaft gehandelt hat, hat er dem G nach § 989 den dadurch entstandenen Schaden zu ersetzen, also gemäß § 251 Abs. 1 Alt. 1 den Wert des Ringes i.H.v. 10 000 EUR.

d) Ergebnis

G kann somit von S nach §§ 990 Abs. 1, 989 Schadensersatz i.H.v. 10 000 EUR **73** für den Ring verlangen.

4. Anspruch aus § 992 i.V.m. § 823 Abs. 1 bzw. 2

Ein Schadensersatzanspruch des G gegen S nach § 992 i.V.m. § 823 Abs. 1 bzw. 2 **74** kommt nicht in Betracht, da sich S den Besitz am Ring weder durch verbotene Eigenmacht (§ 858 Abs. 1) noch durch eine Straftat verschafft hat.

---

[17] *BGH* LM Nr. 2 zu § 688.
[18] Palandt/*Bassenge* Vor § 987 Rn. 3.

5. Anspruch aus § 823 Abs. 1 bzw. 2 BGB i.V.m. § 246 StGB

75 Ein Schadensersatzanspruch des G gegen S aus § 823 Abs. 1 bzw. 2 BGB i.V.m. § 246 StGB scheitert an der Sperrwirkung des EBV gemäß § 993 Abs. 1 a.E. BGB.

Hinweis: Die Übereignung des Ringes durch S stellt eine rechtswidrige Eigentumsverletzung dar, da das Gesetz in § 932 zwar den gutgläubigen **Erwerb** privilegiert, nicht aber die Verfügung eines Nichtberechtigten.

6. Anspruch aus § 826

76 Ein Schadensersatzanspruch des G gegen S könnte sich zuletzt noch aus § 826 ergeben.

a) Anwendbarkeit

77 Die Sperrwirkung des EBV steht der Anwendung des § 826 nicht entgegen, da der Besitzer im Falle einer vorsätzlich sittenwidrigen Schädigung des Eigentümers nicht schutzwürdig ist.[19]

b) Sittenwidrige Schädigungshandlung

78 S müsste eine sittenwidrige Schädigungshandlung begangen haben. Die unbefugte Veräußerung des wertvollen Ringes in Kenntnis der Eigentumsverhältnisse verstößt gegen das Anstandsgefühl aller billig und gerecht Denkenden,[20] zumal sie sogar den Tatbestand einer Unterschlagung gemäß § 246 StGB erfüllt (Aneignung durch Veräußerung). Eine sittenwidrige Schädigungshandlung liegt damit vor.

c) Schadensverursachung

79 Die Übereignung des Ringes an die gutgläubige D hat in adäquat kausaler und zurechenbarer Weise zu einem Schaden des G i.H.v. 10000 EUR geführt.

d) Doppelter Vorsatz

80 S besaß Vorsatz sowohl hinsichtlich des Schadens als auch hinsichtlich der Umstände, welche die Sittenwidrigkeit begründen.

e) Umfang der Ersatzpflicht (§§ 249 ff.)

81 Folglich hat S dem G gemäß § 251 Abs. 1 Alt. 1 Wertersatz für den Ring i.H.v. 10000 EUR zu leisten.

f) Ergebnis

82 G kann S auch nach §§ 826, 251 Abs. 1 Alt. 1 auf Schadensersatz i.H.v. 10000 EUR in Anspruch nehmen.

---

[19] MünchKommBGB/*Baldus* § 993 Rn. 14.
[20] Vgl. Palandt/*Sprau* § 826 Rn. 4.

Fall 25. Zwischenprüfung mit Folgen

Sachverhalt

Jurastudent Edgar Eifrig (E) schafft sich zur Vorbereitung auf die bevorstehende Zwischenprüfung ein Lehrbuch (Wert: 40 EUR) an. Einige Tage vor der Prüfung muss E die Universität vorzeitig verlassen, um einen wichtigen Termin wahrzunehmen. Da er das Buch nicht mitnehmen möchte, bittet er seinen Kommilitonen Lars Lässig (L), das Buch bis zur Prüfung für ihn aufzubewahren. L erklärt sich damit einverstanden und nimmt das Buch an sich. Als L sich mit der Jurastudentin Susanne Strebsam (S) trifft, um den Prüfungsstoff noch einmal durchzugehen, ist diese von dem Lehrbuch hellauf begeistert. Sie bedauert, dass das Buch in der aktuellen Auflage vergriffen sei, und bittet L, den sie für den Eigentümer hält, ihr das Buch zu überlassen. Da L seiner Kommilitonin ihren Wunsch nicht abschlagen möchte und die letzten Tage vor der Prüfung ohnehin am Badeweiher zu verbringen gedenkt, schenkt er S das Buch in der Hoffnung, ihr auf diese Weise näher zu kommen. S nimmt das Buch dankend mit nach Hause. Als E nach der Zwischenprüfung das Buch von L zurückfordert, beichtet ihm L alles. Daraufhin tritt E an S heran und verlangt von ihr die Herausgabe des Buches.

Zu Recht?

Abwandlung: Wie ist der Fall zu beurteilen, wenn L seiner Kommilitonin S das Buch zum „Freundschaftspreis" von 5 EUR überlasst und beiden bewusst ist, dass der Preis deutlich unter dem wahren Wert des Buches liegt?

Skizze

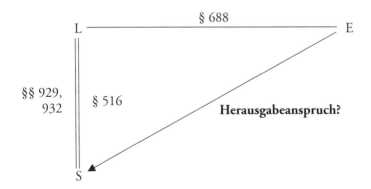

293

Gliederung

Lösung

Ausgangsfall

I. Anspruch des E gegen S aus § 985

1 Möglicherweise kann E von S nach § 985 die Herausgabe des Buches verlangen. Dies setzt voraus, dass E Eigentümer des Buches und S Besitzerin ohne Besitzrecht i. S. d. § 986 ist.

1. Eigentum des E

2 Ursprünglich war E Eigentümer des Buches. Als unmittelbarer Besitzer konnte er sich sogar auf die Eigentumsvermutung des § 1006 Abs. 1 Satz 1 berufen. Die

Übergabe des Buches an L aufgrund des schuldrechtlichen Verwahrungsvertrages gemäß § 688 lässt die dingliche Eigentumslage unberührt. Allerdings könnte E sein Eigentum dadurch verloren haben, dass L das Buch gemäß §§ 929 Satz 1, 932 Abs. 1 Satz 1 an S übereignet hat.

a) Übergabe (§ 929 Satz 1)

L hat der S das Buch übergeben (§ 929 Satz 1). 3

b) Einigung über den Eigentumsübergang (§ 929 Satz 1)

L und S haben sich auch konkludent über den Eigentumsübergang geeinigt (§ 929 4 Satz 1), indem L der S das Buch in Erfüllung des Schenkungsvertrages überlassen hat.

c) Gutgläubigkeit der S (§ 932 Abs. 1 Satz 1, Abs. 2)

Allerdings war L weder Eigentümer des Buches i.S.d. § 929 Satz 1 noch war er vom 5 wahren Eigentümer E zur Übereignung ermächtigt (§ 185 Abs. 1). Somit kommt nur ein gutgläubiger Erwerb vom Nichtberechtigten gemäß § 932 Abs. 1 Satz 1 in Betracht. Ausweislich des Sachverhalts hat S den L für den Eigentümer des Buches gehalten. Es bestehen keine Anhaltspunkte dafür, dass S die fehlende Berechtigung des L grob fahrlässig verkannt hat. Daher war S im Hinblick auf das Eigentum des L gutgläubig i.S.d. § 932 Abs. 2.

d) Kein Abhandenkommen gemäß § 935 Abs. 1

Schließlich dürfte das Buch dem Eigentümer E nicht abhandengekommen sein.[1] 6 Abhandenkommen i.S.d. § 935 Abs. 1 meint unfreiwilligen Verlust des unmittelbaren Besitzes.[1] E hat den unmittelbaren Besitz aber freiwillig in Vollzug des Verwahrungsvertrages auf L übertragen, sodass ihm das Buch nicht abhandengekommen ist. Auch ein Abhandenkommen beim unmittelbaren Besitzer L gemäß § 935 Abs. 1 Satz 2 scheidet aus, da L das Buch freiwillig an S übergeben hat.

Folglich hat S das Eigentum am Buch gemäß §§ 929 Satz 1, 932 Abs. 1 Satz 1 gut- 7 gläubig von L erworben. E ist damit nicht mehr Eigentümer des Buches.

2. Ergebnis

Mangels bestehender Vindikationslage kann E das Buch nicht nach § 985 von S 8 herausverlangen.

II. Anspruch des E gegen S aus § 861 Abs. 1 (i.V.m. § 869)

Ein (possessorischer) Besitzschutzanspruch des E gegen S aus § 861 Abs. 1 (i.V.m. 9 § 869) kommt von vornherein nicht in Betracht. Da sowohl E als auch L den unmittelbaren Besitz freiwillig aufgegeben haben, fehlt es an der dafür erforderlichen verbotenen Eigenmacht (§ 858 Abs. 1) gegen den unmittelbaren Besitzer.

---

[1] Soergel/*Henssler* § 935 Rn. 2.

III. Anspruch des E gegen S aus § 1007 Abs. 1 bzw. 2

10 Ein Herausgabeanspruch des früheren Besitzers E gegen die neue Besitzerin S aus § 1007 Abs. 1 scheidet ebenfalls aus, da S aufgrund des gutgläubigen Eigentumserwerbs sogar objektiv zum Besitz berechtigt ist und daher insoweit bei Besitzerwerb nicht bösgläubig war.

11 E kann von S auch nicht nach § 1007 Abs. 2 die Herausgabe des Buches verlangen, da das Buch weder E noch L (vgl. § 935 Abs. 1 Satz 2) abhandengekommen ist (siehe Rn. 6).

IV. Schadensersatzanspruch des E gegen S aus § 823 Abs. 1

12 Möglicherweise kann E sein Herausgabeverlangen gegenüber S auf einen deliktischen Schadensersatzanspruch nach § 823 Abs. 1 (i. V. m. § 249 Abs. 1) stützen. Zwar ist E in seinem Eigentumsrecht verletzt, da er das Eigentum am Buch gemäß §§ 929 Satz 1, 932 Abs. 1 Satz 1 an S verloren hat. Auch war die Mitwirkung der S am gutgläubigen Erwerb kausal für den Rechtsverlust des E. Die Eigentumsverletzung erfolgte aber nicht rechtswidrig, da der gutgläubige Erwerb in den §§ 892, 932 im Gesetz verankert ist und daher im Einklang mit der Rechtsordnung steht.[2] Vgl. dazu bereits Fall 24.

V. Herausgabeanspruch des E gegen S aus § 816 Abs. 1 Satz 2

13 Fraglich ist, ob E die S nach § 816 Abs. 1 Satz 2 auf Rückgewähr des Buches in Anspruch nehmen kann. Dies setzt voraus, dass L als Nichtberechtigter eine unentgeltliche Verfügung zugunsten der S getroffen hat, die dem Berechtigten E gegenüber wirksam ist.

Hinweis: Der Grundsatz vom Vorrang der Leistungskondiktion wird hier durchbrochen, weil § 816 Abs. 1 Satz 2 einen Durchgriff auf den Erwerber trotz bestehender Leistungsbeziehung zwischen Erwerber und Nichtberechtigtem (sog. Direktkondiktion) ermöglicht. Grund dafür ist die geringere Schutzbedürftigkeit des unentgeltlichen Erwerbers, der für den Bereicherungsgegenstand nichts aufgewendet hat.[3] Eine ähnliche Wertung enthalten die §§ 134 InsO, 4 AnfG, 2287, 2329 BGB.

1. Verfügung

14 L müsste zunächst eine Verfügung getroffen haben. Unter einer Verfügung ist ein Rechtsgeschäft zu verstehen, durch das ein bestehendes Recht unmittelbar aufgehoben, belastet, inhaltlich verändert oder übertragen wird.[4] L hat hier das Eigentum am Buch gemäß §§ 929 Satz 1, 932 Abs. 1 Satz 1 auf S übertragen und somit verfügt.

2. Nichtberechtigter

15 Da L nicht Eigentümer des Buches war und der wahre Eigentümer E ihn auch nicht zur Übereignung an S ermächtigt hatte (§ 185 Abs. 1), hat L als Nichtberechtigter über das Buch verfügt.

---

[2] *Wandt* § 16 Rn. 15.
[3] *Wandt* § 11 Rn. 39.
[4] Palandt/*Sprau* § 816 Rn. 4.

3. Unentgeltlichkeit der Verfügung

§ 816 Abs. 1 Satz 2 setzt überdies voraus, dass die Verfügung unentgeltlich erfolgt **16** ist. Eine Verfügung ist unentgeltlich, wenn sie von keiner Gegenleistung abhängig ist.[5] Da die Übereignung im Zuge einer Schenkung i. S. v. § 516 Abs. 1 vorgenommen wurde, ist die Unentgeltlichkeit zu bejahen.

4. Wirksamkeit gegenüber dem Berechtigten

Schließlich müsste die Verfügung des L dem Berechtigten E gegenüber wirksam **17** sein. Da S gemäß §§ 929 Satz 1, 932 Abs. 1 Satz 1 gutgläubig das Eigentum am Buch erworben hat, ist auch dies zu bejahen.

5. Rechtsfolge und Ergebnis

Folglich kann E von S im Wege der Direktkondiktion gemäß § 816 Abs. 1 Satz 2 die **18** Herausgabe des unentgeltlich Erlangten beanspruchen, also des Eigentums und Besitzes am Buch. Der Vorrang der Leistungskondiktion steht einer Inanspruchnahme der S nicht entgegen, da § 816 Abs. 1 Satz 2 aufgrund der geringen Schutzwürdigkeit des unentgeltlichen Erwerbers ausnahmsweise einen Durchgriff gestattet.[6]

Ergänzender Hinweis: Ein interessantes Problem würde sich auch ergeben, wenn S das Buch aufgrund eines nichtigen Kaufvertrages von L erworben hätte. Höchst umstritten ist nämlich, ob § 816 Abs. 1 Satz 2 auf eine entgeltliche, aber rechtsgrundlose Verfügung eines Nichtberechtigten analog anwendbar ist.[7] Die Lehre von der Einheitskondiktion spricht sich für eine Gleichstellung der rechtsgrundlosen mit der unentgeltlichen Verfügung aus, da auch der rechtsgrundlose Erwerber nicht zur Gegenleistung verpflichtet sei bzw. eine bereits erbrachte Leistung kondizieren könne.[8] Zudem sei der rechtsgrundlose Erwerb noch weniger schutzwürdig als der unentgeltliche. Diese Auffassung trägt aber den schutzwürdigen Interessen des Erwerbers, der oftmals bereits ein Entgelt an den Nichtberechtigten entrichtet hat, nicht hinreichend Rechnung.[9] Eine Direktkondiktion des Berechtigten gegen den Erwerber in analoger Anwendung des § 816 Abs. 1 Satz 2 würde dem Erwerber die Einwendungen abschneiden, die ihm im Verhältnis zum Nichtberechtigten zustehen. Daher lehnt die Lehre von der Doppelkondiktion eine Analogie zu § 816 Abs. 1 Satz 2 zu Recht ab.[10] Nach dieser Auffassung kann der Berechtigte nach § 816 Abs. 1 Satz 1 die Abtretung des Bereicherungsanspruchs gegen den Erwerber fordern, den der Nichtberechtigte seinerseits durch die Verfügung erlangt hat (sog. Kondiktion der Kondiktion). Nach der Abtretung muss der Berechtigte, der vom Erwerber Herausgabe des Verfügungsgegenstandes verlangt, sich gemäß § 404 die gegenüber dem Nichtberechtigten begründeten Einwendungen des Erwerbers entgegenhalten lassen.[11]

Abwandlung

I. Ansprüche des E gegen S aus §§ 985, 861 Abs. 1, 1007, 823 Abs. 1

Bei den Herausgabeansprüchen des E gegen S aus §§ 985, 861 Abs. 1, 1007 und **19** 823 Abs. 1 i. V. m. § 249 Abs. 1 ergeben sich gegenüber dem Ausgangsfall keine Unterschiede.

---

[5] Palandt/*Weidenkaff* § 516 Rn. 8.

[6] *Wandt* § 11 Rn. 39.

[7] Vgl. Palandt/*Sprau* § 816 Rn. 15 f.; Staudinger/*Lorenz* (2007) § 816 Rn. 16 ff.

[8] *Grunsky* JZ 1962, 207 m. w. N.

[9] MünchKommBGB/*Schwab* § 816 Rn. 59; Palandt/*Sprau* § 816 Rn. 16 a. E.

[10] MünchKommBGB/*Schwab* § 816 Rn. 59; Palandt/*Sprau* § 816 Rn. 15; Staudinger/*Lorenz* (2007) § 816 Rn. 21.

[11] Palandt/*Sprau* § 816 Rn. 15; Staudinger/*Lorenz* (2007) § 816 Rn. 21.

II. Herausgabeanspruch des E gegen S aus § 816 Abs. 1 Satz 2

20 Fraglich ist, ob E die S nach § 816 Abs. 1 Satz 2 auf Rückgewähr des Buches in Anspruch nehmen kann. Dies setzt voraus, dass L als Nichtberechtigter eine unentgeltliche Verfügung zugunsten der S getroffen hat, die dem Berechtigten E gegenüber wirksam ist.

1. Verfügung

21 Wie im Ausgangsfall hat L durch die Übereignung an S nach §§ 929 Satz 1, 932 Abs. 1 Satz 1 über das Buch verfügt.

2. Nichtberechtigter

22 Da L nicht Eigentümer des Buches war und der wahre Eigentümer E ihn auch nicht zur Übereignung an S ermächtigt hatte (§ 185 Abs. 1), hat L als Nichtberechtigter über das Buch verfügt.

3. Unentgeltlichkeit der Verfügung

23 Ferner müsste die Verfügung gemäß § 816 Abs. 1 Satz 2 unentgeltlich, also unabhängig von einer Gegenleistung, erfolgt sein. Dies ist hier problematisch, da L für die Übereignung des Buches von S einen „Freundschaftspreis" von 5 EUR erhalten hat. Auch wenn der Preis weit hinter dem objektiven Verkehrswert des Buches von 40 EUR zurückbleibt, hat L hier nicht ohne jegliche Gegenleistung verfügt.

24 Fraglich ist, wie ein derartiges Rechtsgeschäft mit einem objektiven Missverhältnis von Leistung und Gegenleistung rechtlich einzuordnen ist. Hier kommt sowohl ein Kauf zu einem günstigen Preis als auch eine gemischte Schenkung in Betracht. Anders als beim günstigen Kauf sind sich die Parteien bei der gemischten Schenkung der Wertdifferenz bewusst und einigen sich darauf, dass der überschießende Wert ohne Gegenleistung im weitesten Sinne zugewendet werden soll.[12] Im vorliegenden Fall hat L der S das Buch ausdrücklich zu einem „Freundschaftspreis" angeboten, der für beide erkennbar weit unter dem Verkehrswert lag. Die Parteien haben sich also über die teilweise Unentgeltlichkeit geeinigt.

Hinweis: Im Übrigen wird die teilweise Unentgeltlichkeit eines Geschäfts auch vermutet, wenn wie hier ein auffälliges, grobes Missverhältnis zwischen Leistung und Gegenleistung besteht.[13]

25 Folglich beruht die Übereignung des Buches an S auf einer gemischten Schenkung, bei der die Anwendbarkeit des § 816 Abs. 1 Satz 2 umstritten ist.

a) Schwerpunkttheorie des BGH

26 Der BGH spricht sich für die einheitliche Anwendung des § 816 Abs. 1 Satz 2 aus, wenn der unentgeltliche Charakter überwiegt.[14] Liegt der Schwerpunkt auf dem unentgeltlichen Teil, hat der Empfänger nach dieser Auffassung den Verfügungsgegenstand nach § 816 Abs. 1 Satz 2 herauszugeben und muss sich wegen der Rückzahlung des Entgelts an den Nichtberechtigten halten. Diese Ansicht lässt sich mit

---

[12] *BGH* NJW 2002, 3165, 3166; NJW-RR 1996, 754, 755; Palandt/*Weidenkaff* § 516 Rn. 13.
[13] *BGH* NJW 2002, 2469, 2470; 1987, 890.
[14] *BGH* WM 1964, 614.

einem Umkehrschluss aus § 822 begründen. Denn im Gegensatz zu § 816 Abs. 1 Satz 2 („Herausgabe […] des Erlangten") sieht § 822 ausweislich seines Wortlauts („soweit") eine Aufspaltung des Geschäfts in einen entgeltlichen und einen unentgeltlichen Teil ausdrücklich vor. Dies spricht dafür, dass die bereicherungsrechtliche Rückabwicklung im Falle der gemischten Schenkung einheitlich entweder nach § 816 Abs. 1 Satz 1 zu erfolgen hat oder nach § 816 Abs. 1 Satz 2. Setzt man im vorliegenden Fall die bezahlten 5 EUR zum wahren Wert des Buches von 40 EUR ins Verhältnis, so überwiegt der unentgeltliche Teil des Geschäfts. S müsste daher nach der Auffassung des BGH das Buch nach § 816 Abs. 1 Satz 2 an E herausgeben.

b) Trennungstheorie

Diese „Alles-oder-nichts"-Lösung wird in der Lit. heftig kritisiert. Es sei unbillig, **27** dem Erwerber das Risiko aufzubürden, dass er das entrichtete Entgelt vom Nichtberechtigten nicht zurückbekomme.[15] Da der Bereicherungsgegenstand nur teilweise unentgeltlich erlangt sei, könne der Empfänger auch nur teilweise zur Herausgabe verpflichtet sein. Bei Unteilbarkeit des empfangenen Gegenstandes – wie bei dem Buch im vorliegenden Fall – sei die Herausgabe des unentgeltlichen Teils i.S.v. § 275 Abs. 1 unmöglich. Daher bestehe anstelle der Herausgabe- eine Wertersatzpflicht nach §§ 816 Abs. 1 Satz 2, 818 Abs. 2, die nur den unentgeltlichen Teil erfasse. Im Ergebnis spaltet die h.L. somit die Verfügung im Fall einer gemischten Schenkung in einen entgeltlichen und einen unentgeltlichen Teil auf (sog. Trennungstheorie):[16] Der Nichtberechtigte schuldet dem Berechtigten nach § 816 Abs. 1 Satz 1 die Herausgabe des Entgelts. Daneben kann der Berechtigte vom Erwerber nach §§ 816 Abs. 1 Satz 2, 818 Abs. 2 im Falle der Unteilbarkeit des Erlangten Wertersatz für den unentgeltlichen Teil verlangen.[17] Der Erwerber kann die Wertersatzpflicht durch Rückgabe des Bereicherungsgegenstandes abwenden, wozu er aber nur Zug um Zug gegen Abtretung des Anspruchs gegen den Nichtberechtigten aus § 816 Abs. 1 Satz 1 verpflichtet ist.[18] Unter Zugrundelegung dieser Auffassung kann E die S nur hinsichtlich des unentgeltlichen Teils des Geschäfts nach § 816 Abs. 1 Satz 2 in Anspruch nehmen und muss sich im Übrigen gemäß § 816 Abs. 1 Satz 1 an L halten.

c) Stellungnahme

Der zuletzt genannten Auffassung gebührt der Vorzug. Die differenzierende Lösung **28** der h.L. gewährleistet einen gerechten Interessenausgleich und trägt zugleich der Ratio des § 816 Abs. 1 Satz 2 Rechnung. Diese Norm lässt ausnahmsweise trotz bestehender Leistungsbeziehung eine Direktkondiktion zu, da der unentgeltliche Erwerber nicht schutzwürdig ist. Folglich ist ein Durchgriff auf den Empfänger einer gemischten Schenkung nur gerechtfertigt, soweit die Zuwendung unentgeltlich erfolgt ist.

---

[15] Bamberger/Roth/*Wendehorst* § 816 Rn. 24.

[16] Bamberger/Roth/*Wendehorst* § 816 Rn. 24; Staudinger/*Lorenz* (2007) § 816 Rn. 28; wohl auch MünchKommBGB/*Schwab* § 816 Rn. 67.

[17] MünchKommBGB/*Schwab* § 816 Rn. 67; Staudinger/*Lorenz* (2007) § 816 Rn. 28; Bamberger/Roth/*Wendehorst* § 816 Rn. 24.

[18] MünchKommBGB/*Schwab* § 816 Rn. 67; Staudinger/*Lorenz* (2007) § 816 Rn. 28.

4. Wirksamkeit gegenüber dem Berechtigten

29 Schließlich müsste die Verfügung des L auch dem Berechtigten E gegenüber wirksam sein. Die Übereignung des Buches durch L ist gegenüber dem bisherigen Eigentümer E wirksam, da S gemäß §§ 929 Satz 1, 932 Abs. 1 Satz 1 gutgläubig das Eigentum am Buch erworben hat.

5. Rechtsfolge und Ergebnis

30 Folglich kann E von S im Wege der Direktkondiktion gemäß § 816 Abs. 1 Satz 2 die Herausgabe des unentgeltlich Erlangten beanspruchen. Der Vorrang der Leistungskondiktion steht einer Inanspruchnahme der S nicht entgegen, da § 816 Abs. 1 Satz 2 aufgrund der geringen Schutzwürdigkeit des unentgeltlichen Erwerbers ausnahmsweise einen Durchgriff gestattet.[19]

31 S hat Eigentum und Besitz an einem Buch im Wert von 40 EUR erlangt. Der Erwerb erfolgte allerdings teilweise entgeltlich, da S für das Buch 5 EUR an L bezahlt hat. Insoweit muss sich E gemäß § 816 Abs. 1 Satz 1 an L halten. Hinsichtlich des unentgeltlichen Teils hat S nach §§ 816 Abs. 1 Satz 2, 818 Abs. 2 Wertersatz i. H. v. 35 EUR zu leisten, da der Verfügungsgegenstand unteilbar ist. S kann den Wertersatzanspruch des E aber abwenden, indem sie ihm das Buch Zug um Zug gegen Abtretung des Anspruchs gegen L aus § 816 Abs. 1 Satz 1 zurückgewährt.[20]

---

[19] *Wandt* § 11 Rn. 39.

[20] Vgl. *Larenz/Canaris* § 69 II 2c; Staudinger/*Lorenz* (2007) § 816 Rn. 28: Es ist nämlich fraglich, ob S gegen L im Hinblick auf die Herausgabe nach § 816 Abs. 1 Satz 2 Ansprüche z. B. nach §§ 435, 437 haben könnte.

Fall 26. Examen mit Folgen

Jurastudent Edgar Eifrig (E) schafft sich zur Vorbereitung auf die bevorstehende Staatsprüfung ein Lehrbuch (Wert: 40 EUR) an. Drei Wochen vor der Prüfung schenkt und übereignet E dem Lässig (L) das Lehrbuch, da die beiden gut befreundet sind und E den Prüfungsstoff bereits perfekt beherrscht.

Nach der Bekanntgabe der Prüfungsergebnisse beschimpft L den wesentlich erfolgreicheren E aus Ärger über sein schlechtes Abschneiden in der Prüfung. Da E die Beleidigungen des L nicht auf sich sitzen lässt, kommt es zu einem heftigen Wortgefecht, in dessen Verlauf L dem E mehrfach mit der Faust ins Gesicht schlägt.

E widerruft daraufhin den Schenkungsvertrag gegenüber L und verlangt das Buch von ihm zurück. L hatte das Buch aber kurz zuvor, als er noch glaubte, ein besseres Ergebnis erzielt zu haben und es nicht mehr zu benötigen, an die von ihm verehrte Kommilitonin Jana Jung (J) verschenkt und übereignet.

Kann E das Buch von J herausverlangen?

Abwandlung: E widerruft den Schenkungsvertrag gegenüber L und verlangt das Buch von ihm zurück. Um den Anspruch des E zu vereiteln, übereignet L das Buch zu einem „Freundschaftspreis" von 5 EUR, der erkennbar weit unter dem Verkehrswert liegt, an die Studienanfängerin Jana Jung (J).

Kann E das Buch von J herausverlangen? Hat er hilfsweise Ansprüche gegen L?

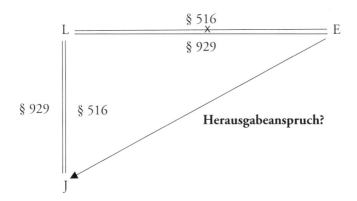

Gliederung

Lösung

Ausgangsfall

I. Anspruch des E gegen J aus § 985

Ein Herausgabeanspruch des E gegen J aus § 985 würde voraussetzen, dass E Eigen- **1** tümer des Buches ist und J Besitzerin. Schließlich dürfte Letzterer kein Besitzrecht i. S. d. § 986 zustehen.

1. Eigentum des E

Ursprünglich war E Eigentümer des Buches. Er könnte sein Eigentum aber bereits **2** zu dem Zeitpunkt verloren haben, als er das Buch in Vollzug des Schenkungsvertra- ges (§ 516 Abs. 1) nach § 929 Satz 1 an L übereignet hat. E hat sich mit L über den Eigentumsübergang geeinigt und das Buch an L übergeben. Als Eigentümer war E auch zur Übereignung berechtigt. Somit ist das Eigentum am Buch auf L überge- gangen.

Fraglich ist, welchen Einfluss der Widerruf des schuldrechtlichen Verpflichtungsge- **3** schäfts nach §§ 530, 531 auf die dinglichen Eigentumsverhältnisse hat. Der Wider- ruf begründet nach §§ 531 Abs. 2 i. V. m. 812 Abs. 1 Satz 2 Alt. 1 lediglich einen bereicherungsrechtlichen Herausgabeanspruch gegen den Beschenkten, also einen Anspruch auf Rückübereignung. Die dingliche Situation bleibt unverändert (Tren- nungsprinzip) und J Eigentümerin. Damit besteht keine Vindikationslage zwischen E und J.

2. Ergebnis

E kann von J nicht die Herausgabe des Buches nach § 985 beanspruchen. **4**

II. Anspruch des E gegen J aus § 861 Abs. 1 oder § 1007 Abs. 1 bzw. 2

5 Besitzschutzansprüche des E gegen J könnten nach § 861 Abs. 1 oder § 1007 Abs. 1 bzw. 2 bestehen. Doch wurde zum einen gegenüber E keine verbotene Eigenmacht i. S. d. §§ 861 Abs. 1, 858 Abs. 1 verübt, da er den unmittelbaren Besitz an dem Buch freiwillig auf L übertragen hat. Aus demselben Grund scheidet ein Abhandenkommen des Buches i. S. d. § 1007 Abs. 2 aus. Zum anderen fehlt es an der von § 1007 Abs. 1 vorausgesetzten Bösgläubigkeit der gegenwärtigen Besitzerin J hinsichtlich ihres mangelnden Besitzrechts. J hat sogar das Eigentum am Buch durch Einigung und Übergabe nach § 929 Satz 1 vom damaligen Eigentümer L erworben und ist damit bereits objektiv zum Besitz berechtigt.

III. Anspruch des E gegen J aus § 823 Abs. 1

6 Ein Anspruch des E gegen J auf Rückgewähr des Buches nach § 823 Abs. 1 würde zunächst eine Rechtsgutsverletzung voraussetzen. Verletzt sein könnte allenfalls das Eigentum des E, doch hat E das Eigentum am Buch freiwillig nach § 929 Satz 1 auf L übertragen und kann schon deshalb nicht mehr in seinem Eigentumsrecht verletzt sein. Der Anspruch besteht nicht.

IV. Anspruch des E gegen J aus § 816 Abs. 1 Satz 2

7 E könnte von J nach § 816 Abs. 1 Satz 2 die Rückgewähr des Buches verlangen, wenn L als Nichtberechtigter eine unentgeltliche Verfügung getroffen hätte, die dem Berechtigten E gegenüber wirksam wäre.

1. Verfügung eines Nichtberechtigten

8 Durch die Übereignung des Buches an J hat L eine Verfügung vorgenommen. Da er nach § 929 Satz 1 das Eigentum von E erworben hatte, tat er dies aber als Berechtigter.

2. Ergebnis

9 E kann von J nicht Herausgabe des Buches nach § 816 Abs. 1 Satz 2 verlangen.

V. Anspruch des E gegen J aus § 822

10 Möglicherweise kann E die J aber nach § 822 auf Herausgabe des Buches in Anspruch nehmen. Dies setzt voraus, dass E zunächst ein Bereicherungsanspruch gegen den Ersterwerber L zustand, Letzterer den Bereicherungsgegenstand unentgeltlich der J zugewendet hat und infolgedessen aus Rechtsgründen nicht mehr haftet.

Hinweis: Im Unterschied zu § 816 Abs. 1 Satz 2 normiert § 822 die subsidiäre Bereicherungshaftung eines Dritten, der durch die unentgeltliche Verfügung eines **Berechtigten** etwas erlangt hat.[1] Beide Vorschriften ermöglichen ausnahmsweise einen bereicherungsrechtlichen Durchgriff (Direktkondiktion) auf den Erwerber, da der Gesetzgeber den unentgeltlichen Erwerb als weniger schutzwürdig ansieht als den entgeltlichen (vgl. auch § 988).[2]

---

[1] Palandt/*Sprau* § 822 Rn. 1; *Wandt* § 11 Rn. 48.
[2] *Wandt* § 11 Rn. 48.

1. Bereicherungsanspruch gegen den Ersterwerber

Ein Bereicherungsanspruch des E gegen den Ersterwerber L könnte sich aus § 531 **11** Abs. 2 i.V.m. § 812 Abs. 1 Satz 2 Alt. 1 (sog. *condictio ob causam finitam*) ergeben haben, wenn E den Schenkungsvertrag wirksam widerrufen hat.

a) Widerruf des Schenkungsvertrags

Fraglich ist also, ob E ein Widerrufsrecht nach § 530 Abs. 1 zustand und er den **12** Widerruf nach § 531 Abs. 1 wirksam erklärt hat.

aa) Widerrufsrecht

Nach § 530 Abs. 1 kann eine Schenkung wegen groben Undanks widerrufen wer- **13** den, wenn der Beschenkte eine schwere Verfehlung begangen hat, die sich gegen den Schenker richtet und eine tadelnswerte, auf Undankbarkeit deutende Gesinnung offenbart.[3] Zwar bleibt hier unklar, ob bereits die Beleidigungen des L den für § 530 Abs. 1 erforderlichen Schweregrad aufweisen. Dies kann aber dahinstehen, da die Faustschläge des L den Tatbestand einer vorsätzlichen Körperverletzung (§ 223 StGB) erfüllen und damit zweifelsfrei eine schwere Verfehlung darstellen. In dem Verhalten des L tritt auch eine tadelnswerte Gesinnung zutage, da er seinen damaligen Freund ohne nachvollziehbaren Grund körperlich misshandelt hat. Folglich war E nach § 530 Abs. 1 zum Widerruf berechtigt.

bb) Widerrufserklärung

E müsste den Widerruf auch ordnungsgemäß erklärt haben. Der Schenkungswider- **14** ruf ist eine formlose, einseitige empfangsbedürftige Willenserklärung (§ 531 Abs. 1).[4] Laut Sachverhalt hat E den Schenkungsvertrag ausdrücklich gegenüber L widerrufen.

b) Folge: Bereicherungsanspruch nach § 812 Abs. 1 Satz 2 Alt. 1

Für den Fall des wirksamen Widerrufs enthält § 531 Abs. 2 einen Rechtsgrundver- **15** weis[5] auf die §§ 812 ff. E konnte somit von L unter den Voraussetzungen des § 812 Abs. 1 Satz 2 Alt. 1 die Rückgewähr des Buches verlangen.

Frage: Was ist eine Rechtsgrundverweisung, was eine Rechtsfolgenverweisung?[6] Die Rechtsfolgenverweisung verweist nur hinsichtlich der Rechtsfolgen auf andere Vorschriften. Das (allerdings umstrittene[7]) Paradebeispiel dafür ist die unberechtigte Geschäftsführung ohne Auftrag, für die § 684 Satz 1 anordnet: „Liegen die Voraussetzungen des § 683 nicht vor, so ist der Geschäftsherr verpflichtet, dem Geschäftsführer alles, was er durch die Geschäftsführung erlangt, nach den Vorschriften über die Herausgabe einer ungerechtfertigten Bereicherung herauszugeben." Der Tatbestand, der erfüllt sein muss, ist der des § 684 Satz 1 selbst, also eine Geschäftsführung ohne Auftrag, die nicht dem Willen des Geschäftsherrn entspricht. Es wird im Ergebnis vor allem auf die §§ 818, 819 verwiesen, denn die Herausgabepflicht an sich folgt schon aus § 684 Satz 1. Der Tatbestand der §§ 812 ff. muss hingegen nicht zusätzlich erfüllt sein. Anders ist es bei der – u.a. in § 531 Abs. 2 vorliegenden – Rechtsgrundverwei-

---

3 St. Rspr., vgl. *BGH* NJW 1992, 183, 184 m.w.N.; Palandt/*Weidenkaff* § 530 Rn. 5.

4 Palandt/*Weidenkaff* § 531 Rn. 1.

5 H.M., siehe nur MünchKommBGB/*Koch* § 531 Rn. 2 m.w.N.

6 Dazu *Wörlen/Leinhaus* JA 2006, 22 ff.

7 Die h.M. nimmt eine Rechtsfolgenverweisung an, etwa *BGH* NJW 2001, 3184, 3185; Palandt/*Sprau* § 684 Rn. 1. – A.A. MünchKommBGB/*Seiler* § 684 Rn. 4 m.w.N. zum Streitstand.

sung. Hier muss man zusätzlich prüfen, ob die Tatbestandsvoraussetzungen eines Herausgabeanspruchs der §§ 812 ff. erfüllt sind.

aa) Etwas erlangt

16 L hat etwas erlangt, nämlich Eigentum und Besitz an dem Buch.

bb) Durch Leistung

17 Dies müsste durch Leistung des E geschehen sein. E hat L das Buch in Erfüllung des Schenkungsvertrages übergeben und übereignet, also bewusst und zweckgerichtet dessen Vermögen gemehrt. Eine Leistung des E liegt somit vor.

cc) Nachträglicher Wegfall des Rechtsgrundes

18 Zunächst bestand mit dem wirksamen Schenkungsvertrag gemäß § 516 Abs. 1 ein Rechtsgrund für das Behaltendürfen des Buchs. Die Nichteinhaltung der Formvorschrift des § 518 Abs. 1 wurde durch den Vollzug der Schenkung nach § 518 Abs. 2 geheilt. Allerdings ist der Schenkungsvertrag als Rechtsgrund für das Behaltendürfen des Buches infolge des wirksamen Widerrufs nach §§ 530, 531 nachträglich weggefallen (siehe Rn. 13).

dd) Rechtsfolge

19 L war dem E daher nach § 812 Abs. 1 Satz 2 Alt. 1 zur Herausgabe des Erlangten verpflichtet, also zur Rückgabe und Rückübereignung des Buches.

c) Zwischenergebnis

20 Ursprünglich bestand somit ein Bereicherungsanspruch des E gegen L.

2. Unentgeltliche Zuwendung des Erlangten an einen Dritten

21 § 822 setzt ferner voraus, dass der Erstempfänger den Bereicherungsgegenstand unentgeltlich einem Dritten zugewendet hat. L hat J das Buch unentgeltlich überlassen, da der Übereignung an J eine Schenkung zugrunde lag. L und J waren sich einig, dass das Buch unentgeltlich zugewendet werden sollte.

3. Ausschluss der Haftung des Erstempfängers

22 Schließlich müsste die bereicherungsrechtliche Haftung des Erstempfängers infolge der Zuwendung an den Dritten aus Rechtsgründen ausgeschlossen sein.[8]

a) Entreicherung des L (§ 818 Abs. 3)

23 Die Weitergabe des Buches an J könnte den Bereicherungsanspruch des E gegen L nach § 818 Abs. 3 zum Erlöschen gebracht haben. Im vorliegenden Fall hat die Zuwendung des Buches an J zum ersatzlosen Wegfall des Erlangten geführt. L ist somit gemäß § 818 Abs. 3 entreichert.

b) Verschärfte Haftung

24 Allerdings kann sich der Erstempfänger nicht auf Entreicherung nach § 818 Abs. 3 berufen, wenn die Voraussetzungen einer verschärften Haftung vorliegen.[9] Hier

---

[8] Palandt/*Sprau* § 822 Rn. 7.
[9] *BGH* NJW 1971, 609, 611; Palandt/*Sprau* § 822 Rn. 9 und § 818 Rn. 53.

kommt allenfalls eine verschärfte Haftung des L nach §§ 819 Abs. 1, 818 Abs. 4 in Betracht. Dazu müsste L den Mangel des rechtlichen Grundes vor dem Wegfall der Bereicherung gekannt haben. Diese Kenntnis hatte er ab dem Zeitpunkt, als E den Schenkungsvertrag ihm gegenüber widerrufen hat. Da er das Buch bereits zuvor – und im Übrigen auch vor dem Vorfall, der den Widerruf auslöste – der J unentgeltlich zugewendet hatte, haftet er dem E nicht nach § 819 Abs. 1 verschärft.

4. Ergebnis

Folglich kann E von J nach § 822 Herausgabe des Erlangten, also des Besitzes und **25** Eigentums am Buch, verlangen.

Abwandlung

I. Ansprüche aus §§ 985, 861 Abs. 1, 1007 Abs. 1 bzw. 2, 823 Abs. 1, 816 Abs. 1 Satz 2

Bei diesen Ansprüchen ergeben sich in der Abwandlung keine Unterschiede zum **26** Ausgangsfall.

II. Anspruch des E gegen J aus § 822

Fraglich ist aber, ob E die J nach § 822 auf Herausgabe in Anspruch nehmen kann, **27** **soweit** sie das Buch unentgeltlich erlangt hat. Dies setzt voraus, dass E zunächst ein Bereicherungsanspruch gegen den Ersterwerber L zustand, Letzterer den Bereicherungsgegenstand unentgeltlich der J zugewendet hat und infolgedessen aus Rechtsgründen nicht mehr haftet.

1. Bereicherungsanspruch gegen den Ersterwerber

Ein Bereicherungsanspruch des E gegen den Ersterwerber L ergibt sich aus § 531 **28** Abs. 2 i.V.m. § 812 Abs. 1 Satz 2 Alt. 1 (sog. *condictio ob causam finitam*), da E den Schenkungsvertrag wirksam widerrufen hat (vgl. Rn. 13 ff.).

2. Unentgeltliche Zuwendung des Erlangten an einen Dritten

L müsste der J das Buch unentgeltlich zugewendet haben. Dies erscheint insofern **29** problematisch, als L von J einen „Freundschaftspreis" von 5 EUR für das Buch erhalten hat. Andererseits besteht hier ein auffälliges Missverhältnis zwischen dem von J bezahlten Preis von 5 EUR und dem objektiven Verkehrswert des Buches i.H.v. 40 EUR. Rechtsgeschäfte, bei denen ein objektives Missverhältnis von Leistung und Gegenleistung besteht, sind als gemischte Schenkung zu qualifizieren, wenn sich die Parteien der Wertdifferenz bei Vertragsschluss bewusst sind und sich darauf einigen, dass der überschießende Wert ohne Gegenleistung im weitesten Sinne zugewendet werden soll.[10] Fehlt es an einer Einigung über die teilweise Unentgeltlichkeit, ist von einem günstigen Kauf auszugehen. Im vorliegenden Fall hat L der J das Buch ausdrücklich zu einem „Freundschaftspreis" angeboten, der für beide erkennbar weit unter dem Verkehrswert lag. Somit hat L der J das Buch zu-

---

[10] *BGH* NJW 2002, 3165, 3166; NJW-RR 1996, 754, 755; Palandt/*Weidenkaff* § 516 Rn. 13.

mindest teilweise unentgeltlich zugewendet. § 822 ist auf eine gemischte Schenkung ohne Weiteres anwendbar, da dessen Wortlaut („soweit") ausdrücklich eine Aufspaltung des Erlangten in einen entgeltlichen und einen unentgeltlichen Teil vorsieht.

Hinweis: Dagegen ist die Anwendbarkeit des § 816 Abs. 1 Satz 2 im Falle einer gemischten Schenkung umstritten, da der Wortlaut dieser Norm nicht von einer Teilbarkeit des Erlangten ausgeht. Nach der Schwerpunkttheorie des BGH ist § 816 Abs. 1 Satz 2 nur anwendbar, wenn der unentgeltliche Teil des Rechtsgeschäfts überwiegt. Begründet wird dies mit einem Umkehrschluss aus § 822. Die h. L. spaltet die gemischte Schenkung dagegen in einen entgeltlichen und einen unentgeltlichen Teil auf und wendet § 816 Abs. 1 Satz 2 nur auf den unentgeltlichen Teil an (sog. Trennungstheorie). Siehe Näheres dazu in Fall 25.

3. Ausschluss der Haftung des Erstempfängers

30 Schließlich müsste die bereicherungsrechtliche Haftung des Erstempfängers infolge der Zuwendung an den Dritten aus Rechtsgründen ausgeschlossen sein.[11]

a) Entreicherung des L (§ 818 Abs. 3)

31 Die Weitergabe des Buches an J könnte den Bereicherungsanspruch des E gegen L nach § 818 Abs. 3 zum Erlöschen gebracht haben. Im vorliegenden Fall ist L nur noch i. H. v. 5 EUR bereichert, da die Zuwendung des Buches an J im Übrigen zum ersatzlosen Wegfall des Erlangten geführt hat. L ist somit teilweise gemäß § 818 Abs. 3 entreichert.

b) Verschärfte Haftung

32 Allerdings kann sich der Erstempfänger nicht auf Entreicherung nach § 818 Abs. 3 berufen, wenn die Voraussetzungen einer verschärften Haftung vorliegen.[12] Hier kommt eine verschärfte Haftung des L nach §§ 819 Abs. 1, 818 Abs. 4 in Betracht. L kannte den Mangel des rechtlichen Grundes ab dem Zeitpunkt, als E den Schenkungsvertrag ihm gegenüber widerrufen hat. Da er das Buch anschließend in Kenntnis des fehlenden Rechtsgrundes der J zugewendet hat, haftet er dem E nach § 819 Abs. 1 verschärft. L kann dem Wertersatzanspruch des E aus §§ 812 Abs. 1 Satz 2 Alt. 1, 818 Abs. 2 daher nicht den Einwand der Entreicherung entgegenhalten. Die subsidiäre Haftung der J nach § 822 kommt somit nicht zum Tragen, da die bereicherungsrechtliche Haftung des Erstempfängers L fortbesteht.

4. Ergebnis

33 Folglich kann E von J keinen Wertersatz für den unentgeltlichen Erwerb nach § 822 verlangen. Er muss sich vielmehr an L halten.

III. Anspruch des E gegen L aus § 531 Abs. 2 i. V. m. §§ 812 Abs. 1 Satz 2 Alt. 1, 818 Abs. 2

34 Fraglich ist, ob E von L aus § 531 Abs. 2 i. V. m. § 812 Abs. 1 Satz 2 Alt. 1 Ersatz für das Buch beanspruchen kann.

---

[11] Palandt/*Sprau* § 822 Rn. 7.
[12] *BGH* NJW 1971, 609, 611; Palandt/*Sprau* § 822 Rn. 9, § 818 Rn. 53.

1. Anspruchsvoraussetzungen

Wie oben bereits festgestellt (siehe Rn. 15), besteht dem Grunde nach ein An- **35** spruch des E gegen L aus § 531 Abs. 2 i.V.m. § 812 Abs. 1 Satz 2 Alt. 1, da L Eigentum und Besitz am Buch durch Leistung des E erlangt hat und der Rechtsgrund für das Behaltendürfen aufgrund des wirksamen Schenkungswiderrufs nachträglich entfallen ist.

2. Haftungsumfang (§§ 818 ff.)

Der Umfang des Anspruchs bemisst sich nach den § 812 i.V.m. § 818 ff. An sich **36** schuldet L nach § 812 Abs. 1 Satz 2 Alt. 1 Herausgabe des ursprünglich Erlangten, also des Eigentums und Besitzes am Buch. Infolge der Weitergabe des Buches an J ist ihm diese Herausgabe unmöglich. L schuldet daher gemäß § 818 Abs. 2 Wertersatz i.H.v. 40 EUR. Die Weitergabe des Buches an J hat zwar teilweise zum ersatzlosen Wegfall des Erlangten geführt, sodass L an sich gemäß § 818 Abs. 3 entreichert wäre. L kann sich hier aber nicht auf § 818 Abs. 3 berufen, da er im Zeitpunkt der Überlassung des Buches an J vom Schenkungswiderruf wusste und somit bösgläubig i.S.d. § 819 Abs. 1 war (siehe Rn. 32). Der bösgläubige Bereicherungsschuldner haftet gemäß §§ 819 Abs. 1, 818 Abs. 4 verschärft nach den allgemeinen Vorschriften und kommt damit nicht mehr in den Genuss der Haftungsprivilegierung aus § 818 Abs. 3. Die bereicherungs- und verschuldensunabhängige Wertersatzpflicht gemäß § 818 Abs. 2 bleibt davon jedoch unberührt.[13]

3. Ergebnis

E kann somit von L Wertersatz für das Buch i.H.v. 40 EUR aus §§ 531 Abs. 2, 812 **37** Abs. 1 Satz 2 Alt. 1, 818 Abs. 2 verlangen.

IV. Schadensersatzanspruch des E gegen L aus §§ 819 Abs. 1, 818 Abs. 4, 292 Abs. 1, 989

E könnte daneben ein Schadensersatzanspruch gegen L wegen der Überlassung des **38** Buches an J aus §§ 819 Abs. 1, 818 Abs. 4, 292 Abs. 1, 989 zustehen. Dies setzt voraus, dass L hinsichtlich des Wegfalls des rechtlichen Grundes bösgläubig war und die Unmöglichkeit der Herausgabe zu vertreten hat.

1. Bösgläubigkeit des L (§ 819 Abs. 1)

L hat der J das Buch in Kenntnis des Schenkungswiderrufs überlassen und war da- **39** her hinsichtlich des Wegfalls des Rechtsgrundes bösgläubig.

2. Haftung nach allgemeinen Vorschriften

Gemäß § 819 Abs. 1, 818 Abs. 4 haftet der bösgläubige Bereicherungsschuldner **40** nach den allgemeinen Vorschriften, zu denen insbesondere § 291 und § 292 gehören.[14] Für Ansprüche des Gläubigers wegen Unmöglichkeit der Herausgabe verweist

---

[13] *Grigoleit/Auer* Rn. 141.
[14] *Medicus/Lorenz* II Rn. 1180; Palandt/*Sprau* § 818 Rn. 52.

§ 292 Abs. 1 wiederum auf § 989, dessen Voraussetzungen daher im Folgenden zu prüfen sind:

41 In entsprechender Anwendung des § 989 hat L den Schaden zu ersetzen, der dadurch entstanden ist, dass das Buch infolge seines Verschuldens nicht mehr herausgegeben werden kann. L hat das Buch trotz Kenntnis des mangelnden Rechtsgrundes an J weitergegeben und damit die Herausgabe des Buches an E vorsätzlich unmöglich gemacht. Damit schuldet er nach den §§ 249 ff. Schadensersatz. Da die Naturalrestitution i. S. v. § 249 Abs. 1 – dies wäre Herausgabe – im Falle der §§ 818 Abs. 2–4, 819 Abs. 1, 292, 989 ausgeschlossen ist, schuldet L nach § 251 Abs. 1 Alt. 1 Ersatz des Wertes des Buches, also 40 EUR.

3. Ergebnis

42 Folglich kann E von L Schadensersatz für den Verlust des Buches i. H. v. 40 EUR aus §§ 819 Abs. 1, 818 Abs. 4, 292 Abs. 1, 989 verlangen.

V. Schadensersatzanspruch des E gegen L aus § 823 Abs. 1

43 Ein Schadensersatzanspruch des E gegen L aus § 823 Abs. 1 setzt zunächst eine Rechtsgutsverletzung voraus. Denkbar wäre hier allenfalls eine Eigentumsverletzung. E war aber im Zeitpunkt der Überlassung des Buches an J nicht mehr Eigentümer des Buches, sodass eine Eigentumsverletzung ausscheidet. Hier wurde lediglich das Vermögen des E beeinträchtigt, welches durch § 823 Abs. 1 aber nicht geschützt wird. Im Übrigen stünde hier auch die Sperrwirkung der §§ 989 ff. einem deliktischen Schadensersatzanspruch aus § 823 Abs. 1 entgegen (vgl. § 993 Abs. 1 a. E.).

Hinweis: Die Sperrwirkung des EBV, also der §§ 987 ff., gehört an sich zum Stoff des Sachenrechts und muss von Studienanfängern, an deren Fakultät die gesetzlichen Schuldverhältnisse des 2. Buchs vor dem Sachenrecht gelehrt werden, noch nicht unbedingt gekannt werden. An sich sollte man – gerade in Fällen, in denen der Tatbestand des § 823 Abs. 1 erfüllt wäre – auf § 993 Abs. 1 a. E. ganz am Anfang der Ausführungen zu § 823 Abs. 1 eingehen, um sich unnötige Ausführungen zu ersparen.

VI. Schadensersatzanspruch des E gegen L aus § 826

44 Ein Schadensersatzanspruch des E gegen L könnte sich aber aus § 826 ergeben. Dies setzt voraus, dass § 826 im vorliegenden Fall anwendbar ist und dass L dem E vorsätzlich und sittenwidrig einen Schaden zugefügt hat.

1. Anwendbarkeit des § 826

45 Die Sperrwirkung der §§ 989 ff. steht einem Anspruch aus § 826 nicht entgegen, da derjenige, der einen anderen vorsätzlich sittenwidrig schädigt, nicht schutzwürdig ist.[15]

2. Sittenwidrige Schädigungshandlung

46 Zu prüfen ist, ob L eine sittenwidrige Schädigungshandlung begangen hat, indem er J das Buch überlassen hat, um den Herausgabeanspruch des E zu vereiteln. Sit-

---

[15] Staudinger/*Gursky* (2012) Vor §§ 987 ff. Rn. 40.

tenwidrig ist, was gegen das Anstandsgefühl aller billig und gerecht Denkenden verstößt.[16] Das Verhalten des Schädigers muss also besonders verwerflich sein, wobei sich die Verwerflichkeit aus dem verfolgten Zweck, den verwendeten Mitteln, der zutage getretenen Gesinnung oder den eingetretenen Folgen ergeben kann.[17] Im vorliegenden Fall hat L das Buch nur deshalb zu einem weit unter Marktwert liegenden Preis der J überlassen, um den Rückgewähranspruch des E zu vereiteln. Damit hat L seine formale Eigentümerstellung dazu missbraucht, dem E das herauszugebende Buch dauerhaft vorzuenthalten. Ein berechtigtes Interesse des L an der Übereignung des Buches an J ist nicht ersichtlich. Das Verhalten des L ist daher als besonders verwerflich zu qualifizieren und stellt mithin eine sittenwidrige Schädigungshandlung dar.

3. Schadensverursachung

Dem E ist ein Schaden entstanden, da sein Anspruch auf Rückgabe und Rückübereignung des Buches im Wert von 40 EUR infolge der Überlassung an J nicht mehr realisierbar ist. **47**

4. Vorsatz bzgl. Sittenwidrigkeit und Schaden

Schließlich müsste L Vorsatz sowohl hinsichtlich der Sittenwidrigkeit als auch hinsichtlich des Schadens besessen haben, wobei *dolus eventualis* genügt.[18] L hat E vorsätzlich geschädigt, da er ihm das Buch im Wert von 40 EUR dauerhaft entziehen wollte. Zudem kannte L die oben genannten Umstände, die sein Verhalten als sittenwidrig erscheinen lassen. Das Bewusstsein der Sittenwidrigkeit wird von § 826 nicht vorausgesetzt.[19] **48**

5. Umfang der Ersatzpflicht (§§ 249 ff.)

Der Umfang der Ersatzpflicht richtet sich nach den §§ 249 ff. Gemäß § 251 Abs. 1 Alt. 1 ist E dafür zu entschädigen, dass er das Buch im Wert von 40 EUR nicht mehr von L herausverlangen kann. L schuldet somit Schadensersatz i. H. v. 40 EUR. **49**

6. Ergebnis

Folglich kann E von L Schadensersatz i. H. v. 40 EUR aus § 826 verlangen. **50**

VII. Ansprüche des E gegen L auf Erlösherausgabe

Möglicherweise kann E von L auch den erzielten Erlös i. H. v. 5 EUR herausverlangen. **51**

Hinweis: Die folgenden Anspruchsprüfungen gehen über den klassischen Anfängerstoff hinaus und sind eher für mittlere Semester von Interesse, die auch das Sachenrecht bereits kennen.

1. Ansprüche aus §§ 816 Abs. 1 Satz 1, 687 Abs. 2, 681 Satz 2, 667 oder 285, 985

Ein Anspruch des E gegen L auf Erlösherausgabe gemäß § 816 Abs. 1 Satz 1 setzt voraus, das L als Nichtberechtigter über das Buch des E verfügt hat. Als L eine Ver- **52**

---

[16] Palandt/*Sprau* § 826 Rn. 4.
[17] Palandt/*Sprau* § 826 Rn. 4.
[18] Palandt/*Sprau* § 826 Rn. 8, 10.
[19] Palandt/*Sprau* § 826 Rn. 8.

fügung getroffen, nämlich das Buch gemäß § 929 Satz 1 an J übereignet hat, war L aber Eigentümer des Buches, da der widerrufene Schenkungsvertrag noch nicht nach § 812 Abs. 1 Satz 2 Alt. 1 rückabgewickelt worden war. L hat somit als Berechtigter verfügt, der Anspruch besteht nicht.

53 Aus dem gleichen Grund kommt auch ein Erlösherausgabeanspruch aus angemaßter Eigengeschäftsführung gemäß §§ 687 Abs. 2, 681 Satz 2, 667 nicht in Betracht. Die Verfügung des L über das Buch als Eigentümer ist kein fremdes Geschäft.

54 Schließlich scheitert auch ein Anspruch des E gegen L auf Erlösherausgabe nach § 285 Abs. 1 i. V. m. § 985 bereits am Fehlen einer Vindikationslage, da E im Zeitpunkt der Überlassung des Buches an J, die zur Unmöglichkeit der Herausgabe führte, nicht Eigentümer des Buches war.

Hinweis: Auf die klassische Streitfrage, ob § 285 auf den dinglichen Herausgabeanspruch aus § 985 überhaupt Anwendung findet, kommt es somit nicht an.[20]

2. Anspruch aus §§ 819 Abs. 1, 818 Abs. 4, 285

55 Allerdings könnte E gegen L einen Anspruch auf Herausgabe der 5 EUR nach §§ 819 Abs. 1, 818 Abs. 4, 285 haben. Der bösgläubige Bereicherungsschuldner haftet gemäß §§ 819 Abs. 1, 818 Abs. 4 nach den allgemeinen Vorschriften, zu denen auch § 285 zählt.[21] L hat infolge der Überlassung des Buches an J, die zur Unmöglichkeit der Herausgabe geführt hat, 5 EUR als Ersatz für das Buch erhalten. Somit kann E von L die Herausgabe der 5 EUR aus §§ 819 Abs. 1, 818 Abs. 4, 285 verlangen. Gemäß § 285 Abs. 2 muss sich E dann aber die 5 EUR auf seinen Schadensersatzanspruch bzw. den inhaltsgleichen Wertersatzanspruch anrechnen lassen, um einen ungerechtfertigten Gewinn des E zu vermeiden.[22]

Hinweise: (1.) Bei § 285 Abs. 1 ist umstritten, ob der Veräußerungserlös herauszugeben ist, also alles was tatsächlich erlangt wurde oder nur der objektive Wert der Sache. Nach h. M. ist der gesamte Veräußerungserlös herauszugeben, einschließlich des Geschäftsgewinns, unerheblich davon, ob der erlangte Wert den objektiven Wert der Sache übersteigt, z. B. bei besonderem Verhandlungsgeschick. Bei Dienst – und Werkleistungen ist aber eine Beschränkung auf den Wert der Sache vorzunehmen.
(2.) Nach a. A. ist der Anspruch auf den objektiven Wert der Sache zu beschränken. Dem Geschädigten soll nicht mehr zukommen, als sein Schaden ist.[23]

---

[20] Dies wird von der h. M. abgelehnt, vgl. Palandt/*Grüneberg* § 285 Rn. 4.
[21] Palandt/*Sprau* § 818 Rn. 52; Staudinger/*Lorenz* (2007) § 818 Rn. 50.
[22] Palandt/*Grüneberg* § 285 Rn. 11.
[23] MünchKommBGB/*Emmerich* § 285 Rn. 23, 30; Bamberger/Roth/*Unberath* § 285 Rn. 14.

Fall 27. Opa und das Sparbuch

Sachverhalt

Opa Otto Oppenheimer (O) hat zu seinem Enkel Elias Ellinger (E) ein inniges Verhältnis. Deshalb schließt er, als E fünf Jahre alt ist, mit der Sparkasse (S), bei der er sein Konto unterhält, eine Vereinbarung folgenden Inhalts:

O eröffnet bei der Sparkasse ein Sparkonto auf den Namen von E. Das zugehörige Sparbuch erhält zunächst O. Mit dem Tag seines 18. Geburtstags soll E automatisch Kontoinhaber sein und von O das Sparbuch erhalten.

Im Laufe der Jahre überweist O insgesamt 30 000 EUR auf das Konto. Kurz vor dem 18. Geburtstag seines Enkels hebt O wegen eines finanziellen Engpasses unter Vorlage des Sparbuchs 5 000 EUR von dem Sparkonto ab. Am Tag des 18. Geburtstags gratuliert O seinem Enkel E kurz nach Mitternacht telefonisch und informiert ihn auch, dass er nunmehr Inhaber eines Sparkontos sei, das sein Großvater bereits vor Jahren heimlich für ihn angelegt habe und für das er das Sparbuch im Tagesverlauf erhalten solle. E bedankt sich artig.

Am nächsten Morgen hebt O unter Vorlage des Sparbuchs nochmals 2 000 EUR von dem Sparkonto ab, was er eigentlich tags zuvor hatte tun wollen, aber vergessen hatte. Anschließend übergibt O dem E das Sparbuch.

Dessen Freude über die 23 000 EUR auf dem Sparkonto ist zunächst groß. Nachdem er aber zwei Semester Jura studiert hat, beginnt er, sich zu fragen, ob er von seinem Großvater theoretisch die Rückzahlung der abgehobenen Summen verlangen könnte.

Durch behutsame Nachfragen findet er heraus, dass O mit den ersten 5 000 EUR verschiedene Schulden getilgt hat. Von den weiteren 2 000 EUR hat er eine neue Stereoanlage zum Preis von 1 000 EUR gekauft und mit dem Rest ein Wochenende in Monte Carlo verbracht, das er sich sonst nicht hätte leisten können. O glaubte dabei, auf das Sparkonto eingezahltes Geld wieder abheben zu dürfen, solange er E das Sparbuch noch nicht übergeben hatte. Denn der Sparkassenangestellte hatte ihm auf seine Frage hin erklärt, dass er dies bei Vorlage des Sparbuchs problemlos tun könne.

E glaubt, dass diese Auskunft nicht zutreffend war. Denn er ist auf die Vorschrift des § 808 gestoßen, die seiner Meinung nach dem Inhaber des Sparbuchs im Verhältnis zum Kontoinhaber keine Berechtigung zu Abhebungen gibt.

Könnte E von O Rückzahlung der abgehobenen Beträge verlangen?

Skizze

Anspruch?

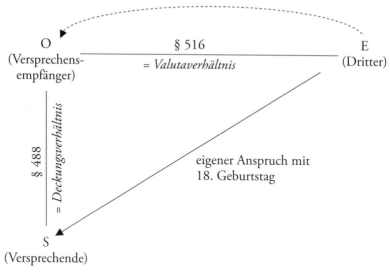

Gliederung

Lösung

Hinweis: Die Vorschrift des § 816 Abs. 2 muss man bereits als Studienanfänger/in nach einer Vorlesung zum Bereicherungsrecht kennen. In Fällen taucht diese Norm meist nur als Annex zu einer vorgelagerten Problematik auf (wie hier auch). Denn § 816 Abs. 2 setzt voraus, dass eine Leistung an einen Nichtberechtigten bewirkt wird, die dem Berechtigten gegenüber wirksam ist. Mit dem Ausdruck „bewirkt" knüpft § 816 Abs. 2 an § 362 Abs. 1 an. Doch geht es um Fälle, in denen die Leistungsbewirkung nicht schon nach § 362 Abs. 1 zum Erlöschen der Verpflichtung des Leistenden führt, weil gerade nicht – wie dort vorgesehen – an den Gläubiger als Berechtigten geleistet wird, es aber aufgrund spezieller gesetzlicher Anordnung dennoch zum Erlöschen des Forderungsrechts kommt. Insbesondere spielt § 816 Abs. 2 im Umfeld der Forderungsabtretung (§ 398) eine Rolle, wenn der Schuldner in Unkenntnis der Abtretung an den ursprünglichen Gläubiger leistet und dadurch nach § 407 Abs. 1 befreit wird. Zu dieser Konstellation gibt es bereits an anderer Stelle[1] einen Fall. Deshalb geht es hier um die Leistung gegen Vorlage des Sparbuchs; das macht den Fall schwieriger, weil § 816 Abs. 2 mit Fragen des Vertrages zugunsten Dritter verknüpft wird. Deshalb wird im Fall auf eine wichtige Vorschrift und eine Frage dazu hingewiesen. Wie üblich muss man einen solchen Hinweis aufgreifen. – Weitere Normen, die im „Annex" zu § 816 Abs. 2 führen, sind die §§ 370 und 851. – Für den Aufbau und die Lösung hat der achtzehnte Geburtstag des E eine erhebliche Bedeutung. Deshalb bietet es sich an, Ansprüche wegen der zuerst abgehobenen 5 000 EUR und wegen der später abgehobenen 2 000 EUR getrennt zu prüfen. Bei anderem Aufbau muss man innerhalb der Anspruchsprüfung differenzieren.

I. Anspruch des E gegen O auf Zahlung der zuerst abgehobenen 5 000 EUR

1. Aus §§ 687 Abs. 2, 681 Satz 2, 667

Ein Herausgabeanspruch des E könnte sich unter dem Gesichtspunkt der angemaß- **1** ten Eigengeschäftsführung aus den §§ 687 Abs. 2, 681 Satz 2, 667 ergeben.

---

[1] *Fritzsche* SchR I Fall 22.

a) Führung eines fremden Geschäfts

2 Dazu müsste O mit der Abhebung ein Geschäft des E geführt haben. Da als Geschäftsführung i.S.v. § 687 Abs. 2 grundsätzlich jedes rechtsgeschäftliche oder tatsächliche Verhalten in Betracht kommt, liegt jedenfalls eine Geschäftsführung vor.

3 Damit die Abhebung für O ein fremdes Geschäft war, müsste sie objektiv in den Rechtskreis des E gefallen sein. Dies wäre dann der Fall, wenn E Inhaber des Sparkontos und damit der Auszahlungsforderung gegen die Sparkasse gewesen wäre. Eröffnet wurde das Konto von O; dieser hat also einen Vertrag – nach h.M. einen Darlehensvertrag i.S.v. § 488[2] – mit der Sparkasse geschlossen. Dies spricht zunächst dafür, dass O selbst Inhaber des Kontos geworden sein könnte. Zwar soll schlussendlich E mit dem 18. Geburtstag Kontoinhaber werden, was einen Vertrag zu seinen Gunsten i.S.v. § 328 Abs. 1 nahelegt. Da O mit der Sparkasse ausdrücklich vereinbart hat, dass E erst an seinem 18. Geburtstag Kontoinhaber werden soll, lässt die Auslegung der Vereinbarung nach §§ 133, 157 keinen anderen Schluss zu, als dass zunächst O Inhaber des Kontos sein sollte.

Hinweis: Der Sachverhalt weicht zur Vereinfachung vom „üblichen" Fall ab. Dieser sieht so aus, dass ein Eltern- oder Großelternteil für das meist minderjährige Kind ein Sparkonto mit der Abrede eröffnet, das Kind solle das Geld mit dem Tod des Kontoeröffnenden erwerben (sog. Vertrag zugunsten Dritter auf den Todesfall). Dies ist eine Abrede i.S.v. § 331 Abs. 1, die der Abgrenzung zu § 2301 bedarf. Weitere Details werden meist nicht eindeutig geregelt, sodass im Wege der Auslegung (§§ 133, 157) zu ermitteln ist, ob zunächst der Kontoeröffnende Inhaber des Kontos werden soll oder sogleich der Begünstigte. Dazu hat der BGH im Laufe der Zeit einige Auslegungskriterien entwickelt; insbesondere das Behalten des Sparbuchs durch den Kontoeröffnenden soll dafür sprechen, dass der Begünstigte zunächst noch nicht Kontoinhaber wird.[3]

4 Da O die ersten 5 000 EUR vor dem 18. Geburtstag des E abgehoben hat, als er selbst noch Kontoinhaber war, hat er kein fremdes Geschäft geführt.

Hinweis: Hält man E für den Kontoinhaber, ist zu prüfen, ob O das Geschäft „Abhebung" als eigenes geführt hat, obwohl er um dessen Fremdheit positiv wusste. O hatte zwar das Konto auf den Namen des E eröffnet, hielt sich aber laut Sachverhalt dennoch zumindest für verfügungsbefugt. Damit fehlt es an dem für § 687 Abs. 2 erforderlichen Vorsatz, das fremde Geschäft als eigenes zu führen. Es liegt dann ein Fall der irrtümlichen Eigengeschäftsführung i.S.v. § 687 Abs. 1 vor, der eine Anwendung der §§ 677 ff. ausschließt, und kein Fall des § 687 Abs. 2.

b) Ergebnis

5 Ein Anspruch nach §§ 687 Abs. 2, 681 Satz 2, 667 besteht nicht.

2. Aus § 812 Abs. 1 Satz 1 Alt. 1

6 E könnte gegen O einen Anspruch auf Herausgabe der von der Sparkasse an ihn ausgezahlten 5 000 EUR aus Leistungskondiktion haben (§ 812 Abs. 1 Satz 1 Alt. 1).

a) Etwas erlangt

7 O hat mit der Auszahlung durch die Sparkasse Besitz und nach § 929 Satz 1 Eigentum an Geldwertzeichen im Wert von 5 000 EUR erlangt.

---

[2] Palandt/*Sprau* § 808 Rn. 6; Staudinger/*Marburger* (2015) § 808 Rn. 42 m.w.N. auch zur Gegenauffassung, die § 700 Abs. 1 annimmt, der aber auf §§ 488 ff. verweist.

[3] *BGH* NJW 1994, 931; 2005, 980 m.w.N.

Hinweis: Das Sparbuch bzw. die Forderung aus dem Sparvertrag hat O aufgrund des Vertragsschlusses mit der Sparkasse erlangt, nicht durch die Auszahlung.

b) Durch Leistung des E

Dies müsste durch eine Leistung des E geschehen sein, also durch eine bewusste **8** und zweckgerichtete Vermögensmehrung. Unmittelbar zugewendet hat das Geld dem O aber die Sparkasse, die damit die Erfüllung ihrer Verbindlichkeit aus dem Sparvertrag (§ 488 Abs. 1 Satz 2) bezweckte. Damit hat **die Sparkasse** eine Leistung an O bewirkt und nicht der E; dies stellt sich auch aus der Sicht des Zuwendungsempfängers O so dar und – was nach h. M. unerheblich ist – auch aus Sicht der Sparkasse. Eine Leistung des E an O liegt also nicht vor.

c) Zwischenergebnis

Ein Anspruch des E gegen O gemäß § 812 Abs. 1 Satz 1 Alt. 1 besteht nicht. **9**

3. Aus § 816 Abs. 2

Ein Anspruch des E gegen O könnte sich aus § 816 Abs. 2 ergeben. **10**

Hinweis: Es sei nochmals daran erinnert, dass man nach Verneinung einer Leistungskondiktion stets an § 816 denken sollte, bevor man die allgemeine Nichtleistungskondiktion des § 812 Abs. 1 Satz 1 Alt. 2 prüft. – Der klassische Fall zu § 816 Abs. 2 liegt vor, wenn der Gläubiger seine Forderung durch Abtretungsvertrag nach § 398 auf einen Dritten überträgt und der Schuldner in Unkenntnis der Abtretung an den ursprünglichen Gläubiger leistet. Der Dritte muss diese Leistung dann nach § 407 Abs. 1 gegen sich gelten lassen und die Leistung über den Anspruch nach § 816 Abs. 2 vom ursprünglichen Gläubiger herausverlangen.[4]

a) Bewirkung einer Leistung

Wie festgestellt, hat die Sparkasse dem O Eigentum und Besitz an Geldwertzeichen **11** im Wert von 5 000 EUR zur Erfüllung ihrer Verbindlichkeit aus dem Sparvertrag geleistet.

b) An einen Nichtberechtigten

O als Anspruchsgegner des § 816 Abs. 2 müsste Nichtberechtigter gewesen sein. **12** Wie bereits zu § 687 Abs. 2 festgestellt, war er vor dem 18. Geburtstag des E aber Kontoinhaber und somit Berechtigter.

c) Ergebnis

E hat gegen O keinen Anspruch aus § 816 Abs. 2. **13**

4. Aus § 812 Abs. 1 Satz 1 Alt. 2

Somit könnte E gegen O allenfalls noch einen Anspruch aus allgemeiner Ein- **14** griffskondiktion gemäß § 812 Abs. 1 Satz 1 Alt. 2 haben.

Jedoch schließt nach h. M. das Vorliegen einer Leistung der Sparkasse an O eine **15** Nichtleistungskondiktion auch im Verhältnis des E zu O aus. Selbst wenn man die-

---

[4] Dazu ausführlich *Fritzsche* SchR I Fall 22.

sen Vorrang der Leistungsbeziehungen nicht anerkennen wollte, so würde der Anspruch letztlich scheitern: Zwar hätte O Besitz und Eigentum an den 5000 EUR Bargeld in sonstiger Weise erlangt, nämlich durch die Abhebung, also eine eigene Handlung, die man als Eingriff i.S.d. sog. Eingriffskondiktion werten könnte. Doch wäre weiter erforderlich, dass O das Erlangte auf Kosten des E erlangt hätte. Insofern kommt es wieder auf die Forderungszuständigkeit, also die Inhaberschaft am Konto an, die im Zeitpunkt der Auszahlung noch nicht bei E lag.

16 Damit scheidet auch ein Anspruch des E gegen O nach § 812 Abs. 1 Satz 1 Alt. 2 aus.

> **Hinweis:** Keinesfalls darf man bei der Frage der Kontoinhaberschaft (oder stattdessen) auf das Geld abstellen und die §§ 929 ff. anwenden (insbesondere § 932 anstelle von § 808, auf den der Sachverhalt eigens hinweist). Man muss sich stets die Unterscheidung zwischen Sachen und Rechten bewusst machen und die Rechtsanwendung daran orientieren.

5. Ergebnis zu den zuerst abgehobenen 5000 EUR

17 E hat gegen O keinen Anspruch auf Herausgabe der 5000 EUR.

II. Anspruch des E gegen O auf Zahlung der später abgehobenen 2000 EUR

1. Aus §§ 687 Abs. 2, 681 Satz 2, 667

18 Ein Herausgabeanspruch des E hinsichtlich der 2000 EUR könnte sich wiederum aus angemaßter Eigengeschäftsführung ergeben, §§ 687 Abs. 2, 681 Satz 2, 667.

a) Führung eines fremden Geschäfts

19 Dazu müsste O mit der Abhebung ein Geschäft des E geführt haben. Da als Geschäftsführung i.S.v. § 687 Abs. 2 grundsätzlich jedes rechtsgeschäftliche oder tatsächliche Verhalten in Betracht kommt, liegt jedenfalls eine Geschäftsführung vor.

20 Zu prüfen ist, ob die Abhebung für O ein fremdes Geschäft war, weil sie objektiv in den Rechtskreis des E fiel. Dies wäre dann der Fall, wenn E Inhaber des Sparkontos und damit der Auszahlungsforderung gegen die Sparkasse gewesen wäre. Wie bereits festgestellt, hatte O den Sparvertrag (§ 488) mit der Sparkasse im eigenen Namen geschlossen und war zunächst Kontoinhaber und damit Forderungsberechtigter geworden. Jedoch hatte O mit der Sparkasse des Weiteren ausdrücklich vereinbart, dass E mit seinem 18. Geburtstag „automatisch" Kontoinhaber werden sollte. Dieses Ziel lässt sich nur erreichen, wenn man die Vereinbarung zwischen der Sparkasse und O insofern als Vertrag zugunsten Dritter i.S.v. § 328 Abs. 1 auslegt. Denn E sollte mit seinem 18. Geburtstag Forderungsinhaber werden; er sollte also ein eigenes Forderungsrecht erwerben (vgl. § 328 Abs. 1 und 2), allerdings nicht schon mit Vertragsschluss, sondern erst später. O hat mit der Sparkasse also einen aufschiebend befristeten Forderungserwerb durch E vereinbart, was nach § 163 i.V.m. § 158 Abs. 1 möglich ist. Gemäß § 187 Abs. 2 Satz 2 ist bei der Berechnung des Lebensalters der Tag der Geburt nicht mitzurechnen, sodass nach § 188 Abs. 2 das 18. Lebensjahr bereits mit dem Beginn des „Geburtstages" erreicht wird. Mit der Vollendung seines 18. Lebensjahres ist E somit gemäß §§ 328 Abs. 1, 163, 158 Abs. 1 Inhaber des Sparkontos geworden.

Hinweis: Der Forderungserwerb durch E vollzog sich tatsächlich „automatisch", ohne dass es der Übergabe des Sparbuchs von O an E bedurfte. Das Sparbuch ist ein sog. „hinkendes Inhaberpapier", bei welchem das Eigentum am Papier (Sparbuch) der Inhaberschaft an der Forderung folgt.[5] E kann daher nach Erwerb der Forderung das Sparbuch von O gemäß §§ 985, 952 herausverlangen. Erforderlich für den Erwerb der Forderung ist die Herausgabe allerdings nicht.

Damit war die Abhebung am 18. Geburtstag des E für O bereits ein objektiv frem- **21** des Geschäft.

b) Angemaßte Eigengeschäftsführung

Weiter müsste O das Geschäft als eigenes geführt haben, obwohl er um die Fremd- **22** heit des Geschäfts „Abhebung" positiv wusste. Nach seinen eigenen Angaben sowie aufgrund der Auskunft des Sparkassenangestellten hielt sich O für berechtigt, auch nach dem 18. Geburtstag des E noch Abhebungen von dem Konto zu tätigen, solange er das Sparbuch noch besaß. O hielt sich also für weiterhin verfügungsbefugt, sodass ihm der für § 687 Abs. 2 erforderliche Vorsatz fehlt, das fremde Geschäft als eigenes zu führen. Es liegt ein Fall der irrtümlichen Eigengeschäftsführung i.S.v. § 687 Abs. 1 vor und kein Fall des § 687 Abs. 2.

c) Ergebnis

Ein Anspruch nach §§ 687 Abs. 2, 681 Satz 2, 667 besteht nicht. **23**

2. Aus §§ 681 Satz 2, 667

Da es sich um einen Fall der irrtümlichen Eigengeschäftsführung nach § 687 Abs. 1 **24** handelt, scheiden Ansprüche des E gegen O gemäß §§ 681 Satz 2, 667 aus.

3. Aus § 816 Abs. 2

In Betracht kommt erneut ein Anspruch des E gegen O aus § 816 Abs. 2. **25**

a) Bewirkung einer Leistung

Die Sparkasse hat an O zur Erfüllung ihrer Verbindlichkeit aus dem Sparvertrag **26** geleistet (vgl. Rn. 12).

Hinweis: Da sich insofern kein Unterschied ergeben kann, erscheint eine erneute Prüfung der Leistungskondiktion entbehrlich.

b) An einen Nichtberechtigten

O müsste hinsichtlich der Entgegennahme der Leistung der Sparkasse Nichtberech- **27** tigter gewesen sein. Er dürfte also weder Kontoinhaber noch zur Entgegennahme der Auszahlung befugt gewesen sein.

Wie bereits festgestellt, war E mit seinem 18. Geburtstag aufgrund der Abreden des **28** O mit der Sparkasse nach §§ 328 Abs. 1, 163, 158 Abs. 1 Inhaber der Forderung aus dem Sparvertrag geworden (siehe Rn. 20).

---

5 Vgl. Palandt/*Sprau* § 808 Rn. 2, 6.

29 Zu prüfen bleibt, ob O dennoch kraft Gesetzes oder aufgrund eines Rechtsgeschäfts mit dem Kontoinhaber E zur Entgegennahme der Leistung berechtigt war. Jedoch ist eine Konto- oder sonstige Vollmacht nicht ersichtlich, und auch der bloße Besitz des Sparbuchs begründet im Verhältnis des Abhebenden zum wahren Kontoinhaber keine Berechtigung. Auch aus § 808 ergibt sich dies nicht; im Gegenteil stellt § 808 Abs. 1 Satz 2 klar, dass die Sparkasse zwar nach Satz 1 an den Inhaber des Sparbuchs mit befreiender Wirkung leisten kann, der Inhaber aber kein Forderungsrecht hat.[6]

> **Hinweis:** Damit hat § 808 die gleiche Funktion wie § 407 Abs. 1 nach einer Abtretung – der in Unkenntnis der wahren Rechtslage an den falschen Empfänger leistende Schuldner soll geschützt werden, indem er von seiner Verpflichtung gegenüber dem wahren Gläubiger frei wird, obwohl er die Leistung nicht an diesen erbringt, wie es § 362 Abs. 1 verlangt. Über das Verhältnis zwischen E und O trifft § 808 ebenso wenig eine Aussage wie § 407.

30 O hat die Leistung der Sparkasse somit als Nichtberechtigter erhalten.

c) Dem Berechtigten gegenüber wirksam

31 Zu prüfen bleibt, ob die Leistung der Sparkasse an den Nichtberechtigten O dem wahren Berechtigten E gegenüber wirksam ist. Dies könnte nach § 808 Abs. 1 Satz 1 deshalb der Fall sein, weil O bei der Auszahlung das über das Konto ausgestellte Sparbuch vorgelegt hat. Das Sparbuch ist eine Urkunde, in der der Gläubiger (E) benannt ist. Sparbücher werden zudem mit der Bestimmung ausgegeben, dass die in der Urkunde versprochene Leistung – nämlich die Auszahlung des Guthabens – an jeden Inhaber bewirkt werden kann. Da O bei der Abhebung das Sparbuch vorgelegt hat, wurde die Sparkasse durch die Auszahlung der 2 000 EUR an O gemäß § 808 Abs. 1 Satz 1 gegenüber E von ihrer Verbindlichkeit aus dem Sparvertrag (§ 488 Abs. 1 Satz 2) insoweit frei.

> **Hinweise:** (1.) Die folgenden Ausführungen sind von Studierenden auch der mittleren Semester ohne Hinweise im Sachverhalt nicht zu erwarten und daher als vertiefende Information gedacht.
> (2.) Die Befreiungswirkung des § 808 Abs. 1 Satz 1 wäre dann nicht eingetreten, wenn die Sparkasse als Ausstellerin des Sparbuchs die Nichtberechtigung des O kannte oder grob fahrlässig nicht kannte.[7] Dabei ist ihr das Wissen von vertretungsberechtigten Mitarbeitern nach § 166 Abs. 1 zuzurechnen. Allein die Tatsache, dass O nicht Inhaber der Forderung aus dem Sparguthaben war, begründet eine Bösgläubigkeit der Sparkasse noch nicht, denn § 808 soll es gerade ermöglichen, mit befreiender Wirkung an den Überbringer des Sparbuchs zu leisten. Einzig die Nachfrage des O beim Angestellten könnte (über § 166 Abs. 1) zu einer grob fahrlässigen Unkenntnis der Sparkasse führen. Eine solche liegt aber nur vor, wenn die im Verkehr erforderliche Sorgfalt in besonders schwerem Maße verletzt wird, wenn schon einfachste, ganz naheliegende Überlegungen nicht angestellt werden und das nicht beachtet worden ist, was im gegebenen Fall jedem hätte einleuchten müssen.[8] Rspr. und h.L. sind gerade bei Beträgen, die sich im Rahmen des üblichen Massengeschäfts halten, mit der Annahme derartiger grober Fahrlässigkeit eher zurückhaltend.[9] Für die Sparkasse gab es keinen Anlass, bei eher geringen Abhebungen an der Berechtigung des O zu zweifeln, zumal es sich hier nicht um einen der Sparkasse unbekannten Dritten, sondern um den Großvater des Kontoinhabers handelte.

32 Die Leistung an O ist daher dem Berechtigten E gegenüber wirksam.

---

[6] Näher Staudinger/*Marburger* (2015) § 808 Rn. 21, 53.
[7] Ganz h.M., vgl. MünchKommBGB/*Habersack* § 808 Rn. 14 ff., 28 f.; Palandt/*Sprau* § 808 Rn. 4 m. w. N.
[8] Vgl. Palandt/*Grüneberg* § 277 Rn. 5 m. w. N.
[9] Vgl. MünchKommBGB/*Habersack* § 808 Rn. 28 f.

Hinweis: Wegen des Hinweises im Sachverhalt muss man § 808 sehen. Eine Anwendung der §§ 929 ff., die nur für Sachen gelten, auf die Forderung aus dem Sparvertrag würde hingegen einen kapitalen Fehler darstellen.

d) Rechtsfolge und Anspruchsumfang

O ist E zur Herausgabe der erlangten 2000 EUR nach § 816 Abs. 2 verpflichtet. **33**

aa) Herausgabe *in natura* bzw. Wertersatz

Gemäß § 816 Abs. 2 müsste O das Erlangte *in natura* herausgeben. Nach h.M. **34** sind auch Geldwertzeichen als Sache zu behandeln; daher wäre O zur Herausgabe von Eigentum und Besitz an den von der Sparkasse ausgezahlten Geldwertzeichen im Wert von 2000 EUR verpflichtet. Da O die empfangenen Geldwertzeichen nicht mehr besitzt, hat er nach § 818 Abs. 2 Wertersatz zu leisten.

bb) Entreicherung (§ 818 Abs. 3)

Zu prüfen bleibt, ob die Verpflichtung des O zum Wertersatz nach § 818 Abs. 3 **35** ausgeschlossen ist, weil O nicht mehr bereichert ist. Dazu dürfte der Bereicherungsgegenstand – also das erlangte Bargeld – wertmäßig im Vermögen des Bereicherungsempfängers in keiner Weise mehr vorhanden sein.

(1) Schuldentilgung i.H.v. 5000 EUR

Mit den ersten 5000 EUR hat O Schulden getilgt. Damit ist der Wert des Erlang- **36** ten in anderer Form noch in seinem Vermögen vorhanden.[10] Allerdings besteht insofern, wie oben (siehe Rn. 17) festgestellt, kein Herausgabeanspruch.

Hinweis: Insofern kann man diese eher didaktisch motivierten Ausführungen auch weglassen.

(2) Anschaffung der Stereoanlage für 1000 EUR

Auch die 1000 EUR, die O für die Anschaffung der Stereoanlage verwendet hat, **37** sind in anderer Form noch in seinem Vermögen vorhanden.

(3) Reise nach Monte Carlo für 1000 EUR

Fraglich ist die Fortdauer der Bereicherung aber hinsichtlich der 1000 EUR, die O **38** für die Reise nach Monte Carlo aufgewendet hat. Zwar kann eine wertmäßige Bereicherung auch in der Ersparnis von Ausgaben liegen, die der Bereicherungsempfänger sonst notwendigerweise auch gehabt hätte und von denen anzunehmen ist, dass er sie mit anderen verfügbaren Mitteln getätigt hätte.[11] Dagegen ist ein Wegfall der Bereicherung in der Regel dann anzunehmen, wenn das Empfangene in sog. Luxusausgaben geflossen ist, also für Sachen oder Leistungen aufgewendet wurde, die der Leistungsempfänger sich andernfalls nicht gegönnt hätte.[12] Dies ist bei der Reise des O nach Monte Carlo der Fall, sodass O im Umfang von 1000 EUR nach § 818 Abs. 3 entreichert ist.

cc) Ausschluss des Entreicherungseinwandes nach §§ 819 Abs. 1, 818 Abs. 4

Der Entreicherungseinwand hinsichtlich der 1000 EUR wäre dem O abgeschnit- **39** ten, würde er für die Herausgabe des empfangenen Bargelds nach §§ 819 Abs. 1, 818 Abs. 4 verschärft haften.

---

[10] *BGH* NJW 2000, 740, 741 m.w.N.; Palandt/*Sprau* § 818 Rn. 45.
[11] *BGH* NJW 2003, 3271.
[12] Palandt/*Sprau* § 818 Rn. 41.

40 Da der Anspruch auf Herausgabe der 2000 EUR im Zeitpunkt der Reise noch nicht rechtshängig, d.h. gemäß § 261 Abs. 1 ZPO von O eingeklagt war, kann sich eine verschärfte Haftung nach § 819 Abs. 1 nur daraus ergeben, dass O den Mangel des rechtlichen Grundes kannte. Erforderlich ist dafür eine positive Kenntnis der Tatsachen, aus denen sich (hier) die Nichtberechtigung zum Empfang der Auszahlungsleistung ergibt, und der Rechtsfolgen der Nichtberechtigung; bloße Zweifel am Fortbestand der Berechtigung führen nicht zur verschärften Haftung.[13] Der Kenntnis gleichzustellen ist es, wenn der Empfänger sich der Einsicht in die Nichtberechtigung, gemessen an dem normativen Maßstab redlich Denkender, bewusst verschließt.[14]

41 Hier kannte O zwar die Tatsachen, aus denen sich seine Nichtberechtigung ergab, leitete aber eine Berechtigung aus der Inhaberschaft am Sparbuch ab. Ein bewusstes Sich-Verschließen vor der Einsicht seiner Nichtberechtigung kann man dem O insofern nicht vorwerfen (a.A. nur mit näherer Begründung noch vertretbar). Damit haftet O bzgl. der 1000 EUR nicht nach § 819 Abs. 1 verschärft, sondern bleibt in diesem Umfang i.S.v. § 818 Abs. 3 entreichert.

e) Ergebnis

42 E kann von O nach §§ 816 Abs. 2, 818 Abs. 2 Wertersatz für die abgehobenen 2000 EUR i.H.v. 1000 EUR verlangen; im Umfang von weiteren 1000 EUR ist der Anspruch gemäß § 818 Abs. 3 ausgeschlossen.

4. Schadensersatzansprüche

43 Zu prüfen bleibt, ob E die 2000 EUR im Wege des Schadensersatzes verlangen kann.

a) Aus Deliktsrecht

44 Von den Anspruchsgrundlagen des Deliktsrechts kommt, da es an einer Eigentumsverletzung i.S.v. § 823 Abs. 1 fehlt und eine Schutzgesetzverletzung i.S.v. § 823 Abs. 2 nicht ersichtlich ist, für den Ersatz des vorliegenden Vermögensschadens allein ein Anspruch aus § 826 in Frage, für den es aber sowohl an der objektiven Sittenwidrigkeit als auch am Schädigungsvorsatz fehlt.

b) Aus § 678

45 Zwar widerspricht die Geschäftsführung „Abhebung" i.S.v. § 678 dem Willen des Kontoinhabers und Geschäftsherrn E, doch liegt eine irrtümliche Eigengeschäftsführung vor, sodass gemäß § 687 Abs. 1 die §§ 677 ff. nicht anwendbar sind.

c) Aus § 280 Abs. 1

46 Somit erlangt die – an sich zuerst zu prüfende – Frage Bedeutung, ob O dem E aufgrund einer Pflichtverletzung gemäß § 280 Abs. 1 Schadensersatz schuldet.

---

[13] Palandt/*Sprau* § 819 Rn. 2 m.w.N.
[14] BGHZ 133, 246, 251 f. = NJW 1996, 2652.

aa) Schuldverhältnis

Zwischen O und E kommt als Schuldverhältnis eine Schenkung i.S.v. § 516 Abs. 1 **47** in Betracht, die bei dem mitternächtlichen Anruf des O bei E erfolgt sein könnte. O hat dem E eine unentgeltliche Vermögenszuwendung angeboten, mit der E einverstanden war. Die Zuwendung erfolgte bereits in diesem Augenblick, da ein weiterer Vollzugsakt – wie bei einem Schenkungsversprechen i.S.v. § 518 Abs. 1 – nicht mehr notwendig war. Denn aufgrund der Abreden zwischen O und der Sparkasse war E bereits seit Mitternacht Inhaber des Sparkontos und der daraus folgenden Forderungen; das erst später übergebene Sparbuch war zwar nach § 808 Abs. 2 Satz 1 grundsätzlich Voraussetzung für die Geltendmachung der Forderung, aber nicht Voraussetzung für die Inhaberschaft, wie man auch § 808 Abs. 1 Satz 2 entnehmen kann. Das Sparbuch steht vielmehr im Eigentum des jeweiligen Inhabers der Forderung (arg. § 952).

Hinweis: O hat mit der Sparkasse einen Darlehensvertrag zugunsten Dritter (des E) geschlossen (siehe Rn. 3, 20). Dies ist das sog. Deckungsverhältnis. Im hier fraglichen Verhältnis zwischen O und E, dem sog. Valutaverhältnis, sollte die Leistung des O an den E schenkweise erfolgen. Das Valutaverhältnis ist der Rechtsgrund für die Zuwendung an den E aus dem Vertrag zugunsten Dritter zwischen Sparkasse und O.[15] – Bei Verträgen zugunsten Dritter auf den Todesfall i.S.v. § 331 Abs. 1 (z.B. Lebensversicherung oder Sparbuch) kommt das Valutaverhältnis oft dadurch zustande, dass der Versprechende den begünstigten Dritten nach dem Tode des Versprechensempfängers informiert. Damit übermittelt er ein Schenkungsversprechen des Versprechensempfängers i.S.v. § 518, das der begünstigte Dritte nicht ausdrücklich durch Erklärung (gegenüber den Erben des Versprechensempfängers) anzunehmen braucht: Weil das Schenkungsversprechen für den Beschenkten lediglich vorteilhaft ist, ist der Zugang einer Annahmeerklärung nach der Verkehrssitte nicht zu erwarten (§ 151 Satz 1).[16]

Da kein Schenkungsversprechen i.S.v. § 518 Abs. 1 vorlag, bedurfte die Erklärung **48** des O auch nicht der Form des § 518 Abs. 1.

Hinweis: Wenn man das nicht erkennt, muss man die Erklärung nach § 125 Satz 1 i.V.m. § 518 Abs. 1 für formnichtig halten. Allerdings wäre die Formnichtigkeit nach § 518 Abs. 2 geheilt, da E aufgrund der Abrede des O mit der Sparkasse nach §§ 328 Abs. 1, 163, 158 Abs. 1 unmittelbar eine Forderung gegen die Sparkasse erworben hatte und das Versprechen des O somit vollzogen war.[17]

bb) Pflichtverletzung

O müsste eine Pflicht aus dem Schenkungsvertrag verletzt haben. Fraglich ist aber, **49** welchen genauen Inhalt dieser Vertrag hatte. O hatte, wie auch mit der Sparkasse vereinbart, dem E erklärt, dass er mit dem Tag seines 18. Geburtstags Kontoinhaber geworden sei. Damit war das Tagesguthaben dieses 18. Geburtstags (25 000 EUR) zugewendet.[18] Folglich durfte O nichts mehr von dem Sparbuch abheben. Indem er dies aber dennoch tat und damit wegen § 808 Abs. 1 die Forderung des E gegen die Sparkasse geschmälert hat, hat O eine Pflicht aus dem Schenkungsvertrag verletzt. Denn aufgrund des in der Hauptleistung bereits erfüllten Schenkungsvertrages durfte er die Vermögenszuwendung dem E nicht nachträglich mit Hilfe des Sparbuchs wieder entziehen (sog. *culpa post contractum finitum*).

---

15 Vgl. zu den genannten Rechtsverhältnissen etwa *BGH* NJW 2008, 2702 Rn. 19.

16 Palandt/*Ellenberger* § 151 Rn. 4.

17 Die Übergabe des Sparbuchs war zur Heilung nicht erforderlich, vgl. schon Rn. 47f. und Palandt/*Weidenkaff* § 518 Rn. 10.

18 Dem entspricht die Lösung des Falles, soweit es um Zahlung der 5 000 EUR geht: O konnte bis zum 18. Geburtstag abheben, ohne dass er etwas an E hätte zurückzahlen müssen. Bis dahin gab es keine Schenkung.

cc) Vertretenmüssen

50 Zu prüfen bleibt, ob O diese Pflichtverletzung zu vertreten hat. Dies wird zwar gemäß § 280 Abs. 1 Satz 2 vermutet, doch ist diese Vermutung widerleglich.

51 Dem Grunde nach hat jeder Schuldner gemäß § 276 Abs. 1 Satz 1 Vorsatz und Fahrlässigkeit (siehe § 276 Abs. 2) zu vertreten, sofern nicht eine strengere oder mildere Haftung bestimmt ist. Da hier eine Schenkung vorliegt, bestimmt § 521, dass der Schenker O nur Vorsatz und grobe Fahrlässigkeit zu vertreten hat.

52 O ging irrigerweise davon aus, zur zweiten Abhebung dem E gegenüber berechtigt zu sein (sog. Rechtsirrtum), und könnte insofern die im Verkehr erforderliche Sorgfalt außer Acht gelassen, also i.S.v. § 276 Abs. 2 fahrlässig gehandelt haben. Doch hatte er vor der Abhebung einen Sparkassenangestellten um Auskunft gebeten, ob eine derartige Abhebung zulässig sei. Diese Auskunft war nach dem bereits Gesagten unrichtig. Gleichwohl gab es keinen Anlass für O, die Richtigkeit der Auskunft anzuzweifeln; derartige Auskünfte gehören zum Alltagsgeschäft einer Sparkasse.

53 Selbst wenn man strengere Maßstäbe anlegen will, fehlt es jedenfalls an der erforderlichen **groben** Fahrlässigkeit des O. Eine solche liegt nur vor, wenn die verkehrserforderliche Sorgfalt in besonders schwerem Maße verletzt wird, wenn schon einfachste, ganz naheliegende Überlegungen nicht angestellt werden und das nicht beachtet worden ist, was im gegebenen Fall jedem hätte einleuchten müssen.[19]

Hinweis: Das wäre nur dann gegeben, wenn O beispielsweise Rat bei einem nicht fachkundigen Dritten oder überhaupt keinen Rat eingeholt hätte.

54 Auf die Auskunft eines Sparkassenangestellten muss man sich bei derartigen Fragen verlassen können. Insoweit fehlt es am Vertretenmüssen des O.

dd) Ergebnis

55 Ein Anspruch des E gegen O aus § 280 Abs. 1 besteht somit nicht.

d) Ergebnis

56 Auch im Wege des Schadensersatzes kann E von O nicht die Erstattung der am Tag seines Geburtstages abgehobenen 2 000 EUR verlangen.

---

[19] Vgl. Palandt/*Grüneberg* § 277 Rn. 5.

Stichwortverzeichnis

Die Zahlen bezeichnen die Fallnummern in den Teilen 2–4 des Buches.